BIBLIOGRAPHIE ANNUELLE

DES

TRAVAUX HISTORIQUES ET ARCHÉOLOGIQUES

PUBLIÉS

PAR LES SOCIÉTÉS SAVANTES DE LA FRANCE

SE TROUVE À PARIS

À LA LIBRAIRIE ERNEST LEROUX

RUE BONAPARTE, N° 28

BIBLIOGRAPHIE ANNUELLE

DES

TRAVAUX HISTORIQUES ET ARCHÉOLOGIQUES

PUBLIÉS

PAR LES SOCIÉTÉS SAVANTES DE LA FRANCE

DRESSÉE SOUS LES AUSPICES

DU MINISTÈRE DE L'INSTRUCTION PUBLIQUE

PAR

ROBERT DE LASTEYRIE

MEMBRE DE L'INSTITUT

AVEC LA COLLABORATION

D'ALEXANDRE VIDIER

SOUS-BIBLIOTHÉCAIRE À LA BIBLIOTHÈQUE NATIONALE

1905-1906

PARIS

IMPRIMERIE NATIONALE

MDCCCCVIII

AIN. — BOURG.

SOCIÉTÉ D'ÉMULATION ET D'AGRICULTURE DE L'AIN.

Voir, pour les publications de cette Société antérieures à 1901, la table récapitulative de notre *Bibliographie générale;* et pour ses publications postérieures, les tables placées à la fin du fascicule III du tome I, et du fascicule I du tome II de notre *Bibliographie annuelle.*

XXXIX. — Annales de la Société d'émulation et d'agriculture (lettres, sciences et arts) de l'Ain, t. XXXIX, 1906. (Bourg, 1906, in-8°, 390 p.)

18687. Philipon (E.). — Le second royaume de Bourgogne, p. 1 à 32. — Suite de XXVIII, p. 177; XXIX, p. 245, 623; XXX, p. 431; XXXI, p. 29; XXXII, p. 48, 225, 277; XXXIII, p. 89, 326; et XXXIV, p. 147.

18688. Nodet (Dr Victor). — Les tombeaux de Brou, p. 33 à 48.

18689. Marchand (F.). — Études archéologiques, 3 *pl.*, p. 49, 121, et 299. — Suite de XXXVI, p. 149, 285, 399; XXXVII, p. 263, 335; et XXXVIII, p. 57.

[Bourg, taureau de bronze, *pl.;* Priay, buste antique en pierre, *pl.;* Le Plantay, objet de bronze indéterminé, *pl.;* nécropole du Châtelard, p. 49. — Jasseron, cimetière du Clos de Comté; Coligny, cimetière de Champel; Ambérieu, nécropole des Gouvières et cimetière de Grandchamp; Béon, cimetière de la Livolle; Oussiat, tombes de Monterre, p. 121. — Senissiat, nécropole burgonde; Briord, cimetière burgonde; Crépiat, tombes de Sur la Loyes; Saint-Germain-les-Paroisses, nécropole de Cessieu; Champfromier, tombes; Moruay, cimetière de la Croix de Blouzin; Ambléon, tombes de Belot; observations générales sur les tombes barbares; Musée de Bourg, fibule à décoration aviforme; tombes de Brou, p. 299.]

18690. Brun (Xavier). — Histoire de la seigneurie d'Andelot-les-Coligny, p. 97 à 120, et 261 à 290. — Suite de XXXVII, p. 189, 305; et XXXVIII, p. 5, 321, et 410.

18691. Jeanton (Gabriel). — La commanderie d'Aigrefeuille en Bresse, *pl.*, p. 145 à 204.

18692. Perret (Louis). — Mon vieux Châtillon, *fig.*, p. 205 à 260.

18693. Passerat (Dr). — Étude démographique sur 40 communes à étangs en Dombes de 1800 à 1906, p. 343 à 380.

AIN. — BOURG.

SOCIÉTÉ GORINI.

Les deux premiers volumes du *Bulletin* de cette Société sont analysés dans notre *Bibliographie annuelle,* t. I, fasc. III, p. 2, et t. II, fasc. I, p. 2.

III. — Bulletin de la Société Gorini, revue d'histoire ecclésiastique et d'archéologie religieuse du diocèse de Belley, t. III, 1906. (Bourg, s. d., in-8°, 448 p.)

18694. Vregille (Pierre de). — Un enfant du Bugey, le P. Honoré Fabri (1607 † 1688), p. 5 à 15.

18695. Alloing (L.). — Le statuaire du curé Ars, Émilien Cabuchet, 11 *pl.*, p. 16 à 34, et 225 à 246. — Suite de II, p. 337.

18696. Boulet (L'abbé Ph.). — La Mobile de l'Ain au siège de Paris (1870), p. 35, 273, et 417. — Suite de II, p. 368.

18697. Chagny (A.). — L'évêché de Bourg-en-Bresse, p. 48 à 66, et 144 à 176. — Suite de II, p. 59, et 131.

IMPRIMERIE NATIONALE.

18698. Philippe (L'abbé L.). — La paroisse de Treffort, *fig.* et *pl.*, p. 67 à 79. — Suite de II, p. 276.
18699. Richard (Paul). — Les pupitres extérieurs en pierre de la région, *fig.*, p. 80 à 83.
18700. Morgon (J.-B.). — La police de Thoissey en 1748, p. 84 à 88.
18701. Mercier (L'abbé H.). — Le ministre Cassegrin, ou la Réforme à Pont-de-Veyle (1594-1685), p. 88 à 96, et 177 à 191.
18702. Ledon (B.). — Charnoz, souvenirs historiques et religieux, *fig.* et *pl.*, p. 113 à 127, et 303 à 318.
18703. Catherin (L'abbé A.). — Les évêques italiens exilés dans l'Ain (1810-1814), p. 128 à 137, et 319 à 320.
18704. Génolin (L'abbé L.). —. Notes sur Lancrans, 2 *pl.*, p. 138 à 143.
18705. Descostes (L'abbé G.). — Villeneuve, Agnereins et Champteins, d'après les registres paroissiaux, p. 191 à 202.
18706. Rochet (S.). — Les prêtres de l'ancien diocèse de Belley sur le chemin de l'exil. Mémoires de M. le chanoine Berlioz (22 septembre 1792-novembre 1794), p. 247 à 272, et 375 à 396.
18707. Cordenod (L'abbé Ph.). — Les visites pastorales en Dombes en 1614 et en 1654, p. 286 à 302, et 397 à 416.
18708. Joly (L.). — L'abbé Auguste Teppe [1838 † 1906], *portr.*, p. 337 à 352.
18709. Matagrin (H.). — L'ancien diocèse de Belley, *a parte Delphinatus*, p. 353 à 374.
18710. Rochet (S.). — Une page ignorée de l'histoire du collège de Belley en 1792, p. 432 à 434.

AIN. — BOURG.

SOCIÉTÉ DES SCIENCES NATURELLES ET D'ARCHÉOLOGIE DE L'AIN.

Voir, pour les publications de cette Société antérieures à 1901, la table récapitulative de notre *Bibliographie générale;* et pour ses publications postérieures, les tables placées à la fin du fascicule III du tome I, et du fascicule I du tome II de notre *Bibliographie annuelle.*

XIII. — Bulletin de la Société des sciences naturelles et d'archéologie de l'Ain [n°s 42 à 45, 1906]. (Bourg, 1906, in-8°, 128 p.)

18711. J.-B. M. [Morgon (J.-B.)]. — L'abbé Joseph Jacquand, curé de Briord [† 1906], p. 4 à 6.
18712. Chagny (André). — Bourg-en-Bresse au temps de la domination savoisienne (XVe et XVIe s.), p. 7 à 32. — Suite et fin de XI, p. 76, 88; et XII, p. 25, et 44.
18713. Morgon (J.-B.). — Découverte gallo-romaine de la Cluse, p. 47 à 50.
18714. Morgon (J.-B.). — Le comte Amédée de Boissieu [† 1906], p. 68.
18715. Marchand (Fr.). — Découverte monétaire [monnaies romaines, à Murs], p. 77 à 87.
18716. Buonod (L.). — Treffort, p. 110 à 125.

AISNE. — CHÂTEAU-THIERRY.

SOCIÉTÉ HISTORIQUE ET ARCHÉOLOGIQUE DE CHÂTEAU-THIERRY.

Voir, pour les publications de cette Société antérieures à 1901, la table récapitulative de notre *Bibliographie générale;* et pour ses publications postérieures, les tables placées à la fin du fascicule III du tome I, et du fascicule I du tome II de notre *Bibliographie annuelle.*

XL. — Annales de la Société historique et archéologique de Château-Thierry, année 1905. (Château-Thierry, 1906, in-8°, IX-44-247 p.)

18717. Henriet (Frédéric). — Le colonel de Juniac [1762 † 1841], *portr.*, p. 1 à 24.
18718. Henriet (Maurice). — Deux contestations entre la ville de Château-Thierry et un de ses habitants, au XVIIIe siècle, p. 25 à 33.
18719. Corlieu (Dr A.). — Contributions à l'histoire de Charly, p. 34 à 37.
18720. Minouflet (A). — Notice nécrologique sur M. Doyen, p. 62 à 64.
18721. Minouflet (A). — Notes sur la légende de la Dame blanche et sur les pierres et monuments mégalithiques des environs de Neuilly-Saint-Front, p. 65 à 67.
18722. Guyot (N.). — L'instituteur d'Épaux en 1808, le sieur Nicolas Chapau, p. 68 à 74.
18723. Guyot (N.). — Les cloches de Château-Thierry, p. 75 à 92.
18724. Corlieu (Dr A.). — Le professeur Fr. Lhomme, [1846 † 1905], p. 93 à 98.
18725. Corlieu (Dr A.). — Les médecins de l'Hôtel-Dieu de Château-Thierry, p. 99 à 111.
18726. Minouflet (A.). — Un procès de vinage à Ruvet (hameau de Charly) en 1787, p. 125 à 137.
18727. Deraine (Émile). — Notes sur les dépenses d'un petit propriétaire rural au commencement du XIXe siècle, [à Chézy], p. 143 à 149.
18728. Guyot (N.). — Les archives et les biens, en 1693, de l'église Saint-Crépin de Château-Thierry, p. 150 à 174.
18729. Corlieu (Dr A.). — Souvenirs rétrospectifs sur Charly de 1830 à 1832, p. 175 à 182.
18730. Minouflet (A.). — Notice historique sur les compagnies d'archers de l'arrondissement, p. 183 à 199.
18731. Henriet (Maurice). — Notes sur l'impôt des boissons dans l'élection de Château-Thierry au XVIIIe siècle, p. 200 à 211.
18732. Legrand. — Note sur une adresse de la ville de Château-Thierry à l'Assemblée nationale en 1789, p. 212 à 221.
18733. Riomet (L.-B.). — Épigraphie campanaire de l'Aisne. Les cloches du canton de Fère-en-Tardenois, p. 222 à 244. — Suite de XXXV, p. 119; XXXVII, p. 3; XXXVIII, p. 245; et XXXIX, p. 193.

AISNE. — SOISSONS.

SOCIÉTÉ ARCHÉOLOGIQUE, HISTORIQUE ET SCIENTIFIQUE DE SOISSONS.

Voir, pour les publications de cette Société antérieures à 1901, la table récapitulative de notre *Bibliographie générale;* et pour ses publications postérieures, le fascicule 1 du tome II de notre *Bibliographie annuelle*, p. 4.

LII. — **Bulletin de la Société archéologique, historique et scientifique de Soissons**, t. XII, 3e série, 1903-1904. (Soissons, 1907, in-8°, 433 et 26 p.)

18734. Hivet (L'abbé). — Étymologie de Chalandry [arrond. de Laon], p. 5 à 7.
18735. Delaplace (L'abbé). — Pierre tombale de Noël Faveroiles [† 1662] à la cathédrale de Soissons, p. 11 à 12.
18736. Leger. — Le général Deflandre [1813 † 1871], *portr.*, p. 14 à 21.
18737. Collet. — L'église, le prieur et le prieuré de Saint-Rémy [de Soissons] à la Révolution, p. 24 à 29.
18738. Blanchard. — La statuaire et les sculptures de Saint-Jean-des-Vignes de Soissons, 4 *pl.*, p. 31 à 74.
18739. Hivet (L'abbé). — Étymologie des noms des évêques de Soissons, p. 75 à 83.
18740. Brun (Félix). — Lettre du marquis de Puységur au grand Condé (Soissons, 1672), p. 83 à 89.
18741. Brun (Félix). — Documents sur la peste de 1668 à Soissons, p. 91 à 95.
18742. Blanchard (Fernand). — Vase gallo-romain à inscription votive [trouvé à Soissons], p. 95 à 97.
18743. Brun (Félix). — Note sur Soissons et le Soissonnais en 1709, p. 98 à 120.
18744. Bouchel. — Nouvelles observations sur des livres liturgiques soissonnais, p. 121 à 126.
18745. Collet (E.). — Anciens remplacements militaires, p. 126 à 133.
18746. Bouchel. — Le grand hiver de 1709 à Serval et dans le Soissonnais, p. 133 à 135.
18747. Hivet (L'abbé). — Étymologie du mot *Clouise* [pierre près d'Haramont], p. 139.
18748. Brucelle. — Écu d'or à la couronne de Charles VII et pièce d'argent de Louis II de Male, comte de Flandre, p. 140.
18749. Leger (Colonel). — Recherche de l'itinéraire suivi par César pour marcher de son camp de Berry-au-Bac sur Noviodunum (an de Rome 696), p. 145 à 149.
18750. Vauvillé. — Monnaies gauloises de l'enceinte de Pommiers recueillies en 1902 et 1903, p. 149 à 152; — recueillies de décembre 1903 à octobre 1904, p. 317 à 319.

18751. Blanchard (Fernand). — Description d'objets romains découverts à Soissons, boulevard Pasteur, de 1899 à 1903, p. 153 à 166.
18752. Collet (E.). — Facteurs et factrices de grains à Soissons, jadis et aujourd'hui, p. 167 à 173.
18753. Collet. — Bail par adjudication des corps et biens de trois orphelins mineurs, [à Tartiers, 1692], p. 173 à 178.
18754. Collet. — Épitaphe facétieuse des époux Lecocq au Musée de Soissons (1673), p. 180 à 182.
18755. Blanchard (Fernand). — Notes bibliographiques sur Antoine Lepoix (1525-1579), p. 183 à 185.
18756. Collet. — Note sur d'anciens vignobles soissonnais, p. 186 à 188.
18757. Collet. — Billet d'entrée au sacre de Charles X, p. 189.
18758. Delaplace (L'abbé). — Restauration de l'église de Monampteuil en 1902 et 1903, p. 192 à 195.
18759. Brun (Félix). — Trois notes relatives au Soissonnais en 1709 et 1710, p. 207 à 218.
18760. Collet. — La communauté des anciens boulangers de Soissons, p. 219 à 221.
18761. Delaplace (L'abbé). — Note sur Enguerrand de Bournonville, la fleur des chevaliers [† 1414], p. 222 à 225.
18762. Blanchard (Fernand). — Note sur un ivoire sculpté du xviie siècle [Christ], p. 230 à 232.
18763. Jacquelet (L'abbé). — Le nom de Vauxbuin, p. 233 à 238.
18764. Jacquelet (L'abbé). — Antiquités géologiques et historiques de Vauxbuin, p. 240 à 245.
18765. Hivet (L'abbé). — Étymologie de Larris et de Mailly, p. 247.
18766. Collet (E.). — A propos de Saint-Just [1767 † 1794], p. 251 à 253.
18767. Blanchard (Fernand). — Rapport sur l'excursion de Vailly, p. 257 à 263.
18768. Delorme. — Note sur le mobilier artistique de la cathédrale de Soissons, p. 265 à 292.
18769. Jacquelet (L'abbé). — Topographie ancienne et moderne de Vauxbuin, p. 292 à 303.
18770. Brucelle. — Excursion à Braine, p. 304 à 310.
18771. Leger. — Le comte de Barral (1832 † 1904), *portr.*, p. 311.
18772. Blanchard (Fernand). — L'épitaphe de François Gilloy, administrateur de l'Hôtel-Dieu de Soissons [† 1698], p. 313 à 317.
18773. Vauvillé (Octave). — L'enceinte de Pommiers (Aisne), (Noviodunum des Suessiones), *fig.*, p. 321 à 361. — Cf. n° 18750.
18774. Brucelle. — La Pierre d'Ostel [monument druidique], *pl.*, p. 362 à 370.
18775. Collet (E.). — Maîtres Fabus [famille soissonnaise], p. 373 à 395.
18776. Jacquelet (L'abbé). — Excursion à Vauxbuin, p. 395 à 398.
18777. Bouchel. — La paroisse de Cys-la-Commune avant la Révolution, p. 398 à 405.
18778. Brucelle. — Règlement de la confrérie de Saint-Quentin de Berzy, p. 406 à 410.
18779. Brucelle. — Le théâtre à Soissons de 1778 au Directoire, p. 414 à 420.
18780. Jacquelet (L'abbé). — Seigneurie de Vauxbuin, p. 421 à 432.

AISNE. — VILLERS-COTTERETS.

SOCIÉTÉ HISTORIQUE RÉGIONALE DE VILLERS-COTTERETS.

Le tome I du *Bulletin* de cette Société est analysé dans le 1er fascicule du tome II de notre *Bibliographie annuelle*, p. 4.

II. — Bulletin de la Société historique régionale de Villers-Cotterets, chargée du Musée Alexandre Dumas [année 1906]. (Soissons, 1907, in-8°, 167 p.)

18781. Roch (Ernest). — Les hôtelleries cotterelziennes aux xviie et xviiie siècles, p. 11 à 84.
18782. Roch (Ernest). — Le général Alexandre Dumas [† 1806], comment il devint l'hôte, puis l'allié, d'une famille cotterelzienne, p. 87 à 109.
18783. Roch (Ernest). — Le festin de noces de Marguerite Lavoisier (1639) à Villers-Cotterets, p. 112 à 113.
18784. Roch (Ernest). — Contrat d'apprentissage de luthier à Villers-Cotterets (1727), p. 114 à 116.
18785. Poumerol (Alfred). — La Diane chasseresse (Arthemis Agrotera), à Villers-Cotterets, p. 122 à 126.
18786. Castellant. — Rapport sur l'affaire du château de Vez, p. 133 à 154.

ALLIER. — MOULINS.

SOCIÉTÉ D'ÉMULATION DU BOURBONNAIS.

Voir, pour les publications de cette Société antérieures à 1901, la table récapitulative de notre *Bibliographie générale;* et pour ses publications postérieures, les tables placées à la fin du fascicule III du tome I, et du fascicule I du tome II de notre *Bibliographie annuelle.*

XIV. — Bulletin de la Société d'émulation du Bourbonnais. Lettres, sciences et arts, t. XIV. (Moulins, 1906, in-8°, 536 p.)

18787. Berthoumieu (L'abbé V.). — Les forêts domaniales du Bourbonnais, *fig.* et *pl.*, p. 10 à 16. — Suite de XIII, p. 285, 360, et 393.

18788. Bertrand (A.). — Relation des fouilles faites à Chantenay (Nièvre) en 1903, p. 17 à 26. — Suite de XIII, p. 368, et 401.

[Monnaies gauloises et romaines.]

18789. Grégoire (C.). — Habillement, équipement et armemement des francs-archers de la ville de Saint-Pourçain au XVe siècle, p. 27 à 29.

18790. Ph. T. [Tiersonnier (Ph.)]. — La peste à Langy en 1586, p. 32.

18791. Quirielle (Roger de). — Écu de tôle repoussée à double face, respectivement aux armes des Coiffier et des Cadier, *fig.*, p. 41.

18792. Berthoumieu (L'abbé V.). — Toujours les Boïens, p. 53 à 56.

18793. Le Brun (Eugène). — Notes sur un procès de sorcellerie à Moulins en 1623, p. 57 à 59, et 85 à 88.

18794. Aubelle de Montmorin (Vte d'). — Notes sur Chandian, commune d'Isserpent, et ses environs, p. 60 à 62.

18795. Duchon (Paul). — Deux contrats concernant les familles de la région de Saint-Pourçain-sur-Sioules [XVIIe siècle], p. 62 à 63.

18796. Sabrot (D[r]). — Notes sur le fief de la Grillière (Monetay-sur-Allier), p. 70 à 80.

18797. Flament (Pierre). — Auguste Bletterie [† 1906], p. 81 à 83.

18798. Grégoire (C.). — Jeton de la communauté des marchands [d'Orléans] fréquentant la Loire, p. 88.

18799. Flament (Pierre). — Une lettre pédagogique de Blaise de Vigenère [1593], *fig.*, p. 89 à 92.

18800. Chabot (René). — Une réclame électorale d'autrefois [dans l'Allier, 1812], p. 93 à 95

18801. Lefèvre-Pontalis (Eugène). — L'église de Châtel-Montagne, 9 *pl.*, p. 104 à 112. — Cf. id. n° 14334.

18802. Reure (O.-C.). — Notes sur Antoine de Laval, p. 113 à 116.

18803. Tiersonnier (Ph.). — Consuls et maires de Moulins, p. 120, 171, 205, 250, 279, 471, et 507.

18804. Tiersonnier (Philippe). — La nécropole gauloise de Diou, 4 *pl.*, p. 147 à 152.

18805. Delaigue (E.). — Pillage de l'abbaye de Saint-Menoux en 1792, p. 153 à 157.

18806. Quirielle (Roger de). — La belle prière de Jésus : «Mon père je viens boire le calice» [prière guérissante bourbonnaise], p. 158 à 162.

18807. Du Broc de Segange (Commandant). — Les assassins de Jean de Lévis, comte de Charlus (1611), p. 163 à 170, et 182 à 193.

18808. Grégoire (C.). — La peste à Saint-Pourçain en 1498, p. 194.

18809. Clément (L'abbé Joseph). — Contribution à l'histoire de l'établissement d'un évêché à Moulins [1790], p. 195 à 204.

18810. Bertrand (A.). — Découverte des ruines d'un grand édifice gallo-romain sur le point culminant du bourg de Châtel-Deneuvre (Allier), p. 215 à 226.

18811. Delaigue (E.). — A Saint-Menoux pendant la Révolution. Les subsistances, p. 227 à 240, et 262 à 278.

18812. Divers. — Excursion dans la vallée inférieure de la Besbre, *fig.*, 8 *pl.* et 9 *tabl.*, p. 289 à 464, et 501 à 504.

[Dompierre-sur-Besbre; Saligny, *pl.*; Lieruolles, *fig.*; Montperoux et la Douaire, *pl.*; chapelle du Puy-Saint-Ambroise à Saint-Léon, *pl.*; Saint-Léon; Châtel-Perron, *pl.*; Vaumas, *fig.* et *pl.*; la Berlière; Préréal, *fig.*, *pl.* et 9 *tableaux*; château de Beauvoir, *fig.*; Saint-Pourçain-sur-Besbre; Toury sur Besbre, *fig.* et 2 *pl.*; Chambonnet.]

18813. Du Broc de Segange (Commandant). — Deux lettres du duc Charles III de Bourbon, connétable de France, p. 479.

18814. Dumas (L'abbé). — Découvertes archéologiques à Villeneuve-sur-Allier, p. 481 à 483.

18815. Tiersonnier (Philippe). — Nécrologie, p. 489 à 496.

[A. Meplain (†1906), portr.; F.-M. Treyve, (†1906), portr., etc.]

18816. Reure (O.-C.). — Note relative à l'hôpital de Vendat en 1448, p. 505.

18817. Clément (L'abbé Joseph). — La restauration de la madone de la Sainte-Chapelle de Bourbon-l'Archambault actuellement dans l'église paroissiale, pl., p. 513 à 515.

18818. Grégoire (C.). — Œuvres d'un sculpteur sur bois des environs de Saint-Pourçain (xviie et xviiie siècles), fig., p. 516.

ALPES (BASSES). — DIGNE.

SOCIÉTÉ SCIENTIFIQUE ET LITTÉRAIRE DES BASSES-ALPES.

Voir, pour les publications de cette Société antérieures à 1901, la table récapitulative de notre *Bibliographie générale*; et pour ses publications postérieures, la table placée à la fin du fascicule iii du tome I de notre *Bibliographie annuelle*.

XII. — Annales des Basses-Alpes. Nouvelle série. Bulletin de la Société scientifique et littéraire des Basses-Alpes, t. XII, 1905-1906. (Digne, s. d., in-8°.)

18819. Cauvin (C.). — Études sur la Révolution dans les Basses-Alpes. La Grande Peur (juillet-août 1789), p. 1 à 8, et 85 à 95.

18820. Jaubert (Eugène). — Souvenirs de décembre 1851, p. 9 à 22.

18821. Lieutaud (V.). — Une nouvelle source de l'histoire bas-Alpine. Le journal de Jean Lefèvre, évêque de Chartres, chancelier des comtes de Provence, Louis Ier (1382-1384) et Louis II d'Anjou (1384-1417), p. 23 à 34. — Suite de VI, p. 11, 49; et XI, p. 174, 236, 318, 492, et 570.

18822. Arnaud (Damase). — Les possessions de l'abbaye de Saint-Victor de Marseille dans les Basses-Alpes avant le xiie siècle, avec des recherches sur l'origine de quelques familles de Provence, p. 35, 96, 180, 248, 318, et 402. — Suite de XI, p. 36, 121, 189, 253, 444, et 552.

18823. Vars (Ch.). — Un milliaire d'Aurélien [à Saint-Jeannet], p. 62 à 64.

18824. Vève (F.). — Paul Arène, p. 65 à 84.

18825. Delmas (Jacques). — De Céreste à Reillane [excursion de la Société], p. 111 à 118.

18826. V. L. [Lieutaud (V.)]. — Donation de Volone et de Rognes (3 février 1489, n. s.), p. 119 à 122.

18827. Anonyme. — Changement de nom de La Tour de Bevons en celui de Valbelle (février 1687), p. 123 à 124.

18828. Bizot (P.-H.). — Saint-Sauveur de Manosque, p. 129, 274, 332, et 388.

18829. Lieutaud (V.). — Le protocole de Me Jean Monge, notaire à Digne (1478), p. 154 à 179.

18830. Anonyme. — Testament de Pons de Justas, seigneur de Peypin (27 mars 1327), p. 188.

18831. Anonyme. — Réception du juge et du viguier annuels dignois Antoine Reynard et Maurice Taulier (23 mai-4 juin 1532), p. 210.

18832. Arnaud d'Agnel (L'abbé). — Le préhistorique dans le sud-ouest des Basses-Alpes, 12 pl., p. 211 à 236.

18833. Richaud (A.). — Louis Daime [1828†1905], portr., p. 237 à 247.

18834. Lieutaud (V.). — La Société littéraire de Barcelonette et sa pléiade (1816-1821) d'après des documents inédits, p. 262 à 273, et 301 à 317.

18835. Bernard (Cyprien). — Études sur les anciennes familles de Forcalquier, p. 288, 349, et 410.

18836. Cauvin (C.). — Une révolte au Val-des-Monts en 1791, p. 381 à 387, et 425 à 439.

18837. Richaud (A.). — Essai de folk-lore bas-alpin, quelques légendes, p. 440 à 449.

18838. Savy (V.). — Les guerres de religion dans les Basses-Alpes, p. 450 à 472.

Supplément.

18839. Isnard (M.-Z.). — Comptes du receveur de la vicomté de Valernes (1401-1408). (Digne, 1905, in-8°, 53 et lii p.)

ALPES (HAUTES-). — GAP.

SOCIÉTÉ D'ÉTUDES DES HAUTES-ALPES.

Voir, pour les publications de cette Société antérieures à 1901, la table récapitulative de notre *Bibliographie générale;* et pour ses publications postérieures, les tables placées à la fin du fascicule III du tome I, et du fascicule I du tome II de notre *Bibliographie annuelle.*

XXV. — Bulletin de la Société d'études des Hautes-Alpes..., 25e année, 3e série. (Gap, 1906, in-8°, XXX-306 p.)

18840. Allemand (L'abbé F.). — Notice historique et archéologique sur la commune de la Bâtie-Neuve, p. 1 à 22.
18841. Tivollier (J.). — Convention pour la contribution de guerre levée sur le Queyras en 1693, p. 25 à 33.
18842. Martin (David). — La station de Mont-Seleucus et la voie romaine des Alpes Cottiennes, p. 35 à 41.
18843. Martin (David). — Sépultures du Serre de la Bâtie-Neuve, p. 43 à 46.
18844. Martin (David). — Benjamin Tournier [1820 † 1904], *portr.*, p. 55 à 63.
18845. Michel (J.). — Le premier règlement général de police promulgué par le corps municipal de Gap (5 août 1792), p. 67 à 85.
18846. Jacob (Louis). — Essai historique sur la formation des limites entre le Dauphiné et la Savoie, 3 *cartes*, p. 97 à 129, et 147 à 188. — Suite et fin de XXIV, p. 373.
18847. Allemand (L'abbé F.) — Découvertes archéologiques à Rambaud, et emplacements successifs du principal village, p. 193 à 197.
18848. Achard. — Le fléau de la peste au village de Trescléoux (1631-1632), p. 199 à 209.
18849. Achard (L'abbé). — Indemnité pour la mort du sr de Sainte-Euphémie, tué dans une chasse au loup (1634), p. 211.
18850. Anonyme. — Devis d'une horloge à construire pour la commune de Gap, par Pierre Gautier, horloger à Sisteron (an XIII), p. 213 à 215.
18851. Roman (J.). — Généalogie de la famille de Bonne, *fig.*, p. 219 à 240.
18852. Allemand (L'abbé F.). — Notice biographique sur Jean-Joseph Serres, ancien député, ancien sous-préfet (1762 † 1831), p. 253 à 296.
18853. D. M. [Martin (David)]. — Nécrologie, p. 297 à 302.

[Alfred Provansal († 1906); E. Marchand († 1906).]

ARDENNES. — SEDAN.

SOCIÉTÉ D'ÉTUDES ARDENNAISES.

Voir, pour les publications de cette Société antérieures à 1901, la table récapitulative de notre *Bibliographie générale;* et pour ses publications postérieures, les tables placées à la fin du fascicule III du tome I, et du fascicule I du tome II de notre *Bibliographie annuelle.*

XIII. — Revue d'Ardenne et d'Argonne..., publiée par la Société d'études ardennaises, 13e année, 1905-1906. (Sedan, 1906, in-8°, 240 p.)

18854. Delaw (Georges). — L'Ardenne qui s'en va. III. Herbeumont, notes et croquis, *fig.*, p. 1 à 24. — Suite de XII, p. 153, et 197.
18855. Jailliot (Dr J.). — Le protestantisme dans le Rethelois et dans l'Argonne jusqu'à la révocation de l'Édit de Nantes, *pl.*, p. 25, 44, 75, 119, 131, 164, 196,

et 214. — Suite de XI, p. 21, 49, 93, 132, 160, 198; et XII, p. 1, 84, 110, 177, et 217.

18856. Houin (Ch.) et Bourguignon (J.). — Notes sur le folklore de Givonne, p. 41 à 43.

18857. Delahaye (Ernest). — Le séjour de Paul Verlaine dans les Ardennes (1877-1883), *fig.* et *pl.*, p. 61 à 74.

18858. Menu (Henri) et Pellot (Paul). — La famille maternelle de Colbert, recherches biographiques sur les Pussort, *portr.*, p. 97 à 119.

18859. Lebot (Stephen). — Les entrevues princières dans les Ardennes au moyen âge, p. 131 à 133.

18860. Houin (Ch.). — Un épisode de l'histoire de la Révolution à Charleville. Les religieuses de la Providence de 1789 à 1802, p. 137 à 163.

18861. Collinet (Paul). — Nécrologie. Le Dr Jailliot [† 1906], p. 176.

18862. Henry (Ernest). — Les Blanpain, fondeurs de cloches à Francheval [XVIIIe s.], p. 177.

18863. Henry (Ernest). — Note sur la famille Morel, de Charleville, p. 179.

18864. Henry (E.). — Les aveux et dénombrements intéressant les Ardennes déposés aux archives départementales à Metz, p. 181 à 196.

18865. Houin (Ch.). — Un Ardennais, condisciple de Bonaparte à l'École de Brienne : Castres de Vaux, p. 205 à 213. — Cf. n° 18868.

18866. Limbour. — Découverte de squelettes francs et d'objets préhistoriques près d'Angecourt, p. 232 à 233.

18867. Tuot. — Sépultures près de Thelonne, p. 233 à 234.

18868. Henry (Ernest). — Note sur la famille de Castres de Vaux, p. 234 à 235. — Cf. n° 18865.

ARIÈGE. — FOIX ET SAINT-GIRONS.

SOCIÉTÉ ARIÉGEOISE DES SCIENCES, LETTRES ET ARTS ET SOCIÉTÉ DES ÉTUDES DU COUSERANS.

Voir, pour les publications de cette Société antérieures à 1901, la table récapitulative de notre *Bibliographie générale;* et pour ses publications postérieures, les tables placées à la fin du fascicule III du tome I de notre *Bibliographie annuelle.*

X. — **Bulletin périodique de la Société ariégeoise des sciences, lettres et arts, et de la Société des études du Couserans.** 10e vol., 1905-1906. (Foix, 1906, in-8°, 445 p.)

18869. Doublet (G.). — Histoire de la maison de Foix-Rabat, p. 1 à 18, et 225 à 245. — Suite de VI, p. 1, 66, 307; VII, p. 49, 217; VIII, p. 97, 129, 281, 391; et IX, p. 113, et 175.

18870. Barrière-Flavy. — Paréage entre l'abbé de Saint-Antonin de Pamiers et Bertrand de Belpech pour Saint-Amadou [1230], p. 19 à 23.

18871. Pélissier (Edmond). — Quatre lettres d'Henri de Sponde, évêque de Pamiers, à Jean de Sponde, son neveu et coadjuteur à Foix [1634-1637], p. 23 à 30.

18872. Pasquier (F.). — Traces de servage dans le haut pays de Foix au XVe siècle, p. 31 à 38.

18873. Barrière-Flavy. — Constitution du fief de Brie par le comte Roger de Foix en faveur de Raymond de Canté et de Jordain de Pereilhe (1298), p. 49 à 56.

18874. Barrière-Flavy. — Inféodation de Pauliac par l'évêque de Pamiers (1428), p. 57 à 62.

18875. Barrière-Flavy. — Les mines de Château-Verdun au XIIIe siècle, accord entre le comte de Foix et les coseigneurs de Château-Verdun en 1293, p. 63 à 69.

18876. Bordeaux (Paul). — Les ateliers monétaires de Toulouse et de Pamiers pendant la Ligue, p. 70 à 95.

18877. R. R. [Roger (R.)]. — Inventaire de l'artillerie, armes et munitions de guerre du château de Foix en 1632, p. 95 à 98.

18878. Galabert (François). — Les archives révolutionnaires de l'Ariège, p. 113 à 130. — Cf. id. n° 17473.

18879. Pasquier (F.). — Coutumes municipales de Foix sous Gaston Phœbus, d'après le texte roman de 1387, étude accompagnée de pièces justificatives, p. 131 à 145, et 177 à 200.

18880. Lafuste (L'abbé Ed.). — Renseignements historiques tirés des archives paroissiales de Belesta [1599-1655], p. 145 à 148.

18881. Barrière-Flavy. — Le capitaine Jean Le Comte, gouverneur du château et de la ville de Foix (1584-1600), épisode des guerres de la Ligue et de religion dans le comté de Foix, p. 149, 201, et 246.

18882. L. B. [Bardies (L. de)]. — Excursion à Sentein-les-Bains, p. 165 à 172.

[Lurenac, Ourjout, Montolieu, Sentein.]

18883. F. P. [Pasquier (F.)]. — Paul Doumenjou († 1905), p. 217 à 219.

18884. Pasquier (F.). — La détresse de l'abbaye des Salenques, au comté de Foix, en 1483, p. 277 à 295.

18885. Pasquier (F.). — Déclaration faite en 1627 par les villes de Pamiers, Mazères, Saverdun et le Carla de rester fidèles au Roi, p. 296 à 298.

18886. Doublet (G.). — La corne de serpent des comtes de Foix et les papes Clément V et Jean XXII, p. 321 à 330.

18887. Decap (J.). — L'instruction publique à Mazères (comté de Foix), aux xviie et xviiie siècles, d'après les registres et délibérations municipales, p. 331 à 346.

18888. Galabert (François). — Le château de Pamiers au xve siècle, p. 347 à 350.

18889. Doublet (G.). — Un ambassadeur ariégeois de Louis XIV dans les cours du Nord [J.-L. d'Usson, marquis de Bonnac], p. 369 à 396.

18890. Cau-Durban (l'abbé D.). — Notice biographique, de Mgr Dominique de Lastic [† 1795], p. 397 à 400.

18891. F. P. [Pasquier (F.)]. — Léon Gadrat (1846 † 1906), p. 417 à 419.

18892. Pasquier (F.). — Hommage des châteaux de Mirepoix en 1152 et de Niort en 1158, p. 420 à 423.

18893. Cartailhac (Émile). — Découvertes préhistoriques dans une grotte de Niaux, près Tarascon (Ariège), p. 423 à 427.

AUBE. — TROYES.

SOCIÉTÉ ACADÉMIQUE D'AGRICULTURE, DES SCIENCES, ARTS ET BELLES-LETTRES DE L'AUBE.

Voir, pour les publications de cette Société antérieures à 1901, la table récapitulative de notre *Bibliographie générale;* et pour ses publications postérieures, les tables placées à la fin du fascicule III du tome I, et du fascicule I du tome II de notre *Bibliographie annuelle.*

LXX. — Mémoires de la Société académique d'agriculture, des sciences, arts et belles-lettres ... de l'Aube, t. LXX de la collection, t. XLIII, 3e série, année 1906. (Troyes, s. d., in-8°, 486 p.)

18894. Pétel (L'abbé Auguste). — Le diocèse de Troyes dans le différend entre Boniface VIII et Philippe le Bel et dans l'affaire des Templiers, p. 9 à 100.

18895. Prévost (L'abbé A.). — Journal des visites de Jacques Raguier, évêque de Troyes [1499], p. 101 à 216.

18896. Babeau (Albert). — Lettres inédites de Grosley écrites pendant son voyage d'Italie et de France en 1758 et 1759, p. 217 à 251.

18897. Pétel (L'abbé Auguste). — Templiers et Hospitaliers dans le diocèse de Troyes. La maison de Serre-lès-Montceaux, p. 253 à 332.

18898. Renaud-Lutel. — M. Thierry († 1906), p. 333 à 335.

18899. Prévost (L'abbé A.). — Le grand portail de l'église de Pont-Sainte-Marie, p. 381 à 403.

18900. Chantavoine (H.). — Edme Boursault, de Mussy sur-Seine [1638 † 1701], p. 405 à 415.

18901. Le Clert (Louis). — Liste des dons faits au Musée de Troyes pendant l'année 1906, p. 425 à 435.

LXXI. — Annuaire administratif, statistique et commercial du département de l'Aube pour 1906, publié ... sous la direction de la Société académique du département de l'Aube, 80e année. (Troyes, s. d., in-8°, 440-181 p.)

18902. Prévost (L'abbé A.). — Le palais épiscopal de Troyes, *pl.*, p. 3 à 25.

18903. Chouillier (Ernest). — Amable Louis Pinta, peintre paysagiste, p. 27 à 30.

18904. Babeau (Albert). — L'Hôtel-Dieu Saint-Bernard de Troyes, *pl.*, p. 31 à 47.

18905. Le Clert (Louis). — Liste des dons faits au musée de Troyes pendant l'année 1905, p. 153. — Cf. id. n° 14161.

IMPRIMERIE NATIONALE.

AUDE. — CARCASSONNE.

SOCIÉTÉ DES ARTS ET DES SCIENCES DE CARCASSONNE.

Voir, pour les publications de cette Société antérieures à 1901, la table récapitulative de notre *Bibliographie générale;* et pour ses publications postérieures, les tables placées à la fin du fascicule III du tome I, et du fascicule I du tome II de notre *Bibliographie annuelle.*

XII. — Mémoires de la Société des arts et sciences de Carcassonne, 2e série, t. II. (Carcassonne, 1906, in-8°, 46 et 227 p.)

18906. Baichère. — Monnaies françaises trouvées à Fontfroide (XIIe-XVIIe s.), p. 6.
18907. Jourdanne (J.). — Cros-Mayrevieille et les Coutumes de Carcassonne, p. 7 à 8.
18908. Baichère. — Florin de Charles V et agnel d'or de Philippe V le Long trouvés à Villardebelle, p. 20.
18909. Baichère. — Médailles de plomb de saint Pierre et de sainte Marie-Madeleine trouvées à Fontfroide (XVIIe s.), p. 22 à 23.
18910. Cros-Mayrevieille. — Gaston Jourdanne (1858 † 1905), p. 27 à 29.
18911. Cros-Mayrevieille (A.). — Mémoire touchant les familles les plus anciennes de la ville de Carcassonne, p. 1 à 205.
18912. Baichère (L'abbé Ed.). — La reddition du lieu de Monthault (Aude) par les religionnaires d'après le récit du capitaine Michel, enseigne des arquebusiers de la garde de Montmorency, p. 209 à 226.

AUDE. — CARCASSONNE.

SOCIÉTÉ D'ÉTUDES SCIENTIFIQUES DE L'AUDE.

Pour les publications de cette Société antérieures à 1901, voir la table récapitulative de notre *Bibliographie générale;* et pour ses publications postérieures, voir les tables placées à la fin du fascicule III du tome I, et du fascicule I du tome II de notre *Bibliographie annuelle.*

XVII. — Bulletin de la Société d'études scientifiques de l'Aude, t. XVII, année 1906. (Carcassonne, 1906, in-8°, LXXXVII-260 p.)

18913. Goubrent (Dr J.-P.). — Excursion en Espagne : Saint-Sébastien, Madrid, Escorial, Tolède, Sarragosse, Barcelone, p. 3 à 58.
18914. Cathala (Marius). — Excursion aux environs de Bize, p. 59 à 82.

[Le préhistorique dans les grottes de Bize, Boussocos, Cabezac.]

18915. Boubrel (Dr). — Excursion au Val de Dagne, Serviès-en-Val, Notre-Dame de Carla, Rieux-en-Val, *fig.* et *pl.*, p. 82 à 93.
18916. Tisseyre (Élie). — Excursion à Rennes-le-Château, *fig.*, p. 98 à 103.
18917. Sicard (G.). — Excursion dans la haute vallée de l'Aude, le Donnezan et le Roquefortés, *pl.*, p. 105 à 138.

[Château d'Usson, *pl.*]

18918. Bedos (Antonin). — Origines et significations de quelques noms fréquents de cantons forestiers et de reboisements de la région des Corbières (cantonnement de Limoux), p. 147 à 162.

AVEYRON. — RODEZ.

SOCIÉTÉ DES LETTRES, SCIENCES ET ARTS DE L'AVEYRON.

Voir, pour les publications de cette Société antérieures à 1901, la table récapitulative de notre *Bibliographie générale;* et pour ses publications postérieures, les tables placées à la fin du fascicule III du tome I, et du fascicule I du tome II de notre *Bibliographie annuelle.*

XX. — **Procès-verbaux des séances de la Société des lettres, sciences et arts de l'Aveyron.** t. XX, du 30 juillet 1903 au 29 décembre 1905. (Rodez, 1905, in-8°, XVI-244 p.)

18919. Hermet (L'abbé) — Bassins de cuivre dans les églises du diocèse de Rodez; épitaphe du XIe-XIIe siècle à Saint-Grégoire, p. 66 à 67, et 80 à 81.

18920. Horluc (P.). — Le comte de Latour, baron de Saint-Igest [1726 † 1796], p. 166 à 168. — Cf. n°s 18923 et 18924.

18921. Artières. — Pierre funéraire provenant du château de Cabrières; Claude Peyrot, p. 170 à 172.

18922. Artières. — Menu d'un repas du XVe siècle [à l'Hôtel de ville de Millau], p. 181 à 183.

18923. Yzarn-Valady (Comte d'). — Sur la maison de Latour-Saint-Igest, p. 208 à 211. — Cf. n°s 18920 et 18924.

18924. Horluc. — Réponse au comte d'Yzarn-Valady, p. 211 à 212. — Cf. n°s 18920 et 18923.

BOUCHES-DU-RHÔNE. — AIX.

ACADÉMIE D'AIX.

Voir, pour les publications de cette Académie antérieures à 1901, la table récapitulative de notre *Bibliographie générale;* et pour ses publications postérieures, les tables placées à la fin du fascicule III du tome I, et du fascicule I du tome II de notre *Bibliographie annuelle.*

LXXXVI. — **Séance publique de l'Académie des sciences, agriculture, arts et belles-lettres d'Aix.** (Aix-en-Provence, 1906, in-8°, 77 p.)

18925. Ille (Marquis d'). — Provence et Naples, p. 7 à 33.

BOUCHES-DU-RHÔNE. — AIX.

SOCIÉTÉ D'ÉTUDES PROVENÇALES.

Les deux premiers volumes des *Annales* de cette Société sont analysés dans notre *Bibliographie annuelle*, t. I, fasc. III, p. 12, et t. II, fasc. I, p. 12.

III. — Annales de la Société d'études provençales... 3e année, 1906. (Aix-en-Provence, s. d., in-8°, XXI-416 p.)

18926. Joret (Charles). — L'helléniste d'Anse de Villoison et la Provence, p. 1 à 20. — Suite de II, p. 231.

18927. Ville-d'Avray (H. de). — Bijou antique découvert à Fréjus, *fig.*, p. 21 à 22.

18928. Reynaud de Lyques (L'abbé G.). — Un prédicateur toulonnais au XVIIIe siècle. Le R. P. Hyacinthe-Thomas d'Aquin La Berthonye, p. 23 à 38, et 81 à 94. — Suite de II, p. 208.

18929. Anonyme. — Robert Reboul [1842 † 1905], p. 39 à 40.

18930. Arnaud d'Agnel (L'abbé G.). — Un plat en faïence de Marseille à décor Bérain, *pl.*, p. 55 à 60.

18931. Arnaud d'Agnel (L'abbé G.). — Joseph Fauchier, faïencier de Marseille, et ses statues de la Vierge, 2 *pl.*, p. 61 à 70.

18932. Pélissier (L.-G.). — Sommelsdyck en Provence (novembre 1654), p. 72 à 80.

18933. Arnaud d'Agnel (G.). — Notes complémentaires sur les découvertes archéologiques au castellas de Vitrolles, *pl.*, p. 95 à 98.

18934. Fournier (J.). — Gustave Saige († 1905), p. 99 à 100.

18935. Froidevaux (Henri). — Un questionnaire d'histoire coloniale marseillaise et provençale, p. 123 à 137.

18936. Doublet (Georges). — Robert Céneau, évêque de Vence (1523-1530) et de Riez (1530-1532), p. 139 à 148.

18937. Bertrand (M.). — Note sur deux inscriptions romaines de Fréjus, p. 149 à 154.

18938. Poupé (Edmond). — Les dessous des élections de l'an VII dans le Var, p. 171 à 196.

18939. Bouchinot (E.). — Recherches toponymiques sur les anciens Grand et Petit Mont-Redon de la baie de l'Huveaune, près Marseille, sur les noms de Rose, de Voire, etc., p. 197 à 206.

18940. Villard (Henry). — Un pari sur la mort de Jeanne d'Arc en 1437, p. 207 à 213.

18941. Raimbault (Maurice). — Sur le denier arlésien à l'*I* [XIIe s.], *fig.*, p. 215 à 223.

18942. Moulin (Paul). — La propriété foncière et la vente des biens nationaux à Salon, p. 249 à 272.

18943. Mabilly (Ph.). — Pierre Puget et ses proches, p. 273 à 281.

18944. Clerc (M.). — Un négociant en huile d'Aix à Rome au second siècle de notre ère, p. 283 à 288.

18945. Goudbin (J.). — Un ambassadeur du Maroc à Marseille en 1807, p. 289 à 295.

18946. Cotte (Ch.). — Revue de paléthnologie provençale, p. 297 à 310.

18947. Bos (Émile). — Découvertes archéologiques à la Torse, près Aix, p. 311 à 314.

[Antiquités romaines.]

18948. Constans (Léopold). — Mistral et son œuvre, p. 321 à 382.

18949. Arnaud d'Agnel (G.). — Notice sur le reliquaire de Saignon, dit de la reine Jeanne, *fig.* et *facs.*, p. 383 à 390.

18950. Daniel. — Siège et prise de Lambesc, par Bernard de Nogaret en 1589, p. 391 à 392.

Annexe.

18951. Vincent (Jacques). — Les hôpitaux à Aubagne, 62 p.

BOUCHES-DU-RHÔNE. — ARLES.

SOCIÉTÉ DES AMIS DU VIEIL ARLES.

Les deux premiers volumes du *Bulletin* de cette Société sont analysés dans notre *Bibliographie annuelle*, t. I, fasc. III, p. 13, et t. II, fasc. I, p. 13.

III. — Bulletin de la Société des Amis du vieil Arles, 3e année. (Arles, 1905-1906, in-8°, 272 p.)

18952. Chailan (M.). — Fondation de la Charité d'Arles (1641-1704), p. 1 à 11. — Suite de II, p. 142.
18953. Auvergne (J.). — Les derniers bénédictins de Montmajour, p. 12 à 22.
18954. Du Roure (Baron). — Notes pour servir à l'histoire ecclésiastique d'Arles, p. 23 à 37, et 137 à 184. — Suite de II, p. 107, et 155.
18955. Fassin (Émile). — Les proverbes du pays d'Arles, p. 38, 94, 195, et 260. — Suite de I, p. 43, 146, 190; et II, p. 25, 52, 117, et 172.
18956. E. F. [Fassin (Émile)]. — Les rues d'Arles, p. 42, 104, et 267. — Suite de II, p. 22, et 33.
18957. Bouchinot (E.). — Suite à la note archéologique sur la crypte préhistorique de Coutignargue et sur l'allée couverte de la Source près Arles, *pl.*, p. 49 à 58. — Suite de II, p. 65.
18958. Anonyme. — Mœurs arlésiennes au début du règne de Louis XVI [relation de ce qui s'est passé à Arles à l'occasion de la mort de Louis XV (1774), par L. Bonnemant], p. 59 à 80.
18959. Lacaze-Duthiers (E.). — Comment s'habillaient les Arlésiennes sous l'ancien régime. Notes extraites d'un manuscrit inédit du P. Dumont, minime (1784), *pl.*, p. 81 à 85.
18960. E. F. [Fassin (Émile)]. — Tablettes d'un curieux [concernant Arles et Montmajour], p. 86 à 93, et 189 à 194.
18961. Perrin (Dr E.-R.). — Le Dr Deville (1797 † 1872), p. 99 à 103.
18962. E. F. [Fassin (Émile)]. — La légende territoriale du pays d'Arles, p. 110 à 111, et 250 à 252. — Suite de II, p. 54. — Cf. I, p. 149, et 192.
18963. Chailan (M.). — Deux siècles d'Université [à Paris] (1587-1590) d'après une fondation arlésienne [de François de Varadier], p. 113 à 136, et 209 à 236.
18964. Anonyme. — Découvertes archéologiques à Trinquetaille [antiquités romaines], 2 *pl.*, p. 237 à 239.
18965. Destandau. — Les Baux, pavillon attribué à Bresson-Peyre, *pl.*, p. 240 à 245.
18966. Auvergne (J.). — Deux oubliés, p. 246 à 249.

[Jean van Ens (XVIIe s.) et Étienne Léger (XVIIIe s.) et le dessèchement des marais du pays d'Arles.]

18967. Bacqué (Dr Joseph). — Le chirurgien J.-A. Jonquet [1769 † 1806], p. 253 à 257.

BOUCHES-DU-RHÔNE. — MARSEILLE.

SOCIÉTÉ ARCHÉOLOGIQUE DE PROVENCE.

Cette Société a été fondée au mois de juillet 1902 et ses statuts ont été approuvés en décembre 1903. Nous donnons ci-dessous l'analyse des nos 1 à 3 de son *Bulletin* qui se réfèrent à l'année 1904; les nos 4 à 6 correspondant aux années 1905 et 1906, devant former un volume avec les nos 7 et 8 non encore publiés, nous en remettons l'analyse à un fascicule ultérieur.

I. — Bulletin de la Société archéologique de Provence, année 1904, nos 1 [à 3]. (Marseille, 1904, in-8°, 105 p.)

18968. Boot de Charlemont. — Les fouilles archéologiques d'Aubagne, p. 22 à 27.
18969. Baillon (J.). — La station de l'île Maire, p. 30 à 34.
18970. Gérin-Ricard (H. de). — Sur la présence de matériaux et d'objets antiques dans les châteaux du moyen âge, p. 34 à 38.
18971. Cotte. — Trois objets [préhistoriques] en pierre, p. 38 à 40.

18972. Cotte (Ch.). — La *Baumo dou Luce* à Régalon (Vaucluse), p. 40 à 42.

18973. Arnaud d'Agnel (L'abbé) et Clerc (Michel). — Sur les objets antiques du musée de Sault (Vaucluse), p. 43 à 51.

18974. Dalloni (Marius). — Sur de nouvelles fouilles à la station préhistorique de Châteauneuf-lès-Martigues (Bouches-du-Rhône), p. 51 à 53.

18975. Cotte (Charles). — Sur les poteries de l'abri de la Font-des-Pigeons à Châteauneuf-les-Martigues, p. 54 à 61.

18976. Arnaud d'Agnel (L'abbé). — Sur le castellas de Vitrolles (Bouches-du-Rhône), p. 62 à 64.

18977. Bout de Charlemont. — Sur un outil de pierre trouvé dans la grotte de Bassan (Roquevaire), p. 66 à 68.

18978. Bout de Charlemont. — Sur les restes de construction romaine relevés en un des points de la campagne de Lascours (Roquevaire), p. 69.

18979. Bout de Charlemont. — Sur un pot celtique trouvé près de la grotte de Lascours, p. 70.

18980. Bout de Charlemont. — Sur quelques découvertes récentes faites à Tauroentum, p. 71.

18981. Dalloni (Marius) et Baillon (J.). — Sur une station gallo-romaine au Plan-de-Campagne, près Septèmes (Bouches-du-Rhône), p. 72.

18982. Anonyme. — Excursion à Saint-Rémy et aux Baux, p. 74 à 80.

18983. Vasseur et Repelin. — Découverte de la céramique estampée (rouelles et palmettes) dans un abri sous roche des environs de Marseille, p. 83 à 87.

18984. Bout de Charlemont. — Diverses recherches, observations ou découvertes faites dans les environs d'Aubagne (Bouches-du-Rhône), p. 88 à 92.

[Chapelle Notre-Dame, et les Trompines à Gémenos; découvertes à Saint-Menet.]

18985. Cotte (Ch.). — L'oppidum de la Cloche à Pas-des-Lanciers, p. 92 à 97.

18986. Ville d'Avray (Colonel de). — Le monument de la Brague (Alpes-Maritimes), p. 98 à 100.

18987. Baillon (Jules). — Découverte de lampes romaines à Saint-Barnabé, p. 101 à 103.

18988. M. D. [Dalloni (M.)]. — Excursion à Tauroentum, p. 103 à 105.

BOUCHES-DU-RHÔNE. — MARSEILLE.

SOCIÉTÉ DE GÉOGRAPHIE DE MARSEILLE.

Voir, pour les publications de cette Société antérieures à 1901, la table récapitulative de notre *Bibliographie générale;* et pour ses publications postérieures, les tables placées à la fin du fascicule III du tome I, et du fascicule I du tome II de notre *Bibliographie annuelle.* Une table des vingt-neuf premiers volumes du *Bulletin* est indiquée ci-dessous sous le n° 18998.

XXIX. — Bulletin de la Société de géographie et d'études coloniales de Marseille, t. XXIX. (Marseille, 1905, in-8°, 483 p.)

18989. Levat (David). — Les confins de l'Algérie et du Maroc, p. 5 à 17.

18990. Gallois (Eugène). — Oasis algériennes et tunisiennes, p. 46 à 60.

18991. Mercier (D^r^). — Souvenirs du pays Muong (Haut-Tonkin), p. 204 à 213.

18992. Giraud (Étienne). — La Guinée portugaise, p. 214 à 231.

18993. Bourge (G.). — Les Nouvelles-Hébrides, p. 265 à 278.

18994. Sabatier (F.). — Les territoires du lac Tchad, p. 295 à 300.

18995. Gaffarel (P.). — Les îles Baléares, *carte,* p. 365 à 382.

18996. Delaporte. — L'île de Ceylan, p. 391 à 396.

XXX. — Bulletin de la Société de géographie et d'études coloniales de Marseille, t. XXX. 1906. (Marseille, 1907, in-8°, 448 p.)

18997. Léotard (Jacques). — Histoire de la Société (1876-1906), *pl.,* p. 1 à 71.

18998. Léotard (Jacques) et Guillaumet (A.). — Table générale des matières du Bulletin (1877-1905), p. 73 à 112.

18999. Pasquier, Vinh et Nhut. — Les Annamites, littérature, culte, origines, p. 113 à 144.

19000. Mury (Francis). — La Chine en évolution, p. 151 à 178.

19001. Masson (Paul). — Le rôle colonial de Marseille, p. 233 à 243.
19002. Mouret (Ludovic). — L'île de Poulo-Canton (Annam), *fig.*, p. 244 à 251.
19003. Phan-van-Luc. — Le mariage annamite, p. 265 à 274.
19004. Hayes (E.). — Voyage aux Guyanes et au Para, p. 275 à 302.

CALVADOS. — CAEN.

ACADÉMIE DES SCIENCES, ARTS ET BELLES-LETTRES DE CAEN.

Voir, pour les publications de cette Académie antérieures à 1901, la table récapitulative de notre *Bibliographie générale;* et pour ses publications postérieures, les tables placées à la fin du fascicule III du tome I, et du fascicule I du tome II de notre *Bibliographie annuelle.*

LX. — Mémoires de l'Académie nationale des sciences, arts et belles-lettres de Caen. (Caen, 1906, in-8°, 15-200-131-14 p.)

19005. Tougard (L'abbé A.). — Un opuscule de Robert du Val, p. 11 à 29.
19006. Vanel (Gabriel). — Étude sur la prise de Cherbourg par les Anglais en 1758, p. 31 à 77.
19007. Carlez (Jules). — Boucher de Perthes, musicien et auteur dramatique, p. 79 à 109.
19008. Pouthas (C.). — Le collège royal de Caen après l'abbé Daniel (1839-1848), p. 111 à 189.
19009. Sauvage (R.-Norbert). — La chronique de Sainte-Barbe-en-Auge, p. 1 à 69.
19010. Gallier (A.). — Les écoles vétérinaires et la généralité de Caen, p. 71 à 131.

CALVADOS. — CAEN.

ASSOCIATION NORMANDE.

Voir, pour les publications de cette Association antérieures à 1901, la table récapitulative de notre *Bibliographie générale;* et pour ses publications postérieures, les tables placées à la fin du fascicule III du tome I, et du fascicule I du tome II de notre *Bibliographie annuelle.*

LXX. — Annuaire des cinq départements de la Normandie, publié par l'Association normande, 73e année, 1906. (Caen, s. d., in-8°, LXIV-575 p.)

19011. Brebisson (R. de). — L'affaire des quatre-vingt-quatre, épisode de la Révolution à Caen (1791-1792), p. 19 à 150.
19012. Jamont (Camille). — Mortain (1789-1791), esquisse d'histoire locale, p. 151 à 262.
19013. Picard. — La papeterie dans la vallée de Brouains, depuis le XVe siècle, p. 265 à 273.
19014. Veuclin (V.-E.). — Les anciennes confréries de Saint-Michel dans les diocèses d'Évreux et de Lisieux, p. 274 à 287.
19015. Veuclin (V.-E.). — Les confréries funéraires dites Charités, en Normandie, p. 288 à 306.
19016. Despois (Mlle). — La forêt de Lande-Pourrie, p. 307 à 317.
19017. Anonyme. — Nécrologie, p. 564 à 571.

[J.-M. Le Moutier (1825 † 1905); Joseph de Robillard de Beaurepaire (1830 † 1906).]

CALVADOS. — CAEN.

SOCIÉTÉ DES ANTIQUAIRES DE NORMANDIE.

Voir, pour les publications de cette Société antérieures à 1901, la table récapitulative de notre *Bibliographie générale;* et pour ses publications postérieures, les tables placées à la fin du fascicule III du tome I de notre *Bibliographie annuelle.*

XXV. — Bulletin de la Société des Antiquaires de Normandie, t. XXV. (Caen, 1906, in-8°, 433 p.)

19018. Vanel (G.). — Remarques de Nicolas Le Hot, avocat au bailliage de Caen en 1680, p. 3 à 80.

19019. Blangy (Comte A. de). — Tutelle de René du Parc, baron d'Ingrande (1579-1585), *pl.*, p. 83 à 266.

19020. Vanel (G.). — Remarques de Jacques Le Marchant, conseiller garde-scel au bailliage et siège présidial de Caen (1674-1738), p. 267 à 431.

CALVADOS. — CAEN.

SOCIÉTÉ FRANÇAISE D'ARCHÉOLOGIE.

Voir, pour les publications de cette Société antérieures à 1901, la table récapitulative de notre *Bibliographie générale;* et pour ses publications postérieures, les tables placées à la fin du fascicule III du tome I, et du fascicule I du tome II de notre *Bibliographie annuelle.*

LXX. — Bulletin monumental, dirigé par Eugène Lefèvre-Pontalis, sous les auspices de la Société française d'archéologie, 70e volume de la collection. (Paris et Caen, 1906, in-8° 635 p.)

19021. Lefèvre-Pontalis (Eug.). — Les influences normandes aux XIe et XIIe siècles dans le nord de la France [Île-de-France et Picardie], *fig.* et 17 *pl.*, p. 3 à 37.

19022. Enlart (C.). — Origine anglaise du style flamboyant, *fig.* et 7 *pl.*, p. 38 à 81.

19023. Fancy (L. de). — Entrelacs carolingiens de l'Anjou, *fig.* et 6 *pl.*, p. 82 à 91.

19024. Deshoulières (F.). — L'église de Saint-Genès de Châteaumeillant (Cher), 3 *pl.*, p. 91 à 105.

19025. Fayolle (Marquis de). — Les églises de Saint-Paulien et de Chamalières-sur-Loire avaient-elles un déambulatoire? 2 *pl.*, p. 106 à 111.

19026. Fage (René). — L'église de Saint-Junien (Haute-Vienne), 4 *pl.*, p. 112 à 128.

19027. Saint-Paul (Anthyme). — Les irrégularités de plan dans les églises, p. 129 à 155.

19028. Serbat (Louis). — Chronique [archéologique], p. 156, 405, et 568.

19029. Triger (Robert). — Rapport sur les résultats de la pétition relative à la conservation des édifices et objets d'art religieux, p. 185 à 191.

19030. Valois (Jules de). — Le cimetière franc de Soues (Somme), 2 *pl.*, p. 207 à 217.

19031. Merlet (René). — Les architectes de la cathédrale de Chartres et la construction de la chapelle Saint-Piat au XIVe siècle, *pl.*, p. 218 à 234.

19032. Marsaux (Le chanoine). — La prédiction de la sibylle et la vision d'Auguste, *pl.*, p. 235 à 250.

19033. Porée (Ch.). — Le chœur de la cathédrale d'Auxerre, 4 *pl.*, p. 251 à 262.

19034. Mortet (V.). — La maîtrise d'œuvre dans les grandes constructions du XIIIe siècle et la profession d'appareilleur, p. 263 à 270.

19035. Musset (Georges). — Les églises romanes de

Rioux et de Rétaud (Charente-Inférieure), 7 *pl.*, p. 271 à 287.

19036. Saint-Paul (Anthyme). — La cathédrale de Reims au XIIIe siècle, p. 288 à 328.

19037. Durand (Georges). — Les Lannoy, Folleville et l'art italien dans le nord de la France, *fig.* et 5 *pl.*, p. 329 à 404.

19038. Naef (Albert). — Les dates de construction de l'église de Romainmôtier (Suisse), 9 *pl.*, p. 425 à 452.

19039. Lefèvre-Pontalis (Eug.). — Comment doit-on rédiger la monographie d'une église? p. 453 à 482.

19040. Saint-Paul (Anthyme). — Les origines du gothique flamboyant en France, p. 483 à 510. — Cf. n° 19041.

19041. Enlart (C.). — L'origine anglaise du style flamboyant, réponse à M. Anthyme Saint-Paul, p. 511 à 525. — Cf. n° 19040.

19042. Barbot (Dr J.). — Les anciennes cryptes de la cathédrale de Mende, 2 *pl.*, p. 526 à 549.

19043. Farcy (L. de). — La tour Saint-Aubin, à Angers, *fig.* et 3 *pl.*, p. 550 à 567.

19044. Régnier (L.). — Nécrologie. M. l'abbé Marsaux [1842 † 1907], p. 592 à 595.

LXXII. — Congrès archéologique de France, 72e session tenue à Beauvais en 1905, par la Société française d'archéologie. (Caen, 1906, in-8°, LIX-719 p.)

19045. Lefèvre-Pontalis (E.), le chanoine Marsaux, Bonnault d'Houet (X. de) et Régnier (Louis). — Guide archéologique du Congrès de Beauvais, *fig.* et 50 *pl.*, p. 1 à 192.

[Beauvais, *fig.* et 10 *pl.*; Marissel; Allonne, *pl.*; Saint-Lazare, *pl.*; Bury, 2 *pl.*; Cambronne, 2 *pl.*; Clermont; Gisors, *fig.* et 2 *pl.*; Gournay-en-Bray, *pl.*; Saint-Germer, 6 *pl.*; Senlis, 5 *pl.*; Nogent-les-Vierges, *pl.*; Villers-Saint-Paul, *pl.*; Montataire; Saint-Leu-d'Esserent, 5 *pl.*; Compiègne, *pl.*; Vez, *fig.* et *pl.*; Lieu-Restauré; Fresnoy-la-Rivière; Morienval, 4 *pl.*; Ourscamp, 5 *pl.*; Noyon, 2 *pl.*]

19046. Houlé (A.). — Étude sur les cimetières francs des vallées du Thérain, de la Brèche et du Petit-Thérain, *fig.* et 2 *pl.*, p. 255 à 284.

[Cimetière de Bury, *fig.* et 2 *pl.*]

19047. Costa de Beauregard (Comte Olivier). — Les torques d'or de Saint-Leu d'Esserent (Oise), *fig.* et *pl.*, p. 285 à 303.

19048. Thiot (L.). — Les inscriptions en miroir sur poteries gallo-romaines dans l'Oise, p. 304 à 307.

19049. Leblond (Dr V.). — Le pays des Bellovaques, essai de géographie historique et de numismatique, p. 308 à 334.

19050. Caix de Saint-Aymour (Comte de). — Le temple de la forêt d'Halatte et ses ex-voto, 2 *pl.*, p. 334 à 361.

19051. Fautrat (Léon). — Les temples d'Halatte et d'Esarois, *pl.*, p. 362 à 365.

19052. Acher et Leblond (Dr V.). — Le balnéaire gallo-romain de Beauvais, 4 *pl.*, p. 366 à 391.

19053. Depoin (J.). — La vie de saint Germer, p. 392 à 406.

19054. Besnard (A.). — L'église de Saint-Germer, *fig.* et 7 *pl.*, p. 407 à 449.

19055. Parmentier (Dr R.). — Le prieuré de Saint-Jean-du-Vivier, 2 *pl.*, p. 450 à 470.

19056. Brutails (J.-A.). — Les voûtes du chevet de Morienval, *fig.*, p. 471 à 474.

19057. Aubert (Marcel). — L'église de Mogneville, *fig.* et 3 *pl.*, p. 475 à 488.

19058. Régnier (Louis). — L'église de la Villetertre, *fig.* et 4 *pl.*, p. 489 à 522.

19059. Des Méloizes (Comte). — La pierre tombale de Berthaut de Fresnoy et de Philippe des Champs [XIVe s.] au musée de Beauvais, *pl.*, p. 523 à 529.

19060. Régnier (Louis). — Une particularité architectonique du chœur de Saint-Étienne de Beauvais, p. 530 à 534.

19061. Beaudry (L'abbé). — L'église de Montigny-en-Chaussée, 4 *pl.*, p. 535 à 554.

19062. Des Forts (Philippe). — Les tapisseries de Gui de Baudreuil, abbé de Saint-Martin-aux-Bois, 2 *pl.*, p. 555 à 560.

19063. Fayolle (Marquis de). — La *Tentation de Saint-Antoine*, verre peint en grisaille par Nicolas Le Pot, *pl.*, p. 561 à 577.

19064. Marsaux (Le chanoine). — Les messes miraculeuses de saint Grégoire, dans l'Oise, *pl.*, p. 578 à 591.

[Tableau du musée de Beauvais, *pl.*; volets de l'église de Chambly; pierre sculptée de l'église de Saint-Léonard, près de Senlis.]

19065. Lefèvre-Pontalis (Eugène). — Les clochers du XIIIe et du XVIe siècle dans le Beauvaisis et le Valois, 24 *pl.*, p. 592 à 622.

[Breuil-le-Sec, *pl.*; Choisy-au-Bac, *pl.*; Angy, *pl.*; Angicourt, *pl.*; Thourotte, *pl.*; Breuil-le-Vert, *pl.*; Largny (Aisne), *pl.*; Ambleny (Aisne), *pl.*; Villers-Saint-Paul, *pl.*; Eméville, *pl.*; Senlis, *pl.*; Agnetz, *pl.*; Noyon, *pl.*; Soissons, *pl.*; Rully, *pl.*; Saint-Thomas de Crépy, *pl.*; Fresnoy-la-Rivière, *pl.*; Flavacourt, *pl.*; Versigny, *pl.*; Saint-Crépin-Ibouvillers, *pl.*; Béthisy-Saint-Pierre, *pl.*; Vauelle, *pl.*; Ravenel, *pl.*; Pierrefonds, *pl.*]

19066. Durand (Georges). — Clochers picards avec flèches gothiques en maçonnerie des XVIIe et XVIIIe siècles, 3 *pl.*, p. 623 à 636.

19067. Boinet (Amédée). — L'évangéliaire de Morienval à la cathédrale de Noyon, *fig.* et *pl.*, p. 637 à 650.

IMPRIMERIE NATIONALE.

19068. Quignon (Hector). — Une plaque de reliure en os de la collection Troussures, *pl.*, p. 651 à 660.

19069. Morel (Chanoine). — Pierres tombales de Chevrières, Longueil-Sainte-Marie et Remy, 2 *pl.*, p. 661 à 666.

19070. Berthelé (Joseph). — La famille Cavillier [fondeurs de cloches], p. 667 à 677.

19071. Jourdain (O.). — Une fonderie de cloches à Noyon au XVIIe siècle, p. 678 à 687.

19072. Anonyme. — Inauguration du médaillon du comte de Marsy [cimetière de Compiègne], *pl.*, p. 688 à 704.

CALVADOS. — CAEN.

SOCIÉTÉ DES BEAUX-ARTS DE CAEN.

Pour les publications antérieures de cette Société, voir la table récapitulative de notre *Bibliographie générale.*

X. — **Bulletin de la Société des beaux-arts de Caen**, 10e volume. (Caen, 1897[-1903], in-8°, 515 p.)

19073. Tesnière (V.). — Xénophon Hellouin, peintre, conservateur du musée de Caen [1820 † 1895], p. 43 à 57.

19074. Gasté (Armand). — Léonor Couraye du Parc (1820 † 1893), 2 *pl.*, p. 59 à 72.

19075. Laumonier (Charles). — Louis Chifflet, peintre décorateur [† 1897], p. 73 à 76.

19076. Engerand (Fernand). — Histoire du musée de Caen, p. 77 à 148.

19077. Carlez (Jules). — Francis de Biéville et ses compositions musicales [1822 † 1898], p. 185 à 194.

19078. Lavallet (Gaston). — Le peintre et aquarelliste Septime Le Pippre, sa vie, son œuvre [1833 † 1871], p. 195 à 290.

19079. Anonyme. — Th. Le Grand, peintre paysagiste [1853 † 1897], p. 385 à 389.

19080. Travers (Émile). — Marchés passés avec un maître brodeur [de Pont-Audemer] au XVIIe siècle, p. 395 à 397.

19081. Anonyme. — Incendie du musée d'Avranches, catalogue des tableaux, dessins et sculptures, p. 419 à 434.

19082. Ravenel (Jules). — Note sur les tableaux, aquarelles, dessins et lithographies entrés au musée de Caen depuis le mois d'août 1899, p. 435 à 447.

CANTAL. — AURILLAC.

SOCIÉTÉ DES LETTRES, SCIENCES ET ARTS «LA HAUTE-AUVERGNE».

Voir, pour les publications de cette Société antérieures à 1901, la table récapitulative de notre *Bibliographie générale,* et pour ses publications postérieures, les tables placées à la fin du fascicule III du tome I, et du fascicule I du tome II de notre *Bibliographie annuelle.*

VIII. — **Revue de la Haute-Auvergne**, publiée par la Société des lettres, sciences et arts «La Haute-Auvergne»..., t. VIII, 1906. (Aurillac, s. d., in-8°, 476 p.)

19083. Boudet (Marcellin). — Foulholes, ses coseigneurs et sa chapellenie. La langue usuelle de la haute société des Montagnes au XVe siècle, p. 50 à 89, et 199 à 210. — Suite de VII, p. 311.

19084. Esquer (G.). — La Haute-Auvergne à la fin de l'ancien régime. Notes de géographie économique, p. 90, 150, 256, et 395. — Suite de VII, p. 381.

19085. Doniol (H.). — Le marquis de Saluces et le château de Drugheac (Extrait des papiers de François de Murat), p. 109 à 120.
19086. Chassan. — J.-B. Monestier, commissaire pour les biens des émigrés, p. 122.
19087. Anonyme. — Femmes électeurs en 1789, à Saint-Saury, p. 122 à 123.
19088. Bouffet (L'abbé Hippolyte). — Le prieuré de Bredom, p. 133, 279, et 370.
19089. Calle (J.). — Les fêtes publiques à Laroquebrou pendant la Révolution, p. 189 à 198.
19090. Bélard (L.). — Les maires de Saint-Flour et les principaux actes de leur administration de 1704 à 1789, *pl.*, p. 233 à 255.
19091. Delmas (Jean). — Les élections dans le département du Cantal en 1806, p. 303 à 320, et 429 à 449.
19092. Ribier (R. de). — L'abbé Jean Chabau (1840 † 1898), p. 321 à 323.
19093. Boudet (Marcellin). — Saint-Flour pendant les révoltes des Armagnacs et des Bourbons (XVe siècle), p. 341 à 369.

CHARENTE. — ANGOULÊME.

SOCIÉTÉ ARCHÉOLOGIQUE ET HISTORIQUE DE LA CHARENTE.

Voir, pour les publications de cette Société antérieures à 1901, la table récapitulative de notre *Bibliographie générale;* et pour ses publications postérieures, les tables placées à la fin du fascicule III du tome I, et du fascicule I du tome II de notre *Bibliographie annuelle.*

L. — **Bulletin et mémoires de la Société archéologique et historique de la Charente**, année 1905-1906, 8e série, t. VI. (Angoulême, 1906, in-8°, CV-265 p.)

19094. Mourier. — Ex-libris de Corlieu, p. XXVII.
19095. Mourier. — Monnaies romaines trouvées à la Haute-Terne, c^{ne} de Luxe, p. XXVII.
19096. Favraud. — Moule en pierre trouvé à la Haute-Terne, c^{ne} de Luxe, *fig.*, p. XXIX.
19097. Favraud. — Fouilles de Richard, c^{ne} de Saint-Fragne, p. XXX.
19098. Legrand (L'abbé). — Seconde et dernière lettre de la Royne mère envoyée au Roi (Angoulesme, 10 mars 1619), p. XXXII.
19099. Legrand (L'abbé). — Lettre au sujet de cadavres très anciens trouvés dans un terrain proche Soissons [1767], p. XXXIV à XXXVI.
19100. Mazière (L'abbé). — *Le Tableau politique et historique* pour 1788, p. XXXVII.
19101. Mourier. — Ex-libris de La Rochefoucauld-Maumont, p. XXXVIII à XXXIX.
19102. Brémond d'Ars Migré (Marquis A. de). — Procuration donnée par André de Vivonne, faisant partie de la suite du Roi, pour contracter un emprunt de 3,000 livres (Bordeaux, 25 octobre 1605), p. XLVII à XLVIII.
19103. Favraud. — Les pierres tumulaires de Ruffec, *fig.*, p. LXIV à LXX.
19104. Mourier (P.). — Un médaillon de terre cuite de la collection Werner [Saint Jacques le Mineur], *pl.*, p. LXXVIII à LXXXI.
19105. D. T. [Touzaud (D.)]. — Les plaintes des bouilleurs de cru [requête de la noblesse de Poitou, Saintonge et Angoumois, 1744], p. LXXXVI à LXXXIX.
19106. Chauvet (G.). — Trouvaille préhistorique à la Pelleterie, p. XCII à XCIII.
19107. Legrand (Paul). — Programme édité par les PP. Jésuites pour l'examen public de leurs élèves du collège Saint-Louis d'Angoulême (1759), *fig.*, p. XCVII à C.
19108. Bastier. — Quittance notariée en vers (16 janvier 1837), p. C.
19109. George (J.). — Notes sur la Journée de la peur, à Angoulême [28 juillet 1789], p. CI.
19110. Jeandel (Ch.). — La Grande Peur dans les cantons de Montbron et de Lavallette, p. CIII à CV.
19111. Esmein (A.). — L'histoire et la légende de Saint-Cybard, p. 1 à 67.
19112. Chevalier (L'abbé Fl.). — Étude sur le terrier de la baronnie de Verteuil, p. 69 à 98.
19113. Massougnes des Fontaines (Vicomte de). — Le mémorial de Marcillac-Lanville, notes historiques et faits divers consignés au registre V^e (1611-1642) des archives communales de Marcillac-Lanville, par le frère Hugues Joubert, religieux du prieuré de Notre-Dame de Lanville, p. 99 à 126.

19114. Fayraud (A.). — Une sépulture du premier âge du fer aux Planes, c^ne de Saint-Yrieix (Charente), p. 127 à 132.

19115. J. M. — Excursion à Ruffec et à Verteuil, p. 133 à 140.

19116. Touzaud (D.). — La maison de la Rochefoucauld au XVIe siècle, d'après les mémoires de Jean de Mergey, p. 141 à 151.

19117. Mourier (P.). — Note sur un sceau en bronze aux armes d'Antoine III de la Rochefoucauld, évêque d'Angoulême (1608-1634), *fig.*, p. 153 à 157.

19118. La Martinière (J. de). — Un mariage au château de Verteuil (15 janvier 1543), p. 159 à 168.

[L. du Plessis de Richelieu et Françoise de Rochechouart.]

19119. Legrand (L'abbé Paul). — Guerre de Sept ans. Livre des routes du baron de Plas, capitaine au régiment d'infanterie du Roi (1757-1759), p. 169 à 220.

19120. Desages Olphe Galliard (Charles). — Essai sur la chronologie et la généalogie des comtes d'Angoulême, du milieu du IXe à la fin du XIe siècle. Positions de thèse à l'École des Chartes, p. 221 à 236.

19121. Petit (L'abbé Alexandre). — Jean de Saint-Val [abbé de la Couronne (1178-1182), et évêque d'Angoulême (1182-1203)], ne s'appelait-il pas Jean de Saint-Vallier? p. 237 à 244.

19122. La Bastide (L. de). — État des fiefs relevant du duché d'Angoulême, dressé par les officiers du domaine d'Angoulême, p. 245 à 258.

CHARENTE-INFÉRIEURE. — ROCHEFORT.

SOCIÉTÉ DE GÉOGRAPHIE DE ROCHEFORT.

Voir, pour les publications de cette Société antérieures à 1901, la table récapitulative de notre *Bibliographie générale;* et pour ses publications postérieures, les tables placées à la fin du fascicule III du tome I, et du fascicule I du tome II de notre *Bibliographie annuelle.*

XXVIII. — Bulletin de la Société de géographie de Rochefort (agriculture, lettres, sciences et arts)..., t. XXVIII, année 1906. (Rochefort, 1906, in-8°, 298 p.)

19123. Silvestre (J.). — Notice sur les monnaies de la Chine et dépendances, 4 *pl.*, p. 1 à 24.

19124. Courcelle-Seneuil. — Étude sur trois anciennes questions géographiques, p. 25 à 42.

[Érythie; le jardin des Hespérides; comparaison des mythologies irlandaise et chaldéenne avec la théogonie d'Hésiode, au sujet des migrations des Aryas.]

19125. Biteau. — Contribution à l'histoire de Rochefort et de la région. Notes biographiques sur Niou, directeur des constructions navales, maire de Rochefort, député à la Convention [1749 † 1823], p. 75 à 91, et 232 à 233.

19126. Anonyme. — Bataille d'Aboukir, d'après le manuscrit du chef de division Étienne, capitaine de vaisseau, commandant l'*Heureux*, p. 91 à 100.

19127. Poisson (G.). — Vocabulaires des termes techniques usités dans les marais salants de la Charente-Inférieure, p. 104 à 109.

19128. Paupie. — Une descente en Irlande en 1798. Journal du capitaine Jobit, p. 155 à 176.

19129. Silvestre (J.). — Contribution à l'histoire de Rochefort. Henry de Cheusses, dernier seigneur de Rochefort, et sa famille (XVe-XVIIIe s.), p. 176 à 188.

19130. Anonyme. — Le carnet d'un marsouin. Cambodge, p. 188 à 201, et 262 à 273. — Suite de XXVII, p. 177.

19131. Arnaud (Frédéric). — Saint-Fort-sous-Brouage et le tombeau de Charles de Comminges [† 1630], p. 227 à 232.

19132. Chaigneau (Marcel). — La croix hosannière de Moëze, p. 233 à 234.

19133. Courcelle-Seneuil (J.-L.). — Le Persée chaldéen, p. 234 à 261.

19134. Anonyme. — Interdiction par le conseil de ville de Saint-Jean-d'Angély de démolir des maisons pour en transporter les matériaux à Rochefort (1701), p. 273 à 274.

19135. Maurat. — Le lieutenant Andrieux [† 1906], p. 287 à 290.

CHARENTE-INFÉRIEURE. — SAINTES.

SOCIÉTÉ DES ARCHIVES HISTORIQUES DE LA SAINTONGE ET DE L'AUNIS.

Voir, pour les publications de cette Société antérieures à 1901, la table récapitulative de notre *Bibliographie générale;* et pour ses publications postérieures, les tables placées à la fin du fascicule III du tome I, et du fascicule I du tome II de notre *Bibliographie annuelle.*

XXXVI. — Archives historiques de la Saintonge et de l'Aunis, t. XXXVI. (Saintes, 1906, in-8°, XIX-496 p.)

19136. Eschassériaux (E.). — Procès verbaux de la session du Conseil général de la Charente-Inférieure sous la Révolution, p. 1 à 496.

XXVI. — Bulletin de la Société des archives historiques. Revue de la Saintonge et de l'Aunis, t. XXVI. (Saintes, 1906, in-8°, 454 p.)

19137. Anonyme. — Glorieuse canonisation de notre Père saint Jean de Dieu, p. 8 à 15.

19138. Vigen (Dr Ch.). — Étude sur la vie et le secret de l'abbé Richard [Pierre, 1822 † 1882], hydrogéologue, *portr.*, p. 15 à 31, et 174 à 189.

19139. Dangibeaud (Ch.). — Saintes ancienne, p. 32, 116, et 222. — Suite de XXIV, p. 37, 123, 161, 368; et XXV, p. 19, 96, 181, et 413.

19140. Divers. — Questions et réponses, p. 61, 127, et 340.

[Lieu de naissance de Boyveau-Laffecteur, p. 61, et 127. — Le mot beurgot ou beurgaud, bregaud, frelon, p. 340.]

19141. Divers. — Nécrologie, p. 73, 144, 285, et 348.

[Le colonel Boscal de Réals (1830 † 1905); P. de Lacroix (1805 † 1906); E. Charruyer († 1906), p. 78. — A. Chapron, p. 144. — P.-J.-T. Léaud (1827 † 1906); G. Brejon (1828 † 1906); Alphonse Picard (1833 † 1906); R. Firino († 1906), p. 285. — Eug. Eschassériaux (1823 † 1906), Mgr Le Camus (1839 † 1906), p. 348.]

19142. Anonyme. — Aventure d'un émigré sauvé par l'intrépide intervention de ses amis, extrait d'une lettre du 6 juillet 1797 adressée par Mme de Brémond à son mari, alors émigré à Hambourg, p. 81 à 83.

19143. Croze-Lemercier (Comte de). — Relation du passage de Napoléon Ier à Saintes [1808], p. 83 à 89.

19144. Guérin (Edmond). — Quatre mariages saintais dotés par l'État en 1810, p. 89 à 99.

19145. Lemonnier (P.). — Le clergé de la Charente-Inférieure pendant la Révolution, p. 99 à 116. — Suite de XXV, p. 322.

19146. Olce (J. d'). — Association de chevaliers de Saint-Louis créée à Saintes en 1816, p. 145 à 156, et 317.

19147. Pellisson (Jules). — Eugène de Pradel à Cognac et à Angoulême, p. 156 à 159.

19148. Lemonnier (P.). — La propriété foncière du clergé et la vente des biens ecclésiastiques dans la Charente-Inférieure, arrondissements de Saintes et de Marennes, p. 159 à 174.

19149. Maufras (E.). — Passage de Napoléon Ier à Pons, extrait des registres des délibérations municipales [1808], p. 218 à 222.

19150. A. O. [Oudet (A.)] et M. B. [Bures (M.)]. — Excursion à Airvault, Saint-Jouin, Oiron, Loudun et Chinon, *fig.* et 4 *pl.*, p. 293 à 306.

19151. Pellisson (Jules). — Passage de la duchesse d'Angoulême dans la Charente en 1815, p. 307.

19152. Pellisson (Jules). — La misère à Touzac en 1709, p. 309 à 317.

19153. Dyke-Gautier. — Une vieille circulaire en vers [Barcelone, 1787], p. 318.

19154. Croze-Lemercier. — Une lettre de quémandeur à un de ses juges, p. 319 à 321.

[Maguier, homme de lettres, au comte Le Mercier, au sujet des *Annales dramatiques* ou *Dictionnaire général des théâtres* (1816).]

19155. T. — La municipalité de Saint-Saturnin de Séchaud pendant la période révolutionnaire (31 janvier 1790-30 prairial an VIII), p. 321 à 339, et 391 à 403.

19156. Fleury (Paul). — Passages à Marans de L. A. R. le duc et la duchesse d'Angoulême en 1814 et 1823, p. 377 à 386.

19157. Dangibeaud (Ch.). — Moule mérovingien en pierre trouvé à Saintes, *fig.* et *pl.*, p. 386 à 390.

19158. Pellisson (Jules). — Le mobilier d'un mendiant saintongeais [à Broue, cne de Sainte-Souline, 1721], p. 390.

CHER. — BOURGES.

SOCIÉTÉ DES ANTIQUAIRES DU CENTRE.

Voir, pour les publications de cette Société antérieures à 1901, la table récapitulative de notre *Bibliographie générale;* et pour ses publications postérieures, les tables placées à la fin du fascicule III du tome I, et du fascicule I du tome II de notre *Bibliographie annuelle.*

XXX. — Mémoires de la Société des Antiquaires du Centre, 1906, 30ᵉ volume. (Bourges, 1907, in-8°, XXVII-351 p.)

19159. Bourlon (Lieutenant). — Les tailleries de silex de Meusnes (Loir-et-Cher), 3 *pl.*, p. 1 à 12.

[Fabrication des pierres à fusil.]

19160. Maillard (Gustave). — Le théâtre gallo-romain de Drevant (Cher), *fig.* et 10 *pl.*, p. 13 à 54.

19161. Gandilhon (Alfred). — Les terres de Vatan et de Graçay, et Jean de France, duc de Berry (1370-1405), p. 55 à 86.

19162. Laugardière (L'abbé M. de). — Le livre d'heures des Maubruny, p. 87 à 117.

[Miniatures et livre de raison du XVIᵉ siècle.]

19163. Deshoulières (F.). — Le maréchal de la Châtre, p. 119 à 231. — Suite de XXIX, p. 163.

19164. Boismarin (C. de). — Notice sur le chevalier Gougnon [1651 † 1730], p. 233 à 264.

19165. Mater (D.). — Numismatistes Berruyers, p. 265 à 308.

19166. Mater (D.). — Bulletin numismatique et sigillographique, p. 309 à 315.

[Monnaies françaises (XVᵉ-XVIIIᵉ s.), *pl.*; sceaux du Berry, *fig.*]

CORRÈZE. — BRIVE.

SOCIÉTÉ SCIENTIFIQUE, HISTORIQUE ET ARCHÉOLOGIQUE DE LA CORRÈZE.

Voir pour les publications de cette Société antérieures à 1901, la table récapitulative de notre *Bibliographie générale,* et pour ses publications postérieures, les tables placées à la fin du fascicule III du tome I, et du fascicule I du tome II de notre *Bibliographie annuelle.*

XXVIII. — Bulletin de la Société scientifique, historique et archéologique de la Corrèze..., t. XXVIII. (Brive, 1906, in-8°, 608 p.)

19167. Saint-Germain (Louis de). — Le vieux Brive, 2 *plans*, p. 17 à 96.

19168. Nussac (Louis de). — Les débuts d'un savant naturaliste, le prince de l'entomologie. Pierre-André Latreille, à Brive de 1762 à 1798, *portr.*, p. 97, 161, 313, et 457.

19169. Albe (L'abbé). — Documents concernant le Limousin et le Quercy, p. 223 à 300, et 445 à 453. — Suite de XXVII, p. 147, 217, et 349.

[Les comptes de Jean de Cavagnac, collecteur du diocèse de Tulle pour le Saint-Siège (1860-1861). — Surprise et démolition du château de Cazillac (1891).]

19170. RUPIN (Ernest). — Nécrologie, Marcel Roche [1852 † 1906], *portr.*, p. 301 à 305.

19171. FAGE (René). — Un demi-siècle de théâtre à Tulle (1800-1850), 4 *pl.*, p. 403 à 443, et 507 à 542.

19172. ALBE (L'abbé). — Les livres des miracles de Notre-Dame de Rocamadour, p. 543 à 597; et XXIX, p. 31, et 143.

19173. LALANDE (Philibert). — La baronnie de Cazilhac. Prise de possession de la baronnie de Cazilhac par le comte de Marquessac [1785], p. 599 à 602.

CORRÈZE. — TULLE.

SOCIÉTÉ DES LETTRES, SCIENCES ET ARTS DE LA CORRÈZE.

Voir, pour les publications de cette Société antérieures à 1901, la table récapitulative de notre *Bibliographie générale;* et pour ses publications postérieures, les tables placées à la fin du fascicule III du tome I, et du fascicule I du tome II de notre *Bibliographie annuelle.*

XXVIII. — Bulletin de la Société des lettres, sciences et arts de la Corrèze, 1906. (Tulle, s. d., in-8°, 504 p.)

19174. FAGE (René). — Les fêtes, cérémonies et manifestations publiques à Tulle pendant la période révolutionnaire, p. 1, 143, et 383. — Suite de XXVI, p. 415; XXVII, p. 5, 175, 343, et 449.

19175. BERTIN (Georges). — Le général Materre (1772 † 1843), p. 23 à 33. — Suite de XXVI, p. 335; XXVII, p. 101, 149, 317, et 461.

19176. USSEL (Baron D'). — Les armes d'Ussel, p. 35 à 39.

19177. NOUAILLAC (J.). — Les croquants en Limousin, leur insurrection paysanne en 1594, p. 41 à 64, et 219 à 249.

19178. FOROT (V.). — Fragment de l'histoire municipale de Tulle (1794-1800), p. 65 à 91, et 469 à 501.

19179. MORÉLY (Dr P.). — A propos d'une histoire de duel survenue sous Henri IV au château de Valon en Quercy (1597), p. 93 à 105.

[Duel de Lagarde et Bazanez.]

19180. BOURNEIX (Th.). — Trois prieurés limousins, [Chamberet] p. 107 à 112, et 251 à 266. — Suite de XXIV, p. 261, 387; XXV, p. 177, 261, 433; XXVI, p. 279; XXVII, p. 201, et 481.

19181. LAROCHE-SENGENSSE. — Monographie d'une commune rurale, Saint-Ybard (Corrèze), p. 113, 267, et 421. — Suite et fin de XXII, p. 471; XXIII, p. 115, 265, 415, 541; XXIV, p. 87, 175, 307, 437; XXV, p. 95, 193, 307, 459; XXVI, p. 105, 197; et XXVII, p. 489.

19182. CLÉMENT-SIMON (G.). — Recherches de l'histoire civile et municipale de Tulle avant l'érection du consulat. Documents inédits, p. 167 à 217, et 323 à 382. — Suite de XXIII, p. 465; XXIV, p. 207; XXV, p. 41, 383; et XXVI, p. 375, et 413.

[Charte de 1480; franchises de Tulle en 1495; les syndics et leurs conseillers; troubles de la gabelle; États de 1557 et de 1561; établissement du consulat par Charles IX (1569), p. 167 à 217. — La justice à Tulle; les monnaies et leur valeur; prix des denrées, p. 323 à 382.]

19183. MORÉLY (Dr Paul). — Émile Fage [1822 † 1906]. Discours prononcé à la séance du 3 décembre 1906, *portr.*, p. 305 à 322.

19184. BOMBAL (Eusèbe). — Rapport sur les fouilles opérées au Puy-du-Tour, commune de Monceaux (Corrèze) en juillet et août 1906, p. 405 à 419.

19185. FAGE (René). — De la signification du mot *couppe* dans les procès-verbaux de visite des portes de Tulle au XVIe siècle, *fig.*, p. 435 à 443.

19186. CHAMPEVAL (J.-B.) — Lettres inédites de de Maistre, Baluze et de Mably, p. 445 à 467.

CORSE. — BASTIA.

SOCIÉTÉ DES SCIENCES HISTORIQUES ET NATURELLES DE LA CORSE.

Voir, pour les publications de cette Société antérieures à 1901, la table récapitulative de notre *Bibliographie générale;* et pour ses publications postérieures, les tables placées à la fin du fascicule III du tome I, et du fascicule I du tome II de notre *Bibliographie annuelle.*

19187. [Letteron (L'abbé)]. — Mission de M. de Cursay en Corse. Lettres et pièces diverses, année 1748. (Bastia, 1906, in-8°, XIX-557 p.)

[La couverture imprimée porte : 1er et 2e trimestre 1904 [*lisez* : 1905], janvier-juillet 1905, 289e-295e fascicules.]

19188. Letteron (L'abbé). — Procès-verbal de l'assemblée des États de Corse tenus en 1785. (Bastia, 1906, in-8°, XII-535 p.)

[La couverture porte : *Bulletin de la Société des sciences historiques et naturelles de la Corse*, 3e et 4e trimestre 1905, 1er trimestre 1906, 296e-302e fascicules. — Les *Procès-verbaux* des États de 1770-1772, et de 1775-1777 (4 vol.) ont été publiés de 1896 à 1898 par A. de Morati; les *Procès-verbaux* de 1779 (2 vol.) et de 1781 ont été publiés de 1902 à 1904 par l'abbé Letteron.]

CÔTE-D'OR. — DIJON.

ACADÉMIE DES SCIENCES, ARTS ET BELLES-LETTRES DE DIJON.

Voir, pour les publications de cette Académie antérieures à 1901, la table récapitulative de notre *Bibliographie générale;* et pour ses publications postérieures, la table placée à la fin du fascicule III du tome I de notre *Bibliographie annuelle.*

LXXXVI. — Mémoires de l'Académie des sciences, arts et belles-lettres de Dijon, 4e série, t. X, années 1905-1906. (Dijon, 1906, in-8°, 27-XCIII-457 p.)

19189. Chabeuf. — M. Cyprien Monget (1839 † 1905), p. VI à VIII.

19190. Dumay. — Les Mémoires de Thérèse Figueur, veuve Sutter, soldat de 1793 à 1815, p. XIV.

19191. Chabeuf. — Les abeilles dans les armoiries de Napoléon Ier, p. XVII.

19192. Chabeuf. — Pierre-Philippe Guignard (1820 † 1905), p. XXI à XXIII.

19193. Dumay. — M. V.-B. Flour de Saint-Genis († 1904), p. XXIV à XXVII.

19194. Chabeuf. — La nationalité de Jeanne d'Arc, p. XXXV à XXXIX.

19195. Chabeuf. — Bernard Prost (1849 † 1905), p. LXI à LXIII.

19196. Chabeuf. — J.-B. Martenot (1828 † 1906), p. LXXIX à LXXXIII.

19197. Huguenin (A.). — La cour plénière et les édits de 1788. Les avocats de Dijon à Versailles, p. 47 à 131.

[Lettres de l'avocat Godard de Paris et de l'avocat Cortot de Dijon (1786-1789).]

19198. Champeaux (E.). — Les cimetières et les marchés du vieux Dijon, p. 133 à 226.

19199. Avout (Vicomte A. d'). — Courte étude sur le chevalier d'Éon, p. 227 à 305.

19200. Picard (E.). — L'écurie de Philippe le Hardi, duc de Bourgogne, *fig.* et *pl.*, p. 307 à 439.

CÔTE-D'OR. — DIJON.

COMITÉ D'HISTOIRE, DE LITTÉRATURE ET D'ART RELIGIEUX DU DIOCÈSE DE DIJON.

Voir, pour les publications de ce Comité antérieures à 1901, la table récapitulative de notre *Bibliographie générale*, et pour ses publications postérieures, les tables placées à la fin du fascicule III du tome I, et du fascicule I du tome II de notre *Bibliographie annuelle*.

XXIII. — Bulletin d'histoire, de littérature et d'art religieux du diocèse de Dijon..., 23ᵉ année. (Dijon, 1905, in-8°, 288 p.)

19201. Ratonneaux (L'abbé A.). — Gernigny, ou Bossuet aux champs, p. 1 à 12.
19202. Debrie (L'abbé E.). — Bossuet et l'Immaculée Conception, p. 13 à 37, et 49 à 71. — Suite de XXII, p. 209, et 249.
19203. Garnier. — Les bâtiments de l'abbaye Saint-Bénigne avant 1790, p. 44 à 47.
19204. Pajot (F.). — Glanures étymologiques parmi les lieux habités de la Côte-d'Or, p. 72 à 89.
19205. Bourlier (L'abbé J.). — Glossaire étymologique des noms de communes du département de la Côte-d'Or, p. 97 à 110. — Cf. XX, p. 195, 229, 268, et XXI, p. 61.
19206. Anonyme. — La statuette de Notre-Dame d'Étang, p. 115.
19207. Noirot (Ph.). — Avis du chancelier Rolin pour la paix d'Arras, p. 116 à 135.
19208. Barbier (L'abbé Eugène). — Inventaire du trésor et mobilier de l'église collégiale et paroissiale d'Époisses au XVIIᵉ siècle, d'après les archives du château et le chartrier seigneurial établi à Bridat en 1772, p. 135 à 143.
19209. Bresson (J.). — L'ancienne paroisse de Mitreuil, du prieuré de Saint-Léger en l'archidiaconé de Dijon, de l'ancien diocèse de Langres, *fig.*, p. 145 à 154, et 193 à 231.
19210. Choiset (F.). — Lutrins-aigles (diocèse de Dijon), p. 155 à 158.
19211. Anonyme. — Une famille de robe dijonnaise au XVIIIᵉ siècle. Journal de Claude Rigoley, p. 159 à 173.
19212. Anonyme. — La tour du Petit Saint-Bénigne, note rédigée *de visu* par l'abbé André Chenevet, le 24 novembre 1758, p. 188 à 190.
19213. Grapin (L'abbé). — Lettres de rétractation de M. Jean-Baptiste Boillon, prêtre intrus, aux habitants de Colombier (diocèse de Dijon) [4 novembre 1794, et 31 janvier 1795], p. 232 à 237, et 277 à 281.
19214. Chevallier (Gustave). — L'abbé Victor Paris (1849 † 1905), p. 241 à 256.
19215. Barbier (L'abbé Eugène). — Le lutrin-aigle d'Époisses, p. 257 à 259.
19216. Jarrot (L.). — Montigny-sur-Vingeanne et ses seigneurs, p. 259 à 276.

CÔTE-D'OR. — DIJON.

COMMISSION DES ANTIQUITÉS DE LA CÔTE-D'OR.

Pour les publications antérieures de cette Commission, voir la table récapitulative de notre *Bibliographie générale*.

XIV. — Mémoires de la Commission des Antiquités du département de la Côte-d'Or, t. XIV, années 1901-1905. (Dijon, s. d., in-4°, CCXLIII-329 p.)

19217. Metman (Ét.). — Compte rendu des travaux de la Commission du 15 novembre 1900 au 15 juillet 1901, p. i à lii.

[Stèles gallo-romaines trouvées à Dijon et à Gevrey-Chambertin, p. vi. — Encrier gallo-romain trouvé à Vertaut; inscription romaine sur bronze trouvée à Saint-Marcel-les-Chalon; objets antiques trouvés à Mordant-Châtenoy; camp antique du Haut-Mont, à Villeberny, p. ix. — Cellier de Saint-Bénigne et salle basse, place Saint-Jean, à Dijon, p. xv. — Le portrait de Beaudouin de Lannoy, sieur de Molembais, au musée de Berlin; les prétendus pleurants du tombeau du duc Philippe le Hardi; portrait de Philippe le Bon, au Louvre; clef de voûte et statue provenant de l'église de Moutier-Saint-Jean, *pl.*; sculptures provenant de la commanderie de Montmorot (cne de Fraignot), p. xxiii.

19218. L'église Saint-Léger de Ruffey-lès-Beaune; documents concernant l'église Saint-Michel de Dijon; le vitrail de l'Assomption à Notre-Dame de Dijon; églises de Pommard, d'Auxey-le-Grand, et de Larochepot, p. xxix. — Maison de F.-L. de Clermont-Tonnerre, évêque de Langres, à Dijon, p. xxxvi. — Le portail de Saint-Étienne de Dijon; pierre d'autel et vase d'étain de Varseilles-le-Haut (Haute-Marne); cachet aux armes de Saulx-Tavannes; objets antiques trouvés à Echalot et à Lavilleneuve; inscription des petites cloches de Saint-Michel de Dijon et des ponts de la Colombière, etc., p. xxxviii.]

19219. Fourier. — L'attaque des Romains par les Gaulois au Mont Béa près Alise-Sainte-Reine, p. ii à vi.

19220. Chabeuf. — Vestiges antiques de la Rochotte, commune de Turcey, p. vii à ix.

19221. Schanosky. — L'église de Rougemont, p. xi à xv.

19222. Fourier. — Saint-Michel de Dijon en 1497 d'après une gravure du temps, *pl.*, p. xvi.

19223. Oursel. — Le prétendu monastère de Clément-pré, à Dijon, p. xvi à xxiii, et lxx à lxxi.

19224. Chabeuf. — Iconographie d'Antoine de Bourgogne, p. xxv à xxix.

19225. Oursel. — Acte de la profanation liturgique de l'église Saint-Médard de Dijon avant sa démolition (1680), p. xxxiv.

19226. Schanosky. — Piéta de l'église d'Époisses [xvie s.], p. xxxv.

19227. Fourier. — Plan d'une partie de l'ancien Dijon, p. xxxvi à xxxviii.

19228. Arbaumont (D'). — Nécrologie, p. xlviii à lii.

[Fr. Dameron (1835 † 1900); Michel Aaron, *dit* Gerson (1825 † 1900); Sirodot (1831 † 1900); Mgr Barbier de Montault (1830 † 1901).]

19229. Metman (Ét.). — Compte rendu des travaux de la Commission du 15 novembre 1901 au 15 juillet 1902, p. liii à xcix.

[Antiquités romaines trouvées à Dijon et à Alise Sainte-Reine; objets antiques trouvés à Veurey-sur-Ouche, p. liii. — Vase de bronze du puits de Chassenay; tumulus de la Rente-Neuve au Mont Afrique; antiquités mérovingiennes recueillies à Fauverney; église de Fauverney, p. lvii. — Sceaux de la Chartreuse de N.-D. de Beauvoir-les-Castres (Tarn) et de la famille Roymond en Provence, p. lxiii.

19230. Peintures murales de la chapelle Saint-Léger à Notre-Dame de Beaune; statues de l'église de Troubaut, p. lxxv. — Plat d'étain de l'église de Perrogney (Haute-Marne), p. lxxxv. — Le château d'Arc-sur-Tille, p. lxxxvii. — Plaque de cheminée aux armes de la famille Durand à Dijon; cartes à jouer dijonnaises du xviiie siècle; buste de Napoléon Ier par Houdon, au musée de Dijon, p. xc.]

19231. Fourier. — Monnaies romaines trouvées près de la Noue, p. lxv à lxvii.

19232. Laurent (Jacques). — Les cartulaires de Molesme, p. lxxi à lxxiii. — Cf. n° 19256.

19233. Huguenin. — Retable en pierre trouvé à Marsannay-le-Bois (xve s.), p. lxxiv.

19234. Metman (É.). — Marché pour la décoration picturale du maître autel de Saint-Michel de Dijon (1429), p. lxxvi.

19235. Metman (É.). — La statue de l'archange dans l'église Saint-Michel de Dijon, p. lxxvii.

19236. Metman (É.). — Les vitraux de Saint-Michel de Dijon, p. lxxviii.

19237. Chabeuf. — Tombeau de Marie de Savoie, marquise de Rothelin († 1500), chez les Dominicaines de Dijon, *pl.*, p. lxxix à lxxxii.

19238. Chabeuf. — L'église d'Auxey-le-Grand, p. lxxxii à lxxxv.

19239. Fyot. — Le droit de chaperon dû au vicomte-maïeur de Dijon (xvie-xviiie s.), p. lxxxv.

19240. Oursel. — Bénédiction de deux cloches à Saint-Michel de Dijon (1689), p. lxxxvi.

19241. Fyot. — Fontaine de la place de la Sainte-Chapelle à Dijon, p. lxxxvii.

19242. Mallard. — Mémorial gravé de la restitution du bâton de la Sainte-Hostie par Louis XIV (1645), p. lxxxix à xc.

19243. Chabeuf. — Nécrologie, p. xcvi à xcix.

[Henri Marc (1869 † 1902); C.-L.-E. Mallard (1844 † 1902); Henri de Fontenay (1845 † 1902).]

19244. Metman (Ét.). — Compte rendu des travaux de la Commission du 15 novembre 1902 au 15 juillet 1903, p. ci à cxviii.

[Objets et inscription antiques trouvés à Ruffey-lès-Echirey, p. ci. — Le château de Bussière-Aval à Montlay, p. ciii. — Henri de Germigny, prieur de Saint-Mesmin; sur les origines de l'art bourguignon; le tombeau de saint Renan à Locronan (Finistère), p. cx. — Manuscrits ayant appartenu à Philippe le Bon, p. cxvi. — Fragment de cuir doré et peint dans l'église de Saint-Jean-de-Losne; hôtel et pierre tombale de Cl. Jobert de Chambertin (1768); Gevrey-Chambertin; notes de Courtépée sur un voyage en Flandre et dans les Pays-Bas; sceau du curé de Coulmier-le-Sec; jeton de Louis de Baissey, abbé de Cîteaux, etc., p. cxxii.]

19245. Arbaumont (D'). — Le groupe de l'anguipède, p. cii.

19246. Drioton. — Fouilles dans l'église de Fauverney, p. civ.

19247. Corot. — Objets recueillis dans un tumulus de Minot, p. cv.

19248. Quantin. — Pierre tombale de Pierre de Buxy, prieur de Léry († 1342) à Saint-Seine-l'Abbaye, p. cviii à cx.

19249. Fyot. — Anciens usages bourguignons : la chevauchée de l'âne, la dorenlot et les crieurs des trépassés, p. cxiii.

19250. Fyot. — Variantes aux armes de Dijon, p. cxv.

19251. Fourier. — Le château et l'église collégiale de Thil, *pl.*, p. cxvii.

[Pierre tombale du doyen Pierre Chifouye (1492), *pl.*]

19252. Fyot. — La levée du corps de Jean sans Peur à Montereau, p. cxix.

19253. Chabeuf. — Carreau émaillé aux armes de Pierre II de Fontette, abbé de Saint-Seine (xve s.), *pl.*, p. cxx.

19254. Metman (É.). — Marché passé pour l'exécution du bas-relief du Jugement dernier à Saint-Michel de Dijon (1551), p. cxxi.

19255. Metman (Ét.). — Compte rendu des travaux de la Commission du 15 novembre 1903 au 15 juillet 1904, p. cxxiv à clxxvi.

[Cippe gallo-romain trouvé à Duesme; médaille en argent de Nerva; trouvailles archéologiques à Fontangy, à Villargoix, à Lamotte-Ternant, au Mont-Auxois; stèle funéraire trouvée à Dijon, p. cxxx. — Stalles (xive s.) et statue d'un Rouxel de Médavy de Grancey dans l'église de Grancey; retable de Montlay; sceau du *bastart du Hainaut*, xve siècle; livre d'heures de Machoco; sculptures bourguignonnes de la collection Gaillard; le retable de la cathédrale de Lausanne; Vierge en pierre de l'église d'Ouges (xve s.), p. cxliv. — La décoration de la chapelle des Rois à Saint-Michel de Dijon, p. cl.]

19256. Oursel. — Rapport sur la publication des cartulaires de Molesme, p. cxxxiv à cxlii. — Cf. n° 19232.

19257. Potey (Georges). — La chapelle de Chalvosson à Villaines-en-Duesmois, p. cxlii à cxliv.

19258. Chabeuf. — Un prétendu portrait de Nicolas Rolin attribué à Hubert van Eyck, représentant Edgard Ier, comte de Frise, p. cxlviii à cl.

19259. Morillot (Le chanoine). — Le retable de l'ancienne église Saint-Pierre de Dijon, p. cli à cliv.

19260. Chabeuf. — La porte extérieure du Palais de justice de Dijon (bois sculpté), 2 *pl.*, p. clv.

19261. Dupuy (L'abbé). — Tombes d'Anne Romple, dame de Longueval († 1597) dans l'église N.-D. de Bonnencontre, et d'Octavien de Longueval († 1611) dans l'église Saint-Pierre de Charrey-sur-Saône, p. clvi.

19262. Quantin. — Armes de la famille Chappet, *pl.*, p. clviii.

19263. Fyot. — L'incendie de la flèche de l'église Saint-Étienne de Dijon (1686), p. clx.

19264. Fyot. — L'établissement des fiacres à Dijon au xviiie siècle, p. clxii.

19265. Metman. — Le maître autel de l'église de Gilly-les-Cîteaux, p. clxiv à clxvi.

19266. Arbaumont (D'). — Nécrologie, p. clxxi à clxxiii.

[Joseph Garnier (1815 † 1903); Edme Tagini (1827 † 1903).]

19267. Chabeuf. — Nécrologie, p. clxxiv à clxxvi.

[Ch. Poisot (1822 † 1904).]

19268. Metman (Ét.). — Compte rendu des travaux de la Commission du 15 novembre 1904 au 1er juillet 1905, p. clxxvii à ccxliii.

[Tumulus de Lantilly; inscription romaine trouvée près de Sincey, p. clxxvi. — Monuments romains de Duesme; chapelle Saint-Laurent à Tournus; église Saint-Vorles à Châtillon-sur-Seine, p. clxxxiv. — Chapelle Sainte-Croix-de-Jérusalem à l'Hôpital général de Dijon, p. cxc. — Ancienne gravure représentant Notre-Dame de Dijon, p. cxciv.

19269. Portrait de Bonne d'Artois, duchesse de Bourgogne; origine bourguignonne du château de Hohkœnigsbourg; tombeau de Jacques de Mùlain à Lux, p. cxcvii. — Livre d'heures de Bénigne Serre (xve-xvie s.); retable de Bénigne Serre à Esbarres; statue de Minerve d'une maison de la place Saint-Étienne; vue de l'ancien Dijon; Pouilly-en-Auxois; triptyque de Nicolas de Hoëy dans l'église de Vitteaux, p. ccvii. — Pavillon du jeu de l'arc à Dijon, p. ccxv.]

19270. Fourier. — Antiquités romaines trouvées rue Lenôtre, à Dijon, p. clxxx.

19271. Metman (É.). — Clef de fontaine antique au musée de la Commission, p. clxxxi à clxxxiv.

19272. Truchis (De). — Églises d'Arceau et d'Orgeux, p. clxxxvi à cxc.

19273. Chabeuf. — L'église paroissiale de Villy-en-Auxois, p. cxc à cxciv.

19274. Quantin. — Les armes et le sceau des Grifonz, de Dijon, p. cxcv à cxcvii.

19275. Schanosky (Xavier). — L'église de Volnay, p. cxcix.

19276. Chabeuf. — Les vitraux de l'église de Chailly, p. cci.

19277. Quantin. — Les écus des vitraux de Chailly, p. ccii à ccv.

19278. Chabeuf. — Sculptures de l'église de Marnay, p. ccv à ccvii.

19279. Schanosky (Xavier). — Retable de l'église Saint-Pierre de Dijon; hauts-reliefs provenant de l'Hôpital du Saint-Esprit de Dijon, p. ccxi.

19280. Metman (É.). — Le tombeau de Philippe de Villers († 1622) dans l'église Saint-Michel de Dijon, p. ccxii.

19281. Fyot. — Les contre-révolutionnaires dijonnais à Lyon en 1793, p. ccxiv.

19282. Chabeuf. — La réunion historique du 18 septembre 1905 à Alise Sainte-Reine, p. ccxvi à ccxxvi.

19283. Chabeuf. — Nécrologie, p. ccxxx à ccxxxix.

[Cyprien Monget (1839 † 1906); Ph. Guignard (1820 † 1905).]

19284. Arbaumont (D'). — Nécrologie, p. ccxxxix à ccxlii.

[Anatole de Barthélemy (1821 † 1904).]

19285. Chabeuf (Henri). — La salle des festins ou de Flore au Palais des États de Bourgogne, 2 *pl.*, p. 1 à 8.

19286. Chabeuf (Henri). — Les celliers de l'ancien hôtel de Clairvaux à Dijon, *pl.*, p. 9 à 14.

19287. Fyot (E.). — Notes sur l'histoire du Palais de justice de Dijon, p. 15 à 26.

19288. Truchis (Vicomte Pierre de). — Notice historique sur la chapelle dite des Cros en l'église Saint-Michel de Dijon, *fig.* et 2 *pl.*, p. 27 à 72.

19289. Fyot (E.). — Documents inédits sur la Porte Guillaume [à Dijon], *pl.*, p. 73 à 90.

19290. Langeron (Olivier). — La trompette d'argent [de la ville de Dijon], *fig.*, p. 91 à 102.

19291. Fyot (E.). — Complot de La Trémoille contre le chancelier Rolin, p. 103 à 112.

19292. Chabeuf (Henri). — Les peintures de la chapelle Saint-Léger à Notre-Dame de Beaune, p. 113 à 134.

19293. Fyot (E.). — Les charlatans à Dijon, p. 135 à 156.

19294. Divers. — Les restes des ducs et princesses de Bourgogne à Saint-Bénigne de Dijon, 2 *pl.*, p. 157 à 251.

19295. Truchis (Vicomte Pierre de). — Étude de la construction de la chapelle Notre-Dame à Pouilly-en-Auxois, *fig.* et *pl.*, p. 253 à 295.

CÔTE-D'OR. — DIJON.

SOCIÉTÉ BOURGUIGNONNE DE GÉOGRAPHIE ET D'HISTOIRE.

Voir, pour les publications de cette Société antérieures à 1901, la table récapitulative de notre *Bibliographie générale;* et pour ses publications postérieures, les tables placées à la fin du fascicule III du tome I, et du fascicule I du tome II de notre *Bibliographie annuelle.*

XXII. — Mémoires de la Société bourguignonne de géographie et d'histoire, t. XXII. (Dijon, 1906, in-8°, LXIX-511 p.)

19296. Chabeuf. — Nécrologie, p. VII, IX, et XXV.

[Général Chomereau de Saint-André (1826 † 1905), p. VII. — Bernard Prost (1849 † 1905); R.-E. Gascon (1828 † 1906), p. IX. — J.-B. Martenot (1828 † 1906), p. XXV.]

19297. Chapuis (A.-V.). — Les anciennes corporations dijonnaises, règlements, statuts et ordonnances, p. 1 à 507.

CÔTE-D'OR. — SEMUR.

SOCIÉTÉ DES SCIENCES HISTORIQUES ET NATURELLES DE SEMUR.

Voir, pour les publications de cette Société antérieures à 1901, la table récapitulative de notre *Bibliographie générale;* et pour ses publications postérieures, les tables placées à la fin du fascicule III du tome I, et du fascicule I du tome II de notre *Bibliographie annuelle.*

XXXII. — Bulletin de la Société des Sciences historiques et naturelles de Semur-en-Auxois, t. XXXIV, année 1905. (Semur-en-Auxois, 1906, in-8°, CXXXII-452 p.)

19298. Espérandieu (Commandant). — Lecture faite à l'Académie des Inscriptions sur les résultats des sondages pratiqués au Mont-Auxois, p. CXXIX à CXXXII.

19299. Berthoud (L.) et Matruchot (L.). — Étude historique et étymologique des noms de lieux habités, villes, villages et principaux hameaux du département de la Côte-d'Or, p. 1 à 170. — Suite de XXIX, p. 273; et XXX, p. 1.

19300. Matruchot (Louis). — Notes sur les voies romaines du département de la Côte-d'Or, *fig.*, p. 171 à 197.

19301. Fontaine-Richard. — Une source merveilleuse dans l'Auxois. La fontaine de sainte Alangueure, p. 198 à 202.

19302. Vialat (Al.). — Contribution aux études sur Alésia, p. 203 à 208.

19303. Vialay (Al.). — Considérations sur le combat de cavalerie qui précéda immédiatement le siège d'Alise, p. 209 à 219.

19304. Patriat (C.). — L'élément latin dans le patois de l'Auxois, p. 220 à 227.

19305. Boulogne (Paul). — Thèse dédiée à M. de Massol [1733], p. 228 à 234.

19306. Boulogne (Paul). — Flavigny au moyen âge et pendant la Renaissance (721-1592), p. 235 à 252.

19307. Maurice (Ph.). — Notice sur l'alimentation en eau de la ville de Semur antérieurement à 1789, p. 253 à 262.

19308. Barbier (L'abbé Eugène). — Le général Savettier de Candras (1768 † 1812), p. 263 à 300.

19309. Ledeuil-d'Enquin. — Musée de Semur. Note sur le tableau *Une Charité romaine*, p. 301.

19310. Fontaine-Richard. — Guillaume de Clugny, bailly d'Auxois (1361), p. 303 à 312.

19311. Berthoud (S. et L.). — Note sur un fragment d'autel gallo-romain [provenant des environs de Vitteaux], *fig.*, p. 313 à 320.

19312. Gérard (Émile). — Les origines de Bussy-Rabutin. Bibliographie sur François de Rabutin († 1581), p. 321 à 345.

19313. Reinach (S.). — Conférence à la réunion d'Alise du 18 septembre 1905, p. 346 à 354.

19314. Azan (Lieutenant Paul). — La reprise de la question d'Alésia en 1905, p. 355 à 377.

19315. Schulten. — Conférence sur Numance, p. 378 à 382.

19316. Testart (Gaston). — Quelques mots d'étymologie sur les Laumes et Seigny, p. 383.

19317. Testart (Gaston). — Une héroïne de la Révolution. Catherine Pochetat, d'Époisses [1770 † vers 1828], p. 385 à 390.

19318. Gillot (Dr F.-X.). — M. Jean-Jacques Collenot (1814 † 1892), p. 391 à 395.

19319. Boulogne (Paul). — Le Dr Stephen Berthoud (1863 † 1904), p. 396 à 398.

19320. Epery (D[r]) et Boulogne (Paul). — Le Dr Charles Lenief (1868 † 1904), p. 399 à 404.

19321. Boulogne (Paul). — M. Victor Flour de Saint-Genis (1830 † 1904), p. 405 à 420.

CÔTES-DU-NORD. — SAINT-BRIEUC.

ASSOCIATION BRETONNE.

Voir, pour les publications de cette Association antérieures à 1901, la table récapitulative de notre *Bibliographie générale;* et pour ses publications postérieures, les tables placées à la fin du fascicule III du tome I, et du fascicule I du tome II de notre *Bibliographie annuelle.*

XL. — Bulletin archéologique de l'Association bretonne, publié par la classe d'archéologie, 3e série, t. XXIV, 46e congrès tenu à Concarneau du 4 au 9 septembre 1905. (Saint-Brieuc, 1906, in-8°, LIV-316-39 et 96 p.)

19322. Aveneau de la Grancière. — Coup d'œil sur les recherches préhistoriques dans le Morbihan en 1904-1905, p. 3 à 6.

19323. Millon (L'abbé A.). — Le château de Kernuz, son histoire, ses collections, *pl.*, p. 7 à 41.

19324. Sageret (E.). — Les ancêtres des Bretons actuels et les constructeurs de mégalithes, p. 42 à 54.

19325. Calan (Vicomte Charles de). — Observations sur quelques points controversés de l'histoire de Bretagne, p. 55 à 107.

[Jarnhitin et Morvan, chefs bretons (IXe s.); les règnes de Nomenoé, d'Érispoé, de Salomon, d'Alain le Grand; valeur historique de Dudon de Saint-Quentin; dates de l'exode des reliques des saints bretons; les premiers comtes de Rennes.]

19326. Aveneau de la Grancière. — À propos des observations de M. de Kerviler sur les mesures de longueur et les nombres 3 et 7 chez les constructeurs de monuments mégalithiques en Armorique, p. 107 à 110. — Cf. XXXIX, p. 288.

19327. Abgrall (Le chanoine). — Étude de la voie romaine et du chemin de pèlerinage des sept saints de Bretagne entre Quimper et Vannes, p. 111 à 124.

19328. Laigue (Comte René de). — Saint Hervé, *carte*, p. 125 à 138.

19329. Oheix (André). — Les reliques bretonnes de Montreuil-sur-Mer, p. 139 à 173.

[Exode des corps des SS. Guennolé, Ethbin, Malo, Corentin, Conogan, Gudwal, hors de Bretagne.]

19330. Peyron (Le chanoine). — La légende de saint Théleau et la troménie de Landeleau, p. 174 à 183.

19331. Du Chatellier (P.). — Les monuments [mégalithiques] du canton de Concarneau, p. 184 à 188.

19332. Raison du Cleuziou (Alain). — Documents militaires inédits concernant Concarneau, p. 189 à 194.

[Garnison de Concarneau en 1601 et 1603; défense de la côte de Concarneau en 1770.]

19333. Raison du Cleuziou (Alain). — Les missions du P. Le Roux en Cornouaille (1687-1719), p. 195 à 202.

19334. Villiers du Terrage. — Les Glénans [archipel], *pl.*, p. 203 à 248.

19335. Trévédy (J.). — Inventions bretonnes, p. 249 à 268. — Suite de XXXIX, p. 78.

[Institutions religieuses et civiles.]

19336. Trévédy (J.). — La tapisserie de la bataille de Formigny, p. 269 à 275.

19337. [Fayé (L'abbé Antoine)]. — Misère et miséreux au pays de Léon en 1774, p. 276.

19338. Hersart de la Villemarqué (Pierre). — Le manoir du Poulguin, p. 288 à 294.

19339. Wismes (Baron Gaëtan de). — Mobilier et garde-robe d'une dame bretonne au XVIIIe siècle [Jacquette Blaize de Latour, dame de la Ville Ouays des Plesses], au XVIIIe siècle, p. 295 à 302.

CÔTES-DU-NORD. — SAINT-BRIEUC.

SOCIÉTÉ D'ÉMULATION DES CÔTES-DU-NORD.

Voir, pour les publications de cette Société antérieures à 1901, la table récapitulative de notre *Bibliographie générale;* et pour ses publications postérieures, les tables placées à la fin du fascicule III du tome I, et du fascicule I du tome II de notre *Bibliographie annuelle.*

XLIX. — Société d'émulation des Côtes-du-Nord. Bulletins et mémoires..., t. XLIV (1906). (Saint-Brieuc, 1907, in-8°, XV-212 p.)

19340. Trévédy (J.). — La campagne des Anglais en France en 1373, p. 1 à 33.

19341. Le Noir de Tournemine (Comte H.). — Autour de Villiers de l'Isle Adam, 9 *pl.*, p. 35 à 104.

19342. Lemière (Edmond). — Bibliographie des ouvrages et des écrits publiés sur les guerres de la Vendée et sur la chouannerie, p. 105 à 164. — Cf. XLVII, p. 141; et XLVIII, p. 84.

19343. Berthelot du Chesnay (C.). — L'année préhistorique dans les Côtes-du-Nord (1905-1906), *fig.* et *pl.*, p. 165 à 195.

19344. Teskaouer (An.). — A propos de la rivière le Léguer, p. 207 à 208.

CREUSE. — GUÉRET.

SOCIÉTÉ DES SCIENCES NATURELLES ET ARCHÉOLOGIQUES DE LA CREUSE.

Pour les publications de cette Société antérieures à 1901, voir la table récapitulative de notre *Bibliographie générale;* et pour ses publications postérieures, la table placée à la fin du fascicule III du tome I, de notre *Bibliographie annuelle.*

XV. — Mémoires de la Société des sciences naturelles et archéologiques de la Creuse ..., 2e série, t. X, XVe de la collection. (Guéret, 1905-1906, in-8°, 762 p.)

19345. Martin (Gabriel). — Histoire d'une frontière, Aigurande depuis l'époque gauloise jusqu'à nos jours, *pl.*, p. 5 à 92, et 496. — Suite et fin de XIV, p. 458.

19346. Delannoy (H.). — Procès criminels dans la Marche [xviiie s.], p. 93 à 104.

19347. Bellet (J.). — La Souterraine. Acte d'émancipation [1776], p. 105.

19348. Pérathon (Cyprien). — Pierres pour mesurer les grains, p. 107 à 118.

19349. Toumieux (Z.). — Les Esmoingt de Lavaublanche, famille marchoise, généalogie, p. 119 à 156.

19350. Villard (Dr F.). — Notes sur Guéret au xviiie siècle, p. 157 à 306. — Suite de X, p. 160; XI, p. 217; XII, p. 125, 423; XIII, p. 121; et XIV, p. 245.

19351. Lacrocq (Louis). — Notes sur les sociétés populaires dans la Creuse pendant la Révolution, p. 307 à 370. — Suite de XIII, p. 197; et XIV, p. 378.

19352. Dercier (L'abbé P.). — Fouilles au Mont-Jouer, 3 *pl.*, p. 371 à 403. — Suite de XIII, p. 450; et XIV, *pl.*, p. 193.

[Voies romaines.]

19353. Bujadoux (J.). — M. le chanoine Sylvain Dardy (1840 † 1905), p. 427 à 428.

19354. Delannoy (H.). — Liste critique des abbés d'Aubepierre, p. 431 à 464.

19355. Dardy (S.). — Notes sur la paroisse de Saint-Laurent, p. 465 à 482.

19356. Martin (Gabriel). — Le siège de l'abbaye du Palais-Notre-Dame en 1451, p. 483 à 495.

19357. Pérathon (Cyprien). — Les correspondants de Jouillietton, p. 497 à 508.

[Lettres de l'abbé Legros et de H. Mazet.]

19358. Pérathon (Cyprien). — Nomination d'un lieutenant de bourgeoisie à la Souterraine (1696), p. 509.

19359. Martin (Gabriel). — Un document inédit sur Bourganeuf au xviiie siècle, p. 511 à 522.

[Rapport de dom Col au contrôleur général des finances Bertin.]

19360. Thomas (Antoine). — Testament de Louis de Brosse, seigneur de Boussac (31 août 1356), p. 523 à 540.

19361. Corbier (Baron L. de). — Le comté du Dognon en la Marche, et ses seigneurs, *fig.* et *pl.*, p. 541 à 724.

DORDOGNE. — PÉRIGUEUX.

SOCIÉTÉ HISTORIQUE ET ARCHÉOLOGIQUE DU PÉRIGORD.

Voir, pour les publications de cette Société antérieures à 1901, la table récapitulative de notre *Bibliographie générale;* et pour ses publications postérieures, les tables placées à la fin du fascicule iii du tome I, et du fascicule i du tome II de notre *Bibliographie annuelle.* Une table des planches publiées par la Société de 1874 à 1906 a été annexée au *Bulletin* de 1906 (voir notre n° 19401).

XXXIII. — Bulletin de la Société historique et archéologique du Périgord, t. XXXIII. (Périgueux, 1906, in-8°, 480 p.)

19362. Jouanel. — Pierre Bernard, curé d'Aunoy, au diocèse de Meaux, prieur de Saint-Georges, au diocèse de Sarlat (xviiie s.), p. 36.

19363. Dujarric-Descombes. — Les architectes et maîtres d'œuvre des monuments du Périgord, p. 38 à 42.

19364. Monteil (De). — Découvertes archéologiques de Bonneval, p. 48 à 51.

19365. Dujarric-Descombes (A.). — La chapelle des Barnabé dans l'église Saint-Front de Périgueux, *pl.*, p. 57 à 72.

19366. Bussière (G.). — Henri Bertin et sa famille, 4 *pl.*, p. 72, 211, et 312. — Suite de XXXII, p. 216, et 381.

19367. F. V. [Villepelet (Ferd.)]. — Circulaire de

Mgr Clément, évêque de Périgueux (2 décembre 1707), p. 114.

19368. E. DE B. [BIRAN (E. DE)]. — Lettres à M. de Bacalan, vicomte de Monbazillac (1773), p. 115.

19369. DUJARRIC-DESCOMBES. — Documents concernant la famille Paradol, p. 126, et 279.

19370. BENOIT. — Livre de raison du s^r Lasfaux aîné (1804-1826), p. 128.

19371. ROUX (L'abbé Joseph). — L'ancienne église de Leguilhac de Lauche, 3 *pl.*, p. 136 à 152.

19372. VILLEPELET (Ferd.). — Peintres de bannières à Périgueux aux XIVe et XVe siècles, p. 152 à 160.

19373. MONTÉGUT (H. DE). — Vente de la forêt de Thiviers consentie par le roi de Navarre aux s^{rs} du Theil et Faurichon (7 mai 1582), p. 161.

19374. ROUX (E.). — Les Ursulines de Périgueux, p. 163, 298, 384, et 434. — Suite de XXXII, p. 67, 319, et 467.

19375. E. R. — M. Jean-Baptiste-Élie Corneilhan [1826 † 1906], p. 181.

19376. A. DE M. — M. Dudoignon-Valade [1861 † 1906], p. 182 à 184.

19377. DUBIEUX (Joseph). — Fénelon archevêque, d'après deux documents inédits, p. 205 à 210, et 454 à 455.

19378. CARVÈS (Louis). — Prise de possession de l'évêché de Sarlat par Mgr de Ponte d'Albaret [1778], p. 243.

19379. VILLEPELET (R.). — Les biens ecclésiastiques dans le district de Périgueux en 1790, p. 245 à 262, et 331 à 341.

19380. LAFON (Gabriel). — Philippe de Bosredon [† 1906], *portr.*, p. 262 à 270.

19381. JOUANEL (P.-A.). — M. Gustave Charrier [† 1906], p. 270 à 272.

19382. BÉLER (DE). — Bastion de la première enceinte du Puy-Saint-Front à Périgueux, p. 293.

19383. VILLEPELET (F.). — Affiches théâtrales de Périgueux (XVIIIe s.), p. 295.

19384. FAYOLLE (Marquis DE). — Le comte Henri de Gourcy [† 1906], p. 342.

19385. DURAND (Ch.). — L'église de Bauzens, p. 373 à 382.

19386. JOUANEL (A.). — Conflit relatif à la cloche de Marquay (1661), p. 383.

19387. DUJARRIC-DESCOMBES (A.). — Lettre de l'intendant de Ris aux consuls de Périgueux [1681], p. 403 à 405.

19388. E. DE B. [BIRAN (E. DE)]. — Lettre de Berwick à M. de Biran, subdélégué à Bergerac [1718], p. 406.

19389. F. V. [VILLEPELET (Fernand)]. — Transport du corps de Charles-Antoine-Armand-Odet d'Aydie, comte de Ribérac [1754], p. 406.

19390. ANONYME. — Lettre de Christophe de Beaumont, archevêque de Paris, à M. de Saint-Marc, avocat à Paris [1779], p. 407.

19391. CH. A. — Jean-Adhémar Ronteix [1845 † 1906], p. 408.

19392. MOREAUD (D^r). — Disque gallo-romain trouvé à Cahors, p. 413.

19393. HERMANN. — Sur la faïence de Bergerac, p. 418 à 420.

19394. MONTIFAULT (Colonel DE). — La maison de Saint-Astier, p. 426 à 428.

19395. BELER (Capitaine DE). — Deux vieilles maisons de Périgueux, p. 429.

19396. MAISONNEUFVE-LACOSTE (André). — Notice sur une cheminée du château de Vaucocour à Thiviers (Dordogne), *pl.*, p. 432.

19397. F. V. [VILLEPELET (F.)]. — Un baptême dans la paroisse de Faye-de-Ribérac après la Fronde, p. 433.

19398. DUJARRIC-DESCOMBES (A.). — Merlhie de Lagrange (1769 † 1844), *portr.*, p. 455 à 458.

19399. RIVIÈRE (Émile). — Registre de la praticque de deffunct Me Cathrain Fardeau, vivant notaire au Chastellet de Paris (1545), p. 458.

19400. TAMIZEY DE LARROQUE (Henri). — Discours prononcé sur la tombe de M. Maurice Campagne [† 1906], p. 463 à 467.

19401. BENOIT (Léon). — Table alphabétique des planches du Bulletin de la Société historique et archéologique du Périgord (1874 à 1906). (Périgueux, 1906, in-8°, 19 p.)

DOUBS. — BESANÇON.

ACADÉMIE DES SCIENCES, BELLES-LETTRES ET ARTS DE BESANÇON.

Voir, pour les publications de cette Académie antérieures à 1901, la table récapitulative de notre *Bibliographie générale;* et pour ses publications postérieures, les tables placées à la fin du fascicule III du tome I, et du fascicule I du tome II de notre *Bibliographie annuelle*.

CLV. — Académie des sciences, belles-lettres et arts de Besançon. Procès-verbaux et mémoires, année 1906. (Besançon, 1906, in-8°, 404 p.)

[Publié en 4 fascicules dont la couverture porte *Bulletin trimestriel*.]

19402. Vaissier. — Notice sur M. Bernard Prost [† 1905], p. 7 à 11.

19403. Rossignot (Le chanoine). — Notice sur Mgr Louis-Adolphe-Albert Perrault, évêque d'Autun [1828 † 1906], p. 12 à 16.

19404. Chipon (M.). — L'exposition rétrospective [de Besançon], de 1906, 2 *pl.*, p. 27 à 36.

19405. Pingaud (Léonce). — Notice sur le Dr J. Meynier [1839 † 1905], p. 97 à 100.

19406. Hugues. — Notice sur M. Édouard Toubin (1824 † 1906), p. 100 à 104.

19407. Bourdin (Dr E.). — Percy, inspecteur général du service de santé des armées [1754 † 1825], 3 *pl.*, p. 105 à 152.

19408. Godard (Charles). — Jurassiens compagnons de Jésus jugés au Puy en l'an VIII, p. 153 à 161.

19409. Perrod (Maurice). — Philibert de la Baume (1548-1572), contribution à l'histoire de la Renaissance en Franche-Comté, p. 162 à 177.

19410. Chipon (Maurice). — Un cinquantenaire. Les origines du chemin de fer à Besançon, p. 203 à 216.

19411. Bousset (Armand). — Exposition rétrospective des arts en Franche-Comté [Besançon, 1906], p. 244 à 257.

19412. Godard (Charles). — Le cahier du cordelier bisontin Bardenet (1773-1775), p. 258 à 268.

19413. Desprez (D^r^). — Le Dr C.-A. Phisalix [1852 † 1906], p. 239 à 271.

19414. Rossignot (Le chanoine). — Une famille comtoise au Canada [les Charvet], p. 303 à 313.

19415. Arbaumont (Joseph d'). — Autour d'un procès de sorcellerie au commencement du XVIIe siècle [à Bourogne], p. 314 à 343.

19416. Bourdin (Dr E.). — Henri Bouchot, de l'Institut [1849 † 1906], l'homme et l'œuvre, p. 344 à 381.

DOUBS. — BESANÇON.

SOCIÉTÉ D'ÉMULATION DU DOUBS.

Voir, pour les publications de cette Société antérieures à 1901, la table récapitulative de notre *Bibliographie générale;* et pour ses publications postérieures, les tables placées à la fin du fascicule III du tome I, et du fascicule I du tome II de notre *Bibliographie annuelle*.

Une table générale des publications de la Société jusqu'en 1905 a paru en 1907 (voir notre n° 19430).

XLI. — Mémoires de la Société d'émulation du Doubs, 7e série, 10e volume, 1905. (Besançon, 1906, in-8°, XXXII-347 p.)

19417. Rossignot (L'abbé). — M. le chanoine Rigny [1826 † 1904], p. XXVII à XXX.

19418. Magnin (Dr Ant.). — Notice sur M. Ansberque, [1828 † 1905], p. XXXI à XXXII.

19419. Gazier (Georges). — L'exposition rétrospective des beaux-arts à Besançon en 1906, *pl.*, p. 35 à 44.

19420. Baudin (D^r^). — A travers ma vie. Souvenirs d'Armand Marquiset (1797-1859), p. 45 à 66.

IMPRIMERIE NATIONALE.

19421. Bourdin (D^{r}). — Une lettre inédite de Voltaire, 2 *facs.*, p. 67 à 81.

19422. Gazier (Georges). — Les évêques constitutionnels du Doubs, p. 82 à 113.

[Seguin, Moïse et Demandre.]

19423. Rossignot (Le chanoine). — Jean Richardot, chef-président du Conseil privé des Pays-Bas (1597-1609), p. 114 à 122.

19424. Gaiffe (Félix). — Quelques documents sur le théâtre à Besançon à la fin du XVIIIe siècle, p. 123 à 133.

19425. Meynier (D^{r}). — Formation du département du Doubs (1790-1815), p. 134 à 141.

19426. Ledoux (D^{r}). — Le Dr J. Meynier [1839 † 1905], p. 142 à 151.

19427. Limon (D^{r}). — Comment on se défendait de la peste à Besançon au XVIe siècle, p. 157 à 177.

19428. Gazier (Georges). — Notes sur Bernardin de Saint-Pierre, d'après des documents inédits de la Bibliothèque de Besançon, p. 178 à 186.

19429. Pingaud (Léonce). — Correspondance de Lecoz et de Grégoire (1801-1815), p. 187 à 308.

19430. Kirchner (A.). — Mémoires de la Société d'émulation du Doubs. Table générale récapitulative, 1841-1905. (Besançon, 1907, in-8°, 127 p.)

DOUBS. — MONTBÉLIARD.

SOCIÉTÉ D'ÉMULATION DE MONTBÉLIARD.

Voir, pour les publications de cette Société antérieures à 1901, la table récapitulative de notre *Bibliographie générale;* et pour ses publications postérieures, les tables placées à la fin du fascicule III du tome I, et du fascicule I du tome II de notre *Bibliographie annuelle.*

XLI. — Mémoires de la Société d'émulation de Montbéliard, 33e volume. (Montbéliard, 1906, in-8°, XXII-151 p.)

19431. Anonyme. — Liste des dons et acquisitions faits pour le Musée depuis 1901, p. XVI à XXII.

19432. Roux (Albert). — Note sur une vierge [d'albâtre] du XVe siècle appartenant au Musée de Montbéliard, 2 *pl.*, p. 1 à 10.

19433. Abrnne (Le pasteur L.). — Notice sur les autographes offerts par Mme Alfred Bovet à la Société d'émulation, p. 11 à 26.

[Lettres des ducs de Wurtemberg, princes souverains de Montbéliard, XVIIe-XVIIIe s.]

19434. Huber (V.). — Au sujet d'une prétendue prise de Montbéliard dans les commencements de la Révolution, p. 33 à 44.

19435. Viénot (John). — Correspondance de Léopold-Emmanuel Berdot [1712 † 1787] avec M. de Faber, *portr.*, p. 45 à 118.

19436. Mauveaux (Julien). — Hugues Bois de Chesne, poète et chroniqueur montbéliardais (1586 † 1671), d'après des documents inédits, 2 *facs.*, p. 119 à 149.

DRÔME. — VALENCE.

SOCIÉTÉ D'ARCHÉOLOGIE ET DE STATISTIQUE DE LA DRÔME.

Voir, pour les publications de cette Société antérieures à 1901, la table récapitulative de notre *Bibliographie générale;* et pour ses publications postérieures, les tables placées à la fin du fascicule III du tome I, et du fascicule I du tome II de notre *Bibliographie annuelle.*

XL. — Bulletin de la Société départementale d'archéologie et de statistique de la Drôme, t. XL, 1906. (Valence, 1906, in-8°, 464 p.)

19437. Vaschalde (Henry). — Auguste Desportes, littérateur [1797 † 1866], p. 5 à 15.

19438. Brun-Durand. — Le président Charles Ducros et la société protestante en Dauphiné au commencement du XVIIe siècle, p. 16 à 35, et 263 à 282. — Suite de XXXVIII, p. 309; et XXXIX, p. 73, 196, 273, et 353.

19439. Chevalier (Jules). — Mémoire pour servir à l'histoire des comtés de Valentinois et de Diois, p. 36, 151, 331, et 395. — Suite de XXII, p. 151; XXIII, p. 115, 309, 440; XXIV, p. 280, 345; XXV, p. 73; XXVI, p. 51, 184, 266; XXVII, p. 134, 270, 328; XXVIII, p. 47, 137, 264, 358; XXIX, p. 71, 177, 295, 361; XXX, p. 28, 115, 200, 295; XXXI, p. 56, 158, 261, 367; XXXII, p. 21, 123, 257, 305; XXXIII, p. 81; XXXIV, p. 68, 116, 205, 317; XXXV, p. 13, 105, 217, 313; XXXVI, p. 5, 163, 270, 371; XXXVII, p. 44, 151, 256; XXXVIII, p. 64, 182, 278, 397; et XXXIX, p. 100, 149, 292, et 385.

19440. Béretta (A.). — Les cités mystérieuses de Strabon [dans le Venaissin], *fig.*, p. 59, 185, 295, et 419. — Suite de XXXIX, p. 121.

19441. R. V. C. [Vallentin du Cheylard (Roger)]. — La population des taillabilités du Dauphiné en 1698, p. 81, 201, 283, et 435. — Suite de XXXIX, p. 233, et 406.

19442. Faucher (Paul de). — Le marquis de Boisgelin [1821 † 1905], p. 99 à 106.

19443. Lacroix (A.). — Nécrologie, p. 107, et 460.

[L'abbé J.-P. Isnard (1817 † 1905); F.-E. Arnaud († 1905); le comte de Chabrillan († 1905), p. 107. — Le comte de Cransac († 1906); E. Fayard († 1905), p. 460.]

19444. Villard (Marius). — Découverte d'une porte de la Maison des Têtes, et les monuments de la Renaissance à Valence, *pl.*, p. 113, 225, et 353.

[Plan de Valence à l'époque romaine.]

19445. Vaschalde (Henry). — Jean Combaluzier, ingénieur (1861 † 1902), *portr.*, p. 145 à 150.

19446. Lacroix (A.). — Étoile, p. 170 à 184. — Suite de XXXIX, p. 439.

19447. Aubenche (Louis). — Notes sur quelques-uns des membres de la famille Eymard, de Pierrelate, p. 453 à 459.

EURE. — ÉVREUX.

SOCIÉTÉ LIBRE D'AGRICULTURE, SCIENCES, ARTS ET BELLES-LETTRES DE L'EURE.

Voir, pour les publications de cette Société antérieures à 1901, la table récapitulative de notre *Bibliographie générale;* et pour ses publications postérieures, les tables placées à la fin du fascicule III du tome I, et du fascicule I du tome II de notre *Bibliographie annuelle.*

LVIII. — Recueil des travaux de la Société libre d'agriculture, sciences, arts et belles-lettres de l'Eure, 6e série, t. III, année 1905. (Évreux, 1906, in-8°, LXII-180 p.)

19448. Philippe (L'abbé). — Rapport sur des fonds de cabanes et des sculptures gauloises de la région de Pacy-sur-Eure, p. 1 à 12.

19449. Passy (Louis). — Thomas Corneille et Jacqueline Pascal aux Palinods de Rouen, p. 13 à 23.

19450. Guéré (L'abbé). — Inauguration d'une plaque commémorative de l'abbé Le Galloys de Bois-David (surnommé le médecin des pauvres) [1697 † 1763], en l'église de Grand-Camp, le 12 octobre 1905. Discours, p. 41 à 48.

19451. Coutil (Léon). — Le Château-Gaillard (1197-1198), *fig.* et *pl.*, p. 49 à 108.

19452. Reiset (Vicomte de). — Le comte de Reiset (1821 † 1905), p. 109 à 138.

EURE. — ÉVREUX.

SOCIÉTÉ NORMANDE D'ÉTUDES PRÉHISTORIQUES.

Voir, pour les publications de cette Société antérieures à 1901, la table récapitulative de notre *Bibliographie générale;* et pour ses publications postérieures, les tables placées à la fin du fascicule III du tome I, et du fascicule I du tome II de notre *Bibliographie annuelle.*

XIII. — **Bulletin de la Société normande d'études préhistoriques**, t. XIII, année 1905. (Louviers, 1906, in-8°, 251 p.)

19453. Morel (G.). — Excursion à Gisors, Trye-Château et Boury, *fig.*, p. 26 à 38.

19454. Gallerand (E.). — Excursion à Laigle et à Rugles, p. 39 à 42.

19455. Romain (G.). — Compte rendu de l'excursion au camp de Sandouville, p. 43 à 45.

19456. Chédeville (P.-J.). — Observations relatives aux fonds de cabanes d'Orgeville, p. 46 à 49.

19457. Cahen (Albert). — Le gisement [de silex] de Vatteville (Seine-Inférieure), *fig.* et *pl.*, p. 50 à 58.

19458. Poulain (G.). — Derniers sondages sous l'abri du Mammouth à Métreville (Eure). Théorie sur le néolithique, *fig.*, p. 59 à 71.

19459. Poulain (Georges). — Un atelier néolithique des bois de Métreville, *fig.*, p. 72 à 74.

19460. Poulain (Georges). — Ateliers néolithiques avec cuvettes d'extraction creusées dans la craie sénonienne, *fig.*, p. 75 à 78.

19461. Poulain (Georges). — Fouilles au camp du Goulet (Eure), *fig.* et 2 *pl.*, p. 79 à 101.

[Silex, poteries, objets divers.]

19462. Morel (G.). — Sur deux outils néolithiques extraits d'un même nodule de silex, *fig.*, p. 102.

19463. Pinchon (D[r]). — Note sur un casse-tête en silex [recueilli à Chambines, Eure], p. 104 à 107.

19464. Philippe (L'abbé J.). — Note sur la découverte d'un tumulus à incinération au Plessis-Grohan, p. 108.

19465. Philippe (L'abbé J.). — Note sur un fond de cabane gauloise [à Boisset-les-Prévanches], p. 110.

19466. Coutil (L.). — Les Unelli, les Ambivariti et les Curiosolitae, *fig.* et 2 *pl.*, p. 112 à 185.

19467. Sauvage (Norbert). — Études sur la Basse-Normandie gallo-romaine. Les limites de la cité des Viducasses, p. 186 à 191.

19468. Desloges (A.). — Histoire de Rugles, époque romaine, origine de la ville, *fig.* et 2 *pl.*, p. 192 à 212.

19469. Quesné (Victor). — Les chemins et le service de la poste aux chevaux d'après les monnaies romaines, p. 213 à 217.

19470. Apel. — Notes et documents pour la restitution du plan de *Juliobona* des Romains, *fig.*, p. 218 à 224.

19471. Amaury (Ernest). — Note sur quelques objets et un sarcophage mérovingiens découverts aux environs de Vernon, *pl.*, p. 225 à 228.

19472. Coutil (L.). — M. Amand Montier († 1905), p. 230 à 235.

19473. Coutil (L.). — M. Ernest d'Acy († 1905), p. 235 à 237.

FINISTÈRE. — BREST.

SOCIÉTÉ ACADÉMIQUE DE BREST.

Voir, pour les publications de cette Société antérieures à 1901, la table récapitulative de notre *Bibliographie générale;* et pour ses publications postérieures, les tables placées à la fin du fascicule III du tome I, et du fascicule I du tome II de notre *Bibliographie annuelle.*

XXXIX. — Bulletin de la Société académique de Brest..., 2e série, t. XXXI, 1905-1906. (Brest, 1907, in-8°, 229 p.)

19474. Esquieu (L.). — Chansons populaires recueillies en Ille-et-Vilaine, p. 8 à 152.

19475. Lorme (A. de). — La citoyenne comtesse de Villirouët (1793-1813), p. 153 à 179.

19476. Lorme (A. de). — Musée d'art et de religion de Brest, p. 181 à 193.

19477. Lorme (A. de). — De la croix aux calvaires de Bretagne et dans le Finistère, *fig.*, p. 195 à 221.

[Tronoen, Plougonven, Guimiliau, Plougastel.]

FINISTÈRE. — QUIMPER.

COMMISSION DIOCÉSAINE D'ARCHITECTURE ET D'ARCHÉOLOGIE.

Pour les publications antérieures de cette Commission, voir les tables placées à la fin du fascicule III du tome I, et du fascicule I du tome II de notre *Bibliographie annuelle.*

VI. — Diocèse de Quimper et de Léon. Bulletin de la Commission diocésaine d'architecture et d'archéologie, 6e année. (Quimper, 1906, in-8°, 288 p.)

19478. Peyron (Chanoine). — Cartulaire de l'église de Quimper, p. 5, 49, 97, 147, 193, et 241. — Suite de I, p. 30, 73, 126, 177, 226, 276; II, p. 39, 99, 159, 225, 262, 346, 380; III, p. 36, 90, 148, 229, 348; IV, p. 24, 73, 146, 194, 271, 311; et V, p. 13, 57, 97, 146, 193, 241, et 281.

19479. Peyron et Abgrall. — Notices sur les paroisses du diocèse de Quimper et de Léon, p. 22, 65, 113, 163, 211, et 255. — Suite de II, p. 55, 113, 177, 239, 272, 356; III, p. 47, 104, 159, 237, 294, 357; IV, p. 33, 88, 168, 202, 279, 323; et V, p. 19, 74, 110, 153, 203, et 254.

FINISTÈRE. — QUIMPER.

SOCIÉTÉ ARCHÉOLOGIQUE DU FINISTÈRE.

Voir, pour les publications de cette Société antérieures à 1901, la table récapitulative de notre *Bibliographie générale;* et pour ses publications postérieures, les tables placées à la fin du fascicule III du tome I, et du fascicule I du tome II de notre *Bibliographie annuelle.*

XXXIII. — **Bulletin de la Société archéologique du Finistère,** t. XXXIII. (Quimper, 1906, in-8°, 14-XLVI-327 p.)

19480. Bourde de la Rogerie. — Gravure de saint Corentin et de Bertrand de Rosmadec, avec vue de la cathédrale de Quimper, p. x.

19481. Peyron (Le chanoine). — Trouvaille de monnaies romaines à Kergoen Bourg-Blanc, p. XX à XXIII [*lisez :* XXX à XXXIII].

19482. Vallaux (Camille). — La forêt sous-marine de Loctudy, *fig.*, p. 3 à 9.

19483. Le Guennec (Louis). — Excursion dans la commune de Plouézoch, *fig.*, p. 10 à 69.

19484. Le Carguet (H.). — Les vases enfouis pour maléfices dans le Cap-Sizun, p. 70 à 77.

19485. Picquenard (Dr C.-A.). — Ruines et substructions gallo-romaines du Cavardy et du Stanq, canton de Fouesnant (Finistère), *fig.*, p. 78 à 90.

19486. Kerguiffinan-Furic (H. de). — Un beau geste des Volontaires du Finistère [1793], p. 91 à 94.

19487. Favé (Antoine). — Les faucheurs de la mer en Léon [coupe du goémon, XVIIIe s.], p. 95 à 145.

19488. Du Chatellier (P.). — Trouvaille de haches en bronze faite en Plouhinec en 1905, p. 146 à 149.

19489. Trévédy (J.). — Note sur le château de Kergoet (commune de Saint-Hernin, canton de Carhaix), p. 150 à 156. — Cf. XXXII, p. 280, et 346.

19490. Pilven (J.-M.). — La vie municipale à Pont-Croix (1790-1791), p. 157 à 180.

19491. Abgrall (Chanoine J.-M.). — Vestiges du vieux château de Kergunus en Trégunc, p. 181 à 187.

19492. Picquenard (Dr C.-A.). — L'occupation romaine dans le bassin de l'Odet, 3 *cartes*, p. 188 à 217, et 282 à 323.

19493. Le Carguet (H.). — Les armes de jet à la bataille d'Hastings, d'après le texte de Guillaume de Poitiers, p. 218 à 221.

19494. Trévédy (J.). — La famille Limon du Timeur, p. 222 à 246.

[Suivi d'une : Note sur les maisons de Guingamp où La Tour d'Auvergne a résidé, p. 244 à 246.]

19495. Le Guennec (Louis). — Le chemin du Tro-Breiz entre Saint-Pol-de-Léon et Tréguier, p. 247 à 281.

GARD. — ALAIS.

SOCIÉTÉ SCIENTIFIQUE ET LITTÉRAIRE D'ALAIS.

Voir, pour les publications de cette Société antérieures à 1901, la table récapitulative de notre *Bibliographie générale;* et pour ses publications postérieures à 1901, les tables placées à la fin du fascicule III du tome I, et du fascicule I du tome II de notre *Bibliographie annuelle.*

V. — **Mémoires et comptes rendus de la Société scientifique et littéraire d'Alais. Revue cévenole, année** 1906. (Alais, 1907, in-8°, 90 p.)

19496. Troulhias (N.). — Sépulture du XVIe siècle trouvée dans les environs d'Alais [à l'Olm, commune de Saint-Christol-les-Alais], *pl.*, p. 31 à 33.

19497. Plin (Émile). — Eugène Duffès, p. 35 à 36.

19498. Jouvard (Ernest). — Alès et Alais, origines et variations orthographiques du mot Alais, p. 39 à 76.

GARD. — NIMES.

ACADÉMIE DE NIMES.

Voir, pour les publications de cette Académie antérieures à 1901, la table récapitulative de notre *Bibliographie générale;* et pour ses publications postérieures, les tables placées à la fin du fascicule III du tome I, et du fascicule I du tome II de notre *Bibliographie annuelle.*

LXX. — **Mémoires de l'Académie de Nimes**, 7e série, t. XXIX, année 1906. (Nimes, s. d., in-8°, XCI-130-88 p.)

19499. Allard (F.). — Discours prononcé aux obsèques de M. Joseph Simon († 1906), p. V à VII.
19500. Daudet (F.). — Discours prononcé aux obsèques de M. F. Verdier-Havart († 1906), p. IX à XI.
19501. Allard (F.). — De l'art chrétien, ou l'architecture française au moyen âge, p. XIII à XXX.
19502. Balincourt (Comte E. de). — Avignon de 1520 à 1560 d'après les livres de raison des Merles de Beauchamp, p. 1 à 61.
19503. Bascoul (Louis). — Découverte d'une nécropole au château de Saint-Privat-du-Gard (1904-1906), 2 *pl.*, p. 63 à 82.
19504. Bondurand (Ed.). — Deux testaments du XVe siècle en langue d'oc, p. 83 à 90.

[Testaments de Jeanne Faget, femme d'Antoine Bécagel, de Montmirat, et de Philippe Mazel, de Moussac (1481-1482).]

19505. Bondurand (Ed.). — Liste des diplômes carolingiens et capétiens, de Charles le Chauve à Philippe Auguste, conservés aux Archives du Gard, p. 123.
19506. Clauzel (P.). — Inauguration du monument Henri Révoil dans le jardin de la fontaine de Nimes, le lundi 12 novembre 1906, *pl.*, p. 1 à 49.

[Discours de MM. Boeswillwald, Crouzet, H. Roujon, Allard, Lahaye, Tromp, Millaud.]

19507. Allard (F.). — Discours prononcé aux obsèques de M. A. Ducros († 1906), p. 53 à 55.
19508. Allard (F.). — Note nécrologique sur M. l'abbé Magnen [† 1906], p. 57.

LXI. — **Bulletin de l'Académie de Nimes**, année 1906. (Nimes, 1906, in-8°, 110 p.)

19509. Maruéjol. — Inscription romaine concernant le forum de Claude à Nimes, p. 45.
19510. Durand (Le chanoine François). — Les souterrains de la Maison carrée, p. 47 à 48, et 61 à 62.
19511. Allard. — Madame Favart et le maréchal de Saxe, p. 50 à 54.

GARONNE (HAUTE-). — SAINT-GAUDENS.

BULLETIN DE LA SOCIÉTÉ D'ÉTUDES DU COMMINGES, DU NÉBOUZAN ET DES QUATRE-VALLÉES.

Voir, pour les publications de cette Société antérieures à 1901, la table récapitulative de notre *Bibliographie générale;* et pour ses publications postérieures, les tables placées à la fin du fascicule III du tome I, et du fascicule I du tome II de notre *Bibliographie annuelle.*

XXI. — **Revue de Comminges, Pyrénées centrales. Bulletin de la Société des études du Comminges, du Nébouzan et des Quatre-Vallées**, t. XXI, année 1906. (Saint-Gaudens, 1906, in-8°, 252 p.)

19512. Desjardins (Dr M.-F.). — Un chirurgien-major

de la Garde impériale. Le Commingeois Seraci Lachaume (1776 † 1860), p. 1 à 16.

19513. Subercaze (P.). — Deux poètes : Mgr Dubreuil, M. Bize, 17 à 27, et 65 à 73. — Suite de XX, p. 153, et 225.

19514. Décap (J.). — La Grand'peur à Muret et dans les environs aux premiers jours d'août 1789, documents inédits, p. 28 à 34.

19515. Espénan (C.). — Un vieux petit livre [catéchisme du diocèse de Comminges, 1718], p. 34 à 47.

19516. Lestrade (Jean). — Fouilles opérées sous la châsse de saint Bertrand en 1788 [à Saint-Bertrand de Comminges], p. 48 à 55.

19517. Couget (Alphonse). — Saint Pierre Nolasque à la bataille de Muret, p. 60 à 61.

19518. Couget (Alphonse). — L'allée de Barcugnas à Luchon et les landes de Landorthe, p. 61 à 62.

19519. Bagnéris (V.). — Simon de Boussac, official du diocèse de Rieux [† 1706], p. 74 à 93.

19520. Lestrade (J.). — Un curieux groupe d'évêques commingeois, notices et documents, p. 94 à 110, et 145 à 158.

[Bertrand de Got (Clément V), Guillaume Teste, Arnaud de Pelagrue.]

19521. Gourdon (Maurice). — Notes sur ma croisière en Adriatique en septembre et octobre 1905, p. 111 à 119.

19522. Vié (Louis). — La Société populaire et le Comité de surveillance du Fousseret en l'an II, p. 129 à 135.

19523. Cartailhac (Émile). — Les cavernes ornées des Pyrénées, du midi de la France et du nord de l'Espagne, p. 136 à 144.

19524. Pélissier (Edmond). — Coutumes de Boussan, p. 165 à 177.

19525. Gourdon (Maurice). — Les tours à signaux ou tours de guet dans le haut comté de Comminges, p. 178 à 188.

19526. Lestrade (Jean). — La coutume de Blajan, p. 209 à 233.

[Appendice : Notes sur Bertrand de Miramont, évêque de Comminges (XIIIe s.).]

19527. Dedieu (Joseph). — Carbonne pendant la Révolution (1788-1799), p. 234 à 248.

GARONNE (HAUTE-). — TOULOUSE.

ACADÉMIE DES JEUX FLORAUX.

Voir, pour les publications de cette Académie antérieures à 1901, la table récapitulative de notre *Bibliographie générale;* et pour ses publications postérieures, les tables placées à la fin du fascicule III du tome I, et du fascicule I du tome II de notre *Bibliographie annuelle.*

CLXXVI. — Recueil de l'Académie des jeux floraux, 1906. (Toulouse, 1906, in-8°, 123 et 290 p.)

19528. Cartailhac (Émile). — Éloge de M. Gustave d'Hugues [1827 † 1902], p. 3 à 28.

19529. Laportalière (Dr). — Éloge de M. [Auguste] Albert [1819 † 1903], p. 56 à 81.

19530. Raymond-Cahusac (Dr). — Éloge de M. Edmond de Capèle, p. 125 à 147.

GARONNE (HAUTE-). — TOULOUSE.

ACADÉMIE DE LÉGISLATION DE TOULOUSE.

Voir, pour les publications de cette Académie antérieures à 1901, la table récapitulative de notre *Bibliographie générale;* et pour ses publications postérieures, les tables placées à la fin du fascicule III du tome I, et du fascicule I du tome II de notre *Bibliographie annuelle.*

LIV. — Recueil de législation de Toulouse, 1906, 2e série, t. II. (Toulouse, 1906, in-8°, XVI-548 p.)

19531. Vié (Louis). — L'enseignement supérieur à Toulouse de 1793 à 1810, p. 94 à 133.
19532. Jaudon (Henry). — La Coutume de Montpellier, p. 216 à 265.
19533. Lanfranc de Panthou (O.). — Le Parlement de Pau, sa démission et ses suites (1765-1775), p. 301 à 347.
19534. Mandoul (J.). — Les municipalités de Toulouse pendant la Révolution, p. 348 à 409.
19535. Pujos (Paul). — Notice sur M. Léon Claude Diffre, ancien procureur général [1825 † 1902], p. 485 à 502.

GARONNE (HAUTE-). — TOULOUSE.

ACADÉMIE DES SCIENCES, INSCRIPTIONS ET BELLES-LETTRES DE TOULOUSE.

Voir, pour les publications de cette Académie antérieures à 1901, la table récapitulative de notre *Bibliographie générale;* et pour ses publications postérieures, les tables placées à la fin du fascicule III du tome I, et du fascicule I du tome II de notre *Bibliographie annuelle.*

LXXIV. — Mémoires de l'Académie des sciences, inscriptions et belles-lettres de Toulouse, 10e série, t. VI. (Toulouse, 1906, in-8°, XXVII-387 p.)

19536. Lapierre. — Histoire de l'Académie. Les Lanternistes. La Société des sciences, p. 1 à 26. — Suite de LXXIII, p. 51.
19537. Santi (Dr L. de). — La réaction universitaire à Toulouse à l'époque de la Renaissance. Blaise d'Auriol, p. 27 à 68.
19538. Hallberg. — La réforme de l'éducation d'après un humoriste allemand (Jean-Paul-Fréd. Richter et sa *Levana*), p. 97 à 112. — Suite de LXXIII, p. 82.
19539. Roschach. — Les quatre journées du Prince Noir dans la viguerie de Toulouse, p. 127 à 141.
19540. Dumas. — La réglementation industrielle sous Colbert, p. 159 à 176.
19541. Desazars de Montgailhard (Baron). — Histoire de l'Académie des sciences de Toulouse. Le Musée, p. 224 à 251.
19542. Massip. — Les variations du climat à Toulouse, p. 252 à 264. — Suite de *Mémoires*, LXV, p. 237; LXVI, p. 521; LXVII, p. 419; LXVIII, p. 291; *Bulletin*, III, p. 233; *Mémoires*, LXIX, p. 193; LXXI, p. 250; LXXII, p. 224; et LXXIII, p. 214.

IMPRIMERIE NATIONALE.

GARONNE (HAUTE-). — TOULOUSE.

SOCIÉTÉ ARCHÉOLOGIQUE DU MIDI DE LA FRANCE.

Voir, pour les publications de cette Société antérieures à 1901, la table récapitulative de notre *Bibliographie générale*; et pour ses publications postérieures, la table placée à la fin du fascicule III du tome I de notre *Bibliographie annuelle*.

XV. — **Bulletin de la Société archéologique du midi de la France**, 2e série, nos 32 à 36, 3 novembre 1903 au 3 juillet 1906. (Toulouse, 1906, in-8°, 556 p.)

19543. Lamouzèle (E.). — Une affiche curieuse relative à l'invention des aérostats [1783], p. 16.

19544. Lahondès (J. de). — Monogrammes de Jésus sculptés sur des portes de maisons de Toulouse, *fig.*, p. 23 à 26.

19545. Vidal (Aug.). — Additions et corrections à l'*Histoire du grand prieuré de Toulouse*, par M. du Bourg, p. 28 à 36.

19546. Barrière-Flavy. — Sur les armes de J. d'Esparbès de Lussan et de H. de Sponde, évêque de Pamiers (XVIIe s.), p. 37.

19547. Barrière-Flavy. — Tenue de l'assemblée de l'assiette du diocèse de Toulouse à Montgiscard, en 1625, p. 38 à 41.

19548. Lamouzèle (E.). — Quelques fonctionnaires municipaux de Toulouse à la fin du XVIIe siècle. p. 42 à 46.

19549. Lahondès (J. de). — La Renaissance à Toulouse, Nicolas Bachelier, p. 62 à 68.

[Discussion sur cet article, p. 68 à 70.]

19550. Desazars de Montgailhard. — Les miniatures du Capitole aux XIIIe et XIVe siècles, p. 71 à 75. — Les miniatures des Annales de Toulouse pendant le XVe siècle, p. 250 à 255.

[Miniatures des cartulaires municipaux de Toulouse.]

19551. Barrière-Flavy. — Les monuments civils et religieux d'Auterive [Haute-Garonne], p. 78 à 80.

19552. Arnat (L'abbé). — Les étudiants-clercs à l'Université de Toulouse de 1482 à 1498, p. 82 à 86.

[Analyse par M. l'abbé Saltet.]

19553. Lestrade (J.). — Statues des quatre évangélistes par Lucas [exécutées pour l'église de Lézat], p. 90.

19554. Batiffol (Mgr). — Vigilance de Calagurris [fin du IVe s.], p. 91 à 94.

19555. Bourdès (Colonel de). — Sur un bloc de maçonnerie antique à Toulouse [débris supposé du Château-Narbonnais], p. 96.

19556. Barrière-Flavy. — Le sceau et le consulat d'Alan à la fin du XIIIe siècle, *fig.*, p. 98.

19557. Barrière-Flavy. — Clef de voûte de l'église de la Grâce-Dieu, aux armes de la prieure Jeanne de Montaut, *fig.*, p. 100.

19558. Lestrade (L'abbé J.). — Pages d'histoire et d'art sur Saint-Sernin de Toulouse, p. 102, et 133.

19559. Baichère (L'abbé Ed.). — État de l'argenterie qui se trouve dans la sacristie de l'église cathédrale de Saint-Papoul (1760). — Inventaires de l'argenterie, des saintes reliques, des ornements et des meubles de l'église Saint-Nazaire de Carcassonne aux XVIe et XVIIe siècles, p. 104 à 120.

19560. Delorme. — Une trouvaille de monnaies des XVe et XVIe siècles à Cazères, p. 122.

19561. Cartailhac. — Les fêtes du Carnaval à Toulouse vers 1700, p. 123 à 125.

[Extrait des *Lettres historiques et galantes de deux dames de condition*, par Mme du Noyer, Amsterdam, 1738.]

19562. Lahondès (J. de). — Diverses armoiries de Saint-Nazaire de Carcassonne, p. 130 à 132.

19563. Lestrade (L'abbé). — Calice du XVIIe siècle appartenant à l'église de Gragnague (Haute-Garonne), p. 134.

19564. Rivières (Baron de). — Le tombeau de deux chanoines dans le cloître de l'église Saint-Salvy, à Albi (Tarn), *fig.*, p. 139 à 142.

[Vital de Mauvesin et son frère, 1273.]

19565. [Lahondès (J. de)]. — Excursion à Najac (Aveyron) et à Varen (Tarn-et-Garonne), p. 145 à 148.

19566. Forestié (Édouard). — Le bréviaire de Moissac [ms. enluminé du XVe siècle], p. 149 à 151.

19567. Lahondès (J. de). — La plus ancienne poésie de la bibliothèque des Jeux floraux, p. 153 à 158.

[Traduction en vers français d'une poésie en langue d'oc de 1805 environ.]

19568. Depeyre. — Porche de l'hôtel de Sevin [à Toulouse, xvie siècle], *fig.*, p. 160.

19569. Baichère (L'abbé). — Épitaphe du franciscain Jacques de Pomars († 1319) à Carcassonne, *fig.*, p. 162.

19570. Lebègue (Albert). — Projet de fondation d'une société pour faire des fouilles archéologiques, p. 165 à 169.

19571. Cartailhac (É.). — Tombe romaine place Saint-Sernin [à Toulouse], p. 171.

19572. Cartailhac (É.). — Fouilles du temple de Vénus à Vendres (Hérault), par M. F. Mouret, *pl.*, p. 172 à 174.

19573. Deloume (Louis). — Un menu de Capitouls au xviiie siècle, p. 175 à 177.

19574. Delorme (Emm.). — Lettre du cardinal Maury [à M. Jamme, recteur de l'Académie de Toulouse, 1811], p. 178.

19575. Lahondès (J. de). — Les travaux récents à Saint-Étienne de Toulouse, p. 178 à 181.

19576. Degert (L'abbé). — Les mosaïques de l'ancienne Daurade à Tolose, *fig.*, p. 197 à 215. — Cf. n° 19588.

19577. Galabert (L'abbé). — Hôtels de ville de Montpezat et de Caussade en Quercy, p. 218 à 221.

19578. Vidal (Auguste). — Un certificatoire de l'officialité d'Albi en 1573, p. 222 à 225.

19579. Lécrivain (Ch.). — Les usurpateurs gaulois du iiie siècle dans l'*Histoire Auguste*, p. 226 à 231.

19580. Lahondès (J. de). — Les primitifs à Toulouse, p. 232 à 242.

19581. Fourgous. — Coffret du xiie siècle du trésor de Saint-Sernin, *fig.*, p. 256 à 258.

19582. Cartailhac (Émile). — À propos des statues-menhirs de l'Aveyron et du Tarn, *fig.*, p. 258 à 270.

19583. Hermet (L'abbé). — La statue-menhir de Frescaty, commune de Lacaune (Tarn), *fig.*, p. 270 à 273.

19584. Fourgous. — Croix processionnelle du xvie siècle [à Saint-Sernin de Toulouse], p. 274.

19585. Regnault. — Grottes de Marsoulas (Haute-Garonne), nouvelles fouilles, *fig.*, p. 282 à 286.

19586. Pasquier (F.). — Paul Parfouru, archiviste départemental d'Ille-et-Vilaine (1846 † 1905), ancien archiviste du Gers, p. 288 à 291.

19587. Lahondès (J. de). — L'ancienne Trésorerie à Toulouse, *fig.*, p. 291 à 294.

19588. Degert (L'abbé). — Démolitions et reconstructions à la Daurade au xviie siècle, p. 296 à 298. — Cf. n° 19576.

19589. Fourgous. — Sarcophage gallo-romain du musée de Cahors, *fig.*, p. 299.

19590. Rivières (Baron de). — Refonte d'une cloche pour l'église Sainte-Martiane d'Albi (1557). — Réparation d'une croix et de deux calices pour l'église Sainte-Martiane d'Albi (1635), p. 300 à 302.

19591. Lahondès (J. de). — La fontaine de la place Saint-Étienne [à Toulouse], *fig.*, p. 303 à 313.

19592. Cartailhac (Émile). — Puits de la rue du Musée, *fig.*, p. 316.

19593. Lahondès (J. de). — Statues de l'église Saint-Sernin au musée de Toulouse [xvie s.], p. 319 à 321.

19594. Lécrivain. — Note sur une inscription romaine de Valentine, p. 326.

19595. Puybusque (De). — La justice à Toulouse il y a quatre cents ans, p. 329 à 332.

[Condamnation à mort de Jean et Pierre de la Fite, coseigneurs d'Auribail, et vente de leurs biens (1518).]

19596. Lahondès (J. de). — Excursion de la Société à Cordes, *fig.*, p. 332 à 337.

19597. Delorme (Em.) et Massip. — Les emblèmes de l'Inquisition en Espagne, *fig.*, p. 339 à 345.

[Carrés de mots.]

19598. Boudès (De). — Généalogie de Dom Vaissete, *tableau*, p. 345 à 351.

19599. Vidal (A.). — Notes d'art sur Montagnac (Hérault), xve siècle, p. 355 à 360.

[Extraits de comptes.]

19600. Fourgous. — Excursion archéologique à Vénerque et Issus (Haute-Garonne), *fig.*, p. 361 à 367.

[Église fortifiée (*fig.*) et châsse (*fig.*) de Vénerque. — Croix processionnelle (*fig.*) et sarcophage chrétien (*fig.*) d'Issus.]

19601. Pasquier (F.). — Sarcophage du xive siècle, place Dupuy, à Toulouse, *fig.*, p. 370 à 372.

19602. Cartailhac (Ém.). — L'ambre dans les dolmens et les grottes sépulcrales du Midi, p. 373 à 378.

19603. Galabert. — Jean Valette Penot, peintre montalbanais; exposition de ses œuvres à Bordeaux en 1766, p. 388 à 395.

19604. Lahondès (J. de). — Une vue du quai de la Daurade en 1781, *fig.*, p. 395 à 400.

19605. Bégouen (Comte). — Une stèle funéraire romaine trouvée à Saint-Girons en décembre 1905, *fig.*, p. 400 à 403.

19606. Fourgous (Jean). — Une statue de saint Pierre du xiiie siècle [à Rampoux, Lot]. — Un buste de femme du xive siècle à Cahors, p. 404.

19607. Cartailhac (Émile). — Une cachette de haches de bronze près Millau (Aveyron), p. 406.

19608. Delorme (E.). — Prospectus de marchand toulousain du xviie siècle, p. 407.

19609. Galabert (L'abbé F.). — Un manuscrit explicatif des hymnes du Bréviaire, p. 411 à 413.

19610. Desazars de Montgailhard (Baron). — Le tableau de Seysses, un coin du vieux Toulouse, *fig.* et *pl.*, p. 414 à 418.

19611. Lahondès (Jules de). — La restauration des monuments, p. 418 à 428.

19612. Lahondès (J. de). — Albums de portraits de parlementaires toulousains [xviie s.], p. 443 à 446. — Cf. n° 19627.

19613. Douais (Mgr). — Un contrat entre baladins à Tholose en 1663, p. 448.

19614. Batiffol (Mgr). — Manuscrit toulousain au British Museum [graduel de Saint-Étienne], p. 450.

19615. Lahondès (J. de). — Les statues des deux femmes portant un lion et un bélier [au musée de Toulouse], *fig.*, p. 452 à 455.

19616. Lahondès (J. de). — Despanses pour les Jeux floraux suivant le testament de dame Clémence (1650), p. 456 à 458.

19617. Barrière-Flavy. — Sceau et contre-sceau du xve siècle [au nom de A.-G. de Lasore], *fig.*, p. 458.

19618. Puybusque (De). — Comptes d'apothicaire au xviie siècle, p. 459 à 465.

19619. Joulin (Léon). — Les établissements antiques de Toulouse, p. 465 à 472. — Cf. id. n° 16684.

19620. Cartailhac (E.). — Les palettes des dolmens aveyronnais et des tombes égyptiennes, *pl.*, p. 473 à 477.

19621. Lamouzèle (E.). — Sur quelques outils en pierre taillée et en pierre polie de Castelmaurou (Haute-Garonne), p. 477.

19622. Delorme (E.). — Une médaille satirique du xvie siècle, p. 482.

19623. Delorme (E.). — Jeton satirique contre les femmes (xviie s.); *fig.*, p. 485 à 488.

19624. Delorme (E.). — Fragment d'un pied de croix provenant du cimetière du Bazacle à Toulouse, *fig.*, p. 491.

19625. Bourgès (Colonel de). — Un cahier de compte manuscrit de 1687, relatif au Parlement de Toulouse, p. 491 à 499.

19626. Paumès (Benjamin). — Les étudiants et les régents du collège Saint-Martial à Toulouse, p. 500 à 505.

19627. Rachou (Henri). — Nouvel album de portraits de Parlementaires, p. 505 à 510. — Cf. n° 19612.

19628. Lestrade (L'abbé). — Impression d'imagerie populaire à Toulouse (1522), p. 511.

19629. Galabert (L'abbé). — Strophes jansénistes : *Les quatre embarras*, p. 511 à 513.

19630. Lahondès (J. de). — Congrès de la Société française d'archéologie tenu à Carcassonne et à Perpignan [et Caunes], *fig.*, p. 513 à 520.

19631. Douais (Mgr). — Documents relatifs à d'Assézat (1555), son testament (1581), p. 520 à 525.

19632. Lahondès (J. de). — Vue panoramique d'Albi par l'ingénieur Malès (xviiie s.), p. 525.

19633. Lestrade (L'abbé). — Histoire de l'art à Toulouse. Nouvelle série de baux à besogne, p. 526 à 542.

[Reconstruction de la chapelle Saint-Pierre et Saint-Gérand, 1471. — Chapelle Saint-Exupère à Saint-Sernin, 1507. — Construction du chœur de l'église Saint-Georges, 1515-1516. — Réfection de la couverture en bois de l'église de Pouse, 1516. — Construction de l'église des Cordeliers de Montgiscard, 1516-1517. — Église de Saint-Jory, construction de chapelles, 1527; restauration du clocher, 1611. — Construction du château des Varennes en Lauraguais, 1582. — Construction de la tour de Montesquieu-en-Lauraguais, 1594.]

19634. Cartailhac (Ém.). — Édouard Piette [† 1906], sa vie, ses œuvres préhistoriques, p. 542 à 544.

GERS. — AUCH.

SOCIÉTÉ ARCHÉOLOGIQUE DU GERS.

Voir, pour les publications de cette Société antérieures à 1901, la table récapitulative de notre *Bibliographie générale;* et pour ses publications postérieures, les tables placées à la fin du fascicule iii du tome I, et du fascicule i du tome II de notre *Bibliographie annuelle.*

VII. — Bulletin de la Société archéologique du Gers, 7e année. (Auch, 1906, petit in-4°, 348 p.)

19635. Bénétrix (P.). — Un collège de province sous la Renaissance. Les origines du collège d'Auch (1540-1590), *fig.*, p. 14, 141, 216, et 280. — Suite de VI, p. 261.

19636. Anonyme. — Frais d'entretien d'un étudiant gascon à Paris en l'an vii, p. 59.

19637. Anonyme. — L'Inventaire à Caussens en 1790, p. 61.
19638. Dambielle (L'abbé H.). — Souvenirs de la Révolution [château de Monbardon], p. 73.
19639. Cieutat (Léon). — Magistrats de l'ancien pays de Gascogne au tribunal d'appel de Lot-et-Garonne et à la cour d'appel d'Agen (1800-1870), p. 75 à 83, et 160 à 165.
19640. Lauzun et Palanque. — La prétendue statue d'Ausone au Musée d'Auch, *fig.*, p. 84 à 87.
19641. Daubian (L'abbé). — De l'emploi des articles *et, era; lou, la; le, la; carte*, p. 87 à 92.
19642. Broconat (L'abbé). — La Roumieu, étude archéologique et historique, 5 *pl.*, p. 94 à 116.
19643. Brégail (G.). — La cathédrale d'Auch pendant la Révolution, p. 116 à 134.
19644. Lavergne (Adrien). — Les Dames blanches à la fontaine de Carles, près d'Auch, et dans les campagnes de la Gascogne, p. 134 à 138.
19645. Moulié (L'abbé). — Cahier des doléances de la communauté de Miran, p. 157 à 160.
19646. Miégeville (A.). — Les haras du département du Gers pendant la Révolution, p. 165 à 175. — Suite de VI, p. 112, et 231.
19647. Lauzun (Ph.). — Un portrait de Mme de Polastron, 2 *pl.*, p. 182 à 215, et 256 à 272.
19648. Mastron (J.). — Fêtes révolutionnaires à Bazian, p. 248.
19649. Anonyme. — Bagages de soldats (an III-1806), p. 250 à 252.
19650. Anonyme. — L'Invasion de 1814 [dans le Gers], p. 276.
19651. Pagel (René). — Le général Dessoles, d'après des documents allemands [1800], p. 314 à 318.
19652. Anonyme. — Ex-libris de François d'Esparbès de Lussan, marquis d'Aubeterre, p. 318.
19653. Anonyme. — Un évêque de Perpignan [Vincent de Marguerit et de Biure], sacré à Auch [1669], p. 319.
19654. Despaux (Charles). — Inscription romaine découverte à Auch, p. 320.
19655. Dambielle (L'abbé). — La sorcellerie en Gascogne, p. 322 à 333.
19656. Mazéret (Ludovic). — Les âges de la pierre dans le Gers, p. 334 à 340.
19657. Sardac (D[r] de). — Anne d'Autriche et le cardinal de Richelieu à Lectoure (novembre 1632), p. 340 à 343.
19658. Jeanrot. — Un manuscrit à retrouver, p. 343.

[Annales du comte de Gaure.]

19659. Anonyme. — Auch privé de gâteaux des rois (1776), p. 344 à 346.

GERS. — AUCH.

SOCIÉTÉ HISTORIQUE DE GASCOGNE.

Voir, pour les publications de cette Société antérieures à 1901, la table récapitulative de notre *Bibliographie générale;* et pour ses publications postérieures, les tables placées à la fin du fascicule III du tome I, et du fascicule I du tome II de notre *Bibliographie annuelle.*

19660. Courteault (Henri). — Le livre des syndics des États de Béarn, texte béarnais, 2e partie. (Auch, 1906, in-8°, 234 p.)

[La couverture et le faux titre portent : *Archives historiques de la Gascogne, 2e série, fasc. 1.* — Le tome I de cet ouvrage, publié en 1889 par L. Cadier, forme le fascicule XVIII de la 1re série des *Archives historiques de la Gascogne.*]

XLVII. — Revue de Gascogne. Bulletin mensuel de la Société historique de Gascogne, nouvelle série, t. VI. (Auch, 1906, in-8°, 576 p.)

19661. Cézérac (C.). — Le voyage de Jean d'Aignan à Paris, sa correspondance [1664], p. 5, 87, et 422.
19662. Duffo (J.). — Installation des gabeleurs à Saint-Sever de Rustan [1666], p. 18.
19663. Duffour (J.). — Les États d'Astarac de 1582, p. 19 à 30.
19664. Beaurain (G.). — Contribution à l'histoire du travail en Béarn. Le travail à Pontacq, p. 31 à 35.
19665. A. Cl. [Clergeac (A.)]. — Dispenses de mariage, Auger de Doazit et Catherine de Caupenne, p. 35.
19666. Degert (A.). — L'ancien diocèse d'Aire, p. 36, 71, 123, 173, 215, 267, 348, 439, 509, et 554. — Suite de XLVI, p. 327, 425, 503, et 548.
19667. Clergeac (A.). — Les nominations épiscopales en Gascogne aux XIIIe et XIVe siècles, p. 49 à 57, et 145 à 160.
19668. Dieuzaide (F.). — Une dépendance de Ronce-

vaux. La commanderie de Samatan, p. 58 à 65, et 110 à 122.

19669. P. G. — Plus que centenaire [à Tournan, 1846], p. 70.

19670. DIVERS. — Sur quelques identifications de noms de lieux [diocèses d'Auch, Condom et Comminges], p. 89 à 91.

19671. A. D. [DEGERT (A.)]. — Florimond de Raymond au Parlement de Bordeaux, p. 91.

19672. TAUZIN (J.-J.-C.). — Les débuts de la guerre de Cent ans en Gascogne (1327-1340), p. 97 à 109, et 289 à 315. — Suite de XLVI, p. 385, 490, et 529.

19673. A. D. [DEGERT (A.)]. — Le rituel auscitain de 1751 et les Jansénistes, p. 109.

19674. J.-G. S. — Le décès de la marquise de Fénelon a-t-il eu lieu à Lombez? p. 122.

19675. LESTRADE (J.). — A propos du portrait de frère Côme, p. 134. — Cf. n° 19691.

19676. DUFFO (J.). — Les archives de Saint-Sever de Rustan [au XVIe siècle], p. 160.

19677. SARRAN (F.). — De la disparition de quelques mots du gascon du Gers, p. 161 à 165.

19678. LAPLAGNE-BARRIS (Cyp.). — Saint-Yors, p. 166 à 172.

19679. COUTURE (L.). — A travers les vieux livres, p. 193 à 198.

[Relation de l'arrivée du duc de Guiche et du comte de Gramont à Pau (1788).]

19680. A. D. [DEGERT (A.)]. — Antoine de Castelnau, évêque de Tarbes, au Parlement de Bordeaux, p. 198.

19681. DEGERT (A.). — Deux anciens bréviaires de Saint-Savin en Lavedan, p. 199 à 203.

19682. CLERGEAC (A.). — Pour un cheval gascon destiné au pape Clément VI, p. 203.

19683. LARY DE LATOUR (Baron Er. DE). — Comptes des funérailles d'un gentilhomme gascon au XVIIe siècle [Ch. de Lary], p. 204 à 212.

19684. VIGNAUX (A.). — Encore Bernard Lannes, p. 213. — Cf. n° 19689.

19685. FOIX (V.). — Centenaires landais, p. 234, et 266.

19686. LAFFONT (A.). — Les billets de confiance [à Mauvezin, 1792], p. 235.

19687. LESTRADE (J.). — Exploits des loups en Comminges [1761], p. 237.

19688. DUFFOUR (J.). — Les pensions ecclésiastiques sous la Révolution dans le Gers, p. 241 à 256, et 330 à 341.

19689. RIGAUD (L.). — Toujours Bernard Lannes, p. 256. — Cf. n° 19684.

19690. FOIX (V.). — L'Amérique découverte par les Basques, p. 257 à 262.

19691. Dr S. — Le portrait de frère Côme, p. 262. — Cf. n° 19675.

19692. D. TH. — Un autographe de la bienheureuse Jeanne de Lestonnac, p. 263 à 266.

19693. LESTRADE (J.). — Papiers du chapitre d'Auch déposés à Lectoure [XVIe s.], p. 282.

19694. VIGNAUX (A.). — Où est né Guillaume Ader [à Lombez], p. 283 à 284.

19695. A. V. [VIGNAUX (A.)]. — Un autographe de du Bartas, p. 315.

19696. CLERGEAC (A.). — Les abbayes de Gascogne, du XIIe siècle au grand schisme d'Occident, p. 316 à 329, et 529 à 544.

19697. P. DE C. — Sens [toponymique] du mot *Tou*, p. 329. — Cf. n° 19712.

19698. COSTE (P.). — Lettre inédite de L.-M. Desbiey au graveur J.-B. Grateloup [1810], p. 342 à 347.

19699. VIGNAUX (A.). — Sur Bernarde d'Armagnac atteinte d'ostéomalacie, p. 372. — Cf. n° 19703.

19700. LESTRADE (J.). — Plaquettes auscitaines et paloises, p. 373 à 379.

19701. LABADIE (Ernest). — Les débuts d'un imprimeur en Béarn (Abraham Rouyer, libraire bordelais, imprimeur à Orthez en 1601), *fig.*, p. 385 à 414, et 481 à 494.

19702. LAURENS (A.). — Coutume d'Artigue, p. 415 à 421.

19703. Ch. S. [SAMARAN (Ch.)]. — Sur Bernarde d'Armagnac atteinte d'ostéomalacie, p. 438. — Cf. n° 19699.

19704. PÉBERNAT (J.). — Un centenaire du Gers, p. 467.

19705. LA PLAGNE-BARRIS (Cyprien). — Laveraet, p. 468 à 471.

19706. A. D. [DEGERT (A.)]. — Sillon imité par Pascal, p. 471.

19707. LESTRADE (J.). — L'archevêque d'Auch et l'évêque de Saint-Bertrand à Garaison en 1791, p. 472.

19708. L. M. — Un poète tarbais [Jean Villon], p. 494.

19709. DAUGÉ (S.). — Deux nouvelles proclamations de Wellington [1814], p. 495 à 504.

19710. J. L. [LESTRADE (J.)]. — Philippe Cospéan et la mère Marguerite de Jésus, p. 504.

19711. ANNAT (J.). — Le *visa* [ecclésiastique] d'Esprit Dumarché [vicaire général du diocèse de Lescar, 1591], p. 505 à 508.

19712. BOURDETTE (Jean). — Sens du mot *tou*, p. 524. — Cf. n° 19697.

19713. BÉNAC (J.). — Le séminaire d'Auch, p. 545 à 553.

19714. LESTRADE (J.). — Sur Étienne Daignan, chapelain de Garaison, p. 553.

GIRONDE. — BORDEAUX.

ACADÉMIE DES SCIENCES, BELLES-LETTRES ET ARTS DE BORDEAUX.

Voir, pour les publications de cette Académie antérieures à 1901, la table récapitulative de notre *Bibliographie générale;* et pour ses publications postérieures à 1901, les tables placées à la fin du fascicule III du tome I, et du fascicule II du tome II de notre *Bibliographie annuelle.*

LXV. — Actes de l'Académie nationale des sciences, belles-lettres et arts de Bordeaux...., 3e série, 67e année, 1905. (Paris, 1905, in-8°, 262-106 p.)

19715. Bonnefon (Paul). — Rosa Bonheur [1822 † 1899], p. 5 à 71.

19716. Labat (Gustave). — Le contre-amiral comte Pierre Baste (1768 † 1814), p. 73 à 89.

19717. Labat (Gustave). — Un naufrage [*le Grand Anacréon*] sur la côte du Médoc en décembre 1830, p. 117 à 128.

19718. Durègne. — Une académie à Barèges en 1788, p. 223 à 240.

GIRONDE. — BORDEAUX.

SOCIÉTÉ DES ARCHIVES HISTORIQUES DE LA GIRONDE.

Voir, pour les publications de cette Société antérieures à 1901, la table récapitulative de notre *Bibliographie générale;* et pour ses publications postérieures, les tables placées à la fin du fascicule III du tome I, et du fascicule I du tome II de notre *Bibliographie annuelle.*

XLI. — Archives historiques du département de la Gironde, t. XLI. (Bordeaux, 1906, in-4°, XXXI-407 p.)

19719. Maufras (E.). — Documents sur l'abbaye de Saint-Vincent-de-Bourg [1417-1697], p. 1 à 48.

19720. Piganeau (E.). — Documents sur la ville de Saint-Émilion [1458-1788], p. 49 à 96. — Cf. XXXV, p. 131; et XXXVIII, p. 36.

19721. Divers. — Droit de pacage accordé par le seigneur de la Brède à des habitants de Villeneuve (1349), p. 97; Jean Salvy, marchand siennois (1526), p. 98; Jean-Jacques de Corrège (1526), p. 100; don de la seigneurie de Saint-Macaire à Anchise de Bologne (1527), p. 102; Jean Souldat, de Florence (1580), p. 108; André de Gouvéa, principal du collège de Guienne (1537), p. 109; le capitaine huguenot Armand de Clermont, sieur de Piles, en Médoc (1569), p. 111; lettre d'Élie Vinet (1571), p. 112; échange concernant Blanquefort, Arès et Ambarès (1601), p. 113.

19722. Jacques de Durfort de Duras et la baronnie de Rauzan, p. 117; crime de magie à Castelsagrat (1604), p. 118; vente de partie de la seigneurie de Blanquefort (1610), p. 124; dénombrement des seigneuries de Duras, Landerrouet, Pujols Rausan et Blanquefort (1668), p. 126; acte de mariage de J.-E. Ducos (1765), p. 131; baptême de J.-F. Ducos (1765), p. 132; les juifs portugais de Bordeaux (1774), p. 132; acte de mariage de Jean Fonfrède (1786) et de J.-F. Ducos (1790), p. 134.

19723. Ducaunnès-Duval (A.). — Documents relatifs à l'Ormée, p. 137 à 144.

19724. Barraud (Dr J.). — Documents relatifs à l'émeute de 1675 [à Bordeaux], p. 145 à 258.

19725. Martin (Dr Georges). — Documents relatifs aux défenses de planter des vignes sans autorisation dans la généralité de Guienne au XVIIIe siècle, p. 259 à 301.

19726. Rousselot (E.). — Documents relatifs aux embellissements de Bordeaux au XVIIIe siècle, 2 *plans*, p. 302 à 380.

GIRONDE. — BORDEAUX.

SOCIÉTÉ DE GÉOGRAPHIE COMMERCIALE DE BORDEAUX.

Voir, pour les publications de cette Société antérieures à 1901, la table récapitulative de notre *Bibliographie générale;* et pour ses publications postérieures, les tables placées à la fin du fascicule III du tome I, et du fascicule I du tome II de notre *Bibliographie annuelle.*

XXXI. — Groupe géographique et ethnographique du Sud-Ouest. Société de géographie commerciale de Bordeaux..., Bulletin, 2e série, 29e année. (Bordeaux, 1906, in-8°, VII-372 p.)

19727. J. V. — Nottingham, p. 1 à 6.

19728. PANIAGUA (A. DE). — Les landes de Gascogne et les deltas de la Gironde, *carte* et *fig.*, p. 31 à 36, et 61 à 76.

19729. ORLÉANS (Prince Pierre D'). — Souvenirs de l'Asie centrale, p. 170 à 176.

19730. SAINT-JOURS (Capitaine). — Lège, le Porge et les sables du littoral gascon, *fig.*, p. 245 à 252, et 265 à 271.

19731. BLAEDEL (Werner). — Le Danemark et sa capitale, p. 285 à 292, et 317 à 319.

19732. RUTOT (A.). — Sur la signification de l'industrie éolithique, p. 305 à 317.

HÉRAULT. — BÉZIERS.

SOCIÉTÉ ARCHÉOLOGIQUE, SCIENTIFIQUE ET LITTÉRAIRE DE BÉZIERS.

Voir, pour les publications de cette Société antérieures à 1901, la table récapitulative de notre *Bibliographie générale;* et pour ses publications postérieures, la table placée à la fin du fascicule III du tome I de notre *Bibliographie annuelle.*

XXXI. — Bulletin de la Société archéologique, scientifique et littéraire de Béziers (Hérault)..., 3e série, t. VI... (Béziers, 1905-1906, in-8°, 636 p.)

[La 1re livraison porte : vol. XXXV; et la 2e, vol. XXXVI.]

19733. CASSAN. — Éloge de Jacques Azaïs, p. 8 à 19.

19734. SOUCAILLE (Antonin). — Éloge de Gabriel Azaïs, p. 20 à 27.

19735. ANONYME. — Création du bureau de la poste [à Béziers] (8 juillet 1628), p. 28 à 29.

19736. A. S. [SOUCAILLE (A.)]. — L'abbé Rozier [1734 † 1793] à Beauséjour, p. 30 à 34.

19737. TARBIEUX (Dr L.). — Catalogue des monnaies contenues dans le médaillier de la Société, p. 35 à 274.

19738. SOUCAILLE (A.). — Statuts de corporations biterroises d'arts et métiers, p. 353 à 446.

19739. MOURET (F.). — Sulpice Sévère à Primuliac, 15 *pl.*, p. 447 à 568.

[Tumulus de Saint-Bauzille d'Esclatian.]

HÉRAULT. — MONTPELLIER.

SOCIÉTÉ LANGUEDOCIENNE DE GÉOGRAPHIE

Voir, pour les publications de cette Société antérieures à 1901, la table récapitulative de notre *Bibliographie générale;* et pour ses publications postérieures, les tables placées à la fin du fascicule III du tome I, et du fascicule I du tome II de notre *Bibliographie annuelle.*

XXIX. — Société languedocienne de géographie. Bulletin, 29e année, t. XXIX. (Montpellier, 1906, in-8°, 478 p.)

19740. Gennevaux (Maurice). — Sur la découverte d'une nouvelle station néolithique sur les bords de la Mosson, 5 *pl.*, p. 5 à 18.

19741. Grasset-Morel. — Montpellier, ses sixains, ses îles et ses rues, p. 19 à 34; — faubourgs, p. 279 à 307, et 388 à 420. — Suite de XXIV, p. 198, 293, 445; XXV, p. 5, 159; XXVI, p. 51, 248, 387; XXVII, p. 5, 114, 199, 327; et XXVIII, p. 139, 291, et 385.

19742. Saint-Quirin. — Les verriers du Languedoc, (1290-1790), p. 35 à 83, et 159 à 203. — Suite et fin de XXVII, p. 177, 285; et XXVIII, p. 35, 166, 265, et 339.

19743. Sorre (Max). — La répartition des populations dans le Bas-Languedoc, *tableau*, p. 105, 287, et 364.

19744. Viala (L.-Fernand). — Considérations ethnographiques et géologiques sur les environs de Montpellier, p. 349 à 363.

HÉRAULT. — MONTPELLIER.

SOCIÉTÉ DES LANGUES ROMANES.

Voir, pour les publications de cette Société antérieures à 1901, la table récapitulative de notre *Bibliographie générale;* et pour ses publications postérieures, les tables placées à la fin du fascicule III du tome I, et du fascicule I du tome II de notre *Bibliographie annuelle.*

XLIX. — Revue des langues romanes, t. XLIX, 5e série, t. IX. (Montpellier, 1906, in-8°, 576 p.)

19745. Sarrieu (B.). — Le parler de Bagnères-de-Luchon et de sa vallée, p. 5 à 48, et 465 à 494. — Suite de XLV, p. 385; XLVI, p. 317; et XLVII, p. 97, et 481.

19746. Kastner (L.-E.). — Les versions françaises inédites de la Descente de saint Paul en Enfer, p. 49, 321, et 427. — Suite de XLV, p. 385; XLVI, p. 317; et XLVIII, p. 97, et 481.

19747. Vidal (A.). — Comptes des clavaires de Montagnac (1436-1437), p. 63 à 86, et 302 à 320.

19748. Ronjat (Jules). — Provençal *chato*, p. 87 à 88.

19749. Castets (Ferdinand). — Les Quatre Fils Aymon, p. 97 à 219, et 369 à 426.

19750. Jeanroy (A.). — Notes critiques sur la Passion de Semur, p. 220 à 229.

19751. Clavelier (G.). — Les poésies de Guillaume Ader, p. 230 à 240.

19752. Calmette (J.). — La correspondance de la ville de Perpignan de 1399 à 1450, recherches dans les

IMPRIMERIE NATIONALE.

archives municipales de Barcelone, p. 273 à 298. — Suite de XLVIII, p. 551.

19753. Bertoni (Giulio). — Sulla vita provenzale di S. Margherita, p. 299 à 301.

19754. Ulrich (J.). — Mots intéressants ou rares fournis par les Épitres du Nouveau Testament de Bifrun, p. 352 à 361.

19755. Boselli (Antonio). — La Passion Nostre Dame, poemetto religioso inedito in antico francese, p. 495 à 520.

19756. Cuny (A.). — Les spirantes palatales et vélaires dans la vallée de la Meurthe, p. 521 à 536.

19757. Grammont (Maurice). — La simplification de l'ortografe française, p. 537 à 545.

ILLE-ET-VILAINE. — RENNES.

SOCIÉTÉ ARCHÉOLOGIQUE D'ILLE-ET-VILAINE.

Voir, pour les publications de cette Société antérieures à 1901, la table récapitulative de notre *Bibliographie générale;* et pour ses publications postérieures, les tables placées à la fin du fascicule III du tome I, et du fascicule I du tome II de notre *Bibliographie annuelle.*

XXXV. — Bulletin et Mémoires de la Société archéologique du département d'Ille-et-Vilaine, t. XXXV. (Rennes, 1906, in-8°, LXXI-450 p.)

19758. Pocquet du Haut-Jussé. — L'abbé Pâris-Jallobert [1838 † 1905], p. XI à XVI.

19759. Saulnier. — Testament de Poullain de Saint-Foix [1776], p. XXXIII à XXXV.

19760. Saulnier. — L'Hôtel Le Gonidec ou de Kerbertin à Rennes, p. XXXVI.

19761. Villers (L. de) et Harscouët de Keraval (J.). — Rapport sur la découverte de substructions de l'époque gallo-romaine à la Boëxière en Mernel (Ille-et-Vilaine), p. XXXVIII à XLII. — Cf. n° 19763.

19762. Pocquet du Haut-Jussé. — Le chanoine Guillotin de Corson [1837 † 1905], p. XLII à L.

19763. Millon (A.), Harscouët de Keraval (J.) et des Bouillons (J.). — Rapport sur la visite faite à la ruine gallo-romaine de Mernel, p. LII à LIV. — Cf. n° 19761.

19764. Mathurin (L'abbé). — Le tombeau et les reliques de saint Lunaire, p. LV à LVIII.

19765. Pocquet du Haut-Jussé. — M. Lucien Decombe († 1905), *portr.*, p. LXVII à LXXI.

19766. Duine (L'abbé F.). — Bréviaires et missels des églises et abbayes bretonnes de France antérieurs au XVIIe siècle, p. 1 à 219.

[Delisle (L.). Le missel de Barbechat, p. 87 à 104.]

19767. Banéat (P.). — Le Vieux Rennes, p. 221 à 324. — Suite de XXXIII, p. 41; XXXIV, p. 13.

19768. Anger (P.). — Cartulaire de l'abbaye de Saint-Sulpice-la-Forêt, p. 325 à 388. — Suite de XXXIII, p. 41; et XXXIV, p. 13.

19769. Le Hir (J.). — Le bréviaire de Saint-Pol-de-Léon de 1516, notes sur les auteurs et les éditeurs, p. 389 à 401.

19770. Guillotin de Corson (L'abbé). — Petites seigneuries du comté de Rennes, p. 403 à 415. — Suite de XXIX, p. 227; XXXI, p. 87; XXXII, p. 1; XXXIII, p. 1; et XXXIV, p. 263.

19771. Anne-Duportal (A.). — La milice bourgeoise à Hédé, p. 417 à 433. — Suite de XXXIV, p. 306.

ILLE-ET-VILAINE. — SAINT-MALO.

SOCIÉTÉ HISTORIQUE ET ARCHÉOLOGIQUE DE SAINT-MALO.

Pour les publications antérieures de cette Société, voir les tables placées à la fin du fascicule III du tome I, et du fascicule I du tome II de notre *Bibliographie annuelle.*

IV. — **Annales de la Société historique et archéologique de Saint-Malo**, année 1906. (Saint-Servan, 1906, in-8°, XV-285 p.)

19772. Dupont (Étienne). — Les pèlerinages d'enfants allemands au mont Saint-Michel (XVe s.). Le récit de Baudry, archevêque de Dol, p. 19 à 60.
19773. Haize (Jules). — La Société populaire de Saint-Servan (Ille-et-Vilaine), p. 61 à 79.
19774. Tiercelin (Louis). — Jacques Cartier et les sauvages, p. 81 à 88.
19775. Herpin (Eugène). — Vieilles chansons de Saint-Malo, p. 89 à 133.
19776. Duine (F.). — Le château de Dol, p. 135 à 149.
19777. Mathurin (Joseph). — L'église Notre-Dame de Dol, p. 150 à 154.
19778. Tréout (L'abbé Em.-A.). — Le Guildo, p. 155 à 195.
19779. Lecomte (Ch.). — Essai sur le blason populaire de l'arrondissement de Saint-Malo, p. 198 à 205.
19780. Haize (Jules). — Saint-Servan, bourg paroissial sous l'ancien régime, p. 210 à 221.
19781. Boivin (Louis). — Excursion archéologique, *carte* et *pl.*, p. 233 à 269.

[Broceliande, manoir de la Guyomarais, château de la Hunaudaye, *pl.*, Plancoët.]

INDRE-ET-LOIRE. — TOURS.

SOCIÉTÉ ARCHÉOLOGIQUE DE TOURAINE.

Voir, pour les publications de cette Société antérieures à 1901, la table récapitulative de notre *Bibliographie générale;* et pour ses publications postérieures, les tables placées à la fin du fascicule III du tome I, et du fascicule I du tome II de notre *Bibliographie annuelle.*

XV. — **Bulletin trimestriel de la Société archéologique de Touraine**, t. XV, 1905-1906. (Tours, 1906, in-8°, 522 p.)

19782. Grandmaison (L. de). — L'acte de mariage d'Elvire (Julie Bouchaud des Hérettes), p. 39 à 51.
19783. Clérambault (E.-G. de). — Les donjons romans de la Touraine et de ses frontières, 4 *pl.*, p. 52 à 64, et 75 à 112.
19784. Grimaud (Henri). — L'assistance publique à Chinon, p. 113 à 120.
19785. Bosseboeuf (L.). — Documents sur les arts en Touraine, p. 121 à 128, et 152 à 164.
19786. Grandmaison (de). — Épitaphe de Louis Rogier, s[r] de Belleville († 1736), dans l'église de Couziers, p. 131.
19787. Dubreuil-Chambardel (Dr L.). — *Liber amicorum* de Richard White, p. 131 à 132.
19788. Dubreuil-Chambardel (Dr L.). — Inscription de la cloche de la Chapelle N.-D.-de-Pitié aux Archambault, près de Sainte-Maure, p. 134.
19789. Boulay de la Meurthe (Comte). — Le tombeau des Bastarnay, à Montrésor, p. 141 à 143.
19790. Grandmaison. — Inscription de Laurent Le Blanc dans l'église de Reugny, et inscription en vers latin du presbytère de Chançay, p. 144.

19791. VITRY. — A propos de Michel Colombe, p. 145 à 147.

19792. GRANDMAISON (DE). — Inscription sur lame de fer conservée aux archives communales d'Amboise; épitaphe de Gabriel-Anne de la Lande du Lou-Tregomel († 1713), dans l'église Saint-Florentin d'Amboise, p. 149.

19793. BONCOUR (Paul). — A propos d'un pamphlet de Paul-Louis Courier, p. 165 à 170.

19794. VIOT (Arthur). — Frais de réception [de Jacques Dupuy] en l'office de conseiller du Roi, commissaire au Châtelet de Paris en 1775, p. 171 à 176.

19795. LAURENTIE (J.). — L'abbé des Roches et le château de Richelieu, p. 177 à 183.

19796. ROUGÉ (Jacques). — Ligueil à la fin de l'ancien régime, d'après les archives municipales, p. 184 à 196.

[Cahier de doléances.]

19797. BOUTINEAU (F.-Em.). — Testament de Marie Descartes, femme de Jehan Courcicault, apothicaire à Tours (1521), p. 230 à 234.

19798. BEAUMONT (Comte Charles DE). — Le trésor numismatique de Bourgueil (Indre-et-Loire), *pl.*, p. 235, 278 et 334 à 348.

[Monnaies romaines.]

19799. COËLIER et BEAUMONT (Charles DE). — Cloche aux armes de Maillé, provenant du château de la Guéritaude, p. 258 à 259.

19800. GRANDMAISON (Louis DE). — Un frère de Rabelais, p. 264 à 269.

19801. FAYE (H.). — Les cahiers du bailliage de Tours aux élections de 1789, d'après de récentes découvertes, p. 270 à 274.

19802. CLÉRAMBAULT (G. DE). — Notes sur quelques tableaux qui se trouvaient à l'Hôtel du Gouvernement et à l'abbaye de Beaumont-lès-Tours, p. 275 à 277.

19803. BOSSEBOEUF (L.). — Revision des titres de noblesse en Touraine au XVIIIe siècle, p. 314 à 320.

19804. TOURLET (Ernest). — Acte de baptême de Félix Le Royer de la Sauvagère [1707], p. 349.

19805. GRANDMAISON (L. DE). — Félix Le Royer de la Sauvagère, ses ex-libris et sa famille, *fig.*, p. 350 à 357.

19806. MARTINIÈRE (Louis-R.). — Les cloches anciennes du canton de Neuvy-le-Roi et des anciens doyennés de Neuvy et de Saint-Christophe, p. 358 à 381, et 398 à 442.

19807. L. D.-C. [DUBREUIL-CHAMBARDEL (Dr L.)]. — Quelques matrices de sceaux tourangeaux [XVIIIe s.], p. 382 à 384.

19808. DUBREUIL-CHAMBARDEL (D^r). — Épitaphe de Louis Bovin († 1693), au château de Mondon, commune de Marigny-Marmande, p. 385.

19809. GRANDMAISON (Louis DE). — Le comte de Croy (1828 † 1906), p. 443 à 445.

19810. L. G. [GRANDMAISON (L. DE)]. — Le sculpteur Louis Crucher [1711], p. 446 à 448.

19811. GRIMAUD (Henry). — Historique de l'imprimerie chinonaise, p. 449 à 461, et 475 à 479.

19812. GRANDMAISON (Louis DE). — Jacques Anger, de Château-du-Loir, curé de Chargé [XVIIe s.], p. 462 à 464.

19813. CLÉRAMBAULT (E.-G. DE). — Note sur les anciens remparts du nord-est de la ville de Tours, p. 472 à 474.

19814. L. G. [GRANDMAISON (Louis DE)]. — Acte de baptême d'un juif messin [à Amboise, 1768], p. 480.

19815. VAUCELLE (Edgard). — Deux documents concernant la collégiale de Saint-Martin de Tours, p. 501 à 513.

ISÈRE. — GRENOBLE.

ACADÉMIE DELPHINALE.

Voir, pour les publications de cette Académie antérieures à 1901, la table récapitulative de notre *Bibliographie générale;* et pour ses publications postérieures, les tables placées à la fin du fascicule III du tome I, et du fascicule I du tome II de notre *Bibliographie annuelle.*

XLVIII. — Bulletin de l'Académie delphinale, 4e série, t. XX, 1906. (Grenoble, 1907, in-8°, XLVII-473 p.)

19816. FAURE (Claude). — Histoire de la réunion de Vienne à la France (1328-1454), p. 13 à 187. — Suite de XLVII, p. 527.

19817. BARTHÉLEMY. — Étude sur une ancienne réformation générale des forêts dans la province du Dauphiné (1725-1733), p. 189 à 237.

19818. Masse (Jules). — Histoire de l'annexion de la Savoie à la France en 1792, p. 251 à 367. — Suite de XXXII, p. 399; XXXIV, p. 129; et XXXVI, p. 229.

19819. Busquet (Raoul). — Étude sur Pierre Aréoud, médecin et littérateur de Grenoble (1490? † 1571?), p. 369 à 449.

19820. Ferrand (Henri). — L'Académie delphinale en Vivarais, 3 *pl.*, p. 451 à 473.

ISÈRE. — GRENOBLE.

SOCIÉTÉ DAUPHINOISE D'ETHNOLOGIE ET D'ANTHROPOLOGIE.

Voir, pour les publications de cette Société antérieures à 1901, la table récapitulative de notre *Bibliographie générale;* et pour ses publications postérieures, les tables placées à la fin du fascicule III du tome I, et du fascicule I du tome II de notre *Bibliographie annuelle.*

XIII. — Bulletin de la Société dauphinoise d'ethnologie et d'anthropologie, t. XIII, 1906. (Grenoble, 1907, in-8°, 174 p.)

19821. Jacquot (L.). — Note d'ethnographie alpine, p. 26 à 28.

19822. Picaud (A.). — Numérotage des moutons dans les troupeaux, *fig.*, p. 29 à 32.

19823. Bordier (D^r^). — Le totémisme, p. 32 à 37.

19824. Picaud (A.). — Les quatre saisons dans les patois du Dauphiné et de la Savoie, p. 38 à 42.

19825. Picaud (A.). — Le fléau et ses diverses parties dans le Dauphiné et en Savoie, *fig.*, p. 43 à 48.

19826. Rochas d'Aiglun (Colonel de). — Henry de Rochas, s^r^ d'Ayglun, ingénieur des mines, conseiller et médecin ordinaire du roi Louis XIII, p. 79 à 138.

ISÈRE. — GRENOBLE.

SOCIÉTÉ DE STATISTIQUE, DES SCIENCES NATURELLES ET DES ARTS INDUSTRIELS DE L'ISÈRE.

Voir, pour les publications de cette Société antérieures à 1901, la table récapitulative de notre *Bibliographie générale;* et pour ses publications postérieures, les tables placées à la fin du fascicule III du tome I, et du fascicule I du tome II de notre *Bibliographie annuelle.*

XXXV. — Bulletin de la Société de statistique, des sciences naturelles et des arts industriels du département de l'Isère, 4e série, t. IX (35e de la collection). (Grenoble, 1906, in-8°, XXXV-402 p.)

19827. Roman (J.). — Description des sceaux des familles seigneuriales du Dauphiné, *fig.*, p. 1 à XXXV, et 1 à 402.

LANDES. — DAX.

SOCIÉTÉ DE BORDA.

Voir, pour les publications de cette Société antérieures à 1901, la table récapitulative de notre *Bibliographie générale;* et pour ses publications postérieures, les tables placées à la fin du fascicule III du tome I, et du fascicule I du tome II de notre *Bibliographie annuelle.*

XXXI. — **Bulletin trimestriel de la Société de Borda,** Dax (Landes), 31e année, 1906. (Dax, 1906, in-8°, LXII-356 p.)

19828. Chauton (Maurice de). — Cahiers de doléances des paroisses de la sénéchaussée de Tartas en 1789, *carte,* p. 1, 73 et 165. — Suite et fin de XXX, p. 241, et 285.

19829. Degert (A.). — Fragment du cartulaire de Cagnotte, p. 49 à 58.

19830. Beaurredon (J.). — Le droit du sanctou [redevance payée par les paroisses à l'église cathédrale de Dax] et les dunes au XVIIIe siècle, p. 59 à 64.

19831. Daugé (C.). — Notre-Dame de Goudosse, p. 125 à 156.

19832. Abbadie. — Discours prononcé aux obsèques de M. Georges Camiade († 1906), p. 157 à 159.

19833. Blanchet (Adrien). — Passages de la reine douairière d'Espagne à Dax en 1714, p. 181 à 184.

19834. Dupont (J.-M.). — Quelques notes recueillies sur Notre-Dame de la Merci dans notre région du Sud-Ouest, p. 185 à 208.

19835. Darricau (Albert). — France et Labourd, p. 209 à 254, et 261 à 299.

19836. Degert (A.). — Le budget d'un évêque de Dax au moyen âge [Jean Bauffès, compte de 1375-1376], p. 301 à 331.

19837. Coste (P.). — Histoire de la maison de Ranquine avant le XIXe siècle, p. 333 à 349.

LOIR-ET-CHER. — BLOIS.

SOCIÉTÉ DES SCIENCES ET LETTRES DE LOIR-ET-CHER.

Voir, pour les publications de cette Société antérieures à 1901, la table récapitulative de notre *Bibliographie générale;* et pour ses publications postérieures, la table placée à la fin du fascicule III du tome I de notre *Bibliographie annuelle.*

XVII. — **Mémoires de la Société des sciences et lettres de Loir-et-Cher,** 17e vol., 1903. (Blois, 1903-1907, in-8°, XLII-511 p.)

19838. Soyer (Jacques), Trouillard (Guy) et Croy (Joseph de). — Cartulaire de la ville de Blois (1196-1493) recueil manuscrit du XVe siècle conservé à la Bibliothèque nationale, publié avec une introduction, des notes et un appendice par Jacques Soyer et Guy Trouillard, suivi de notices biographiques par Joseph de Croy, p. I à XLIII, et 1 à 511.

XVIII. — **Mémoires de la Société des sciences et lettres de Loir-et-Cher,** 18e vol., 1904. (Blois, 1904, in-8°, 439 p.)

19839. Cauchie. — L'abbé Polier, curé de Saint-Secondin (1726 † 1814), p. 31 à 62.

19840. Lesueur (Dr). — Une question d'hygiène municipale au XVIIIe siècle, p. 63 à 118.

19841. Thibault (Adrien). — Les gens et les choses de la justice à Blois aux temps passés, p. 119 à 222.

19842. Lesueur (Pierre). — Les jardins du château de Blois et leurs dépendances, p. 223 à 438.

LOIR-ET-CHER. — VENDÔME.

SOCIÉTÉ ARCHÉOLOGIQUE, SCIENTIFIQUE ET LITTÉRAIRE DU VENDÔMOIS.

Voir, pour les publications de cette Société antérieures à 1901, la table récapitulative de notre *Bibliographie générale;* et pour ses publications postérieures, les tables placées à la fin du fascicule III du tome I, et du fascicule I du tome II de notre *Bibliographie annuelle.*

XLV. — Bulletin de la Société archéologique, scientifique et littéraire du Vendômois..., t. XLV, 1906. (Vendôme, 1906, in-8°, 266 p.)

19843. Bonhoure (G.). — Histoire du collège et du lycée de Vendôme, p. 20 à 40. — Suite de XLI, p. 91, 175; XLII, p. 38; XLIII, p. 33; et XLIV, p. 46, et 198.

19844. Martellière (Jean). — Généalogie de la famille du bienheureux Agathange de Vendôme, p. 41 à 62, et 113 à 127. — Suite de XLIV, p. 219.

19845. Javot. — Événement extraordinaire [à Vendôme, 1792], p. 70 à 72.

19846. Chéramy (L'abbé). — Notice bibliographique sur Louis Lasneau (de Mondoubleau), évêque de Metellopolis [1637 † 1696], p. 87 à 102.

19847. Dupat (Pierre). — M. Henri-Émile de Boisguéret de la Vallière [† 1904], p. 103 à 112.

19848. Renault (G.). — Note sur deux nouveaux ateliers néolithiques à Pezou et à Danzé, p. 128 à 131.

19849. Letessier (L.). — Denier inédit de Bouchard, comte de Vendôme, *pl.*, p. 132 à 134.

19850. Saint-Venant (R. de). — Commentaires sur deux chartes vendômoises du XIe siècle, p. 146 à 164.

[Rapports de l'évêque de Chartres avec le comte de Vendôme.]

19851. Martellière (Jean). — Cassandre Salviati et la Cassandre de Ronsard, p. 165 à 183.

19852. Renault (G.). — Note sur un nouveau polissoir [bois du Coudray], p. 184 à 185.

19853. Martellière (Jean). — La Bonne Aventure du Gué-du-Loir, ses propriétaires, ses hôtes, p. 201 à 225. — Suite de XLIV, p. 257.

19854. Plat (Gabriel). — Notes pour servir à l'histoire monumentale de la Trinité, p. 226.

19855. Saint-Venant (R. de). — Notice nécrologique sur M. l'abbé Haugou [† 1906], p. 255 à 263.

LOIRE. — SAINT-ÉTIENNE.

SOCIÉTÉ D'AGRICULTURE DU DÉPARTEMENT DE LA LOIRE.

Voir, pour les publications de cette Société antérieures à 1901, la table récapitulative de notre *Bibliographie générale;* et pour ses publications postérieures, les tables placées à la fin du fascicule III du tome I, et du fascicule I du tome II de notre *Bibliographie annuelle.*

L. — Annales de la Société d'agriculture, industrie, sciences, arts et belles-lettres du département de la Loire..., 2e série, t. XXVI, 50e de la collection, année 1906. (Saint-Étienne, 1906, in-8°, 332 p.)

19856. Biron (J.). — Notice sur M. J.-B. Croizier (1833 † 1905), *portr.*, p. 279 à 286.

19857. Biron (J.). — Notice sur M. Maurice Otin (1817 † 1906), p. 287 à 292.

19858. Bathia (L'abbé). — Les «filleurs de soye» de Virieu, Pelussin et Chavanay, note sur les origines et le développement de la filature et du moulinage à Pélussin de 1590 à 1790, p. 293 à 306.

LOIRE (HAUTE-). — LE PUY.

SOCIÉTÉ AGRICOLE ET SCIENTIFIQUE DE LA HAUTE-LOIRE.

Voir, pour les publications de cette Société antérieures à 1901, la table récapitulative de notre *Bibliographie générale;* et pour ses publications postérieures, la table placée à la fin du fascicule III du tome I de notre *Bibliographie annuelle.*

XIII. — **Société agricole et scientifique de la Haute-Loire,** Mémoires et Procès-verbaux, 1904-1905, t. XIII. (Le Puy, 1906, in-8°, 363 p.)

19859. Rouchon (Ulysse). — Le testament de Borel (17 septembre 1586), p. 1 à 7.

19860. Le Blanc (Paul). — Notes historiques sur le collège de Brioude, p. 9 à 46.

19861. Rouchon (Ulysse). — Le jeu de l'oiseau au Puy, p. 47 à 59.

19862. Fabre (C.). — Austorc d'Orlac, troubadour du Velay au XIIIe siècle, p. 61 à 78.

19863. Jacotin (A.). — Journal des dépenses du député de la ville du Puy aux États généraux de Languedoc en 1789 [D.-F. Boudinhon], p. 79 à 85.

19864. Brouyol (Emmanuel). — Fondation en faveur de l'église de Gluiras (Ardèche), 27 novembre 1736, p. 87 à 88.

19865. Jacotin de Rosières (C.). — La médaille du jubilé du Puy de 1785, *pl.*, p. 89 à 91.

19866. Godard (Charles). — Quelques cahiers des paroisses du Velay en 1789, p. 93 à 96.

19867. Godard (Charles). — Le Conseil général de la Haute-Loire, le directoire et l'administration départementale de 1790 à 1800, p. 97 à 150. — Suite de XII, p. 289.

19868. Lascombe (A.). — Le rapport de Barrès sur l'arrondissement de Brioude (prairial an XII), p. 151 à 190.

19869. Pellissier (J.). — Barrande [Joachim, 1799 † 1883], p. 191 à 196, et 286 à 290.

19870. Boyer (Dr Pierre). — Louis Jouve, peintre et sculpteur [1829 † 1903], *portr.*, p. 197 à 208.

19871. Hedde (Ph.). — Sur la Vénus de Milo, p. 215 à 217.

19872. Rouchon (Ulysse). — Découverte de sépultures anciennes à Saint-Paulien, p. 282 à 284.

LOIRE-INFÉRIEURE. — NANTES.

SOCIÉTÉ ACADÉMIQUE DE NANTES.

Voir, pour les publications de cette Société antérieures à 1901, la table récapitulative de notre *Bibliographie générale;* et pour ses publications postérieures, les tables placées à la fin du fascicule III du tome I, et du fascicule I du tome II de notre *Bibliographie annuelle.*

LXXVII. — **Annales de la Société académique de Nantes et du département de la Loire-Inférieure,** vol. VII de la 8e série, 1906. (Nantes, 1907, in-8°, 177-LI p.)

19873. Anonyme. — Notes critiques sur le Catalogue du musée des beaux-arts de la ville de Nantes, p. 15 à 50.

19874. Furret et Caillé (Dominique). — Musée du vieux Nantes, p. 61 à 76.

19875. Libaudière (Félix). — Les institutions [scolaires] de Nantes sous le nouveau régime jusqu'en 1830, p. 115 à 155.

LOIRE-INFÉRIEURE. — NANTES.

SOCIÉTÉ ARCHÉOLOGIQUE DE NANTES.

Voir, pour les publications de cette Société antérieures à 1901, la table récapitulative de notre *Bibliographie générale*, et pour ses publications postérieures, les tables placées à la fin du fascicule III du tome I, et du fascicule I du tome II de notre *Bibliographie annuelle*.

XLV. — Bulletin de la Société archéologique de Nantes et du département de la Loire-Inférieure, année 1906, t. XLVII. (Nantes, 1906, in-8°, LI-434 et XXV p.)

19876. La Croix (Le P. Camille de). — Étude sur l'ancienne église de Saint-Philibert de Grand-Lieu (Loire-Inférieure), d'après des fouilles, des sondages et des chartes, 21 *pl.*, p. 1 à 201.

19877. Leroux (Alcide). — Ruines gallo-romaines dans la commune de Langonnet (Morbihan), p. 205 à 227.

19878. Durville (G.). — Étymologies locales. Origine et sens du nom de Saint-Philbert de Grand-Lieu, p. 229 à 244.

19879. Durville (G.). — Les faux autographes d'Anne de Bretagne. Le faux autographe de la bibliothèque nationale (fonds Béthune) et ceux qui en procèdent, *facs.*, p. 245 à 267.

19880. Durville (G.). — Aperçu sur l'histoire du chapitre de Nantes du VIIe siècle au Concordat, p. 269 à 324.

19881. Angot (Joseph). — Le missel de Barbechat, (XIIe s.), p. 325 à 382.

19882. Veillechèze (A. de). — Prieuré du Pellerin, p. 397 à 414.

19883. [Veillechèze (A. de)]. — Quelques notes sur l'église de Brains, p. 415 à 419.

19884. Veillechèze (A. de). — Notes sur les îles d'Aindre et d'Aindrette, *fig.*, p. 421 à 428.

19885. Soullard (P.). — Gros blanc à la couronne de Jean IV, duc de Bretagne, p. 429 à 434.

LOIRET. — ORLÉANS.

SOCIÉTÉ D'AGRICULTURE, SCIENCES, BELLES-LETTRES ET ARTS D'ORLÉANS.

Voir, pour les publications de cette Société antérieures à 1901, la table récapitulative de notre *Bibliographie générale*; et pour ses publications postérieures, les tables placées à la fin du fascicule III du tome I, et du fascicule I du tome II de notre *Bibliographie annuelle*.

LIV. — Mémoires de la Société d'agriculture, sciences, belles-lettres et arts d'Orléans, 5e série des travaux de la Société, t. VI, 75e vol. de la collection. (Orléans, 1906, in-8°, 261 p.)

19886. Basseville. — Un poète orléanais. De Corsembleu de Desmahis (1722 † 1761), p. 29 à 40.

19887. Michau (Ch.). — Agnès [François-René], poète orléanais (1811 † 1890), *portr.*, p. 46 à 62.

19888. Verin. — Isaac Papin (1657 † 1709), p. 63 à 90.

19889. Cochard (Le chanoine Th.). — La mère de Jeanne d'Arc à Orléans, son séjour, sa mort (1440-1458), p. 91 à 116.

IMPRIMERIE NATIONALE.

19890. Michaud (Ch.). — Le théâtre de Mlle Barbier, auteur dramatique du XVIIe siècle, p. 117 à 138.

19891. Huard (Abel). — La campagne de Madagascar, p. 139 à 170.

19892. Bancheread. — Gustave Vapereau (1819 † 1906), *portr.*, p. 173 à 186.

19893. Dumuys (L.). — Épitaphe du grand cimetière d'Orléans [Pierre Constant, chirurgien, † 1638], p. 189.

19894. Dumuys (L.). — Notes sur quelques taques ou plaques de cheminée du Musée historique d'Orléans, p. 213 à 216.

19895. Dumuys (L.). — Un cas d'exorcisme à Orléans en 1666, p. 217 à 222.

LOIRET. — ORLÉANS.

SOCIÉTÉ ARCHÉOLOGIQUE ET HISTORIQUE DE L'ORLÉANAIS.

Voir, pour les publications de cette Société antérieures à 1901, la table récapitulative de notre *Bibliographie générale;* et pour ses publications postérieures, les tables placées à la fin du fascicule III du tome I, et du fascicule I du tome II de notre *Bibliographie annuelle.*

XL. — Mémoires de la Société archéologique et historique de l'Orléanais, t. XL. (Orléans, 1906, in-8°, CXIX-634 p.)

19896. Thillier (Joseph) et Jarry (Eugène). — Cartulaire de Sainte-Croix d'Orléans (814-1300), contenant le *Chartularium ecclesiae Aurelianensis vetus*, suivi d'un appendice et d'un supplément, *facs.*, p. I à CXIX, et 1 à 634.

LOT. — CAHORS.

SOCIÉTÉ DES ÉTUDES LITTÉRAIRES, SCIENTIFIQUES ET ARTISTIQUES DU LOT.

Voir, pour les publications de cette Société antérieures à 1901, la table récapitulative de notre *Bibliographie générale;* et pour ses publications postérieures, les tables placées à la fin du fascicule III du tome I, et du fascicule I du tome II de notre *Bibliographie annuelle.*

XXXI. — Bulletin de la Société des études littéraires, scientifiques et artistiques du Lot, t. XXXI. (Cahors, 1906, in-8°, 258 p.)

19897. Combes (A.). — Analyse des registres municipaux de la commune de Cahors [1709], p. 5, 65, et 127. — Suite de XXX, p. 5, 386, et 465.

19898. Daymard (J.). — Le vieux Cahors, p. 21, 81, 143, et 187. — Suite de XXX, p. 26, 404, et 476.

19899. Esquieu (L.). — Essai d'un armorial quercynois, p. 37 à 52, et 98 à 102. — Suite de XXVII, p. 176; XXVIII, p. 37, 123, 168, 230; et XXIX, p. 3, 211, et 288.

19900. Paumès (B.). — Les écoles à Cahors avant la Révolution, p. 103 à 109, et 159 à 171.

19901. Anonyme. — Dépenses pour l'exécution de criminels à Cahors vers 1735, p. 113 à 115.

19902. Daymard. — M. F. Delpérier [† 1906], p. 116.

19903. Albe (E.). — Aux Archives de Londres pour le Quercy, p. 203 à 214.

19904. Anonyme. — Bibliographie du Lot, année 1906, p. 244 à 249.

LOT-ET-GARONNE. — AGEN.

SOCIÉTÉ D'AGRICULTURE, SCIENCES ET ARTS D'AGEN.

Voir, pour les publications de cette Société antérieures à 1901, la table récapitulative de notre *Bibliographie générale;* et pour ses publications postérieures, les tables placées à la fin du fascicule III du tome I, et du fascicule I du tome II de notre *Bibliographie annuelle.*

XXXIII. — Revue de l'Agenais. Bulletin de la Société d'agriculture, sciences et arts d'Agen, t. XXXIII, année 1906. (Agen, 1906, in-8°, 670 p.)

19905. Lauzun (Ph.) et Dubois (J.). — Le château de Prades, 2 *pl.*, p. 5, 124, 355, et 430.

19906. Labadie (Ern.). — Additions et rectifications à la bibliographie de quelques écrivains agenais, p. 21 à 38, et 155 à 170. — Suite et fin de XXXII, p. 485.

[Florimond de Raymond, Blaise de Montluc, Antoine de la Puyade, Cortète de Prades.]

19907. Chaux (C.). — Une branche des Xaintrailles, p. 39 à 58. — Suite de XXXI, p. 125; et XXXII, p. 136, et 347.

19908. Beaune (Joseph). — Deux sénéchaux d'Agenais (XVIe siècle), p. 59 à 75. — Suite de XXXII, p. 431.

[Antoine et François Poton de Raffin.]

19909. Lauzun (Ph.). — Lettres de Bory de Saint-Vincent, p. 76, 171, 458, et 560. — Suite de XXX, p. 93, 221, 315, 515; XXXI, p. 177, 246, 468; XXXII, p. 64, 179, 265, et 523.

19910. Marboutin (J.-R.) — Le chevalier de Saint-Hubert à Agen [1726], p. 90 à 91.

19911. Dienne (Comte de) et Dubois (l'abbé Jean). — Rôle d'une compagnie d'hommes d'armes et d'archers en Agenais (1580), *pl.*, p. 97 à 108, et 312 à 340.

19912. Lauzun (Ph.). — Florian et ses bandes de partisans en 1814 et 1815, p. 109, 341, 411, et 505.

19913. J. D. [Dubois (J.)]. — Les enfants donnés à l'Église, p. 123.

19914. Broconnat (L.-J.). — La Roumieu, étude historique et archéologique, 5 *pl.*, p. 289 à 311.

19915. J. D. [Dubois (J.)]. — La rue des Trois-Gonelles [à Agen], p. 311.

19916. Lauzun (Ph.). — La pierre à trous [*mensa ponderaria*] du musée d'Agen, *pl.*, p. 385 à 389.

19917. Couyba (D^r). — Journal d'un prébendier de la cathédrale Saint-Étienne d'Agen sous Louis XIII (1621-1632), p. 390, 522, et 641.

19918. Marboutin (J.-R.). — Ruines gallo-romaines à Lamaurelle, *fig.*, p. 453 à 455.

19919. Anonyme. — Quelques abbés de Gondon, p. 455.

19920. Bonnat (R.). — Mémoires de Pierre Verdolin, d'Aiguillon, procureur syndic du district de Tonneins [† 1829], *pl.*, p. 481 à 504, et 615 à 640.

19921. Dubois (J.). — Jagot [évêque de Lescar] à Tournon, en Agenais [XVIe s.], p. 521.

19922. Marboutin (J.-R.). — Les églises du canton de Prayssas, notes archéologiques, *fig.* et *pl.*, p. 577 à 601.

19923. Ferrère (F.). — La polémique cicéronienne au XVIe siècle. J.-C. Scaliger adversaire d'Érasme, p. 602 à 614.

19924. J. D. [Dubois (J.)]. — L'hôtel du Petit-Saint-Jean [banlieue d'Agen], p. 614.

19925. J. D. [Dubois (J.)]. — Un Agenais tué au siège de Philipsbourg [Louis Veirie, *dit* Saint-Victor], p. 657.

19926. Tamizey de Larroque (H.). — Maurice Campagne [1849 † 1906], p. 663 à 666.

MAINE-ET-LOIRE. — ANGERS.

SOCIÉTÉ D'AGRICULTURE, SCIENCES ET ARTS D'ANGERS.

Voir, pour les publications de cette Société antérieures à 1901, la table récapitulative de notre *Bibliographie générale;* et pour ses publications postérieures, les tables placées à la fin du fascicule III du tome I, et du fascicule I du tome II de notre *Bibliographie annuelle.*

LXII. — Mémoires de la Société nationale d'agriculture, sciences et arts d'Angers, ancienne Académie d'Angers..., 5e série, t. IX, année 1906. (Angers, 1906, in-8°, 454 p.)

19927. Rondeau (L'abbé E.). — Histoire de l'église des Ursules depuis la Révolution, *pl.*, p. 9 à 54.

19928. Urseau (Ch.). — Les statues de Fontevraud. Réclamations de l'Angleterre en 1817 et 1819, 2 *pl.*, p. 61 à 74.

19929. Verrier (A.-J.). — Explication de quelques mots du patois angevin, p. 75 à 83.

19930. Du Brossay. — Chapitre tenu à l'abbaye de la Roë en 1565, p. 85 à 110.

19931. Uzureau (F.). — Les communautés religieuses de femmes dans le diocèse d'Angers en 1790, p. 111 à 133.

19932. Du Chêne (Arthur) et la Perraudière (R. de). — Le général Tranquille [Jean Châtelain], chef de chouans, p. 135 à 237.

19933. Uzureau (F.). — Les religieuses de l'abbaye du Ronceray à Angers, p. 249 à 273.

19934. Verrier (A.-J.). — Le patois créole de l'île de la Réunion, p. 283 à 305.

19935. Uzureau (F.). — Collège de Beaupréau. Les exercices publics et les distributions des prix sous le Consulat et l'Empire, p. 319 à 361.

19936. Du Brossay. — Les du Guesclin en Anjou, p. 363 à 386.

19937. Farcy (P. de). — L'autel des Carmes d'Angers [1638], p. 409 à 414.

MANCHE. — SAINT-LÔ.

SOCIÉTÉ D'AGRICULTURE, D'ARCHÉOLOGIE ET D'HISTOIRE NATURELLE DE LA MANCHE.

Voir, pour les publications de cette Société antérieures à 1901, la table récapitulative de notre *Bibliographie générale;* et pour ses publications postérieures, les tables placées à la fin du fascicule III du tome I, et du fascicule I du tome II de notre *Bibliographie annuelle.*

XXIV. — Notices, mémoires et documents publiés par la Société d'agriculture, d'archéologie et d'histoire naturelle du département de la Manche, 24e vol. (Saint-Lô, 1906, in-8°, 103 p.)

19938. Guillot (Gaëtan). — Catalogue du Musée de Saint-Lô, p. 5 à 11. — Suite de XXII, p. 5; et XXIII, p. 1.

19939. Guillot (Gaëtan). — Une spéculation agricole au XVIIIe siècle. La lande de Lessay et le comte de Briqueville, p. 12 à 33.

19940. Leroset (L'abbé A.). — L'instruction publique avant 1789 dans les deux anciens diocèses de Coutances et d'Avranches, p. 34 à 50. — Suite de XXI, p. 13; XXII, p. 97; et XXIII, p. 45.

19941. SAUVAGE (H.). — La recherche [de la noblesse] de Jean Le Venart, lieutenant de l'élection de Coutances au siège de Saint-Lô, commissaire du Roi en 1523, publiée d'après un manuscrit de la bibliothèque de Rouen, p. 51 à 86. — Suite de XXIII, p. 66.

19942. SAVARY (A.). — M. l'abbé Lemonnier [† 1906], p. 87 à 89.

MARNE. — CHÂLONS-SUR-MARNE.

SOCIÉTÉ D'AGRICULTURE, COMMERCE, SCIENCES ET ARTS DE LA MARNE.

Voir, pour les publications de cette Société antérieures à 1901, la table récapitulative de notre *Bibliographie générale;* et pour ses publications postérieures, les tables placées à la fin du fascicule III du tome I, et du fascicule I du tome II de notre *Bibliographie annuelle.*

L. — **Mémoires de la Société d'agriculture, commerce, sciences et arts du département de la Marne** (ancienne Académie de Châlons fondée en 1750), 2ᵉ série, t. IX, 1905-1906. (Châlons-sur-Marne, 1907, in-8°, 402 p.)

19943. BLONDIOT. — Discours, p. 11 à 24.

[Les voies de communication en Champagne.]

19944. GUILLEMOT et GUÉNARD. — Les gens de Verzy et Villers-Marmery contre les Russes en 1814, p. 67 à 74.

19945. LALLEMENT (L'abbé Louis). — Les Toignel d'Epense et leur chapelle dans l'église de Sainte-Menehould, 2 *pl.*, p. 75 à 182.

19946. GÉRARD (Henry). — Sur une définition du romantisme, p. 183 à 216.

19947. BOURGEOIS (Armand). — La route de Montmirail à Épernay, p. 349 à 353.

19948. ANONYME. — Excursion historique et archéologique [à Mareuil-en-Brie, Orbais, Fromentières, Champaubert et Montmort], 3 *pl.*, p. 357 à 370.

MARNE. — REIMS.

ACADÉMIE DE REIMS.

Voir, pour les publications de cette Académie antérieures à 1901, la table récapitulative de notre *Bibliographie générale;* et pour ses publications postérieures, les tables placées à la fin du fascicule III du tome I, et du fascicule I du tome II de notre *Bibliographie annuelle.*

CXVIII. — **Travaux de l'Académie nationale de Reims**, 118ᵉ vol., année 1904-1905, t. II. (Reims, 1907, in-8°, XV-299 p.)

19949. JADART (Henri). — Les inscriptions lapidaires de Notre-Dame de Reims, *fig.* et 5 *pl.*, p. 1 à XV, et 1 à 299.

CXIX. — **Travaux de l'Académie nationale de Reims**, 119ᵉ vol., année 1905-1906, t. I. (Reims, 1907, in-8°, 403 p.)

19950. HAUDECOEUR (L'abbé). — En Alaska, p. 211 à 217.

19951. KALAS (E.). — L'art anglais, p. 219 à 322.

19952. Duval (A.). — Une sédition féminine à Nanteuil-la-Fosse en 1794 (21 fructidor an II), p. 303 à 315.

19953. Bouchez (L'abbé Em.). — M. l'abbé Jean-Pierre Bouchez, curé constitutionnel de Saint-Nicolas de Rethel, puis principal du collège de cette ville (1742 † 1817), p. 317 à 332.

19954. Jadart (Henri). — L'album d'ex-libris de la Bibliothèque de Reims, *fig.*, p. 333 à 348.

19955. Jadart (Henri). — Note sur Chamery (1879-1907), *fig.*, p. 353 à 367.

19956. Gosset (Alphonse). — Cathédrales de Reims, Amiens, Beauvais, parallèle des coupes transversales, *fig.* et *pl.*, p. 381 à 399.

MAYENNE. — LAVAL.

COMMISSION HISTORIQUE ET ARCHÉOLOGIQUE DE LA MAYENNE.

Voir, pour les publications de cette Commission antérieures à 1901, la table récapitulative de notre *Bibliographie générale;* et pour ses publications postérieures, les tables placées à la fin du fascicule III du tome I, et du fascicule I du tome II de notre *Bibliographie annuelle.*

XXVII. — Bulletin de la Commission historique et archéologique de la Mayenne..., 2e série, t. XXII, 1906. (Laval, 1906, in-8°, 512 p.)

19957. Richard (J.-M.). — Notes sur quelques artistes lavallois du XVIIe siècle. Les constructeurs de retables. 11 *pl.*, p. 17, 129, et 257. — Suite de XXVI, p. 385.

19958. Du Brossay (Ch.). — Notes sur Château-Gontier pendant la première moitié du XVIIe siècle, p. 39, 153, 312, et 408. — Suite de XXV, p. 291, 423; et XXVI, p. 75, 129, et 400.

19959. Quéruau-Lamerie (E.). — Lettres de Michel-René Maupetit, député à l'Assemblée nationale constituante (1789-1791), p. 67, 213, 349, et 454. — Suite de XXII, p. 302, 439; XXIII, p. 133, 321, 447; XXIV, p. 205, 348; XXV, p. 88, 176, 358, 446; et XXVI, p. 93, 204, 325, et 465.

19960. Farcy (P. de). — Cartulaire [et obituaire] du prieuré des Bonshommes de Craon, p. 96, 195, et 284. — Suite de XXVI, p. 165 et 295.

19961. Sauvage (Hippolyte). — Armorial de la Mayenne, p. 240, 295, et 441. — Suite de XXVI, p. 364, et 489.

19962. Moreau (Émile). — M. Jean-Charles Chedeau (1885 † 1906), p. 245 à 247.

19963. Angot (L'abbé). — Ruines gallo-romaines découvertes à Sainte-Gemme-le-Robert, p. 249 à 251.

19964. Uzureau (F.). — Château-Gontier en 1775, p. 278 à 283.

19965. Chabeuf (César) et Héron de Villefosse. — Le trésor de Jublains, *pl.*, p. 305 à 311.

[Monnaies romaines et vase de bronze avec reliefs.]

19966. Duine (L'abbé). — Correspondance inédite de Cohon, évêque de Nîmes et de Dol [1644-1659], p. 345 à 348.

19967. Moreau (Ém.). — La poursuite après la bataille du Mans par le détachement du général de Schmidt du 13 au 17 janvier 1871, *carte*, p. 385 à 407.

19968. Anonyme. — Laval ou Mayenne [chef-lieu du département, an IV], p. 494.

19969. Moreau (Émile). — M. Frédéric Le Coq (1851 † 1906), p. 496 à 500.

MEURTHE-ET-MOSELLE. — NANCY.

ACADÉMIE DE STANISLAS.

Voir, pour les publications de cette Académie antérieures à 1901, la table récapitulative de notre *Bibliographie générale*, et pour ses publications postérieures, les tables placées à la fin du fascicule III du tome I, et du fascicule I du tome II de notre *Bibliographie annuelle*.

LXXIV. — Mémoires de l'Académie de Stanislas, 1905-1906, 156ᵉ année, 6ᵉ série, t. III. (Nancy, 1906, in-8°, CXLVII-434 p.)

19970. Melin (G.). — Henri de Tourville [1842 † 1903] et son œuvre sociale, *portr.*, p. XXV à CVI.

19971. Pfister (Chr.). — Emmanuel Héré et la place Stanislas, p. 1 à 66.

19972. Collignon (Albert). — Le portrait des esprits (*Icon animorum*) de Jean Barclay, p. 67 à 140.

19973. Eyragues (Marquise H. d'). — L'Ecclésiaste, p. 141 à 170.

19974. Boyé (P.). — Correspondance inédite de Stanislas Leszczynski, duc de Lorraine et de Bar, avec les rois de Prusse, Frédéric-Guillaume Iᵉʳ et Frédéric II (1736-1766), p. 176 à 259.

19975. Martin (L'abbé Eug.). — Bobbio, l'ombre d'un grand nom, p. 260 à 329.

19976. Roche du Teilloy (Alexandre). — Le *Recueil de remèdes* de Mᵐᵉ Foucquet, la mère des pauvres [1678], *facs.*, p. 330 à 386.

MEURTHE-ET-MOSELLE. — NANCY.

SOCIÉTÉ D'ARCHÉOLOGIE LORRAINE.

Voir, pour les publications de cette Société antérieures à 1901, la table récapitulative de notre *Bibliographie générale*; et pour ses publications postérieures, les tables placées à la fin du fascicule III du tome I, et du fascicule I du tome II de notre *Bibliographie annuelle*.

LVI. — Mémoires de la Société d'archéologie lorraine et du Musée historique lorrain, t. LVI (4ᵉ série, 6ᵉ vol.), 1906. (Nancy, 1906, in-8°, 468-XXVI p.)

19977. Boyer (Pierre). — Les abeilles, la cire et le miel en Lorraine jusqu'à la fin du XVIIIᵉ siècle, étude d'économie historique, p. 5 à 108.

19978. Braun (Pierre). — La Lorraine pendant le gouvernement de La Ferté-Sénectère (1643-1661), p. 109 à 266.

19979. Fournier (Paul). — Les institutions du comté de Chaligny, p. 267 à 468. — Suite de LIII, p. 5.

LV. — Bulletin mensuel de la Société d'archéologie lorraine et du Musée historique lorrain, 6ᵉ année, 1906. (Nancy, 1906, in-8°, 303 p.)

19980. Pfister (Chr.). — Document sur le Conseil souverain de Nancy (1634-1635), p. 4 à 16.

19981. Quintard (L.). — Procès de deux sorciers en 1605 [à Mirecourt], p. 16.

19982. Duvernoy (E.). — Le peintre lorrain Yard [Louis, XVIIIᵉ s.], p. 18 à 22.

19983. Des Robert (Edmond). — Claude Jacquart (1683 † 1736), sa signature, p. 22 à 23.

19984. L. W. [Wiener (L.)]. — Lettre du général Drouot offrant à la ville de Nancy le sabre qui lui a été donné par l'empereur Napoléon Iᵉʳ, p. 23 à 24.

19985. Bernard (Henri). — Deux statues tombales de l'école sammielloise. L'effigie funéraire de Warin de Gondrecourt, *pl.*, p. 28 à 38.

19986. Voinot (Dʳ J.). — La roche du Lion, forêt de Darney-Martinvelle (Vosges), *fig.*, p. 38 à 41.

19987. Duvernoy (E.). — Charte du XIᵉ siècle pour Morville-sur-Seille, p. 41 à 43.

19988. Harmand (R.). — Contribution à l'étude de la métallurgie en Lorraine au commencement du XVIIᵉ siècle, p. 44 à 48.

19989. Pfister (Chr.). — Deux documents sur Rosières-aux-Salines, p. 51 à 57.

19990. Germain (L.). — Recherches sur deux statues pupitres pour la lecture de l'Épître et des Prophéties [Musée lorrain], p. 57, 92, et 117.

19991. Duvernoy (E.). — Les maréchaux, forgerons et couteliers de Nancy au xve siècle, p. 62 à 72.

19992. Pfister (Chr.). — Le magasin de blé de Nancy et la révolte de 1771, p. 77 à 92.

19993. Robert (L.). — Un plomb armorié aux écus de Lorraine et de Pont-à-Mousson, apparemment de l'époque du duc Antoine, *fig.*, p. 100 à 104.

19994. Gardeil (Paul). — Les sept sciences universitaires (*Artes liberales*) au tombeau de Hugues des Hazards dans l'église de Blénod-les-Toul, p. 104 à 117, et 129 à 136. — Cf. n° 20000.

19995. Perdrizet (Paul). — Une miniature toulouse datée de 1356, représentant la Vierge de miséricorde, *facs.*, p. 123 à 129.

[Initiale de la charte d'érection de la confrérie de Saint-Nicolas-des Clercs.]

19996. Fawtier (R.). — Note sur une bulle inédite du pape Lucius III pour l'abbaye de Saint-Èvre-de-Toul, p. 137 à 143.

19997. Pfister (Chr.). — La grande galerie de sculpture en l'honneur de Louis XIV à Dommartin-lès-Toul, p. 146 à 158.

19998. Hémmand (R.). — Addition à la note de M. Germain relative à une pièce ancienne de poésie française sur la bataille de Nancy, p. 158 à 164. — Cf. LIV, p. 210.

19999. Lefebvre (H.). — Excursion à Bourlémont, p. 164 à 167.

20000. Mengin (Henri). — Note rectificative sur la représentation de la Rhétorique au tombeau de Hugues des Hazards dans l'église de Blénod-lès-Toul, p. 167. — Cf. n° 20000.

20001. Pfister (Chr.). — Les bâtiments de la place Stanislas, p. 169 à 228.

20002. Duvernoy (E.). — Bulles lorraines du pape Pascal II (1099-1118), p. 231 à 234.

20003. Parisot (L'abbé A.). — Une sculpture représentant le Père éternel à Jezainville [xviie s.], *pl.*, p. 234 à 238.

20004. Denis (Paul). — Deux inscriptions de Pompey, p. 238.

20005. Duvernoy (E.). — M. Vlodimir Konarski [1852 † 1906], p. 249 à 251.

20006. Denis (Paul). — La Vierge de l'église de Maxéville [marbre, xive s.], *pl.*, p. 255 à 269.

20007. Beaupré (J.) et Didion (G.). — Observations relatives au donjon de Vaudémont, p. 269 à 273.

20008. Laurent (Paul). — La famille de Jean Lamour [xviie-xviiie s.], p. 274 à 275.

20009. Denis (Paul). — Inscriptions funéraires à Custines, [xvie s.], p. 275.

20010. Quintard (L.). — Note sur un camée antique trouvé à Metz, *pl.*, p. 279 à 280.

20011. Wolfram (G.). — Les chartes de la comtesse Ève (950) et de son fils Udalrich (958), contribution à la question du lieu de naissance de saint Arnould, p. 281 à 290.

20012. Davillé (Louis). — Note rectificative et complémentaire sur l'origine de l'église et du village d'Arnaville, p. 291 à 295. — Cf. XLIX, p. 193; et L, p. 11, et 33.

20013. Duvernoy (E.). — Avocats d'autrefois [au bailliage de Vic, 1594], p. 295 à 297.

MEURTHE-ET-MOSELLE. — NANCY.

SOCIÉTÉ DE GÉOGRAPHIE DE L'EST.

Voir, pour les publications de cette Société antérieures à 1901, la table récapitulative de notre *Bibliographie générale;* et pour ses publications postérieures, les tables placées à la fin du fascicule III du tome I, et du fascicule I du tome II de notre *Bibliographie annuelle.*

XXVII. — Bulletin de la Société de géographie de l'Est..., nouvelle série, 27e année, 1906. (Nancy, 1906, in-8°, 520 p.)

20014. Pfister (Chr.). — Promenades dans Nancy. La place de la Carrière, p. 5 à 24. — Suite et fin de XXVI, p. 289.

20015. Helbronner (Paul). — L'histoire des cartes géographiques, et procédés actuels de leur établissement en haute montagne, p. 125 à 159, et 301 à 334.

20016. Van Houcke (Paul). — Sur le Rhône de Lyon à Genève et au lac Léman, p. 160 à 182.

20017. Chantriot (Émile). — Les cartes anciennes de la Champagne, p. 273 à 300, et 399 à 422.

MEUSE. — BAR-LE-DUC.

SOCIÉTÉ DES LETTRES, SCIENCES ET ARTS DE BAR-LE-DUC.

Voir, pour les publications de cette Société antérieures à 1901, la table récapitulative de notre *Bibliographie générale;* et pour ses publications postérieures, la table placée à la fin du fascicule III du tome I de notre *Bibliographie annuelle.*

XXXIV. — Mémoires de la Société des lettres, sciences et arts de Bar-le-Duc, 4ᵉ série, t. IV. (Bar-le-Duc, 1905-1906, in-8°, CL-431 p.)

20018. Florange (Jules). — Monnaies champenoises trouvées à la ferme du Chêne, p. v.

20019. Bacourt (F. de). — Le gagnage de Morley, p. VII à X.

20020. Maxe-Werly (L.). — Assignats de la Meuse, p. X à XII, et XIX à XXI. — Cf. n° 20025.

20021. Beaupré (Cᵗᵉ J.). — Dessins gravés au trait sur le dessous d'un sarcophage barbare trouvé à Bislée (Meuse), *fig.*, p. XVII à XIX.

20022. Dumast (R. de). — A quelle famille rattacher le chevalier de Villers, auteur ou possesseur du Nobiliaire de Bar-le-Duc, p. XXII à XXV.

20023. Baudot (J.). — Lettres sur Jeanne d'Arc, p. XXXIII, XLV, LXXI, LXXXI, et XCII.

20024. F. de B. [Bacourt (F. de)]. — La chapelle rurale de Maiseray-en-Woëvre, p. XXXVII à XL.

20025. Codriot (Edmond). — Assignats de la Meuse, p. XLVIII à LI. — Cf. n° 20020.

20026. Guillaume (J.). — Remarques sur les ruines de *Nasium*, p. LV à LX.

20027. Germain (Léon). — Du nom de Camasier inscrit dans quelques armoriaux de la chevalerie lorraine, p. LX à LXIV.

20028. Germain (Léon). — Un jeton du comte de Fontaine [† 1643], *fig.*, p. LXXIV à LXXVI.

20029. Bacourt (F. de). — Girouët, p. LXXXIV.

20030. Bacourt (F. de). Les lettres de F.-N. Richard sur la mort de J.-B-E-A. Bailly (1782), p. LXXXVI à LXXXVIII.

20031. Groffe (E.). — Notes sur les arts et métiers dans l'ancien Barrois, p. XCIV.

20032. Génin (A.). — Les véritables armoiries des familles de Foug et de Siverey, p. XCVI.

20033. Dumast (R. de). — Famille André de Lory, p. XCVII.

20034. Marichal (P.). — Anatole de Barthélemy (1821 † 1904), p. XCIX.

20035. Marichal (Paul). — Partage des fiefs de la famille de Bourlémont (3 juin 1348), p. CIII à CVI.

20036. Anonyme. — Biographies meusiennes, p. CVI.

[Le major Cavagnari (1841 † 1879); Ch.-F. Dorlodot, évêque de Laval (1756 † 1816).]

20037. Girodie (André). — Auguste Bouillet (1852 † 1904), p. CX à CXII.

20038. Bacourt (F. de). — Thiebaut de Nattes, littérateur (1738 † 1814), p. CXV à CXX, et CXXVI à CXXVIII.

20039. Champigneulle (E.). — Traduction en vers français d'un décret sur les censures et cas réservés, de Mᵍʳ Bégat, évêque de Toul (1740), p. CXXVIII.

20040. Henry (E.). — Testament de Robert de Schelandre (27 mars 1591), p. CXXX à CXXXII.

20041. A. M. [Martin (A.)]. — A propos de portraits [barrois], p. CXXXV à CXXXVIII.

20042. Germain (Léon). — Une lettre de 1809 [de P. Lambinet] sur le sépulcre de Saint-Mihiel, p. CXXXVII à CXLII.

20043. Lesort (A.). — Les ecclésiastiques lorrains réfugiés en Pologne pendant la Révolution, p. CXLII à CXLIV.

20244. Nicolas (L'abbé). — Inscriptions de l'ancien décanat de Dun, p. 3 à 52.

20045. Anthoüard de Vraincourt (Comte d'). — Le lieutenant général d'artillerie comte d'Anthoüard de Vraincourt, député de la Meuse, pair de France (1773 † 1852), *portr.*, p. 53 à 69.

20046. Germain de Maidy (Léon). — La statue tombale d'un Lenoncourt à Buzy, *pl.*, p. 71 à 82.

20047. Vigo (G.). — Un maire de Bar-le-Duc sous le Premier Empire. M. Jean-Louis Pierre (1808-1813), p. 83 à 101.

20048. Meunier (Dʳ). — La tournette des potiers gallo-romains, *pl.*, p. 103 à 111.

20049. Dublanchy (C.). — Monographie historique du village de Génicourt-sur-Meuse, *fig.* et 2 *pl.*, p. 113 à 281.

20050. Lesort (André). — L'esprit public dans le département de la Meuse au moment de l'arrestation de Louis XVI à Varennes (21 juin 1791), p. 283 à 300.

IMPRIMERIE NATIONALE.

20051. Arbois de Jubainville (P. d'). — Archives départementales de la Meuse. Archives communales de Verdun. État sommaire des fonds de la période révolutionnaire, *carte*, p. 301 à 400.

20052. Florange (Jules). — Deux médailles inédites d'Emmanuel de Nay, comte de Richecourt, gouverneur du Grand-duché de Toscane, *fig.* et 2 *pl.*, p. 401 à 406.

MEUSE. — MONTMÉDY.

SOCIÉTÉ DES NATURALISTES ET ARCHÉOLOGUES DU NORD DE LA MEUSE.

Voir, pour les publications de cette Société antérieures à 1901, la table récapitulative de notre *Bibliographie générale;* et pour ses publications postérieures, les tables placées à la fin du fascicule III du tome I, et du fascicule I du tome II de notre *Bibliographie annuelle.*

XVIII. — Société des naturalistes et archéologues du nord de la Meuse, t. XVIII. (Montmédy, 1906, in-8°. Sciences naturelles, 43 p.; archéologie et histoire locale, 161 p.)

Sciences naturelles.

20053. Houzelle (F.). — Excursion à Lamouilly, Nepvant, Bronel et Brouenne, p. 5 à 10.

20054. Houzelle (F.). — Excursion dans les bois de Lemont et de Dannevoux, p. 13 à 17.

20055. Houzelle (F.). — Excursion à Breux-Gérouville, p. 19 à 22.

20056. Nicolas (J.). — Excursion au camp du Châtelet, p. 24 à 30.

Archéologie et histoire locale.

20057. Houzelle (F.). — Brouenne, 3 *tableaux*, p. 1 à 151.

MORBIHAN. — VANNES.

SOCIÉTÉ POLYMATHIQUE DU MORBIHAN.

Voir, pour les publications de cette Société antérieures à 1901, la table récapitulative de notre *Bibliographie générale;* et pour ses publications postérieures, les tables placées à la fin du fascicule III du tome I, et du fascicule I du tome II de notre *Bibliographie annuelle.*

LII. — Bulletin de la Société polymathique du Morbihan, année 1906. (Vannes, 1906, in-8°, 232-52 p.)

20058. Le Mené (J.-M.). — Trois anneaux disques [en jadéite, trouvés à Bréhan-Loudéac], p. 8 à 12.

20059. Le Mené (J.-M.). — Carmes de Sainte-Anne [d'Auray], *pl.*, p. 13 à 38.

20060. Le Mené (J.-M.). — Carmes de Josselin, *pl.*, p. 39 à 46.

20061. Sageret (Émile). — Le dernier semestre de l'année 1800 dans le Morbihan, la guerre de police, p. 49 à 114.

20062. Le Gall de Kerlinou (E.). — Blasons bretons, ou Recueil d'armoiries destiné à compléter les armoriaux de Bretagne précédemment parus, p. 115 à 168.

20063. Le Mené (J.-M.). — Mineurs de l'Observance, *pl.*, p. 169 à 198.

[Île Sainte-Catherine dans la rade de Lorient; Port-Louis; Bernon; Bodelio; Pontivy.]

20064. Le Mené (J.-M.). — Capucins [d'Auray et d'Hennebont], 2 *pl.*, p. 199 à 209.

20065. Le Mené (J.-M.). — Carmélites de Ploërmel, *pl.*, p. 210 à 219.

20066. Le Rouzic (Z.). — Carnac, fouilles faites dans la région. Chambres souterraines de Kerfraval (c^ne de Carnac), *pl.*, p. 220 à 223.

20067. Closmadeuc (D^r de). — Incident à une séance des États de Bretagne (États de Dinan, 1717-1718), p. 224 à 227.

MOSELLE. — METZ.

SOCIÉTÉ D'HISTOIRE ET D'ARCHÉOLOGIE LORRAINE.

Voir, pour les publications de cette Société antérieures à 1901, les tables récapitulatives de notre *Bibliographie générale;* et pour ses publications postérieures, les tables placées à la fin du fascicule III du tome I, et du fascicule I du tome II de notre *Bibliographie annuelle.*

XVIII. — Jahrbuch der Gesellschaft für lothringische Geschichte und Alterthumskunde, achtzehnter Jahrgang, 1906. — **Annuaire de la Société d'histoire et d'archéologie lorraine**, 18e année, 1906. (Metz, s. d., pet. in-4°, 655 p.)

20068. Forrer (R.). — Die ägyptischen, kretischen phönikischen, etc. Gewichte und Masse der europäischen Kupfer-Bronze-und Eisenzeit (Les poids et mesures égyptiens, crétois, phéniciens, etc., des âges du cuivre, du bronze et du fer en Europe), *fig.*, p. 1 à 77.

20069. Poirier (J.-F.). — La famille messine au bon vieux temps, p. 78 à 109.

20070. Möserbeck (Dr E.). — Regesten zur Genealogie der Seitenlinie Flörchingen-Ennery des lothringischen Herzogshauses (Regeste pour la généalogie de la branche Florenges-Ennery de la maison de Lorraine), *tableau*, p. 110 à 130. — Cf. VII, p. 171; et XVII, p. 353.

20071. Beaupré (Comte J.). — Nouvelles observations sur les sépultures sous tumulus de Lorraine, *fig.*, p. 131 à 142. — Suite de XIV, p. 290.

20072. Pinck (L'abbé). — Die Metzer Armenpflege, le bureau des pauvres [de Metz], la maison de charité des Bouillons et le bureau de bienfaisance, p. 143 à 164.

20073. Lesprand (P.). — Quelques mots sur les cahiers de doléances des communes en 1789, p. 165 à 204.

20074. Gerdolle (H.). — Zur Geschichte des herrschaftlichen Grundbesitzes in Metzer Lande (Contribution à l'histoire de la propriété foncière seigneuriale en pays messin), p. 205 à 216.

20075. Schramm (E.). — Bemerkungen zur der Rekonstruktion griechisch-römischer Geschütze (Remarques sur la reconstitution des balistes gréco-romaines), *fig.* et 4 *pl.*, p. 276 à 316. — Cf. XVII, p. 284.

20076. Forrer (R.). — Keltische Numismatik der Rhein- und Donaulande (Numismatique celtique des provinces rhénanes et danubiennes), *fig.*, p. 284. — Suite de XIII, p. 1; XIV, p. 151; XV, p. 110; XVI, p. 385; et XVII, p. 241, et 2e partie, p. 231.

20077. Walbock (L'abbé G.). — Oculi et armoires eucharistiques en Lorraine, *fig.*, p. 317 à 370.

20078. Welter (T.). — Die Besiedelung der Vorstufen der Vogesen, unter besonderer Berücksichtigung des gebirgigen Teils des Kreises Saarburg in Lothringen, ein Gesamtbericht über mehrjährige Ausgrabungen der Reste aus gallo-römischer Zeit (L'occupation des premiers contreforts des Vosges particulièrement dans la partie montagneuse du cercle de Sarbourg en Lorraine, aperçu général sur les explorations de restes gallo-romains faites depuis plusieurs années), *fig.* et 6 *pl.*, p 371 à 412.

[Avec appendice par J. B. Keune, p. 398.]

20079. Welter (T.) et Heppe (E.). — Die gallo-römischen Villen bei Kurzel in Lothringen (Les villas gallo-romaines de Courcelles en Lorraine), 9 *pl.*, p. 413 à 435.

20080. Keune (J.-B.). — Die Fundstücke aus dem Bauerngehöft römischer Zeit bei Urville (Vestiges d'une ferme romaine près Urville), *fig.*, p. 436 à 449.

20081. Gruson. — Bericht über die keramische Ausstellung zu Metz (Rapport sur l'exposition céramique de Metz, mai-juin 1906), p. 450 à 455.

20082. Bresslau (H.). — Ueber die Zusammenkunft zu Deville zwischen Konrad II und Heinrich I von Frankreich und über das Todesdatum Herzog Friedrichs II von Oberlothringen (Sur l'entrevue de Conrad II et de Henri I, roi de France, à Deville et sur la date de la mort de Frédéric II, duc de Haute-Lorraine), p. 456 à 462.

20083. Houpert (N.). — Lothringisches Landleben gegen Ende des 18 Jahrhunderts, ein Beitrag zur Kulturgeschichte Lothringens (La vie agricole en Lorraine à la fin du XVIIIe siècle, contribution à l'histoire de la civilisation en Lorraine), p. 463 à 476.

20084. Keune (J.-B.). — Neugefundene Inschriften der Mediomatriker (Découvertes de nouvelles inscriptions des Médiomatrices), *fig.*, p. 477 à 516.

20085. Sauerland (H.-V.). — Vatikanische biographische Notizen zur Geschichte des XIV und XV Jahrhunderts (Notes biographiques pour l'histoire du XIVe et du XVe siècle tirées des archives vaticanes), p. 517 à 524. — Cf. XIII, p. 337.

[Léopold de Bebenburg, François Pétrarque, Gérard Grote de Deventer, Wilhelm Horborch, Robert de Genève (Clément VII), Conrad de Gelnhausen, Henricus de Hassia, Conrad de Soltau, Simon Cramaud, Boniface IX, Jean XXIII, Pierre de Luna (Benoît XIII), Pierre d'Ailly.]

20086. Kirch (J.-P.). — Die Herrschaft Escheringen und die Höfe Burll, Hœnhof (Hohenhof und Krakelscheuer) [La seigneurie d'Escherange et les fermes de Burll et d'Hœnhof], p. 525 à 528.

20087. Wolfram (G.). — Aktenstücke zur lothringischen Geschichte des 16 Jahrhunderts (Documents pour l'histoire de Lorraine au XVIe siècle), p. 529 à 537.

20088. Hinrichs. — Zwei prähistorische Befestigungen bei Rombach (Deux enceintes préhistoriques près de Rombas), *fig.*, p. 537 à 541.

NIÈVRE. — CLAMECY.

SOCIÉTÉ SCIENTIFIQUE ET ARTISTIQUE DE CLAMECY.

Pour les publications antérieures de cette Société, voir la table récapitulative de notre *Bibliographie générale*.

III. — **Bulletin de la Société scientifique et artistique de Clamecy** fondée en 1876, 29e année. (Clamecy, 1905, in-8°, 53 p.)

20089. Divers. — Claude Tillier [1801 † 1844], p. 8.

[Discours prononcé à l'inauguration du monument de Cl. Tillier par MM. P. Pigé, Dr Beaufils, Alapetite, Bienvenu-Martin.]

20090. Gérin (Marius). — De la réputation de Claude Tillier en France et à l'étranger, p. 23 à 45.

IV. — **Bulletin de la Société scientifique et artistique de Clamecy...**, 30e année, nouvelle série n° 2. (Clamecy, 1906, in-8°, 73 p.)

20091. Mirot (Léon). — Quelques observations sur l'origine du nom de Clamecy, p. 19 à 23.

20092. Rolland (Romain). — Silhouettes clamecycoises de la Révolution, p. 27 à 43.

20093. Berlet (A.). — Une émeute à Clamecy en 1792, p. 44 à 53.

20094. Bouillat (E.). — La Réformation dans le Nivernais, p. 54 à 60.

20095. Mynard (J.). — Les droits du seigneur à Clamecy au commencement du XVIIe siècle, p. 61 à 69.

20096. Soittoux (J.). — Notes sur le musée de Clamecy, p. 70 à 72.

NIÈVRE. — NEVERS.

SOCIÉTÉ NIVERNAISE DES LETTRES, SCIENCES ET ARTS.

Voir, pour les publications de cette Société antérieures à 1901, la table récapitulative de notre *Bibliographie générale;* et pour ses publications postérieures, les tables placées à la fin du fascicule III du tome I, et du fascicule I du tome II de notre *Bibliographie annuelle.*

XXI. — Bulletin de la Société nivernaise des lettres, sciences et arts, 3e série, t. XI, 21e volume de la collection. (Nevers, 1906, in-8°, XVI-620 p.)

20097. Patriard (L'abbé Ch.). — Notes pour servir à l'histoire du Grand séminaire de Nevers (1653-1793), p. 1 à 86.

20098. Dasse (L'abbé Joseph). — Guillaume Tollet, évêque constitutionnel de la Nièvre pendant la Révolution, *fig.*, p. 87 à 236.

20099. Tardivon (V.). — Anthien, une population rurale pendant trois siècles (1599-1900), p. 237 à 248.

20100. Duminy (Edmond). — Notes sur le passage des alliés dans le département de la Nièvre, p. 249 à 289.

20101. Duminy (Edmond). — Notes sur Nevers pendant les années 1813, 1814 et 1815, p. 290 à 354.

20102. Charrier (Abbé J.). — Claude Boussière, curé de Chalaux, ou épisodes de la Révolution à Chalaux (1791-1794), p. 355 à 379.

20103. Bertin (J.). — La vérité sur Philibert de Beaujeu, évêque de Bethléem, et les différentes familles de Beaujeu, p. 393 à 427.

20104. Charrier (L'abbé). — L'abbé Pierre-Philibert Fougère, curé de Saint-Laurent à Nevers, député aux États généraux, p. 428 à 464.

20105. Charrier (L'abbé). — Conduite tenue à Nevers pendant la Révolution par les sœurs de la Charité, p. 465 à 530.

20106. Gauthier (Gaston). — Les registres paroissiaux et l'histoire locale, p. 531 à 536.

20107. Flamare (H. de). — Documents sur l'administration du comté de Nevers au XIIIe siècle, p. 537 à 576.

20108. Dasse (L'abbé Joseph). — Les Jésuites à Nevers au moment de leur suppression, p. 577 à 596.

20109. Mirot (Léon). — Un inventaire de minutes notariales [à Clamecy] en 1764, p. 597 à 604.

NORD. — CAMBRAI.

SOCIÉTÉ D'ÉMULATION DE CAMBRAI.

Voir, pour les publications de cette Société antérieures à 1901, la table récapitulative de notre *Bibliographie générale;* et pour ses publications postérieures, les tables placées à la fin du fascicule III du tome I, et du fascicule I du tome II de notre *Bibliographie annuelle.*

LXXVII. — Mémoires de la Société d'émulation de Cambrai, t. LX, séance publique du 17 décembre 1905. (Cambrai, 1906, in-8°, CIII-212 p.)

20110. Coulon (Dr). — Note sur les vases appelés biberons trouvés dans les sépultures d'enfants (époque gallo-romaine), 2 *pl.*, p. 1 à 13.

20111. Dailliez (Dr). — Une journée à Waterloo, *pl.*, p. 15 à 39.

20112. Bombart (Dr H.). — L'origine du jeu de cartes, p. 41 à 49.

20113. Proyart de Baillescourt (Comte de). — Relation de la visite aux caves de la maison de M. Godeliez-Bolvin, rue Saint-Jérôme, p. 51 à 57.

20114. Lallemant (A.). — James Mitchell. Lettre d'un Anglais au cours d'un voyage à travers la Belgique et une partie de la France jusqu'à Paris (Londres, 1819, lettre XXII), p. 121 à 137.

20115. Lallemant (A.). — Cambrai, la ville et les environs, traduction de la description flamande de la ville de Cambrai au verso d'un plan de la ville en deux feuillets vers 1649, p. 139 à 146.

20116. Bombart (Dr H.). — Recherches sur les patois, concordance du patois [picard] et du roman, p. 147 à 202.

20117. Lallemant [et Mussault (E.)]. — Note à l'occasion du dégagement de la porte de Paris appelée autrefois porte Saint-Sépulcre à Cambrai, *pl.*, p. 203 à 209.

NORD. — DUNKERQUE.

SOCIÉTÉ DUNKERQUOISE POUR L'ENCOURAGEMENT DES SCIENCES, DES LETTRES ET DES ARTS.

Voir, pour les publications de cette Société antérieures à 1901, la table récapitulative de notre *Bibliographie générale*; et pour ses publications postérieures, les tables placées à la fin du fascicule III du tome I, et du fascicule I du tome II de notre *Bibliographie annuelle*.

XLIII. — Mémoires de la Société dunkerquoise pour l'encouragement des sciences, des lettres et des arts..., 1906, 43e vol. (Dunkerque, 1906, in-8°, 302 p.)

20118. Lévi (Commandant). — Le XXIIe corps de l'armée du Nord à Dunkerque en février 1871, p. 5 à 50.

20119. Lavagne (J.). — Jose-Maria de Hérédia, p. 107 à 121.

20120. Bonnaire (G.). — L'amiral Jean de Vienne (XIVe s.), p. 125 à 156.

XLIV. — Mémoires de la Société dunkerquoise pour l'encouragement des sciences, des lettres et des arts..., 1906, 44e vol., (Dunkerque, 1907, in-8°, 396-CIV p.)

20121. Lévi (Commandant). — La garnison de Dunkerque de 1662 à 1870, p. 5 à 82.

20122. Dubiau (Dr G.). — Annales dunkerquoises, p. 117 à 158.

20123. Lancry (Dr). — Curiosités sociales du pays de Dunkerque, *fig.*, p. 159 à 205.

[*Les Kimpen* de Loon, Bray-Dunes, Zuydcoote, les Hemmes, les hameaux de Gravelines, Fort-Mardyck, *fig.*]

20124. Rolland (H.). — L'enfant dans les œuvres de Victor Hugo, p. 207 à 257.

20125. Dumont (Alfred). — David d'Angers et son œuvre, p. 334 à 342.

20126. Dufour (Médéric). — Le théâtre de Maeterlinck, p. 343 à 348.

20127. Potez (H.). — Un grand poète des Pays-Bas. Émile Verhaeren, p. 349 à 365.

20128. Brière (Gaston). — La sculpture française au XIXe siècle, de Rude à Carpeaux, p. 366 à 375.

20129. Minet (Alfred). — Les théâtres sous Louis XIV. Reconstitution d'un acte d'Esther, p. 376 à 396.

NORD. — DUNKERQUE.

UNION FAULCONNIER.

Pour les publications de cette Société antérieures à 1901, voir notre *Bibliographie générale*, t. V. On trouvera ci-dessous l'analyse des volumes publiés de 1901 à 1906.

IV. — Union Faulconnier, Société historique de Dunkerque et de la Flandre, fondée le 3 avril 1895. Bulletin, 4ᵉ année, t. IV, 1901. (Dunkerque, s. d., in-8°, 700 p.)

[20171]. Harrau (L'abbé). — Histoire de Gravelines depuis son origine jusqu'à nos jours, p. 193 à 222, et 357 à 374.

20130. Gossonnet (F.). — Iconographie de Jean Bart, p. 223 à 228.

20131. Beck (Jules). — Les verrières du cloître de l'église Saint-Jean-Baptiste [à Dunkerque], p. 229 à 230.

20132. Smagghe (Gustave). — L'hygiène à Dunkerque au XVIIᵉ siècle, p. 231 à 262.

20133. Lemattre (Henri). — La franc-maçonnerie à Dunkerque, p. 275 à 304.

20134. Winnaert (L'abbé). — Un poète dunkerquois au commencement du siècle, p. 305 à 324.

20135. Lancry (Dʳ). — Des relations entre la configuration et l'histoire des cités, p. 325 à 332.

20136. Mancel (Émile). — Biographie dunkerquoise. Leduc (Amand), capitaine de vaisseau (1764 † 1832), p. 333 à 356.

20137. Lemattre (Henri). — Une émeute à Dunkerque en 1792, p. 375 à 379.

20138. Dubin (Henri). — Les fouilles sous le nouveau Minck [à Dunkerque], *fig.* et 5 *pl.*, p. 381 à 392.

20139. Flahault (Le chanoine). — Prérogatives et préséances du magistrat de Dunkerque dans les cérémonies religieuses, p. 393 à 415.

20140. Bacquet (Ernest). — Un humoriste dunkerquois, Victor Simon (1790 † 1831), p. 417 à 446.

20141. Dodanthun père (Alfred). — Une héroïne inconnue, Mˡˡᵉ de Bréville, commandant de la *Magdeleine*, morte à Dunkerque le 26 juin 1673, p. 447 à 460.

20142. Rafin (L'abbé Georges). — Un Dunkerquois colon à Saint-Domingue (Antilles) de 1763 à 1818, d'après les lettres inédites de Dominique Le Maire, p. 461 à 549.

20143. Mancel (Émile). — Premier séjour à Dunkerque du roi Louis XIV, p. 551 à 585.

20144. Wadoux (L'abbé). — Une année de l'histoire dunkerquoise d'après un registre des comptes communaux [1651-1652], p. 587 à 598.

20145. Dufour-Bourbier. — Discours aux funérailles de M. Pierre Marchand, p. 643.

20146. Ladureau. — Discours aux funérailles de M. Didier, p. 645.

20147. Dubuisson (Albert). — Discours aux funérailles de M. Élie Rose, p. 647.

20148. Anonyme. — Notice sur un exemplaire de Faulconnier [*Description historique de Dunkerque*], aux armes de Dunkerque, p. 649.

20149. Divers. — Discours prononcé aux funérailles de M. Victor Salomé, p. 651 à 659.

20150. Saint-Léger (A. de). — Mémoire du chevalier Lambert [sur le port de Dunkerque, 1713], p. 664 à 665.

20151. Lemattre (H.). — Le tribunal des douanes à Dunkerque, p. 667 à 669.

20152. Bouchet (Émile). — Tableau chronologique de la vie de Jean Bart, *tableau*, p. 697.

V. — Union Faulconnier, Société historique de Dunkerque et de la Flandre maritime..., Bulletin, 5ᵉ année, t. V, 1902. (Dunkerque, s. d., in-8°, 674 p.)

[20171]. Harrau (L'abbé). — Histoire de Gravelines depuis son origine jusqu'à nos jours, p. 5 à 100.

20153. Lemattre (Henri). — Engins de guerre à bord des corsaires dunkerquois, p. 101 à 112.

20154. Du Teil (Baron Joseph). — Le czar à Dunkerque (1717), *portr.*, p. 113 à 190.

20155. Harrau (L'abbé L.) et Blomme (Ed.). — Le manuscrit de M. F.-C. Blanckaert, curé de Wormhoudt, traduit du flamand, *carte*, p. 191 à 260.

[*Abrégé ou relation sommaire des lugubres événements de la Révolution française.*]

20156. Lemattre (H.). — La Garde nationale de Dunkerque à Paris en juin 1848, p. 261 à 282.

20157. Bril (Albert). — Dunkerque pittoresque, p. 283 à 298.

[Le langage dunkerquois.]

20158. Mancel (Émile). — Les Jacobsen (1200-1901), p. 299 à 352.

20159. Boucqueniaux (L'abbé Marius). — Le marquis Auguste de Queux de Saint-Hilaire [1837 † 1889], p. 353 à 377.

20160. Nosten (Léon). — Nos anciennes corporations, *pl.*, p. 379 à 419; VI, p. 273, 473; VII, p. 155, 491; et VIII, p. 453.

20161. Delautre (Louis). — L'industrie et le commerce à Dunkerque sous la Restauration, p. 421 à 448.

20162. Smagghe (Gustave). — Souvenirs de l'année 1848 à Dunkerque, p. 449 à 466.

20163. Bacquet (Ernest). — Notice sur Julien Pieters, poète et professeur, p. 467 à 491.

20164. Harbau (L'abbé). — Une Vendée flamande [1813-1814], p. 493 à 501.

20165. Pyotte (Joseph). — Joseph Lebon et l'avocat Poirier, de Dunkerque [1794], p. 503 à 512.

20166. Durin (Henri). — Le choléra à Dunkerque au XIXe siècle, p. 513 à 579.

20167. Cossonnet (F.). — Séjour de Louis XIV à Dunkerque du 3 au 25 mai 1671, p. 581 à 589.

20168. Cretelle (Ernest). — Note sur deux cachets de marchands dunkerquois, *pl.*, p. 635 à 639.

20169. Anonyme. — Les verrières de West-Cappel, p. 640 à 642.

20170. Anonyme. — M. Alidor David († 1902), p. 642.

VI. — Union Faulconnier, Société historique et archéologique de Dunkerque et de la Flandre maritime..., Bulletin, 6e année, t. VI, 1903. (Dunkerque, s. d., in-8°, 654 p.)

20171. Harrau (L'abbé). — Histoire de Gravelines depuis son origine jusqu'à nos jours, p. 5, et 331. — Suite de III, p. 175; IV, p. 193, 357; et V, p. 5.

20172. Pyotte (L'abbé Joseph). — Le *Roman du grand Cyrus* et le siège de Dunkerque (1646), p. 79 à 82.

20173. Robyn (Georges). — Les francs-vendeurs, p. 83 à 100.

20174. Du Teil (Baron Joseph). — Notice sur la famille Archdeacon en Angleterre, en Irlande, à Douai, à Bruges et à Dunkerque, p. 101 à 108.

20175. Mancel (Émile). — Vergier, Jacques (1655 † 1720), p. 109 à 219.

20176. Leleu (L'abbé A.). — L'instruction populaire en Flandre avant la Révolution, p. 221 à 235.

20177. Lemattre (Henri). — Le général Thevenet [1773 † 1846], *pl.*, p. 237 à 264.

20178. Neerman. — Mme Marie Lalande [cantatrice, 1799 † 1867], p. 265 à 271.

[20160]. Nosten (Léon). — Nos anciennes corporations, p. 273, et 473.

20179. Wadoux (L'abbé Jules). — La correspondance de Mazarin et la région de Dunkerque (1644-1658), p. 309 à 330.

20180. Lemattre (Henri). — Biographie dunkerquoise. Mgr de Fontenay [1754 † 1824], le baron Frémiot [1791 † 1872], le général Mamès de Villenoisy [1821 † 1903], p. 445 à 472.

20181. Saint-Léger (A. de). — La question de Dunkerque et du canal de Mardyck à la fin du règne de Louis XIV, documents tirés du Public Record Office publiés avec une introduction et des notes, p. 493 à 595.

20182. Divers. — Nécrologie, p. 623 à 627.

[G. André († 1903) : Aug. Flament († 1903).]

VII. — Union Faulconnier, Société historique et archéologique de Dunkerque et de la Flandre maritime..., Bulletin, 7e année, t. VII. (Dunkerque. 1904, in-8°, 635 p.)

20183. Lemattre (Henri). — La messe dorée à Dunkerque. p. 5 à 13.

20184. Mancel (Émile). — Gaspard Bart [1663 † 1726] et ses descendants, p. 15 à 72.

20185. Rafin (Georges). — Un emprisonnement à Dunkerque sous la Terreur, p. 73 à 95.

20186. Le Mercier (Albert). — Vie de M. Dupouy aîné (1772 † 1839), p. 95 à 132.

20187. Anonyme. — Journal du voyage du Roy (1680), avec une relation de ce qui s'est passé sur le vaisseau *L'Entreprenant* et au combat des deux frégates à la rade de Dunkerque, p. 133 à 153.

[20160]. Nosten (Léon). — Nos anciennes corporations, p. 155 à 265, et 491 à 566.

20188. Harrau (L'abbé). — Une page détachée de l'histoire de Bourbourg. Les Pénitentes dites Capucines, religieuses réformées du tiers-ordre de Saint-François (1614-1904), *fig.*, p. 267 à 284.

20189. Durin (Henri). — Napoléon et l'impératrice Marie-Louise à Dunkerque, p. 285 à 300.

20190. Lemattre (Henri). — Origine de la fabrication du genièvre dans la Flandre maritime, p. 301 à 331.

20191. Mancel (Émile). — Famille de Jean Bart, descendants en ligne directe, 2 *tableaux*, p. 333 à 488.

20192. Divers. — Nécrologie, p. 591 à 608.

[Dr Blanckaert († 1904); Landron († 1904); G. Beck († 1904); G. Féron († 1904).]

VIII. — Union Faulconnier, Société historique et archéologique de Dunkerque et de la Flandre maritime..., Bulletin, 8e année, t. VIII, 1905. (Dunkerque, s. d., in-8°, 582 p.)

20193. Mancel (Émile). — Le chevalier de Saint-Pol Hécourt, capitaine des vaisseaux du Roi (1665 † 1705), *pl.*, p. 5 à 70.
20194. Rafin (L'abbé G.). — Pierre Anguier, lieutenant de frégate, officier de port à Dunkerque, chevalier de Saint-Louis (1715 † 1787), p. 71 à 95.
20195. Bril (Albert). — Le théâtre à Dunkerque depuis les origines jusqu'à nos jours, *fig.*, p. 97 à 327.
20196. Mancel (Émile). — Jean Bart et le Conseil de construction des vaisseaux à Dunkerque, p. 329 à 333.
20197. Boucher (Émile). — La visite de l'Allemand Golnitz à Dunkerque en 1631, p. 335 à 363.
20198. Mancel (Émile). — Notices historiques sur Jean Bart, p. 365 à 371.
20199. Anonyme. — Abrégé mémorial des Annales de la ville de Dunkerque de ce qui s'est passé depuis la naissance du Seigneur jusque 1711, p. 373 à 398.
20200. Lemattre (Henri). — Rapports des commerçants dunkerquois avec le Conseil de commerce au XIIIe [*lisez :* XVIIIe] siècle, p. 399 à 404.
20201. Anonyme. — Notice sur Dunkerque publiée en 1754 par M. Piganiol de la Force, p. 405 à 429.
20202. Anonyme. — Voyage à Dunkerque vers la fin du XVIIe siècle, p. 431 à 444.
20203. Anonyme. — Une journée à Dunkerque en 1801, p. 445 à 451.
[20160]. Nosten (Léon). — Nos anciennes corporations, p. 453 à 502.
20204. Mancel (Émile). — Vie de Jean Bart, pages détachées (1692), p. 503 à 529.
20205. Hanrau (L'abbé). — Les savants de France (astronomes, géomètres, mathématiciens) à Dunkerque (1736), p. 531 à 539.
20206. Divers. — Nécrologie, p. 553 à 562.

[Chanoine Flahault († 1905), A.-L. Delval († 1905).]

IX. — Union Faulconnier, Société historique et archéologique de Dunkerque et de la Flandre maritime..., Bulletin, 9e année, t. IX, 1906. (Dunkerque, s. d., in-8°, 556 p.)

20207. Darcq (Albert). — Annuaire de la ville de Dunkerque pour l'année 1676, *pl.*, p. 5 à 68.
20208. Durin (Henri). — Notes sur l'établissement des services réguliers et sur le développement de la navigation à vapeur à Dunkerque de 1814 à 1870, p. 69 à 235, et 455 à 512.
20209. Lemattre (H.). — Edmond Durin [1834 † 1905], p. 237 à 247.
20210. Beck (Jules). — Le débarquement d'un esclave à Dunkerque [1781], *pl.*, p. 249 à 252.
20211. Bertrand (Raymond de). — Faits et usages des Flamands de France, p. 253 à 332.
20212. Hamy (E.-T.). — Correspondance relative à Dunkerque. Lettres de Mazarin, du duc d'Orléans, de Cromwell, du duc d'Aumont, p. 333 à 366.
20213. Durin (H.). — Avis du bailli de Givry au sujet des surprises sur la côte (1742), *facs. hors texte.*
20214. Anonyme. — Le festival de Londres et l'orphéon dunkerquois (juin 1860) [par V. Derode], p. 367 à 414.
20215. Hanrau (L'abbé). — Le monastère de Watten sous le vocable de Sainte-Marie ou Notre-Dame de Watten, *fig.*, p. 415 à 454.
20216. Anonyme. — Certificat de civisme en l'an II, *facs. hors texte.*
20217. Divers. — Nécrologie, p. 525 à 538.

[E. Archdeacon († 1906); G. Bertot († 1906); L. Dombrain († 1906); E. Dewynter († 1906).]

NORD. — LILLE.

SOCIÉTÉ D'ÉTUDES DE LA PROVINCE DE CAMBRAI.

Voir, pour les publications de cette Société antérieures à 1901, la table récapitulative de notre *Bibliographie générale;* et pour ses publications postérieures, les tables placées à la fin du fascicule III du tome I, et du fascicule I du tome II de notre *Bibliographie annuelle.*

XI. — Société d'études de la province de Cambrai, Mémoires, t. XI. (Lille, 1906, in-8°, p. 1088-1359.)

20218. Leuridan (L'abbé Th.). — Épigraphie ou recueil des inscriptions du département du Nord ou du diocèse de Cambrai, t. IV, p. 1088 à 1359. — Suite de VIII, p. 1; IX et X, p. 1 à 1087.

XII. — Société d'études de la province de

Cambrai, Mémoires, t. XII. (Lille, 1906, in-8°, 451 p.)

20219. Denis du Péage (J.). — Recueil de généalogies lilloises, t. I, p. 1 à 451.

VIII. — Société d'études de la province de Cambrai, Bulletin, t. VIII, 8e année, 1906. (Lille, 1906, in-8°, 328 et 48 p.)

20220. Quarré-Reybourbon (L.). — Martin Doué, peintre, graveur héraldiste et généalogiste lillois, 11 *pl.*, p. 5 à 24. — Suite de VII, p. 244, et 305.
20221. Dubus (Pierre). — Fief tenu de la seigneurie de Lonnay, à Nomain, p. 44.
20222. Dubus (Pierre). — Vente de terre à Wasquehal, p. 45.
20223. Vallez (L'abbé). — M. Béghuin, professeur à Douai [1767-1772], p. 46.
20224. Anonyme. — Notre-Dame du Perroy [à Béthune], p. 48.
20225. Arnould (Colonel). — Mémoire historique sur la ville de Lille, sa situation par rapport à la frontière, son utilité, son ancienneté, le nombre de ses habitants, son commerce et ses manufactures (1780), p. 49 à 60.
20226. Berget (Ed.). — Un chapitre de l'histoire d'Anor, établissements industriels, p. 60 à 83.
20227. Mortreux (L'abbé). — Un magister poète [P.-J. Descamps, 1780], p. 84.
20228. Debout (L'abbé P.). — Religieuses de l'Hôtel-Dieu d'Arras, p. 86.
20229. Leuridan (L'abbé Th.). — Union de la chapellenie de Notre-Dame à l'église de Baisieux [1737], p. 88.
20230. Flipo (L.). — Testament de maître Antoine Barge, curé de Deûlemont de 1658 à 1691, p. 90 à 94.
20231. Vandame (Le chanoine). — Indulgences concédées aux médailles de Notre-Dame de la Treille [par Paul V], p. 97.
20232. Lamoot (L'abbé). — Les Bons-fils [Pénitents] d'Armentières, p. 98 à 100.
20233. Leclair (Edm.). — Attaque de Lille en 1641 et 1645, p. 101 à 103.
20234. Fayen (A.). — Un épisode de l'histoire économique de l'abbaye de Vaucelles : la vente de la terre de Ribaucourt à l'évêque de Cambrai (1315-1329), p. 104 à 131. — Cf. n° 20245.
20235. Leuridan (L'abbé Th.). — Fondation du seigneur d'Ennevelin, Jean de le Flie, à Saint-Maurice de Lille [1549], p. 131 à 133.
20236. Du Chastel de la Howarderie-Neuvireuil (Comte P.-A.). — Préface pour une généalogie de la maison de Lannoy, *fig.*, p. 134 à 147.
20237. Leuridan (L'abbé Th.). — Fondation de l'obit de Jehan du Tertre à Saint-Maurice de Lille [1541], p. 147 à 149.
20238. Leuridan (L'abbé Th.) — Fondation de Françoise Frans, veuve de Pierre Herreng, en l'église Saint-Maurice de Lille [1692], p. 152 à 154.
20239. Flipo (L'abbé). — Lettres de rémission concédées à des habitants de Tourcoing [xvie s.], p. 154 à 168. — Suite de VII, p. 218.
20240. Masure (L'abbé). — L'argenterie de Mgr de Rohan, archevêque de Cambrai [1792], p. 170.
20241. Leclair (Edm.). — Les religieux de Cysoing, p. 171.
20242. Leclair (Edm.). — Bénédiction du drapeau de la Légion à Lille en 1816, p. 173.
20243. Masure (L'abbé). — La chapelle de Notre-Dame de la Marlière à Tourcoing, p. 174 à 177.
20244. Loisne (Comte de). — Chronologie des abbés de Saint-Augustin lez Thérouanne, additions et corrections à la *Gallia Christiana*, p. 178 à 222.
20245. Herbaut (L'abbé). — Vente de Ribaucourt par l'abbaye de Vaucelles, p. 223 à 225. — Cf. n° 20234.
20246. Masure (L'abbé Em.). — Mémoire sur la prévôté de Notre-Dame-la-Grande à Valenciennes [1774], p. 227 à 232.
20247. Bocquillet (A.). — Cahier des vœux, plaintes, doléances et remontrances du tiers état du Hainaut réuni au grand bailliage du Quesnoy, p. 232 à 244.
20248. Dubrulle (L'abbé H.). — Réflexions d'un gentilhomme cambrésien au sujet de la constitution civile [du clergé], p. 245.
20249. Flipo (L.). — Un épisode des exactions contre les ministres de la religion en 1798, à Deûlemont, p. 247 à 255.
20250. Masure (L'abbé Em.). — État des objets d'or, d'argent et autres valeurs enlevés aux églises et aux communautés religieuses de la ville de Valenciennes pendant la Révolution (lois de 1790 et 1792), p. 256 à 310.
20251. Desilve (L'abbé J.). — Mgr de Rohan, archevêque de Cambrai, p. 312.
20252. Quarré-Reybourbon (L.). — Souvenir de la paroisse Saint-Étienne de Lille, 1698 [poésies], p. 313 à 315.

NORD. — LILLE.

SOCIÉTÉ DE GÉOGRAPHIE DE LILLE.

Voir, pour les publications de cette Société antérieures à 1901, la table récapitulative de notre *Bibliographie générale;* et pour ses publications postérieures, les tables placées à la fin du fascicule III du tome I, et du fascicule I du tome II de notre *Bibliographie annuelle.*

XLIV. — Société de géographie de Lille (Lille, Roubaix, Tourcoing)..., 2ᵉ semestre, 1905, 26ᵉ année, t. XLIV. (Lille, s. d., in-8°, 400 p.)

20253. Boulenger (É.-V.). — Une traversée de l'Amérique du Nord, Canada, États-Unis, Mexique, p. 5 à 27.
20254. Eustache (Dʳ G.). — L'île de Capri et Sorrente (la grotte d'Azur), *fig.*, p. 27 à 48.
20255. Lotiny (J.). — Les ruines de Coucy, les châteaux de Pierrefonds et de Compiègne, p. 175 à 180.
20256. A. M. — Léonard Danel († 1905), *portr.*, p. 205 à 206.

XLV. — Bulletin de la Société de géographie de Lille (Lille, Roubaix, Tourcoing)..., 1ᵉʳ semestre de 1906, 27ᵉ année, t. XLV. (Lille, s. d., in-8°, 416 p.)

20257. Plé (Commandant James). — Sur le Sénégal, sur le Niger. A Tombouctou, à Bobo-Dioulasso et au Lobi (Soudan nouveau) (1902-1904), *fig.*, p. 87 à 100.
20258. Reynaud (Mᵍʳ). — La Chine nouvelle, *fig.*, p. 100 à 109.
20259. Simon (Georges-E.). — L'œuvre française sur le Haut-Mékong de 1893 à 1905, *fig.*, p. 207 à 220.
20260. Bondoux (Georges). — A travers la Perse. L'œuvre française en ce pays, *fig.*, p. 286 à 296.
20261. Justice (Octave). — Autour du Cheïron. Vallées du Var et du Loup, de Cannes à Castellane. La Suisse sous le ciel de Provence, *fig.*, p. 345 à 358.
20262. Paillot (René). — Le Limousin, *fig.*, p. 358 à 379.
20263. Lanrezac (Lieutenant). — Au Pays soudanais, *fig.*, p. 379 à 394.

XLVI. — Bulletin de la Société de géographie de Lille (Lille, Roubaix, Tourcoing)..., 2ᵉ semestre de 1906, 27ᵉ année, t. XLVI. (Lille, s. d., in-8°, 416 p.)

20264. Louis-Jaray (Gabriel). — L'avenir d'un État latin de l'Amérique du Sud. Le Brésil contemporain, *fig.*, p. 25 à 35.
20265. Folet (H.). — Venise, *fig.*, p. 81 à 94.
20266. Givenchy (César de). — Les portes du Maroc, de Figuig à Mogador, *fig.*, p. 95 à 105.
20267. Mabilleau (Léopold). — Coup d'œil sur la civilisation aux États-Unis d'Amérique, p. 149 à 162.
20268. Porquier (Georges). — L'Éthiopie et la question éthiopienne, p. 163 à 175.
20269. Farges (Louis). — L'Aude et l'Ariège, *fig.*, p. 176 à 191.
20270. David (L'abbé). — L'Albanie et la chaîne du Pinde, *fig.*, p. 224 à 235.
20271. Agache (D.-Alf.). — La Crète, p. 242 à 253.
20272. Trilles (Le P.). — Un peuple du Congo français. Les Fang, *fig.*, p. 360 à 370.
20273. Gallois (Eugène). — L'Asie Mineure et la Syrie, *fig.*, p. 381 à 388.
20274. Clouzot (Henri). — Les bijoux indigènes au Maroc, en Algérie et en Tunisie, *fig.*, p. 391 à 397.

NORD. — ROUBAIX.

SOCIÉTÉ D'ÉMULATION DE ROUBAIX.

Voir, pour les publications de cette Société antérieures à 1901, la table récapitulative de notre *Bibliographie générale;* et pour ses publications postérieures, les tables placées à la fin du fascicule III du tome I, et du fascicule I du tome II de notre *Bibliographie annuelle.*

XXVI. — Mémoire de la Société d'émulation de Roubaix, 4ᵉ série, t. V (t. XXVI de la collection), 1906. (Roubaix, 1906, in-8°, 320 p.)

20275. Leuridan (L'abbé). — Histoire de Séclin. III. Cartulaire de l'hôpital Notre-Dame, p. 5 à 913.

[La 4ᵉ partie de l'*Histoire de Séclin*, contenant l'*Histoire de l'Hôpital*, a seule encore paru, elle forme le tome XXV des *Mémoires* de la Société.]

OISE. — BEAUVAIS.

SOCIÉTÉ ACADÉMIQUE D'ARCHÉOLOGIE, SCIENCES ET ARTS DE L'OISE.

Voir, pour les publications de cette Société antérieures à 1901, la table récapitulative de notre *Bibliographie générale;* et pour ses publications postérieures, la table placée à la fin du fascicule III du tome I de notre *Bibliographie annuelle.*

XIX. — Mémoires de la Société académique d'archéologie, sciences et arts du département de l'Oise, t. XIX. (Beauvais 1904-1906, in-8°, CXXXVIII-777 p.)

20276. Thiot. — Cérémonie de l'apothéose de Mirabeau à Beauvais, le 14 juillet 1791, p. XV.

20277. Delalande (Dʳ). — Notes sur Dauchy [1747 † 1817], p. XXXV.

20278. Marsaux (L'abbé). — Un pseudo *Ecce Homo* au Musée de Beauvais, *pl.*, p. XLII à XLV.

20279. Muller (Henri). — Une Société musicale à Beauvais de 1759 à 1825, p. XLVI à XLVIII.

20280. Carrère (De). — Deux artistes beauvaisiens, Ziegler et Delaherche, p. XC à XCII.

20281. Leblond (Dʳ). — Monnaie d'or de Philippe de Valois trouvée à Beauvais, p. XCIII à XCV.

20282. Bordeaux (P.). — Cadran solaire d'ivoire fabriqué à Nuremberg (au Musée de Beauvais), p. CV à CVII.

20283. Gooult (A.). — Le conventionnel Jean-Pierre Danjou (1760 † 1832), son rôle à Beauvais pendant la Révolution, *portr.*, p. 5 à 52.

20284. Monod (Bernard). — L'Église et l'État au XIIᵉ siècle. L'élection épiscopale de Beauvais de 1100 à 1104. Étienne de Garlande et Galon, p. 53 à 74.

20285. Meister (L'abbé L.). — Épigraphie du canton de Grandvilliers. Inscriptions antérieures au XIXᵉ siècle, 2 *pl.*, p. 75 à 118, et 371 à 405.

20286. Quignon (G.-H.). — La Confrérie de la Trinité ou des Enfants-bleus de Beauvais (1562-1792), p. 119 à 145.

20287. Vuilhorgne (L.). — Un maire de Beauvais historien, Denis Simon [1645 † 1731], *portr.* et *facs.*, p. 146 à 166.

20288. Thiot (L.). — Curieuse inscription sur un objet du Musée de Beauvais, *pl.*, p. 167 à 169.

[Gaine de hache en os, avec incisions, trouvée au camp de Catenoy.]

20289. Bénard. — Découverte et fouille d'un dolmen à Champignolles, 4 *pl.*, p. 170 à 181.

20290. Régnier (L.). — Notice archéologique sur la commune de Parnes, *fig.* et 15 *pl.*, p. 182, 333, et 495.

20291. Leblond (D^r). — Le Musée de Beauvais, ce qu'il doit être, p. 236 à 252.

20292. Hamard (L'abbé). — Peintures à fresques du XIIe siècle dans l'ancien prieuré de Villiers-Saint-Sépulcre (Oise), 3 *pl.*, p. 265 à 270.

20293. Houlé (A.). — Les fouilles de Bury. Cimetière franc, 3 *pl.*, p. 271 à 287.

20294. Thiot (L.). — L'œuvre scientifique et historique de M. le Dr Aug. Baudon [† 1905], p. 288 à 301.

20295. Roussel (Ernest). — Notes pour servir à l'histoire de la Révolution à Beauvais, extraites du *Journal pour les affaires* d'Eustache-Louis Borel (1789-1794), p. 302 à 332.

20296. Leblond (Dr V.). — Le Mercure barbu de Beauvais. La fausseté de son inscription (opinion de MM. de Ricci, Hirschfeld, C. Jullian, S. Reinach, Mowat, Héron de Villefosse et Espérandieu), *pl.*, p. 406 à 412.

20297. Leblond (Dr V.). — Épitaphe chrétienne du VIIe siècle au Musée de Beauvais, *pl.*, p. 413 à 415.

[Inscription trouvée au Catheux (Oise).]

20298. Vuilhorgne (L.). — Un compagnon d'armes de Jeanne d'Arc, grand chambellan de Charles VII, Rigault ou Regnault de Fontanes, seigneur de Songeons (1420-1457), p. 453 à 479.

20299. L. M. [Marsaux (L.)]. — Statue de la sainte Vierge du château de Betz [XIVe s.], *pl.*, p. 480 à 487.

20300. Meister (L'abbé L.). — L'hôtel de Froidmont à Beauvais (1225-1790), p. 488 à 494.

20301. Bordeaux (Paul). — Les discours prononcés à Beauvais au moment de la prestation de serment des députés aux États généraux, p. 551 à 555.

20302. Houlé (A.). — Notice-étude sur une petite seille provenant des fouilles du cimetière franc d'Escames (Oise), *fig.*, p. 556 à 564.

20303. Bordeaux (P.). — Étude sur les billets de confiance locaux créés en 1791 et 1792. Les papiers-monnaies émis à Méru (Oise), *fig.*, p. 565 à 611.

20304. Houlé (A.). — Le cimetière franc d'Escames (Oise), *pl.*, p. 612 à 622.

20305. Devarenne (Anatole). — La fontaine monumentale de la rue de la Frette [à Beauvais], *pl.*, p. 623 à 626.

20306. Leblond (Dr V.). — Marque de verriers sur un barillet gallo-romain trouvé à Beauvais, 2 *pl.* et *carte*, p. 627 à 639.

20307. Thiot (L.). — Portiez (de l'Oise), sa vie, ses travaux (1765 † 1810), p. 640 à 748.

OISE. — BEAUVAIS.

SOCIÉTÉ D'ÉTUDES HISTORIQUES ET SCIENTIFIQUES DE L'OISE.

Cette Société a été fondée en décembre 1904, nous donnons ci-dessous l'analyse de son *Bulletin* de 1905.

I. — Bulletin de la Société d'études historiques et scientifiques de l'Oise, t. I. (Beauvais, 1905, in-8°, 167 p.)

20308. Houlé (A.). Notice-étude sur une statère découverte dans une sépulture du cimetière franc de Bury (Oise), *fig.*, p. 8 à 15.

20309. Ménard (E.). — Le bac de Boran et le passage de l'Oise. Le pont suspendu, p. 16 à 20.

20310. Baumont (H.). — La première assemblée électorale du département de l'Oise (10-17 mai 1790), p. 21 à 27.

20311. Bordez (F.). — De l'origine et des faits résultant des rivalités entre deux villages de l'Oise, Sainte-Geneviève et Novillers (1559-1835), constitution d'une municipalité illégale en 1790, p. 28 à 34.

20312. Quignon (H.). — Le centenaire des cours normaux primaires de l'Oise (1804-1807), p. 35 à 44.

20313. Bordez (F.). — Découverte d'un foyer en tuiles à la porte Saint-Louis, à Beauvais, p. 45.

20314. Ledieu (A.). — Documents manuscrits concernant le Beauvaisis déposés aux archives municipales d'Abbeville, p. 47 à 50.

20315. Boinet (A.). — Évangéliaire latin 17968 de la Bibliothèque nationale ayant appartenu à Antoine Loisel, p. 50 à 52.

20316. Baumont (H.). — Le département de l'Oise, p. 53 à 81.

20317. Manouvrier (Dr L.). — Incisions, cautérisations et trépanations de l'époque néolithique. Un crâne du dolmen de Champignolles-Flavacourt (Oise), *fig.* p. 82 à 89.

20318. Anonyme. — Enquête aux Archives départementales de la Somme pour servir à l'histoire du département de l'Oise, p. 90 à 101, et 141 à 147.

20319. Anonyme. — Document annexe au cahier de doléances de la communauté de Troissereux, p. 102 à 108.

20320. Patte (V.). — Dom Jean Huynes, sa vie et ses œuvres, p. 113 à 119.

20321. Moreau (Mme E.). — Du rôle des citoyennes de Beauvais dans la Société des Amis de la Constitution (1790-1792), p. 120 à 127.

20322. Ménard (E.). — L'abbaye de Royaumont dans ses rapports avec le département de l'Oise, p. 128 à 135.

20323. Georget. — Engagements et nominations de maîtres d'école avant 1789 à Troissereux, p. 161 à 166.

20324. Bordez (F.). — Commune de Haute-Épine (Oise). Registre des délibérations de 1789 à 1853. Confédération générale (14 juillet 1790), p. 166 à 167.

OISE. — CLERMONT.

SOCIÉTÉ ARCHÉOLOGIQUE ET HISTORIQUE DE CLERMONT.

Pour les publications antérieures de cette Société, voir notre *Bibliographie annuelle,* t. I, fasc. III, p. 95, et t. II, fascic. I, p. 84.

V. — **Bulletin de la Société archéologique et historique de Clermont-de-l'Oise,** année 1906. (Abbeville, 1906-1907, in-8°, 259 p.)

20325. Parmentier (Dr René). — Curiosités archéologiques de Clermont et de ses environs, 6 *pl.*, p. 6 à 21.

[Puits du XVIe et du XVIIe siècle, 2 *pl.;* la sous-préfecture, ancien couvent des Trinitaires de Saint-André, *pl.;* fonts baptismaux et armoire de Fouilleuse, 2 *pl.;* confessionnal de Noroy (1639), *pl.*]

20326. Thiot (L.). — Quelques documents de l'époque révolutionnaire [concernant Clermont et Beauvais], p. 26 à 39.

20327. Beaudry (Amédée). — Contribution documentaire à l'histoire de Montigny, *pl.*, p. 43 à 60.

20328. Beaudry. — Documents concernant le marais de Breuil-le-Sec, p. 62.

20329. Laurain (E.). — Le testament d'Élisabeth Le Père, dame d'Argenlieu (1654-1655), p. 64 à 75.

20330. Laurain (E.). — La pierre tombale de Lucien de Ninville [† 1632, église de Clermont], *pl.*, p. 80 à 91.

20331. Régnier (L.). — Notice sommaire sur les monuments de Gisors et de Trie-Château, p. 96 à 124.

20332. Laurain (E.). — Notes pour servir à l'histoire de l'église de Maignelay, p. 127 à 128, et 130 à 146.

20333. Dubois (Pierre). — Note sur les retables flamands des XVe et XVIe siècles de l'Oise et de la Somme, p. 128 à 129, et 146 à 157.

20334. Beaudry (Amédée). — Daniel de Rebergues, sieur de Merennes [1611 † 1688], et les branches clermontoises de sa famille, *facs.*, p. 161 à 209.

20335. Parmentier (Dr René). — Le hameau des Trois-États, *fig.* et 4 *pl.*, p. 213 à 24[illegible].

OISE. — COMPIÈGNE.

SOCIÉTÉ HISTORIQUE DE COMPIÈGNE.

Voir, pour les publications de cette Société antérieures à 1901, la table récapitulative de notre *Bibliographie générale;* et pour ses publications postérieures, les tables placées à la fin du fascicule III du tome I, et du fascicule I du tome II de notre *Bibliographie annuelle.*

20336. Cauchemé (V.). — Description des fouilles archéologiques exécutées dans la forêt de Compiègne sous la direction de M. Albert de Roucy, 3ᵉ partie, comprenant les cimetières gallo-romains. (Compiègne, 1906, in-4°, p. 91-117 et 10 *pl.*)

[Les deux premières parties de cet ouvrage ont été indiquées sous notre nº 5332.]

XVI. — Société historique de Compiègne, Procès-verbaux, rapports et communications diverses, t. XV, 1906. (Compiègne, 1907, in-8°, 115 p.)

20337. Bazin (A.). — État et limites de l'élection de Compiègne au XVIᵉ siècle, p. 47 à 59.

20338. Muller (Le chanoine). — Excursion dans la vallée de l'Oise à Boran, Royaumont, Beaumont, l'Isle-Adam et Champagne, p. 91 à 104.

OISE. — NOYON.

COMITÉ ARCHÉOLOGIQUE ET HISTORIQUE DE NOYON.

Voir, pour les publications de ce Comité antérieures à 1901, la table récapitulative de notre *Bibliographie générale;* et pour ses publications postérieures, les tables placées à la fin du fascicule III du tome I, et du fascicule I du tome II de notre *Bibliographie annuelle.*

XX. — Comité archéologique et historique de Noyon. Comptes rendus et mémoires lus aux séances, t. XX. (Chauny, 1906, in-8°, XCII-299 p.)

20339. Ponthieux (A.). — Analyse sommaire des documents [manuscrits et imprimés] donnés à la bibliothèque du Comité, par M. Émile Cottu [XVIᵉ-XIXᵉ s.], p. XXXIII à XXXIX.

20340. Anonyme. — Lettre de Jacques, curé constitutionnel de Cuts, p. LXXXVIII à LXXXIX.

20341. Ponthieux (A.). — Notes historiques sur Appilly, p. 1 à 41.

20342. Brière (F.). — Notes sur les anciennes imprimeries noyonnaises (1665-1895), *pl.*, p. 42 à 46.

20343. Meister (L'abbé). — Un agent de la diplomatie secrète sous Louis XV, Louis-François de Berton-Duprat, prieur du Peyrat et abbé commendataire du Plessis-Grimoult, chanoine et vicaire général de Noyon et de Coutances (1737 † 1811), p. 47 à 106.

20344. Baudoux (Augustin). — Les évêques de Noyon, p. 107 à 232. — Suite de XVIII, p. 157; et XIX, p. 55.

20345. Brière (F.). — Éloy Labarre [1764 † 1833], notes biographiques sur un architecte du Noyonnais, *portr.*, p. 233 à 236.

20346. Jourdain (O.). — Devis d'un autel pour l'église Saint-Maurice de Noyon, et traité entre les curé et marguilliers de la paroisse et le sieur Perot, maître sculpteur à Noyon (du 26 juin 1696), p. 237 à 245.

20347. Ponthieux (A.). — Analyse sommaire de documents donnés à la bibliothèque du Comité par Mᵐᵉ Tesseire, p. 246 à 271.

[Aveu et dénombrement rendu à l'évêque de Noyon par L. de Barbançon, seigneur de Varesnes (1619).]

OISE. — SENLIS.

COMITÉ ARCHÉOLOGIQUE DE SENLIS.

Voir, pour les publications de ce Comité antérieures à 1901, la table récapitulative de notre *Bibliographie générale;* et pour ses publications postérieures, les tables placées à la fin du fascicule III du tome I, et du fascicule I du tome II de notre *Bibliographie annuelle.*

XXXVIII. — Comité archéologique de Senlis. ... Comptes rendus et mémoires, 4ᵉ série, t. IX, année 1906. (Senlis, 1907, in-8°, XIX-XIV-329 p.)

20348. Macon. — Historique du domaine forestier de Chantilly. II. Forêts de Coye, Luzarches, Chaumontel et Bonés, *carte*, p. 3 à 155. — Suite de XXXVII, p. 1.

20349. Leullier (L'abbé C.), Mauger (A.) et Osvald (J.). — Un poste de télégraphie optique de l'époque mégalithique. La pierre tournante de Coye, p. 157 à 160.

20350. Dupuis (E.) et Margry (A.). — Saint-Sulpice-du-Désert, p. 161 à 194, et 323 à 326.

20351. Margry (A.). — Les baillis de Senlis, p. 195 à 268. — Suite de XXXI, p. 105; XXXIV, p. 102; et XXXVII, p. 141.

20352. Dujard. — Senlis sous l'ancien régime, p. 269 à 296. — Suite de XXXIII, p. 1; XXXV, p. 93; et XXXVII, p. 213.

20353. Margry (A.). — Deux mariages à Senlis sous la Terreur, p. 297 à 312.

20354. Margry (A.). — Un correspondant de Voltaire. Le chirurgien Le Cat, *tableau*, p. 313 à 322.

ORNE. — ALENÇON.

SOCIÉTÉ HISTORIQUE ET ARCHÉOLOGIQUE DE L'ORNE.

Voir, pour les publications de cette Société antérieures à 1901, la table récapitulative de notre *Bibliographie générale;* et pour ses publications postérieures, les tables placées à la fin du fascicule III du tome I, et du fascicule I du tome II de notre *Bibliographie annuelle.*

XXV. — Société historique et archéologique de l'Orne, t. XXV. (Alençon, 1906, in-8°, XX-462 p.)

20355. Tournouer (H.). — Les portraits de Marguerite de Lorraine, duchesse d'Alençon [† 1521], *portr.*, p. 8 à 10.

20356. Richer (L'abbé) et Tournouer (H.). — Excursion dans le Passais et le Maine, *fig.* et 11 *pl.*, p. 11 à 78.

[Tour de Bonvouloir, *fig.;* Perron; Domfront, *pl.;* Champsecret, *fig.;* Dompierre, *fig.;* mine de la Ferrière, *fig.;* Varennes, *fig.* et *pl.;* la Guyardière, *fig.;* le Bois-Vézin, *fig.;* Ambrières, *fig.;* Lassay, *fig.* et 8 *pl.;* Bois-Thibault, *fig.* et *pl.*]

20357. Richer (A.). — Écoles de filles de Domfront et Saint-Bômer [XVIIIe s.], p. 103 à 118.

20358. Le Monnier (J.-Romain). — La vie rurale avant la Révolution. Les fricots du percepteur. Essai de reconstitution de la vie de J.-B. Ballin, collecteur des tailles en la paroisse de l'Épinay-le-Comte, p. 119 à 132.

20359. O. G. — Trouvaille archéologique de Chailloué, p. 138 à 139.

20360. Du Motey (Vicomte). — Charles-Florentin Loriot [1849 † 1905], p. 144 à 147.

20361. Vérel (Ch.). — Nonant-le-Pin, *fig.*, p. 157, 265, et 365. — Suite de XXII, p. 81, 157, 225; XXIII, p. 7, 121; et XXIV, p. 249, et 487.

20362. Chardon (H.). — Le rôle de Matignon à la Saint-Barthélemy, à Alençon, à Caen et dans toute la Basse-Normandie, p. 173 à 197. — Suite et fin de XXIV, p. 371, et 503.

20363. Anonyme. — Bibliographie du département de l'Orne pendant l'année 1905, p. 198 à 234.

20364. Ubald d'Alençon (Fr.). — Documents concernant la sœur Anne Le Valois, clarisse d'Alençon [XVIIIe s.], p. 235 à 243.

20365. Mesnil (L.). — Les ermitages d'Écouves, p. 281 à 297.

20366. Duval (Frédéric). — Inventaire des documents pour servir à l'histoire du duché d'Alençon conservés dans les archives anglaises, Normann Rolls et addit. Charters, p. 298 à 313. — Suite de XXII, p. 311; XXIII, p. 203; et XXIV, p. 441.

20367. Letacq (A.-L.). — Notice sur l'abbé Julien Lefrou, auteur du Catalogue des plantes de Loir-et-Cher, originaire du Cercueil (Orne) [1774 † 1840], p. 314 à 329.

[Note de Lefrou sur la Chouannerie au Cercueil, p. 325.]

20368. Anonyme. — M. Eugène Niel († 1905), p. 346 à 348.

20369. Broc (H. de). — La reine de Navarre Marguerite de Valois, sœur de François Ier, 2 *portr.*, p. 397 à 425.

20370. Baron (Auguste). — Notions géographiques et historiques sur la commune de la Ferrière-au-Doyen, p. 426 à 443.

20371. Charencey (Comte de). — Étymologies françaises et normandes, p. 444 à 451.

20372. Tomeret (Hippolyte). — L'abbé Adolphe Lhereteyre [1836 † 1906], p. 452 à 453.

ORNE. — MORTAGNE.

SOCIÉTÉ PERCHERONNE D'HISTOIRE ET D'ARCHÉOLOGIE.

Pour les publications antérieures de cette Société, voir les tables placées à la fin du fascicule III du tome I, et du fascicule I du tome II de notre *Bibliographie annuelle.*

V. — Bulletin de la Société percheronne d'histoire et d'archéologie, t. V, 1906. (Bellême, 1906, in-8°, 202 p.)

20373. Tournouer (H.). — Visite de Nogent-le-Rotrou, *pl.*, p. 11 à 21.
20374. Daupeley (G.). — Épisodes de la Révolution à Nogent-le-Rotrou, p. 49 à 72.
20375. Claireaux et Brière. — M. l'abbé Beulé, notice biographique, p. 73 à 98.
20376. Tournouer. — Nécrologie : l'abbé Barret, p. 100 à 102.
20377. Souancé (Comte de). — Une supérieure (C. Travers du Pérou, 1697 † 1747) de la maison royale de Saint-Louis à Saint-Cyr, p. 113 à 121.
20378. Desvaux (L'abbé). — L'église de Boëcé au Perche, p. 122 à 130.
20379. Godillot (R.). — Quelques notes sur deux évêques de Châlons-sur-Marne de la famille des comtes du Perche, p. 131 à 133.
20380. Duval (Louis). — L'origine du nom de la commune du Pas-Saint-L'Homer, p. 134 à 147.
20381. Barret (L'abbé P.). — Le siège de Belesme par saint Louis, p. 159 à 184.
20382. Desvaux (L'abbé A.). — Quelques curiosités archéologiques du Perche, p. 185 à 193.

PAS-DE-CALAIS. — ARRAS.

ACADÉMIE DES SCIENCES, LETTRES ET ARTS D'ARRAS.

Voir, pour les publications de cette Académie antérieures à 1901, la table récapitulative de notre *Bibliographie générale;* et pour ses publications postérieures, les tables placées à la fin du fascicule III du tome I, et du fascicule I du tome II de notre *Bibliographie annuelle.*

LXXV. — Mémoires de l'Académie des sciences, lettres et arts d'Arras, 2e série, t. XXXVII. (Arras, 1906, in-8°, 568 p.)

20383. Rodière (Roger). — Répertoire des noms de familles contenus dans les chartes des prieurés de Beaurain et de Maintenay, p. 7 à 136.

[Appendice sur l'origine du lieu de Saint-Josse-au-Bois.]

20384. Loisne (Comte de). — Table onomastique du cartulaire de Saint-Vaast, p. 157 à 254.
20385. Hauteclocque (Comte Gustave de). — La seconde Restauration dans le Pas-de-Calais (1815-1830), p. 255 à 475. — Cf. LXXIV, p. 29.
20386. Cavrois de Saternault (Baron). — Discours prononcé sur la tombe de M. le colonel Delair († 1904) p. 477 à 479.
20387. Cavrois de Saternault (Baron). — Discours prononcé sur la tombe de M. Sens († 1905), p. 480 à 482.
20388. Rohart (L'abbé). — Discours prononcé sur la tombe de M. L. Alayrac († 1906), p. 483 à 486.
20389. Sens (Georges). — Discours de réception, p. 494 à 515.

[Médailles d'Arras.]

IMPRIMERIE NATIONALE.

PAS-DE-CALAIS. — BOULOGNE-SUR-MER.

SOCIÉTÉ ACADÉMIQUE DE BOULOGNE-SUR-MER.

Voir, pour les publications de cette Société antérieures à 1901, la table récapitulative de notre *Bibliographie générale;* et pour ses publications postérieures, la table placée à la fin du fascicule III du tome I de notre *Bibliographie annuelle.*

XXIV. — Mémoires de la Société académique de l'arrondissement de Boulogne-sur-Mer, t. XXIV, 1906. (Boulogne-sur-Mer, 1906, in-8°, 398 p.)

20390. [Rodière (Roger)]. — Chartes diverses du Boulonnais, p. 1 à 241.

[Chartes de Dommartin, Monchy-lez-Neuville, Saint-Josse-au-Bois, Étaples, Hardelot, Thérouanne, Saint-Wlmer de Boulogne, Longvilliers, Doudeauville, le Wast, Samer, Notre-Dame de Boulogne, Escault, famille de Bernieulles, Licques, Chartreux de Neuville, à Maresville.]

20391. Rigaux (E.). — La commune de Boulogne en 1415, p. 243 à 332.

20392. Hamy (Dr E.-T.). — La vie rurale au XVIIIe siècle dans le pays reconquis, *pl.*, p. 333 à 398.

PAS-DE-CALAIS. — SAINT-OMER.

SOCIÉTÉ DES ANTIQUAIRES DE LA MORINIE.

Voir, pour les publications de cette Société antérieures à 1901, la table récapitulative de notre *Bibliographie générale;* et pour ses publications postérieures, les tables placées à la fin du fascicule III du tome I, et du fascicule I du tome II de notre *Bibliographie annuelle.*

XI. — Société des Antiquaires de la Morinie. Bulletin historique trimestriel, années 1902-1906, 11e vol. (Saint-Omer, 1907, in-8°, 784 p.)

20393. Bouloch. — Plans de Saint Bertin, p. 6 à 7.

20394. Bled (L'abbé). — Hache en silex trouvée à Helfaut, p. 10.

20395. Marion (Paul). — Le clergé de Saint-Omer pendant la Révolution (1789-1802), p. 17 à 26.

20396. Bled (L'abbé O.). — Un nouveau manuscrit de Jean Hendricq [† 1636], chroniqueur audomarois, p. 27 à 40.

20397. Pas (C. de). — Trouvaille d'une sépulture gallo-romaine à Houlle, *pl.*, p. 45.

20398. Decroos. — Acte capitulaire de la chartreuse de Sainte-Aldegonde (1763), p. 46.

20399. Legrand. — Redevances en nature dans la baronnie de Wismes (1753), p. 47.

20400. Legrand (C.). — Plans des biens de l'église d'Ypres (XVIIIe s.), p. 53 à 56.

20401. Dusautoir (L'abbé A.). — Les roses merveilleuses de l'ancienne abbaye de Saint-Bertin, p. 57 à 62, et 385 à 400.

20402. Pas (Justin de). — Excursion archéologique à Tournehem, Guemy, la Montoire, Nielles-lès-Ardres, p. 63 à 80.

20403. Anonyme. — Nécrologie. Le Sergeant de Monnecove († 1902), p. 93.

20404. Bled (L'abbé). — Pierres tombales de Marie-Antoinette Buissart († 1740) et de Marie-Ursule Desfontaines († 1723) provenant du couvent de Sainte-Catherine, p. 95.

20405. Galametz (Comte de). — Le temporel de l'église

de Notre-Dame de Thérouanne au bailliage d'Amiens, p. 98 à 103.

20406. Galametz (Comte de). — Documents sur Bauduin et Éloi de Biaulo, zélés partisans du roi de Navarre (1365-1377), p. 103 à 105.

[Baudouin de Biaulo, capitaine de Nogent-le-Roy.]

20407. Pas (J. de). — Notes sur les dernières abbesses de Wœstine, p. 106 à 116.

20408. Galametz (Comte de). — Rouleau des morts de Saint-Bertin (1507), p. 125.

20409. Decroos. — Vierge de terre cuite émaillée au musée de Saint-Omer (xviie s.), p. 126.

20410. Lefebvre du Prey. — Inventaire des reliquaires de la chapelle de Notre-Dame des Miracles à Saint-Omer [xviiie s.], p. 141.

20411. Chavanon (J.). — Acte concernant le fief de l'avouerie de Thérouanne (1569), p. 143 à 146.

20412. Pagart d'Hermansart — Les feux de joie à Saint-Omer et dans le nord de la France sous l'ancienne monarchie, p. 147 à 152.

[Extrait des comptes de Saint-Omer (1677-1678).]

20413. Bled (L'abbé). — Livre d'heures manuscrit du xve siècle au séminaire de Frascati, p. 162 à 164.

20414. Bled (L'abbé O.). — Le *Chronicon Morinense*, p. 171 à 180.

20415. Decroos (J.). — Notes archéologiques sur la chapelle Saint-Louis (commune de Guémy), *fig.* et 2 *pl.*, p. 181 à 188.

20416. Legrand (Charles). — Documents relatifs aux abbayes de Clairmarais et de Woestine [xviiie s.], p. 198 à 201.

20417. Pas (J. de). — Au sujet d'une édition des œuvres poétiques de Jean Rosier, pasteur d'Esplechin, au diocèse de Tournay (1616), p. 202 à 208.

20418. Anonyme. — Chronique de l'abbaye de Saint-Sauveur à Ham, p. 209 à 228, et 253 à 275.

20419. Sturne. — La boule de Brigueil-le-Chantre et le chauffe-mains de Saint-Bertin, p. 231 à 233.

20420. Anonyme. — Excursion archéologique à Guarbecque, Ham, Beaurepaire-les-Lillers, Lillers, Bourecq, Saint-Hilaire, Lambres, p. 246 à 252.

20421. Pas (J. de). — Cloche provenant de l'abbaye de Saint-Bertin (1583), p. 280.

20422. Sturne. — Inscriptions de cloches à Nielles-les-Ardres (1494), Zutkerque (1715-1770) et Dohem (1452), p. 281.

20423. Collet (L'abbé A.). — Le tumulus préhistorique de Lumbres et les six gisements de l'industrie lithique découverts à Elnes et Wavrans-sur-l'Aa (Pas-de-Calais), *fig.* et 6 *pl.*, p. 301 à 319, et 338 à 372. — Cf. n° 20435.

20424. Edmont. — Ancienne chronique de Saint-Venant, p. 382.

20425. J. de P. [Pas (Justin de)]. — Excursion archéologique à Acquin, Wismes, Merck-Saint-Liévin, Fauquembergues, Radinghem, p. 422 à 427.

20426. Bled (Le chanoine O.). — Découverte à Sélincourt de la tombe de François de Créquy, dernier évêque de Thérouanne [1553], p. 428 à 431.

20427. Collet (L'abbé A.). — Notice biographique relative aux personnages inscrits sur les cloches d'Esquerdes, Fruges et Avroult (Pas-de-Calais), p. 432 à 440, et 461 à 472.

20428. Pas (J. de). — Pierre Merlot, graveur à Saint-Omer (1713 † 1782), 2 *pl.*, p. 473 à 480.

20429. Galametz (Comte de). — Consultation pour les marguilliers d'Auchy et Wamin contre leur curé (1586), p. 488.

20430. Pas (J. de). — Note sur deux rentes foncières connues à Saint-Omer aux xive et xve siècles sous les noms de *bauwerq* et *voetghelt*, p. 494 à 497.

20431. Bled (Le chanoine O.). — Autour d'un siège de conseiller pensionnaire de la ville de Saint-Omer [1722], p. 489 à 512.

20432. Pagart d'Hermansart. — Le plan en relief de Saint-Omer, p. 516.

20433. Pagart d'Hermansart. — Inventaire sommaire des archives du bailliage de Saint-Omer transportées en 1889 aux Archives départementales du Pas-de-Calais, p. 525.

20434. Pas (Justin de). — Note relative à l'inscription et l'écusson de la cloche de Nortleulinghem (1759), p. 527 à 532.

20435. Collet (A.). — Gisement de la Motte Warnecque, ou découverte d'une septième station préhistorique dans les environs de Lumbres (Pas-de-Calais), *pl.*, p. 533 à 544. — Cf. n° 20423.

20436. Legrand. — Épitaphe de D. Guislain Campion († 1676), p. 548.

20437. Bled (L'abbé). — Inscription commémorative à Louches [xviie s.], p. 559.

20438. Anonyme. — Excursion archéologique à Ruisseauville, Tramecourt, Azincourt, Hesdin, p. 562 à 566.

20439. Anonyme. — Notes généalogiques sur la famille du compositeur Monsigny, p. 567 à 574.

20440. Marion. — Note sur les repas fournis aux prisonniers qui se trouvaient dans la prison de Saint-Omer en vertu de la fondation du sieur Gabriel Gaillet [1718], p. 575.

20441. Sens (Georges). — Sceau de Nicolas Mainfroy, abbé de Saint-Bertin (1604-1611), *pl.*, p. 580. — Cf. n° 20445.

20442. Pas (J. de). — Pierre tumulaire de Jehan de le Haye, escarwette (xvie s.), p. 584.

20443. Pas (J. de). — Les escarwettes [huissiers ou sergents] à Saint-Omer, p. 599 à 612.

20444. Edmont. — Nomination d'Antoine de la Houssoye comme abbé de Clairmarais (1718), p. 625 à 627.

20445. Pas (J. de). — Armes de Nicolas Mainfroy, abbé de Saint-Bertin, p. 627. — Cf. n° 20441.

20446. Delamotte (L'abbé). — La police rurale à Delettes au temps de Louis XV, p. 633 à 637.

20447. Pas (J. de). — Charles d'Haffringues, de Saint-Omer, en religion dom Bruno d'Affringues, 47e général de l'ordre des Chartreux (1549 † 1632), p. 638 à 652.

20448. Legrand. — Sur une histoire manuscrite de l'abbaye de Loos, p. 659.

20449. Bled (L'abbé). — Abbés de Ruisseauville (XVIe-XVIIe s.), p. 663.

20450. Collet (L'abbé A.). — Hachette percée en jadéite trouvée à Wilhedinghe hameau de Wavrans, canton de Lumbres (Pas-de-Calais), *pl.*, p. 667 à 670.

20451. Fournier (L'abbé Ed.). — Quelques éclaircissements sur les rapports de Stefano Colonna avec la collégiale de Saint-Omer, p. 671 à 688.

20452. Bled (Le chanoine). — Les sociétés populaires à Saint-Omer, p. 696, 703, et 732.

20453. Pas (J. de). — Quelques chartes inédites des abbayes de Clairmarais et de Bonhem [XIIe-XIVe s.], p. 708 à 724.

20454. Collet (L'abbé A.). — Atelier néolithique découvert à Elnes (Pas-de-Calais), *pl.*, p. 743 à 748.

20455. Pas (J. de). — Fondations pieuses de Jehan Le May, *dit* Agneux, et Catherine de Lens, sa femme (1453), *pl.*, p. 749 à 756.

[Reliquaires de Cormettes, *pl.*]

PUY-DE-DÔME. — CLERMONT-FERRAND.

ACADÉMIE DES SCIENCES, BELLES-LETTRES ET ARTS DE CLERMONT.

Voir, pour les publications de cette Académie antérieures à 1901, la table récapitulative de notre *Bibliographie générale*; et pour ses publications postérieures, les tables placées à la fin du fascicule III du tome I, et du fascicule I du tome II de notre *Bibliographie annuelle*.

XXV. — Bulletin historique et scientifique de l'Auvergne, publié par l'Académie des sciences, belles-lettres et arts de Clermont-Ferrand, 2e série, 1905. (Clermont-Ferrand, 1905, in-8°, 392 p.)

20456. Boudet (Marcellin). — Le domaine des Dauphins de Viennois et des comtes de Forez en Auvergne, p. 20 à 40, et 93. — Suite de XXIV, p. 88, et 131.

20457. Mège (Francisque). — Les populations de l'Auvergne au début de 1789, p. 48, 94, et 143. — Suite de XXIV, p. 170.

20458. Ojardias (Albert). — Un diplomate riomois au XVIIe siècle: Pierre Chanut, p. 180 à 193. — Suite de XIX, p. 125, 147; XXI, p. 164; et XXIII, p. 304, et 373.

20459. Vernière (A.). — M. Francisque Mège [1830 † 1904], p. 194 à 208.

20460. Roux (Dr Émile). — Les origines de la ville de Riom, p. 211 à 256.

20461. Audollent (Aug.). — Communication sur la découverte de débris anciens faite récemment à Longat, près de Saint-Germain-Lembron, p. 266 à 271.

20462. Crégut (L'abbé Régis). — Incident étrange de la jeunesse du cardinal Giraud, vicaire général de Clermont, évêque de Rodez et archevêque de Cambrai, p. 271 à 278.

20463. Gilbert (Émile). — Le feu grégeois, p. 278 à 289.

20464. Bonneton (J.). — Le connétable de Bourbon, *portr.*, p. 312 à 353.

20465. Doucif (Dr). — Un sceau du XIVe siècle [Jean Gutar, prévôt d'Avignon], p. 353 à 360.

XXVI. — Bulletin historique et scientifique de l'Auvergne, publié par l'Académie des sciences, belles-lettres et arts de Clermont-Ferrand, 2e série, 1906. (Clermont-Ferrand, 1906, in-8°, 384 p.)

20466. Boudet (Marcellin). — Saint Robert de Turlande, fondateur de la Chaise-Dieu, ses origines et sa famille d'après les cartulaires, p. 47 à 72, et 82 à 117.

20467. Salveton. — Notice sur un tombeau romain découvert à Charbonnier (Puy-de-Dôme), p. 117 à 120.

20468. Jaloustre (Élie). — Un neveu de Pascal, Louis Périer, le cas de conscience, p. 125 à 220.

20469. Champflour (Comte de). — Journal du chanoine Vidihle [1600-1634], p. 224 à 243.

20470. Mioche (L'abbé). — Documents pour servir à l'histoire de Chapdes-Beaufort, p. 259 à 282.

20471. Boudet (Marcellin). — Note sur la fabrication du feu grégeois, en Auvergne, au XIVe siècle, p. 283 à 291.

20472. Du Rouré de Paulin (Baron). — La bête du Gévaudan dans les armoiries de la famille Antoine, p. 292 à 295.

20473. Vernière. — Discours [éloge de Henri Lecoq, 1802 † 1871], *portr.*, p. 321 à 359.

PUY-DE-DÔME. — CLERMONT-FERRAND.

SOCIÉTÉ DES AMIS DE L'UNIVERSITÉ DE CLERMONT.

(ANCIENNE SOCIÉTÉ D'ÉMULATION DE L'AUVERGNE.)

Voir, pour les publications de cette Société antérieures à 1901, la table récapitulative de notre *Bibliographie générale;* et pour ses publications postérieures, les tables placées à la fin du fascicule III du tome I, et du fascicule I du tome II de notre *Bibliographie annuelle.*

XXIII. — Revue d'Auvergne et Bulletin de l'Université publiés par la Société des Amis de l'Université de Clermont, t. XXIII, 1906. (Clermont-Ferrand, 1906, in-8°, 432 p.)

20474. Glangeaud (Ph.). — Notice sur P.-A. Julien [1838 † 1905], *portr.*, p. 1 à 13.

20475. Bonnefoy (G.). — Les biens nationaux dans le département du Puy-de-Dôme, p. 14 à 33.

20476. Hospital (D^r). — Notice biographique sur Antoine-Hippolyte Fontbertasse [1836 † 1905], *portr.*, p. 73 à 76.

20477. Mège (Francisque). — Ce que devinrent les cahiers de bailliages de 1789. L'usage qu'on en voulait faire, l'usage qu'on en fit, p. 77 à 95, et 289 à 309.

20478. Jouau (E.). — Les cultes révolutionnaires à Clermont-Ferrand (1793-1794), p. 96, 272, et 318.

20479. Bréhier (Louis). — Un problème d'art roman auvergnat, p. 142 à 144.

20480. Audollent (Aug.). — Charles Baron, professeur de littérature ancienne à la Faculté des lettres de l'Université de Clermont (1861 † 1903), p. 145 à 160.

20481. Pingoet (L'abbé). — Démonstration par figures de la transformation des hiéroglyphes égyptiens en caractères cursifs et alphabétiques, et de ces derniers en alphabets phénicien, samaritain ou ancien hébreu, chaldéen, grec cadméen et latin, p. 161, 217, et 361.

20482. Hospital (Dr Pierre). — Petites éphémérides clermontoises, p. 167, 347, et 393.

[Le faubourg de Saint-Alyre, l'église Saint-Eutrope, p. 167. — Les transformations de Clermont au XIXe siècle, p. 347, et 393.]

20483. Maigron (Louis). — Caractère de Fontenelle, p. 233 à 246.

20484. Bréhier (Louis). — Le clergé russe et les unions matrimoniales des grands princes de Russie avec l'Occident au XIe siècle, p. 284 à 286.

20485. Rouville (Joseph). — Antiquités romaines trouvées à Clermont-Ferrand, quartier neuf Saint-Joseph, p. 427.

PYRÉNÉES (BASSES-). — BIARRITZ.

SOCIÉTÉ DES SCIENCES, LETTRES ET ARTS (BIARRITZ-ASSOCIATION).

Voir, pour les publications de cette Société antérieures à 1901, la table récapitulative de notre *Bibliographie générale;* et pour ses publications postérieures, les tables placées à la fin du fascicule III du tome I, et du fascicule I du tome II de notre *Bibliographie annuelle.*

XI. — Bulletin mensuel de Biarritz-Association... Société des sciences, lettres et arts, 11e année. (Biarritz, 1906, in-8°, 180 p.)

20486. Lobit (D[r]). — Historique sommaire de la Société, p. 16 à 21.

20487. O'Shea (H.). — Basques et Japonais [similitudes lexicologiques], p. 22 à 23.

20488. Laccourète (J.). — La pêche à la baleine, la pêche à la morue et la petite pêche par les Biarrots, *fig.*, p. 34, 43, 55, 77, 98, 107, et 124.

20489. Montiton (A.). — Notes biographiques sur quelques Biarrots célèbres, p. 137 à 143.

20490. Du Balen (P.). — Un artiste bayonnais [Ferdinand Corrèges], 2 *pl.*, p. 159 à 164.

20491. O'Shea (Henri). — La maison basque, p. 165 à 167.

PYRÉNÉES (BASSES-). — PAU.

SOCIÉTÉ DES SCIENCES, LETTRES ET ARTS DE PAU.

Voir, pour les publications de cette Société antérieures à 1901, la table récapitulative de notre *Bibliographie générale;* et pour ses publications postérieures, les tables placées à la fin du fascicule III du tome I, et du fascicule I du tome II de notre *Bibliographie annuelle.*

XXXVIII. — Bulletin de la Société des sciences, lettres et arts de Pau, 2e série, t. XXXIV. (Pau, 1906, in-8°, 335 p.)

20492. Dubarat (L'abbé V.). — Les variétés béarnaises de l'abbé de Bonnecaze [† 1804], p. 1 à 204.

[Assassinat de l'abbé de Sauvelade (1663), p. 7. — Règlements du séminaire de Pau, p. 60. — La confrérie de Saint-Jacques d'Asson (XVIIIe s.), p. 78. — La chapellenie du château de Loubie, p. 96. — La Charité de Salies, p. 127. — La confrérie du Saint-Sacrement à Moncaup (1767), p. 131. — Notre-Dame de Piétat à Pardies, p. 133.]

20493. Barthéty (Hilarion). — Les armoiries de la ville de Pau, dans la légende et dans l'histoire, *fig.* et *pl.*, p. 209 à 314.

PYRÉNÉES (HAUTES-). — BAGNÈRES-DE-BIGORRE.

SOCIÉTÉ RAMOND.

Voir, pour les publications de cette Société antérieures à 1901, la table récapitulative de notre *Bibliographie générale;* et pour ses publications postérieures, les tables placées à la fin du fascicule III du tome I, et du fascicule I du tome II de notre *Bibliographie annuelle.*

XLI. — Explorations pyrénéennes... Bulletin de la Société Ramond, 41e année, 1906, 3e série, t. I. (Bagnères-de-Bigorre, s. d., in-8°, 261 p.)

20494. Duffourc (A.). — Partage des landes de Saint-Laurent et du Boila en 1782, p. 54 à 69.

20495. Marsan (L'abbé François). — Passif des vallées d'Aure, Nestes et Barousse après les guerres de la Fronde, p. 70 à 73.

20496. Marsan (L'abbé). — Réponse du comte de Ségur à un questionnaire de M. Laclède, de Pau, auteur d'un ouvrage sur la mâture des Pyrénées, vers 1751, p. 74.

20497. Bourdette (Jean). — Notice des barons des Angles de Bigorre, p. 75 à 93, et 157 à 173. — Suite de XL, p. 102, et 149.

20498. Russell (Comte Henry) et Marchand (E.). — Maxwell-Lyte, *pl., portr.*, p. 104 à 112.

20499. Gaidoz (H.). — De l'étude des traditions populaires ou folk-lore en France et à l'étranger, p. 174 à 193.

20500. Marsan (L'abbé François). — Météorologie ancienne du Midi pyrénéen. Nouvelle série (1243-1871), p. 194 à 207. — Cf. XXXIV, p. 198.

20501. Le Bondidier (L.). — La sierra de Montarto (Pyrénées catalanes), 2 *pl.* et *tableau*, p. 208 à 236.

PYRÉNÉES-ORIENTALES. — PERPIGNAN.

SOCIÉTÉ AGRICOLE, SCIENTIFIQUE ET LITTÉRAIRE DES PYRÉNÉES-ORIENTALES.

Pour les publications de cette Société antérieures à 1901, voir la table récapitulative de notre *Bibliographie générale;* et pour ses publications postérieures, les tables placées à la fin du fascicule III du tome I, et du fascicule I du tome II de notre *Bibliographie annuelle.*

XLVII. — Société agricole, scientifique et littéraire des Pyrénées-Orientales, 47e vol. (Perpignan, 1906, in-8°, 734 p.)

20502. Vidal (Pierre) et Calmette (Joseph). — Bibliographie roussillonnaise, p. 1 à 558.

RHIN (HAUT-). — BELFORT.

SOCIÉTÉ BELFORTAINE D'ÉMULATION.

Voir, pour les publications de cette Société antérieures à 1901, la table récapitulative de notre *Bibliographie générale;* et pour ses publications postérieures, les tables placées à la fin du fascicule III du tome I, et du fascicule I du tome II de notre *Bibliographie annuelle.*

XXV. — Bulletin de la Société belfortaine d'émulation n° 25. 1906. (Belfort, 1906, in-8°, XXVIII-128 p.)

20503. L. P. — Précis historique [de J.-A. Rengguer, 1793] sur la révolution opérée dans la Rauracie, ci-devant évêché de Bâle, fief de l'Empire d'Allemagne [1731-1739], p. 7 à 27.

20504. Bardy (Henri). — Gustave Dauphin (1804 † 1859), peintre d'histoire, *portr.* et 2 *pl.*, p. 33 à 60.

20505. D.-R. [Dubail-Roy]. — La Société populaire de Belfort, p. 61 à 68.

20506. Klipffel (L.). — Les compagnies bourgeoises et les chevaliers de l'arquebuse de Belfort, p. 69 à 92.

20507. Vautherin (Dr Aug.). — Contes populaires et chansons patoises, p. 94 à 123.

20508. Vautherin (Dr Aug.). — Quelques coiffures des environs de Belfort, *fig.*, p. 125 à 127.

RHIN (HAUT-). — MULHOUSE.

SOCIÉTÉ INDUSTRIELLE DE MULHOUSE.

Pour les publications de cette Société antérieures à 1901, voir la table récapitulative de notre *Bibliographie générale;* et pour ses publications postérieures, les tables placées à la fin du fascicule III du tome I, et du fascicule I du tome II de notre *Bibliographie annuelle.*

Une table générale des tomes XXI à XXX du *Bulletin du Musée* a paru en 1906 (voir notre n° 20516).

20509. Lutz (Jules). — Les verrières de l'ancienne église Saint-Étienne à Mulhouse. (Mulhouse, 1906, in-8°, 127 p. et 6 *pl.*)

[Supplément au *Bulletin du Musée historique de Mulhouse*, t. XXIX.]

XXX. — Bulletin du Musée historique de Mulhouse, t. XXX, année 1906. (Mulhouse, 1907, in-8°, 155 p.)

20510. Benner (Édouard). — La Cour de Lorraine à Mulhouse, *pl.*, p. 5 à 8.

20511. Haensler (Auguste). — Notice sur des statues du XVIe siècle, provenant de l'église de Cernay, *pl.*, p. 9 à 11.

20512. Ernest (M.). — Fragment de chronique mulhousienne, par Jean-Henri Goetz (1694-1729), p. 12 à 120.

20513. Schoen (G.-A.). — Louis d'or strasbourgeois à légende injurieuse, *fig.*, p. 121 à 123.

20514. Waltz (André). — Notice nécrologique sur Armand-Ignace Ingold (1816 † 1906), *portr.*, p. 124 à 127.

20515. Schwartz (Louis). — Rapport sur la marche du Musée historique pendant l'année 1906, p. 128 à 130, et 139 à 146.

20516. Anonyme. — Table générale des matières contenues dans les Bulletins XXI (1897) à XXX (1906), p. 132 à 138.

LXXVI. — Bulletin de la Société industrielle de Mulhouse, t. LXXVI. (Mulhouse, 1906, gr. in-8°, 428-290-60 p.)

20517. Schwartz (Louis). — Rapport sur la marche du Musée historique pendant l'année 1905, p. 62 à 65.

20518. Haensler (Aug.). — Rapport sur la réinstallation des verrières du temple protestant de Saint-Étienne à Mulhouse, p. 95 à 97.

20519. Schoelhammer (D[r]). — Musée ethnographique. Rapport sur les travaux de la sous-commission du Musée et étude sur les momies, *pl.*, p. 159 à 168.

20520. Couchoud (Paul-Louis). — Le Canada français, p. 194 à 210.

20521. Boch (Th.). — Notice nécrologique sur M. Édouard Ludwig [1849 † 1906], p. 211 à 213.

20522. Schlumberger (Théodore). — Notice biographique sur M. Ernest Zuber [1838 † 1906], p. 273 à 291.

20523. Mieg (Mathieu) et Frey (Alb.). — Notice nécrologique sur M. le Dr Eugène Kœchlin [1832 † 1906], p. 325 à 332.

20524. Lacroix (Camille de). — Notice nécrologique sur M. Henri Spœrry-Mantz [1820 † 1906], p. 338 à 345.

RHÔNE. — LYON.

SOCIÉTÉ D'ANTHROPOLOGIE DE LYON.

Voir, pour les publications de cette Société antérieures à 1901, la table récapitulative de notre *Bibliographie générale;* et pour ses publications postérieures, les tables placées à la fin du fascicule III du tome I, et du fascicule I du tome II de notre *Bibliographie annuelle.*

XXV. — Bulletin de la Société d'anthropologie de Lyon, t. XXV, 1906. (Lyon, 1907, in-8°, 214 p.)

20525. Giraud-Teulon. — Les déesses-mères dans la religion gauloise, p. 26 à 35.

20526. Galimard (Dr J.). — Les souterrains refuges en Bourgogne, p. 163 à 167.

RHÔNE. — LYON.

SOCIÉTÉ DE GÉOGRAPHIE DE LYON.

Voir, pour les publications de cette Société antérieures à 1901, la table récapitulative de notre *Bibliographie générale;* et pour ses publications postérieures, la table placée à la fin du fascicule III du tome I de notre *Bibliographie annuelle.*

XIX. — Bulletin de la Société de géographie de Lyon et de la région lyonnaise, t. XIX. (Lyon, 1904, in-8°, 344 p.)

20527. Morel (Ennemond). — Ravenne et l'art byzantin, p. 5 à 17.

20528. Legaret (Georges). — Répartition et mode de groupement des populations dans le Jura central et méridional, p. 253; XX, p. 42, 115, 215, 301; et XXI, p. 31.

XX. — Bulletin de la Société de géographie de Lyon et de la région lyonnaise, t. XX. (Lyon, 1905, in-8°, 348 et 35 p.)

20529. Groffier (Valérien). — La Grèce pittoresque et artistique, p. 5 à 25, et 129 à 154.

[20528]. Legaret (Georges). — Répartition et mode de groupement des populations dans le Jura central et méridional, *fig.*, p. 42, 115, 215, et 301.

20530. Zimmermann (Maurice). — Les foyers de produc-

IMPRIMERIE NATIONALE.

tion de l'or dans l'antiquité et au moyen âge, p. 155 à 175, et 232 à 242.

XXI. — Bulletin de la Société de géographie de Lyon et de la région lyonnaise, t. XXI. (Lyon, 1906, in-8°, 269 p.)

[20528]. Legaret (Georges). — Répartition et mode de groupement des populations dans le Jura central et méridional, p. 31.

20531. Desplagnes (Lieutenant). — Le plateau central du Soudan nigérien. Géographie physique, ethnographie, situation économique, p. 110 à 127.

20532. François (Lieutenant G.). — En mission au Kouang Si, p. 169 à 205.

SAÔNE (HAUTE-). — GRAY.

SOCIÉTÉ GRAYLOISE D'ÉMULATION.

Voir, pour les publications de cette Société antérieures à 1901, la table récapitulative de notre *Bibliographie générale;* et pour ses publications postérieures, les tables placées à la fin du fascicule III du tome I, et du fascicule I du tome II de notre *Bibliographie annuelle.*

IX. — Bulletin de la Société grayloise d'émulation, n° 9. Année 1906. (Gray, 1906, in-8°, 207 p.)

20533. Godard (Charles). — Essai sur le commerce de Franche-Comté, par M. Chevillet, avocat à Gray (1755), publié avec introduction et notes, p. 15 à 68.

20534. Louvot (L'abbé). — Un nouveau correspondant franc-comtois de l'abbé Grandidier. Le marquis d'Andelarre, lettres inédites, p. 69 à 84.

20535. G. F. — Mission confiée par la ville de Besançon à Jean-Baptiste d'Auxiron en 1769, *tableau*, p. 85 à 116.

SAÔNE (HAUTE-). — VESOUL.

SOCIÉTÉ D'AGRICULTURE, LETTRES, SCIENCES ET ARTS DE LA HAUTE-SAÔNE.

Voir, pour les publications de cette Société antérieures à 1901, la table récapitulative de notre *Bibliographie générale;* et pour ses publications postérieures, les tables placées à la fin du fascicule III du tome I, et du fascicule I du tome II de notre *Bibliographie annuelle.*

XXXI. — Bulletin de la Société d'agriculture, lettres, sciences et arts du département de la Haute-Saône, 4e série, n° 6. (Vesoul, 1906, in-8°, XXXII-128 et 177 p.)

Première partie.

20536. Divers. — Sixième congrès de l'Association franc-comtoise tenu à Vesoul le 1er août 1906, p. 1 à 37.

20537. Divers. — Inauguration d'une plaque commémorative apposée sur la maison natale de Léon Gérôme [à Vesoul, 1824 † 1904], p. 37 à 52.

[Discours de MM. L. de Beauséjour, G. Chaudet, J. Meunier; lettres de Gérôme.]

20538. Feuvrier (Julien). — Deux documents inédits sur les invasions de 1595 en Franche-Comté, p. 67 à 75.

20539. Finot (Jules). — Mémoire sur les châteaux du

duc de Bourgogne. L'artillerie des châteaux de Montaigu, Gray, Fresne-Saint-Mamès, Jussey, Vesoul et Faucogney au XVe siècle, p. 77 à 88.

20540. LEROY (S.). — Les combattants francs-comtois de la guerre américaine (1778-1783), p. 95 à 106.

20541. PIDOUX (P.-A.). — Vesoul, capitale d'État (27 janvier-6 juin 1814), p. 107 à 119.

20542. VIENOT (John). — Le général Savary et la cour de Russie en 1807, p. 121 à 128.

Deuxième partie.

20543. BEAUSÉJOUR (Gaston DE). — Pesmes et ses seigneurs du XIIe au XVIIIe siècle, 5 *pl.*, p. 1 à 174. — Suite de XX, p. 29.

SAÔNE-ET-LOIRE. — AUTUN.

SOCIÉTÉ ÉDUENNE.

Voir, pour les publications de cette Société antérieures à 1901, la table récapitulative de notre *Bibliographie générale;* et pour ses publications postérieures, les tables placées à la fin du fascicule III du tome I, et du fascicule I du tome II de notre *Bibliographie annuelle.*

XXXIV. — Mémoires de la Société éduenne, nouvelle série, t. XXXIV. (Autun, 1906, in-8°, XXIV-400 p.)

20544. CHARMASSE (A. DE). — Magnence proclamé empereur à Autun en 350, p. 1 à 12.

20545. FYOT (E.). — La châtellenie de la Toison, p. 13 à 32.

20546. MONTARLOT (P.). — Les députés de Saône-et-Loire aux Assemblées de la Révolution (1789-1799), p. 33 à 137. — Suite de XXX, p. 281; XXXI, p. 141; XXXII, p. 133; et XXXIII, p. 181.

20547. GILLOT (André). — Un projet d'établissement à Autun d'une manufacture de dentelles en 1666-1667, p. 139 à 147.

20548. CHARMASSE (A. DE). — La cathédrale d'Autun en 1705, d'après un manuscrit inédit de la bibliothèque de Rouen, p. 149 à 197.

20549. BOËLL (Ch.). — Le dernier titulaire du droit de cité à Autun. Augustin Creuzé de Lesser, poète et sous-préfet [1771 † 1839], p. 199 à 205.

20550. ESCARRA (Édouard). — Esquisse de l'histoire économique de l'agriculture autunoise, p. 207 à 259.

20551. GADANT (René). — Note sur une figurine de bronze découverte au Beuvray en 1905, *pl.*, p. 261 à 265.

20552. BOËLL (Ch.). — Notes sommaires sur l'église de Laizy et son mobilier d'art, *pl.*, p. 267 à 288.

20553. OURSEL (C.). — Notes sur le libraire et imprimeur dijonnais Pierre J. Grangier. A propos d'une édition inconnue du *Compotus novus* de Pierre Turrel, p. 289 à 309.

20554. C. B. [BOËLL (Ch.)]. — Histoire d'une prétendue mine d'argent à Autun, p. 312 à 315.

20555. C. B. [BOËLL (Ch.)]. — Une lettre de Joseph Bonaparte à la municipalité d'Autun, p. 315 à 318.

20556. M. DE R. [ROMISZOWSKI]. — Petits bronzes de Carin et d'Hannibalien trouvés à Autun, p. 318 à 320.

20557. C. — Contribution à l'histoire du culte de saint Lazare à Autun, p. 320 à 325.

20558. M. DE R. [ROMISZOWSKI]. — Le jeu des latroncules chez les Romains, p. 325 à 328.

20559. BOËLL (Ch.). — Le château de Bussy-Rabutin, p. 329 à 340.

20560. CHARMASSE (A. DE). — Nécrologie, p. 349, 364, 380, et 386.

[Mgr Perraud († 1905); le Dr G.-E. Loydreau (1820 † 1905), p. 349. — L'abbé D. Gras († 1906); J. Protat († 1906); A. de Bure († 1904), p. 364. — Eug. Déchelette († 1906), p. 380. — Ch. Robin (1839 † 1906), p. 386.]

20561. FONTENAY (Ch. DE). — Sur quelques monnaies romaines provenant de Kostolatz [*Viminacium*, Mésie supérieure], p. 358 à 359.

20562. CHARMASSE (A. DE). — Découverte de nécropoles à Brandon, sur Saint-Pierre de Varennes, et Dezize, p. 389 à 393.

SAÔNE-ET-LOIRE. — CHALON-SUR-SAÔNE.

SOCIÉTÉ D'HISTOIRE ET D'ARCHÉOLOGIE DE CHALON-SUR-SAÔNE.

Voir, pour les publications de cette Société antérieures à 1901, la table récapitulative de notre *Bibliographie générale;* et pour ses publications postérieures, la table placée à la fin du fascicule III du tome I de notre *Bibliographie annuelle.*

IX. — **Mémoires de la Société d'histoire et d'archéologie de Chalon-sur-Saône**, 2e série, t. I. (t. IX de la collection). (Chalon-sur-Saône, 1905-1906, in-8°, 210 et LIX-146 p.)

20563. ANONYME. — Monographie de la seigneurie de Cruzille en Mâconnais, *fig.* et 2 *pl.*, p. 1 à 50.

20564. MARTIN (J.). — L'ancien archiprêtré de Tournus, inscriptions et documents archéologiques, *fig.* et 14 *pl.*, p. 51 à 190.

20565. GINDRIEZ (Ch.). — Adrien Arcelin [1838 † 1904], *portr.*, p. I à LIX.

20566. MARTIN (J.). — L'église cathédrale Saint-Vincent de Chalon-sur-Saône. Pierres tombales et documents historiques, 11 *pl.*, p. 1 à 144.

SARTHE. — LA FLÈCHE.

SOCIÉTÉ D'HISTOIRE, LETTRES, SCIENCES ET ARTS DE LA FLÈCHE.

Voir, pour les publications de cette Société antérieures à 1901, la table récapitulative de notre *Bibliographie générale;* et pour ses publications postérieures, les tables placées à la fin du fascicule III du tome I, et du fascicule I du tome II de notre *Bibliographie annuelle.*

Nous avons dans notre précédent fascicule analysé les numéros de la *Revue Henri IV* datés de 1905 et publiés en annexe aux *Annales fléchoises.* Les numéros de cette *Revue* publiés en 1906 continuent la pagination des précédents et complètent le tome I de ce recueil; nous en donnons ci-dessous l'analyse complète. L'estampille de la Société de la Flèche a disparu du titre de la *Revue Henri IV* dans le second numéro de 1906, nous n'aurons donc plus à nous occuper de cette publication.

VII. — **Société d'histoire, lettres, sciences et arts de la Flèche. Les Annales fléchoises et la Vallée du Loir**, t. VII. (La Flèche, 1906, in-8°, 390 p.)

20567. CALENDINI (P.). — Les inondations du Loir, *pl.*, p. 1 à 17, et 94 à 97.

20568. FROGER (L.). — L'auteur de Manon Lescaut [l'abbé Prévost] au Maine, p. 18 à 23.

20569. CALENDINI (Louis). — Pierre Dubuisson au Lude, p. 24 à 27.

20570. UZUREAU (F.). — La béatification de sainte Chantal à la Flèche, p. 28 à 31. — Cf. n° 20607.

20571. CALENDINI (Paul). — L'élection de la Flèche, notes et documents inédits (1593-1595), p. 32 à 38.

20572. CHAMBOIS (Ém.-Louis). — Le faux-saunage au Grand-Lucé en 1712, p. 39 à 41.

20573. CALENDINI (Louis). — Histoire anecdoctique de la Révolution à la Flèche, p. 42 à 68, et 137 à 142. — Suite de V, p. 94, 174, 280; et VI, p. 61.

20574. CHAMBOIS (Ém.-Louis). — Cession du fief du Pressoir en Thorigné par Marguerite de Gennes, comtesse de Liscouet, à L.-A. de Bresseau, seigneur de Meaussé (1687), p. 69.

20575. FROGER (L.). — Notes sur la famille de Ronsard, p. 81 à 93.

20576. UZUREAU (F.). — Un prêtre fléchois [J.-J.-H. Laigneau de Langellerie], guillotiné à Angers, p. 99 à 107.

20577. L. C. [CALENDINI (L.)]. — Les peintures de l'oratoire du château du Lude, p. 108 à 110.

20578. CALENDINI (Paul). — L'insurrection de 1832 [à la Flèche], p. 111 à 128. — Cf. n° 20604.

20579. L. C. [CALENDINI (L.)]. — Les droits de péage sur le Loir au XVIIe siècle, p. 129 à 134.

20580. CHAMBOIS (Ém.-Louis). — Traité pour le luminaire de l'église de Montfort-le-Rotrou (1707), p. 135 à 136.

20581. GUILLOREAU (Dom L.). — Marguerite de Fiff et ses fondations cisterciennes [le Coudray et le Perray aux Nonnains], p. 145 à 163.

20582. GOURDON (Georges). — A propos d'une chanson de geste [prototype d'*Aliscans*], p. 164 à 170.

20583. UBALD D'ALENÇON (Le P.). — Le P. Timothée de la Flèche, évêque de Béryte, et ses mémoires sur les affaires de son temps (1703-1730), p. 171 à 180.

20584. LEDRU (Ambroise). — Le château et les seigneurs de l'Arthuisière, près de la Flèche, p. 181 à 188.

20585. CALENDINI (Louis). — La famille ludoise de Scarron, *fig.*, p. 189, 233, 298, et 364.

20586. ANGOT (A.). — Ronsard et l'abbaye de la Roë, p. 196.

20587. UZUREAU (F.). — La compagnie du Saint-Sacrement à Angers et à la Flèche, p. 197 à 201.

20588. CALENDINI (Louis). — L'instruction à la Flèche avant la Révolution. Le Petit Collège au XVIIIe siècle, p. 202 à 206.

20589. CANDÉ (D^r). — La statue tombale du Lude [Jeanne de Lépine, dame de Daillon (XVe s.)], *fig.*, p. 209 à 221.

20590. UZUREAU (F.). — Fondation de la Visitation de la Flèche, p. 222 à 227.

20591. CALENDINI (Louis). — Gentilshommes angevins incarcérés en Allemagne en 1674, p. 228 à 232.

20592. PAPIN (Louis) (Paul Pionis). — L'enlèvement d'Elvire (portrait de Julie Bouchaud des Herettes, [Mme Charles]), p. 244 à 251.

20593. P. C. [CALENDINI (P.)]. — René II, marquis de la Varenne, p. 255.

20594. LAUMONIER (P.). — Notes d'histoire littéraire à propos d'une ode pindarique d'Amadis Jamin en l'honneur de Ronsard, p. 257 à 271.

20595. LAUMONIER (P.). — Trois pièces attribuées à Ronsard, restituées à Amadis Jamin, p. 272 à 276. — Cf. id. n° 21854.

20596. CHAMBOIS (Ém.-Louis). — A propos de la succession d'un curé de Tresson en 1760, p. 277 à 282.

20597. ANONYME. — Le Collège royal de la Flèche [mémoire des conditions à remplir pour l'admission, 1674], p. 283 à 289.

20598. ANONYME. — Ce que coûtait la garnison d'Angers en 1613, p. 290.

20599. UZUREAU (F.). — Variétés historiques fléchoises, p. 291 à 297.

[Guillaume Fouquet, marquis de la Varenne (1604); M. de la Gasnerie (1699); J. Godebert (1700); Villar, évêque constitutionnel de la Mayenne.]

20600. TALBERT (Ferdinand). — La Flèche en 1627, p. 304.

20601. CALENDINI (Paul). — M. Ferdinand Talbert († 1906), p. 307 à 311.

20602. HALLOPEAU (L.-A.). — Sur l'origine de la commanderie d'Artins, p. 325 à 330.

20603. UZUREAU (F.). — Les fêtes de la canonisation de saint François de Sales à la Flèche en 1667, p. 331 à 334.

20604. MARQUET (E.). — L'insurrection de 1832 dans le Vendômois, p. 335 à 340. — Cf. n° 20578.

20605. CALENDINI (L.). — Trois mois dans un grenier [l'abbé Noël Fayau] (1793-1794), p. 341 à 347.

20606. CHAMBOIS (Ém.-L.). — Mémoire pour le sieur de Montmirail, au sujet de la navigation à établir sur les rivières de Coetron, de Braye et du Loir [1783], p. 348 à 360.

20607. CALENDINI (L.). — Fêtes de la canonisation de sainte Chantal à la Flèche en 1773, p. 361 à 363. — Cf. n° 20570.

20608. CHAMBOIS (Ém.-L.). — L'étang de Launay à Chevillé, p. 385.

20609. CHAMBOIS (Ém.-L.). — La foire de Saint-Jean-Baptiste à Pruillé-L'Éguillé [1719], p. 386.

20610. CHAMBOIS (Ém.-Louis). — Doléances du sel de l'année 1643 à Villaines-sous-Lucé, p. 387 à 388.

I. — Société d'histoire, lettres, sciences et arts de la Flèche. Supplément aux Annales fléchoises. Revue Henri IV, t. I. (La Flèche, 1905-1906, in-8°, 295 p.)

20611. CHAMBERLAND (A.). — Harangue prononcée par Henri IV, à Rouen, le 4 novembre 1596, p. 5 à 7.

20612. CALENDINI (Paul). — Les cœurs de Henri IV et de Marie de Médicis à la Flèche, p. 8 à 14.

20613. CHAMBERLAND (Albert). — Le budget de 1597. Exposé du projet de l'assemblée de Rouen, notes rectificatives et complémentaires, p. 15 à 20.

20614. CHAMBERLAND (Albert). — Le Conseil des finances en 1596 et 1597 et les *Economies royales*, p. 21, 152, 250, et 275.

20615. Chambois (Ém.-Louis). — Le cœur de Henri IV et la Révolution, p. 33 à 36.

20616. Nouaillac (J.). — La fin de la Ligue, Villeroy, négociateur des Politiques, essai d'histoire des négociations de 1589 à 1594, p. 37, 69, 119, et 197.

20617. Jadart (Henry). — Sully et les plantations d'arbres, p. 59 à 65.

20618. Laffleur de Kermaingant. — Sommes dues par Henri IV à l'Angleterre, p. 66 à 68.

20619. Chamberland (Albert). — La répartition de la taille en 1597, p. 82 à 85.

20620. Calendini (Louis). — Notes sur le traité de Vervins (1598), p. 86 à 88.

20621. Fages (Ét.). — Mémoire du chancelier de Bellièvre sur l'affaire du duc de Bouillon, p. 89 à 93.

20622. Souchon. — Laffemas et la seigneurie de Beautor, p. 94 à 96.

20623. Chamberland (Albert). — Henri IV à Reims en 1606. Les démonstrations de piété, la création du collège des Jésuites, p. 97 à 99.

20624. Baguenault de Puchesse (Comte). — Une lettre autographe inédite de Henri de Navarre [au duc de Montpensier, 12 mai 1586], p. 101.

20625. Guillaume (André). — Comment la jurisprudence déformait les coutumes. La succession de Nicole Godinot (1602-1603), p. 103 à 118.

20626. Crouzard (R.). — Philippe de Béthune, l'élection du pape Léon XI et la victoire du parti français en 1605, p. 133 à 141.

20627. A. C. [Chamberland (A.)]. — Observations de Sully sur le rachat des greffes et de 2,400,000 livres de rentes [1607], p. 142 à 146.

20628. Dunod (P.). — La légende du Conseil de raison, son fondement historique, p. 147 à 148.

20629. Boussinesq (G.). — Sommes promises aux chefs de la Ligue, p. 164.

20630. Gouny (E.). — Le *Théâtre d'agriculture* d'Olivier de Serres, p. 172, 218, et 267.

20631. A. C. [Chamberland (A.)] et Fages (Ét.). — Contre la paulette, mémoire du chancelier de Bellièvre, p. 182 à 188.

20632. Boussinesq (G.). — Règlement des finances du 19 janvier 1599, p. 189 à 190.

20633. Couzard (R.). — Les dettes suisses, p. 223 à 225.

20634. Calendini (Louis). — Lettres autographes d'Henri IV mises en vente depuis janvier 1906, p. 226 à 228.

20635. Kalas (E.). — A propos de vieux portraits au crayon exposés au musée de Reims, *fig.*, p. 229 à 249. — Cf. n° 20637.

20636. Boussinesq (G.). — Pour l'abolition du serment attestant l'acquisition gratuite des offices de judicature. Remontrance du procureur général J. de la Guesle (novembre 1598), p. 261 à 265.

20637. Baguenault de Puchesse (G.). — La Jeanne d'Albret du musée de Reims serait une Gabrielle d'Estrées, p. 266. — Cf. n° 20634.

20638. Poinssot (L.). — La mort de Sanson Napollon à Tabarca, p. 272 à 274.

SARTHE. — LE MANS.

COMITÉ DÉPARTEMENTAL DE LA SARTHE POUR LA RECHERCHE ET LA PUBLICATION DES DOCUMENTS ÉCONOMIQUES DE LA RÉVOLUTION FRANÇAISE.

Le Comité départemental de la Sarthe, filiale de la Commission pour la publication des documents économiques de la Révolution siégeant au Ministère de l'Instruction publique, a, sur le modèle de cette Commission, entrepris en 1906 la publication d'un *Bulletin* local dont la première année est analysée ci-dessous.

I. — **Bulletin du Comité départemental de la Sarthe pour la recherche et la publication des documents économiques de la Révolution française**, 1re année. (Le Mans, 1906, in-8°, 221 p.)

20639. L'Hermitte (J.) et Fleury (G.). — Les cahiers du bailliage de Mamers en 1789, p. 69 à 118.

20640. Blin (P.). — La crise financière en l'an IV : Savons aux employés de l'administration centrale de la Sarthe, p. 119 à 126.

20641. Chambois (Ém.-L.). — Le cahier de Rahay en 1789, p. 144 à 152.

20642. Roquet (H.). — La vente des biens nationaux dans le canton de Pontvallain, p. 153 à 197.

20643. Blin (P.). — Le budget de la guillotine départementale, p. 198 à 206.

20644. J. L. [L'Hermitte (J.)]. — Noms révolutionnaires des communes de la Sarthe, p. 207.

SARTHE. — LE MANS.

SOCIÉTÉ D'AGRICULTURE, SCIENCES ET ARTS DE LA SARTHE.

Voir, pour les publications de cette Société antérieures à 1901, la table récapitulative de notre *Bibliographie générale;* et pour ses publications postérieures, la table placée à la fin du fascicule III du tome I de notre *Bibliographie annuelle.* — Une table des quarante premiers volumes du *Bulletin* de cette Société a paru en 1906. (Voir notre n° 20653.)

XL. — Bulletin de la Société d'agriculture, sciences et arts de la Sarthe, 2ᵉ série, t. XXXII, 40ᵉ tome de la collection. 1905 et 1906. (Le Mans, 1905, in-8°, 316 p.)

20645. CHARDON (Henri). — Histoire et critique des portraits de la collection de la Société d'agriculture de la Sarthe, p. 13 à 25. — Cf. n° 20648.

20646. DÉAN-LAPORTE. — Notice sur la bibliothèque communale de la ville du Mans, 2 *pl.*, p. 161 à 199.

20647. DELAUNAY (Dr). — Notice sur M. Brière, bibliophile [1838 † 1906], p. 209 à 215.

20648. DELAUNAY (Dr). — Sur l'authenticité de quelques portraits de la Société des arts, contribution à l'iconographie mancelle, p. 216 à 218. — Cf. n° 20645.

20649. DESCHAMPS LA RIVIÈRE (R.). — Un monitoire contre les seigneurs de Montfort. La famille Drouet du Valoutin [1664], p. 226 à 235.

20650. DESCHAMPS LA RIVIÈRE (R.). — De quelques fléaux de l'agriculture à la fin du XVIIIᵉ siècle, p. 235 à 245.

20651. DUPAS (Léon). — Notice historique et biographique sur François Augis, le premier vétérinaire du Maine [1745 † 1829], p. 246 à 283.

20652. REBUT (D.). — La vie et les œuvres du marquis Louis-Antoine Caraccioli (1719 † 1803), p. 284 à 295.

20653. GENTIL (Amb.). — Bulletin de la Société d'agriculture, sciences et arts de la Sarthe. Table générale des quarante premiers volumes, 1833-1906. (Le Mans, 1906, in-8°, 92 p.)

SARTHE. — LE MANS.

SOCIÉTÉ DES ARCHIVES HISTORIQUES DU MAINE.

Voir, pour les publications de cette Société antérieures à 1901, la table récapitulative de notre *Bibliographie générale;* et pour ses publications postérieures, les tables placées à la fin du fascicule III du tome I, et du fascicule I du tome II de notre *Bibliographie annuelle.*

XIV. — Société des Archives historiques du Maine. La Province du Maine..., t. XIV. (Le Mans, 1906, in-8°, 404 p.)

20654. LATOUCHE (Robert). — Essai de critique sur la continuation des *Actus pontificum Cenomannis in urbe degentium* d'Aldric à Arnaud, p. 15 à 25. — Suite et fin de XIII, p. 369.

20655. BRIARD (Henri). — Mézières-sous-Ballon, p. 26 à 32. — Suite et fin de XIII, p. 273, 323, 355, et 380.

20656. BUSSON (Gustave). — Les origines de l'église du Mans. Saint Julien, p. 33 à 46. — Suite et fin de XII, p. 341, 373; XIII, p. 17, 49, 81, 130, 155, et 183.

20657. LEDRU (Amb.). — Translation des reliques des premiers évêques du Mans par saint Aldric, p. 49 à 62, et 85 à 96.

20658. B[ERTRAND DE] BROUSSILLON (Comte). — Abbaye de Saint-Julien-du-Pré, quatre chartes inédites (1146-1286), p. 63 à 66.

20659. Froger (L.). — Les églises et les presbytères de l'arrondissement de Mamers en 1801, p. 67, 105, 125, 164; — arrondissement du Mans, p. 187, 220, et 249.

20660. Montesson (C.-H., vicomte de). — Les batailles du Mans en janvier 1871, p. 72, 110, 140, 174, 204, 237, et 269.

20661. Angot (Alphonse). — Le cartulaire de Château-du-Loir et les premiers seigneurs de Château-du-Loir, p. 76 à 78. — Cf. n° 16097.

20662. Angély-Sérillac (Comte d'). — La Motte de Bois-richard à Beaumont-le-Vicomte, p. 81 à 84, et 113 à 117.

20663. B[ertrand de] Broussillon (Comte). — L'abbaye du Pré et Charles de Valois, p. 97 à 101.

20664. Angot (A.). — L'église de Jublains avant 1878, *pl.*, p. 102 à 104.

20665. Vallée (Eugène). — Adam de Château-du-Loir, p. 108 à 109.

20666. Ledru (Ambroise). — Naissance du maréchal de Mailly (2 mai 1708), p. 118 à 124.

20667. Ledru (Ambroise). — Une vieille maison au Mans, *pl.*, p. 137.

20668. Ledru (Ambroise). — Michel-Procope Couteaux, seigneur de Montfort-le-Rotrou au XVIIIe siècle, p. 138 à 139.

20669. Roulleau (René). — La forêt de Bercé et le cartulaire de Château-du-Loir, p. 145 à 151. — Cf. n° 16097.

20670. Vallée (Eugène). — Les seigneurs de Bouloire, p. 152, 197, 284, 327, 360, et 392. — Suite de X, p. 209, 241, et 287.

20671. Ledru (Ambroise). — Église du Pré, au Mans, *pl.*, p. 160 à 163.

20672. Ledru (Ambroise). — Saint Turibe, évêque du Mans (490-496 ou 497), p. 177 à 186, et 228 à 236.

20673. Ledru (Ambroise). — Le Tunnel, au Mans, *pl.*, p. 195.

20674. Calendini (Louis). — Les études ecclésiastiques au diocèse du Mans avant l'épiscopat de Mgr Bouvier (1804-1833), p. 209, 259, 296, et 312.

20675. Ledru (Ambroise). — Saint Principe, évêque du Mans (511), p. 241 à 248.

20676. Ledru (Ambroise). — La mort de saint Julien à Saint-Marceau, p. 273 à 283, et 305 à 311.

20677. Busson (Gustave). — Notes sur les noms de lieux anciens contenus dans les *Actus pontificum Cenomannis in urbe degentium*, p. 290 à 295. — Suite et fin de XI, p. 17, 56, 81, 125, 212, 241, 305, 337; XII, p. 99, 151, 221, 272, 326, et 392.

20678. Ledru (Ambroise). — Badégisil, évêque du Mans (581-586), p. 337 à 346.

20679. Chambois (Ém.-Louis). — La paroisse de Challes en 1683, p. 347 à 348.

20680. Uzureau (F.). — Les divisions administratives du pays fléchois avant la Révolution, p. 349 à 357.

20681. Anonyme. — Mandement du bailli du Maine pour le duc de Bedfort, relatif au siège de Sainte-Suzanne par les Français (1431), p. 358 à 359.

20682. Ledru (Ambroise). — Saint Bertrand, évêque du Mans (586-626 environ), p. 369 à 383.

20683. Uzureau (F.). — Les grottes de Saulges [c[ne] de Thorigné, Mayenne], p. 384 à 386.

20684. Ledru (Ambroise). — Greffin Affagart et la *Sancta Casa* de Lorette, p. 387 à 391.

20685. Calendini (Louis). — Note sur la seigneurie du Rocher en Mézangers (Mayenne), p. 398.

VII. — Archives historiques du Maine, t. VII. (Le Mans, 1906, in-8°, xv-399 p.)

20686. Busson (G.) et Ledru (A.). — Nécrologe obituaire de la cathédrale du Mans, p. I à XV, et 1 à 399.

[Table par Eugène Vallée.]

SARTHE. — LE MANS.

SOCIÉTÉ HISTORIQUE ET ARCHÉOLOGIQUE DU MAINE.

Voir, pour les publications de cette Société antérieures à 1901, la table récapitulative de notre *Bibliographie générale;* et pour ses publications postérieures, les tables placées à la fin du fascicule III du tome I, et du fascicule I du tome II de notre *Bibliographie annuelle.*

LIX. — Revue historique et archéologique du Maine, t. LIX, année 1906, 1er semestre. (Le Mans, 1906, in-8°, 332 p.)

20687. Delaunay (Dr Paul). — Patrice Vauguion [médecin, 1674 † 1748] et ses mémoires, p. 31 à 55, et 138 à 204.

20688. La Bouillerie (Baron de). — Un ami de Henri IV. Guillaume Fouquet, marquis de la Varenne, p. 56 à 82, et 285 à 322. — Suite de LVII, p. 217, LVIII, p. 55, 211, et 301.

20689. Lorière (Ed. de). — Les fiefs d'Asnières, p. 83 à 111. — Suite et fin de LV, p. 95, 233; LVI, p. 48, 214, 297; LVII, p. 141, 257; et LVIII, p. 83.

20690. Vavasseur (L'abbé J.). — Champaissant religieux et féodal, p. 117 à 137, et 258 à 284.
20691. Triger (Robert). — M. Louis Brière [1838 † 1906], p. 205 à 211.
20692. Latouche (Robert). — Documents inédits sur la Mayenne, p. 212 à 223.

[Vente de Renaud de Landivy à Geoffroy de Landivy (1270); renonciation à patrimoine par Jean de Landivy (1395).]

20693. Farcy (Louis de). — Notes du voyage au Mans du chanoine Dirmaud, de Compiègne (vers 1786), p. 226 à 228.
20694. Renaudin (Dom Paul). — *Le Traité de l'indult du Parlement de Paris* de Claude Regnauldin, procureur général au Grand Conseil (1632 † 1675) et la nomination aux bénéfices ecclésiastiques, 2 *pl.*, p. 229 à 257; et LX, p. 38 à 64.

LX. — Revue historique et archéologique du Maine, t. LX, année 1906, 2e semestre. (Le Mans, 1906, in-8°, 312 p.)

20695. Guilloreau (Dom L.). — Les possessions des abbayes mancelles et angevines en Angleterre d'après le *Domesday Book*, p. 5 à 23.
20696. Froger (L.). — Le culte public à Arnage avant 1789, p. 24 à 37.
[20694]. Renaudin (Dom Paul). — *Le Traité de l'indult du Parlement de Paris* de Claude Regnauldin, p. 38 à 64.
20697. Calendini (Louis). — La première visite pastorale de Mgr F.-G. de Jouffroy-Gonssans [évêque du Mans] (1778), p. 65 à 76. — Cf. n° 20700.
20698. Triger (Robert). — Le diable de Montaigu (Mayenne) [sculpture sur bois], p. 78 à 84.
20699. Parker (Marc). — Un académicien manceau, le comte de Tressan [1705 † 1783], *portr.*, p. 97 à 133, et 262 à 282.
20700. Besnard (L.). — La première visite pastorale de Mgr F.-G. de Jouffroy-Gonssans à Beaumont-le-Vicomte en 1778, p. 134 à 145. — Cf. n° 20697.
20701. Candé (Dr). — Daillonet Talhouët, une alliance peu connue, p. 146 à 151.
20702. Denis (L.). — Thorigné féodal, p. 152 à 179. — Suite de LIII, p. 269; LIV, p. 44, et 275.
20703. Calendini (Louis). — Statuts de la confrérie du Saint-Sacrement d'Écommoy (1673), p. 180 à 185.
20704. Anonyme. — Excursion archéologique à Sainte-Suzanne, Évron et Jublains, *pl.*, p. 193 à 212.
20705. Beauchesne (Marquis de). — Les seigneurs et la baronnie de Sainte-Suzanne, 2 *pl.*, p. 213 à 243.
20706. Jouin (Dr F.). — La chanson de la mariée. Un usage local, encore en honneur à Bourg-le-Roi et dans la région du voisinage, particulièrement sur le territoire de l'ancien vicomté de Beaumont, p. 244 à 252.
20707. Mautouchet (P.). — Les origines mancelles du marquis de Dangeau, p. 253 à 261.
20708. Brière. — Entrée au Mans de Mgr Claude d'Angennes, évêque du Mans, le 3 avril 1588, p. 283 à 306.

SAVOIE. — CHAMBÉRY.

SOCIÉTÉ SAVOISIENNE D'HISTOIRE ET D'ARCHÉOLOGIE.

Voir, pour les publications de cette Société antérieures à 1901, la table récapitulative de notre *Bibliographie générale;* et pour ses publications postérieures, les tables placées à la fin du fascicule III du tome I, et du fascicule I du tome II de notre *Bibliographie annuelle.*

XLIV. — Mémoires et documents publiés par la Société savoisienne d'histoire et d'archéologie, t. XLIV, 2e série, t. XIX. (Chambéry, 1906, in-8°, XV-160, 166 et 237 p.)

Première partie.

20709. Michel (J.-R.). — Le préjugé anti-savoyard. L'Académie française et les gloires littéraires de la Savoie, p. 1 à 152.
20710. Corcelle (J.). — Les pêcheurs d'or en Savoie, p. 155 à 158.

Deuxième partie.

20711. Vermale (François). — Étude d'histoire économique sur la Révolution française. Département du

Rhône. Essai sur la répartition sociale des biens ecclésiastiques nationalisés, p. 3 à 146.

20712. Corcelle (J.). — La Tarentaise et ses premiers habitants les Ceutrons, p. 149 à 166.

Troisième et quatrième parties.

20713. Mugnier (François). — Antoine Favre président de Genevois, premier président du Sénat de Savoie (1557-1624). Seconde partie, correspondance du président Favre, t. II suite, p. 1 à 173. — Suite de XLI, p. 3; XLII, p. 3; et XLIII, p. 5.

20714. Mangey (J.). — Le général Janin [1795 † 1861], p. 175 à 211.

20715. Buttet d'Entremont (Marc-André), baron du Bourget. — Notes historiques sur les ruines du château du Bourget, p. 213 à 232.

SAVOIE (HAUTE-). — ANNECY.

ACADÉMIE SALÉSIENNE.

Voir, pour les publications de cette Société antérieures à 1901, la table récapitulative de notre *Bibliographie générale;* et pour ses publications postérieures, les tables placées à la fin du fascicule III du tome I, et du fascicule I du tome II de notre *Bibliographie annuelle.*

XXIX. — Mémoires et documents publiés par l'Académie salésienne, t. XXIX. (Annecy, 1906, in-8°, XLVII-286 p.)

20716. Rebord (Le chanoine). — Jacque de Loche, chanoine de Sallanches, et les Bohémiens (1595), p. VII.

20717. Rebord (Le chanoine). — Un archevêque arménien à Annecy au milieu du XVIIe siècle [Cyriaque Barondex, archevêque de Diarbekir], p. XIII.

20718. Gonthier (Le chanoine). — Arbre généalogique démontrant que Françoise de Sconnas, mère de saint François de Sales, avait du sang de Charlemagne dans les veines, p. XV à XVIII.

20719. Rebord (Le chanoine). — Les brefs de malédiction contre les insectes ravageant la terre, p. XIX à XXV.

20720. Gonthier (Le chanoine). — Mgr Bachod († 1568), p. XXV.

20721. Gonthier (Le chanoine). — Une prétendue bande d'assassins dans la Haute-Saône, p. XXVI.

20722. Gonthier (Le chanoine). — Documents concernant les familles de Bieux et Ridde, p. XXVIII.

20723. Gonthier (J.-F.). — Copie de l'inventaire des titres et terriers de la royale abbaye d'Aulps, *carte* et *pl.*, p. 1 à 281. — Suite de XXVIII, p. 1.

[Suivi d'une notice sur les abbés d'Aulps.]

SAVOIE (HAUTE-). — ANNECY.

SOCIÉTÉ FLORIMONTANE D'ANNECY.

Voir, pour les publications de cette Société antérieures à 1901, la table récapitulative de notre *Bibliographie générale;* et pour ses publications postérieures, les tables placées à la fin du fascicule III du tome I, et du fascicule I du tome II de notre *Bibliographie annuelle.*

XLVII. — Société florimontane d'Annecy. Revue savoisienne... 1906, 47e année. (Annecy, 1906, in-8°, X-262 p.)

20724. Bruchet (Max). — Notes sur l'emploi du français dans les actes publics en Savoie, p. 41 à 46.

20725. Rassat. — Épisodes de la Révolution à Alby, p. 47 à 50.

20726. Max B. [Bruchet (Max)]. — Une fête républicaine à Sallanches, en 1792, p. 50 à 52.

20727. Lavorel (J.-M.). — Le R. P. dom Mackey [1846 † 1906], *portr.*, p. 63 à 70.

20728. Duplan (A.). — Fête célébrée à Évian à l'occasion de la prise de Toulon par l'armée républicaine [1794], p. 119 à 120.

20729. Marteaux (Charles). — Note sur la vie du prieur [de Contamine-sur-Arve] Enguizo (1130-1160); un cas de télépathie au moyen âge, p. 121 à 132.

20730. Dussaix. — Les mandrinistes à Megève [1771], p. 132 à 133.

20731. Marteaux — Cippe funéraire romain trouvé à Menthon, *fig.*, p. 136.

20732. Mugnatore (Dino). — Aimon III, comte de Genevois, sa participation à l'expédition du Comte Vert en Orient, son testament, sa mort, p. 137 à 145, et 208 à 223.

20733. Gonthier (J.-F.). — Un procès pour dîme en 1543 [à Annecy-le-Vieux], p. 146 à 150.

20734. Buttin (Ch.). — Les Tchakras au Cirque, *pl.*, p. 167 à 173.

20735. Bruchet (M.). — Le service des bateaux sur le lac d'Annecy en 1666, p. 188.

20736. Croland (A.). — Trouvaille gallo-romaine à Cran, p. 189.

20737. Buttin (Ch.). — Les flèches d'épreuve et les armures de botte cassée, p. 195 à 202.

20738. Miquet (François). — Monet et de Monet, p. 202 à 206.

20739. Ritter (Eugène). — L'ascendance maternelle du général Dufour, p. 206 à 207.

SAVOIE (HAUTE-). — THONON.

ACADÉMIE CHABLAISIENNE.

Voir, pour les publications de cette Académie antérieures à 1901, la table récapitulative de notre *Bibliographie générale;* et pour ses publications postérieures, les tables placées à la fin du fascicule III du tome I, et du fascicule I du tome II de notre *Bibliographie annuelle.*

XX. — Mémoires et documents publiés par l'Académie chablaisienne..., t. XX. (Thonon, 1906, in-8°, XLVII-236 p.)

20740. Duplan (A.). — Acquisition de la Tour Selloy, à Évian, par Vespasien Gribaldi (1621), p. V.

20741. Bruchet (Max). — Le château de la Rochette en Chablais, p. VII.

20742. Piccard (Le chanoine L.-E.). — Livre de raison de François Quisard [1564 † 1628] et famille Carron-Quisard, p. VIII à XII.

20743. Vuarnet (E.). — Documents sur les familles nobles de Bellegarde, de Seyssel et Ducloz (XVIe-XVIIIe s.), p. XII.

20744. Duplan (A.). — Lettre de l'abbé Gallay émigré en Italie (1796), p. XIV à XX.

20745. Piccard (Le chanoine L.-E.). — Contrat dotal de Gaspard de Sales et de Nicoline de la Faverge, p. XX.

20746. Vuarnet (Émile). — Inscriptions relevées à Yvoire, p. XXII.

20747. Gery (J.). — Récépissé de G. Boccard, marchand drapier à Thonon (1652), p. XXV.

20748. Bruchet (M.). — Battues en Chablais contre les loups (1435), p. XXV.

20749. Duplan (A.). — De la valeur réelle du denier et du sol de 1627, p. XXVII.

20750. Vuarnet (E.). — Garde nationale en Chablais en 1821, p. XXIX.

20751. Duplan (A.). — Document de Blonay (1565), p. XXXIV.

20752. Duplan (A.). — Inventaire Bernois de 1540 [biens et immeubles des cures et chapelles du Chablais], p. 1 à 80.

20753. Piccard (Le chanoine L.-E.). — Le Conseil de la ville de Thonon pendant la mission de saint François de Sales en Chablais d'après les délibérations municipales de 1592-1597, p. 81 à 211.

SEINE. — PARIS.

ASSOCIATION FRANÇAISE POUR L'AVANCEMENT DES SCIENCES.

Voir, pour les publications de cette Association antérieures à 1901, la table récapitulative de notre *Bibliographie générale;* et pour ses publications postérieures, les tables placées à la fin du fascicule III du tome I, et du fascicule I du tome II de notre *Bibliographie annuelle.*

20754. Anonyme. — Lyon et la région lyonnaise en 1906. (Lyon, 1906, in-4°, XVII-916 et 679 p.)

XXXV. — Association française pour l'avancement des sciences fusionnée avec l'Association scientifique de France... Compte rendu de la 35ᵉ session. Conférence de Paris, 1ʳᵉ partie, documents officiels, procès-verbaux. (Paris, 1906, in-8°, CXV-387 p.) — Lyon, 1906. Notes et mémoires. (Paris, 1907, in-8°, 1442 p.)

20755. Gossart (E.). — A propos du centenaire d'Antoine Masson, p. 118 à 131.

20756. Zenger (Ch.-V.). — Table des éruptions volcaniques et des grands sismes, p. 189 à 207.

20757. Bonnet (Dʳ Ed.). — Le voyageur Jean de Thévenot (1633 † 1667), son herbier de l'Hindoustan, p. 404 à 413.

20758. Gaillard (Cl.). — Les musaraignes momifiées de l'ancienne Égypte, *fig.*, p. 478 à 480.

20759. Lortet (Dʳ). — Silex taillés dans la région de Thèbes (Égypte), *fig.*, p. 576 à 586.

20760. Bérodd (L'abbé J.-M.). — Âge de la terrasse quaternaire de Villefranche-sur-Saône, p. 587 à 603.

20761. Mayet (Dʳ Lucien). — La question de l'homme tertiaire, note sur les alluvions à *Hipparion gracile* de la région d'Aurillac et les gisements d'éolithes du Cantal (puy de Boudieu, puy Courny), *fig.*, p. 603 à 628.

20762. Delort (J.-B.). — Les stations lacustres du Jura, *fig.*, p. 628.

20763. Mortillet (A. de). — La grotte du Placard et le niveau d'Aurignac, *fig.*, p. 630 à 642.

20764. Grosjean (H.). — Note sur une pointe de flèche en fer, époque de la Tène II, trouvée à Clairvaux (Jura), *fig.*, p. 643.

20765. Müller (H.) et Flusin (G.). — Fouille d'une petite grotte sépulcrale présumée de l'âge du bronze [à Échaillon], *fig.*, p. 644 à 652.

20766. Chauvet (Gustave). — Note sur une serpette? en métal [tumulus de Fayet (Puy-de-Dôme)], *fig.*, p. 653 à 655.

20767. Schaudel (Louis). — Les stations et les sépultures des époques Hallstattienne et Marnienne de la Savoie, p. 656 à 663.

20768. Goby (Paul). — Les dolmens de la Graou et de lou Serre Dinguille, à Saint-Cézaire (Alpes-Maritimes), *fig.*, p. 665 à 674.

20769. Goby (Paul). — Contribution à l'étude des moulins primitifs, trouvaille, en place, d'une meule à grains et de sa molette broyante, dans les fouilles du camp du bois du Rouret (Alpes-Maritimes), *fig.*, p. 674 à 677.

20770. Picaud (A.). — Sur l'origine de la poulie, p. 678 à 682.

20771. Schaudel (Louis). — Découverte d'une station de l'âge de la pierre dans le lac d'Aiguebelette (Savoie), p. 690 à 692.

20772. Parat (L'abbé). — Les aggères de Montapot, Arcy-sur-Cure (Yonne), p. 693 à 695.

20773. Müller (H.). — Une nouvelle station néolithique près des Balmes de Fontaine (Isère). Balmes du Glos avec substratum à outillage siliceux magdalénien, p. 696. — Suite et fin de XXXIV, p. 709.

20774. Müller (H.). — Une nouvelle sépulture de l'âge du fer dans l'Isère à Saint-Michel-les-Portes, *fig.*, p. 697.

20775. Müller (H.). — Station néolithique de la tuilerie Pelloux, au Monétier-Allemont (Hautes-Alpes), p. 699 à 703.

20776. Savoye (Claudius). — Recherches préhistoriques en Beaujolais de 1885 à 1905, p. 703 à 711.

20777. Cartailhac (Émile). — Les mains rouges et noires de la grotte de Gargas (Hautes-Pyrénées), p. 717 à 720.

20778. Regnault (Félix). — Empreintes de mains humaines dans la grotte de Gargas (Hautes-Pyrénées), *fig.*, p. 720.

20779. Capitan (Dʳ) et Peyrony. — Nouvelles fouilles à la Micoque [près des Eyzies (Dordogne)], p. 722.

20780. Capitan (Dʳ) et Boudy (Paul). — Nouvelles recherches préhistoriques dans le Sud tunisien, p. 724 à 727.

20781. Capitan (Dʳ) et Passemard (E.). — Nouvelles recherches sur la taille du silex, p. 727 à 730.

20782. Capitan (Dr) et Clergeau (Dr). — Éolithes ou pseudo-éolithes dans une argile à silex de l'Orléanais p. 730.

20783. Dalloni (Marius). — Nouvelles stations préhistoriques en Oranie, p. 732 à 736.

20784. Coutil (Léon). — Inventaire des monuments mégalithiques du département de la Manche, p. 739 à 766.

20785. Coutil (L.). — Exploration et restauration du tumulus de Fontenay-le-Marmion (Calvados) en 1904 et 1906, *fig.*, p. 767 à 771.

20786. Dumas (Ulysse). — Des différents vestiges qui accompagnent les dolmens, *fig.*, p. 771.

20787. Rivière (Émile). — Trente sept années de fouilles préhistoriques et archéologiques en France et en Italie, *fig.*, p. 773 à 798.

20788. Martin (David). — Fouilles d'un tumulus de Corréo à la Freyssinousse, p 799 à 802.

20789. Cotte (Ch.). — Procédés de fabrication de la céramique néolithique, p. 802.

20790. Peyrony. — Une nouvelle station aurignacienne à Gorge-d'Enfer, commune des Eyzies (Dordogne), l'abri Pasquet, p. 804 à 806.

20791. Rivière (Émile). — Curiosités sur l'histoire de la médecine [à Paris], p. 937 à 957.

SEINE. — PARIS.

ASSOCIATION POUR L'ENCOURAGEMENT DES ÉTUDES GRECQUES.

Voir, pour les publications de cette Association antérieures à 1901, la table récapitulative de notre *Bibliographie générale;* et pour ses publications postérieures, les tables placées à la fin du fascicule III du tome I, et du fascicule I du tome II de notre *Bibliographie annuelle.*

XIX. — Revue des études grecques, publication trimestrielle de l'Association pour l'encouragement des études grecques..., t. XIX, année 1906. (Paris, 1906, in-8°, LXXII-487 p.)

20792. Alès (Adhémar d'). — Les livres II et III des *Philosophumena* [par l'antipape Hippolyte, IIIe s.] p. 1 à 9.

20793. Pernot (Hubert). — La métathèse dans les dialectes de Chio, p. 10 à 23.

20794. T. R. [Reinach (Théodore)]. — Inscription de Rhodes, p. 24.

20795. Bourguet (Émile). — Bulletin épigraphique, p. 25 à 55.

20796. Reinach (Théodore). — Inscriptions d'Aphrodisias, p. 79 à 150, et 205 à 298.

20797. Ridder (A. de). — Bulletin archéologique, *fig.*, p. 151 à 174.

20798. Allègre (F.). — Aristophane, *Chevaliers*, 537-540, p. 209 à 303. — Cf. n° 20803.

20799 Michon (Étienne). — Ex-voto à Apollon Kratéanos, p. 304 à 317.

20800. Ruelle (C.-E.). — Sur l'authenticité probable de la division du canon musical attribuée à Euclide, p. 318 à 320.

20801. Reinach (Salomon). — Sycophantes, p. 335 à 358.

20802. Tannery (Paul). — Le manuel d'introduction arithmétique du philosophe Domninos de Larissa, p. 359 à 382.

20803. Willems (Alphonse). — Aristophane, *Cavaliers*, 537-540, p. 383 à 388. — Cf. n° 20798.

20804. T. R. [Reinach (Th)]. — Notes de métrologie ptolémaïque, p. 389 à 393.

20805. Joret (Charles). — Trois lettres inédites de Villoison à Fr.-A. Wolf, p. 394 à 409.

20806. T. R. [Reinach (T.)]. — Un récit inédit de la cérémonie de Trézène (1827), p. 410 à 413.

20807. Ruelle (Ch.-Ém.). — Bibliographie annuelle des études grecques (1903-1904-1905), p. 420 à 484.

SEINE. — PARIS.

ASSOCIATION POUR L'ENSEIGNEMENT DES SCIENCES ANTHROPOLOGIQUES.

(ÉCOLE D'ANTHROPOLOGIE DE PARIS.)

Voir, pour les publications de cette Société antérieures à 1901, la table récapitulative de notre *Bibliographie générale;* et pour ses publications postérieures, les tables placées à la fin du fascicule III du tome I, et du fascicule I du tome II de notre *Bibliographie annuelle.*

XVI. — Association pour l'enseignement des sciences anthropologiques... Revue de l'École d'anthropologie de Paris..., 16e année, 1906. (Paris, 1906, in-8°, 447 p.)

20808. Zaborowski (S.). — Pénétration des Slaves et transformation céphalique en Bohême et sur la Vistule, p. 1 à 17.

20809. Huguet (J.). — Recherches sur les habitants du Mzab, p. 18 à 31.

20810. Breuil (L'abbé H.). — Les Cottés, une grotte du vieil âge du renne à Saint-Pierre de Maillé (Vienne), p. 47 à 62.

20811. Capitan et Arnaud d'Agnel. — Un curieux mode d'importation des silex taillés d'Orient en France, p. 69 à 72.

20812. Peredolsky (W.). — Dessin figuratif sur une poterie de l'époque néolithique [lac Ilmen (Russie)], *fig.*, p. 73 à 86.

20813. Mortillet (A. de). — Le grand menhir de Glomel (Côtes-du-Nord), *fig.*, p. 87 à 92.

20814. Huguet (J.). — Les Oulad Naïl, nomades pasteurs, p. 102 à 104.

20815. Dussaud (René). — La civilisation préhellénique dans les Cyclades, *fig.*, p. 105 à 132.

20816. Hervé (G.). — De Charles Estienne et de quelques recettes et superstitions médicales au XVIe siècle, p. 133 à 139.

20817. Landrieu (Marcel). — Lamarck et ses précurseurs, p. 152 à 169.

20818. Bardon (J.) et Bouyssonie (J. et A.). — Outils écaillés par percussion, p. 170 à 175.

20819. Maroudeau (Pierre-G.). — Documents pour servir à l'ethnologie de la Corse, p. 177 à 195.

20820. Capitan, Breuil, Bourrinet et Peyrony. — L'abri Mège, une station magdalénienne à Teyjat (Dordogne), *fig.*, p. 196 à 212.

20821. Thulié (H.). — Le terrain mystique, p. 217 à 227.

20822. Commont. — Les découvertes récentes à Saint-Acheul, *fig.*, p. 228 à 241.

20823. Breuil (H.). — Rhinocéros gravé sur schiste de la grotte du trilobite, à Arcy-sur-Cure (Yonne), *fig.*, p. 242 à 247.

20824. Zaborowski (S.). — Rapports du gothique et du lithuanien et de celui-ci avec le grec, p. 247 à 248.

20825. Mortillet (A. de). — La pierre-folie de Bournand et les dolmens du département de la Vienne, *fig.*, p. 282 à 288.

20826. Jacquot (Lucien). — Dessins rupestres de Mogh'ar (Sud oranais), *fig.*, p. 289 à 291.

20827. Zaborowski (S.). — Pour le nom d'Aryen, p. 294 à 296.

20828. Mortillet (A. de). — L'allée couverte de Coppierre (Seine-et-Oise), *fig.*, p. 297 à 315.

20829. Fourdrignier (Édouard). — L'éclairage des grottes paléolithiques devant la tradition des monuments anciens, *fig.*, p. 325 à 336.

20830. Zaborowski (S.). — Le blé en Asie et en Europe et le culte du pain, p. 359 à 369.

20831. Papillault (G.). — Associations de jeunes gens chez les Turcomans, p. 369 à 372.

20832. Huguet (J.). — Origines et migrations des tribus berbères et particulièrement des Beni-Mzab, p. 377 à 387.

20833. Verneau (R.). — La race de Spy ou de Néanderthal, p. 388 à 400.

20834. Bardon (L.) et Bouyssonie (J. et A.). — Grattoir caréné et ses dérivés à la Coumbo del Bouitou (Corrèze), p. 401 à 412.

20835. Schrader (F.). — L'impulsion du milieu et la pensée cosmologique, p. 413 à 428.

20836. Capitan (L.), Breuil (H.) et Peyrony. — Les gravures de la grotte des Eyzies, *fig.*, p. 429 à 441.

SEINE. — PARIS.

COMITÉ DES TRAVAUX HISTORIQUES ET SCIENTIFIQUES.

Voir, pour les publications de ce Comité antérieures à 1901, la table récapitulative de notre *Bibliographie générale;* et pour ses publications postérieures, les tables placées à la fin du fascicule III du tome I, et du fascicule I du tome II de notre *Bibliographie annuelle.*

I
DOCUMENTS INÉDITS.

SÉRIE IN-4°.

20837. Baguenault de Puchesse (Comte). — Lettres de Catherine de Médicis, t. IX (1586-1588). (Paris, 1905, in-4°, XIX-603 p.)

[Les cinq premiers volumes ont été publiés de 1880 à 1895 par M. de la Ferrière, les tomes VI à VIII, de 1897 à 1901, par M. Baguenault de Puchesse.]

20838. Bémont (Charles). — Rôles gascons, t. III, 1290-1307. (Paris, 1906, in-4°, CC-796 p.)

[Le tome I a été publié en 1885 par Francisque Michel; les tomes I Supplément, et II, ont été publiés de 1896 à 1900, par M. Bémont.]

20839. Avenel (Vicomte G. d'). — Lettres du cardinal Mazarin pendant son ministère, t. IX (août 1658-mars 1661). (Paris, 1906, in-4°, 1,008 p.)

[Les tomes I à VI ont été publiés de 1872 à 1894 par M. Chéruel; et les tomes VII et VIII en 1893-1894, par M. d'Avenel.]

SÉRIE IN-8°.

20840. Aulard (F.-A.). — Recueil des actes du Comité de Salut public, avec la correspondance officielle des représentants en mission et le registre du Conseil exécutif provisoire. T. XVII. 21 septembre 1794-6 novembre 1794 (5e jour des sans-culottides an II-16 brumaire an III). (Paris, 1906, in-8°, 869 p.)

[Les tomes I à XVI ont paru de 1889 à 1904.]

Inventaires.

20481. Moranvillé (H.). — Inventaire de l'orfèvrerie et des joyaux de Louis Ier, duc d'Anjou (Paris, 1906, in-8°, L-CV-626 p.)

Bibliographie.

20842. Lasteyrie (R. de) et Vidier (A.). — Bibliographie annuelle des travaux historiques et archéologiques publiés par les Sociétés savantes de la France (1902-1903, 1903-1904). (Paris, 1905-1906, in-4°, 260 et 289 p.)

II
BULLETINS DU COMITÉ.

SECTION D'ARCHÉOLOGIE.

XXIV. — Bulletin archéologique du Comité des travaux historiques et scientifiques, année 1906. (Paris, 1906, in-8°, CCLXXVII-425 p.)

20843. Capitan (Dr). — L'époque préhistorique dans la vallée de l'Alène, p. XXXIII.

20844. Capitan (Dr). — Les prétendus silos d'Euzet (Gard); les sépultures du roc de Vendôme à Belvezet (Gard); dalles percées dans les sépultures souterraines; l'usage du croissant aux temps préhistoriques, p. XXXIV à XXXVII.

20845. Pinet (Commandant). — Fouilles exécutées dans la cour de l'École polytechnique en juillet et août 1905, *fig.*, p. XXXVII à XXXIX.

20846. Lefèvre-Pontalis (Eugène). — Fouilles sur l'emplacement de l'ancienne abbaye de Josaphat, près Chartres, p. XL.

20847. Prou (M.) et Enlart (C.). — Fouilles sur l'emplacement de l'ancienne cathédrale de Thérouanne (Pas-de-Calais), p. xli à xlvii.

20848. Capitan (Dr). — Sépultures antiques de Bois-Rond, près de Valence (Drôme), p. lii.

20849. Capitan (Dr). — Gisement paléolithique du Cros-de-Peyrolles et gisement de Foissaguet (Gard), p. liii à lvi.

20850. Grandjean (Ch.). — Document relatif à la construction de l'Hôtel-Dieu des Baux (Bouches-du-Rhône), p. lvi.

20851. Héron de Villefosse. — Fragments de poterie provenant de Calahorra (Espagne), p. lviii.

20852. Héron de Villefosse. — Inscription romaine trouvée à Serviers (Gard), p. lix.

20853. Capitan (Dr). — Le gisement chelléen de Moïse-Bourdic (Gard), p. lxiv à lxvi.

20854. Prou (M.). — Le cimetière barbare du Vaudonjon, cne de Montillot (Yonne), p. lxxii à lxxiv.

20855. Capitan (Dr). — Le gisement de la grotte de la Ferrassie (Dordogne), p. lxxix.

20856. Jullian (C.). — Les fouilles d'Alésia, p. lxxix à lxxxi.

20857. Cagnat (R.). — Gaulois en Afrique et Africains en Gaule, p. lxxxv.

20858. Magne (Charles). — Les marques de potiers inscrites sur des objets de l'époque romaine trouvés à Paris, p. lxxxviii à xc.

20859. Signorel. — Monument funéraire romain avec inscription, découvert à Saint-Girons (Ariège), p. xci à xciii.

20860. Doublet (Georges). — Sceau de Jacques Grailier, évêque de Grasse (xive s.), p. xciv.

20861. Raimbault (Maurice). — Le denier d'Arles dit «denier à l'I», p. xcv.

20862. Jean-Louis (Victor). — Fouilles d'Autrecourt (Meuse), p. xcvi.

20863. Arnaud d'Agnel. — Le trésor de la cathédrale d'Embrun, p. c.

20864. Marsan (L'abbé). — Les peintures de l'église de Mont, vallée de Louron (Hautes-Pyrénées), p. cv.

20865. Vesly (L. de). — Inscriptions relevées sur de vieilles maisons dans la Seine-Inférieure, p. cvi.

20866. Blanchet (Adrien). — Sur le système de construction des murailles romaines des villes de la Gaule, p. cix.

20867. Puech (Charles). — Bourgades bâties en pierres sèches dans le département du Cantal, p. cxi.

20868. Reinach (Salomon). — Outils de silex recueillis par MM. Col et Leroy à Revest-des-Brousses (Basses-Alpes), p. cxxxvi, et clv.

20869. Blanchet (Adrien). — Fouilles de Montréal-Lacluse (antiquités romaines), p. cxliv.

20870. Blanchet (Adrien). — L'aqueduc romain de Briord (Ain), p. cxlv à cxlvii.

20871. Capitan (Dr). — La grotte des Fées à Thorans (Gard), p. cxlviii.

20872. Durrieu et Puton. — Croix d'émail provenant du monastère de Saint-Mont, près de Remiremont (xiiie s.), p. cl à clii.

20873. Jullian et Stalin. — Vestiges d'habitations antiques à Gisors (Eure), p. cliv.

20874. Héron de Villefosse. — Inscriptions et stèles funéraires de Luxeuil (Haute-Saône), p. clvii.

20875. Capitan (Dr). — Fouilles de la grotte de Marsoulas, p. clxii.

20876. Capitan (Dr) et Dumas (U.). — Gisement de silex éolithiques à Saint-André de Roquepertuis (Gard), p. clxiv.

20877. Prou (M.). — Tiers de sol mérovingien d'*Eovorico* au nom du monnayeur *Eosevius*, p. clxv à clxviii.

20878. Capitan (Dr). — Gisement d'instruments de silex à Fléty (Nièvre), p. clxxii.

20879. Capitan (Dr). — Stations préhistoriques du Gard, p. clxxiii à clxxvi.

20880. Héron de Villefosse. — Inscriptions romaines trouvées à Narbonne, p. clxxvii.

20881. Capitan (Dr). — Chambre sépulcrale de l'époque préhistorique à Sexey-aux-Forges (Meurthe-et-Moselle), p. clxxxi.

20882. Michon (É.). — Verres antiques provenant de l'ager Hatriensis, p. clxxxiv.

20883. Héron de Villefosse. — Hache de serpentine trouvée à Saint-Puy, près de Valence (Gard), contrepoids de terre cuite trouvés à Auch, p. clxxxvii.

20884. Carton (Dr). — Inscription romaine relevée à Henchir-Mouça, près de la Colonia Thuburnica, p. cxc à cxcii.

20885. Cagnat. — Inscription romaine trouvée à Zaghouan (Tunisie) en 1772, p. cxciii.

20886. Merlin. — Les théâtres romains de Carthage et d'El-Djem; la nécropole punique d'Utique; fragment d'inscription romaine trouvé à Smindja (Tunisie); inscription romaine sur une colonne à Bir M'cherga, p. cxcv à cxcviii.

20887. Cagnat. — Inscription romaine relevée à Lebdah (Leptis Magna) en 1812, p. cxcviii à cc.

20888. Merlin. — Sanctuaire de Saturne à Henchir es-Srira; inscriptions romaines trouvées à Henchir Brerrita et à Bou Arada, p. cci à ccvi.

20889. Babelon. — Pierre gravée gnostique trouvée en Tunisie, *fig.*, p. ccvi.

20890. Gsell. — Inscriptions romaines relevées à Ksar Ouled Zid et à Henchir Guellil, p. ccviii.

20891. Héron de Villefosse. — Mosaïques de Lambèse, 4 *pl.*, p. ccviii.

20892. Saladin. — Inscription latine relevée dans la mosquée El-Houa, à Tunis, p. ccx.

20893. Bertrand. — Inscriptions romaines entrées au Musée de Philippeville, p. ccxiii, ccxliv, et cclix.

20894. Merlin. — Antiquités et inscriptions romaines de Choud el-Batel, Sidi Nasseur Allah; le temple de Saturne d'Henchir Srira; inscriptions romaines trouvées au Kef, p. CCXIV à CCXVIII.

20895. Carton (D[r]). — Inscriptions romaines de Bordj Haouida et d'Utique, p. CCXXXI.

20896. Gsell. — Main de bronze trouvée à Tipasa, *pl.*, p. CCXXXII.

20897. Héron de Villefosse. — Statuette de Diane, en bronze, découverte près de Ras el-Aïoun, p. CCXXXII.

20898. Héron de Villefosse. — Épitaphes romaines relevées à Carthage, p. CCXXXIII à CCXXXVII.

20899. Merlin. — Inscriptions romaines relevées à Ksar Bou-Fatha, Aïn-Barouri, Haïdra, Jemajeur, Bordj Gobet el-Gheffari, Bir el-Hadj Ahmed, p. CCXXXVII à CCXLI.

20900. Poinssot. — Les fouilles de Dougga, p. CCXLI à CCXLIII.

20901. Pabrès. — Antiquités romaines entrées au Musée d'Aumale, p. CCXLIV.

20902. Boudy. — Découvertes préhistoriques à Gafsa, p. CCXLV.

20903. Benet (Capitaine). — Inscription néo-punique du Kef, p. CCXLVII.

20904. Gsell. — Inscription romaine découverte à Msad, p. CCXLVIII.

20905. Héron de Villefosse. — Tête de femme en marbre trouvée à Carthage, *pl.*, p. CCL.

20906. Carcopino. — Fouilles d'Aïn-Tounga (Thignica), p. CCL à CCLIII.

20907. Merlin. — Inscriptions romaines relevées sur les bords de l'Oued Gueniche, à Jemajeur, et antiquités romaines de Bulla Regia, p. CCLIII à CCLVI.

20908. Reinach (S.). — Nécropole mégalithique d'Henchir Bou-Ghanem, p. CCLVI.

20909. Gsell. — Mosaïque trouvée à Aïn-Babouch (Algérie), p. CCLIX.

20910. Gsell. — Inscriptions romaines trouvées à El-Mellah, à Bled-Bachir-Ben-Yara, à Announa, p. CCLX à CCLXIII.

20911. Merlin. — Fouilles de Bulla Regia (inscriptions romaines), p. CCLXIII à CCLXIX.

20912. Babelon (E.). — Monnaie romaine de Philippe le Jeune, trouvée à El-Medeïna, p. CCLXIX.

20913. Merlin. — Antiquités et inscriptions romaines découvertes à Bou-Ghera (Gigthi), au Goubellat, à Menzel-Dar-Bel-Ouar, Bou-Kournein, Béja, p. CCLXXI.

20914. Gsell. — Tombes puniques de Gunugu, près de Gouraya, p. CCLXXIII.

20915. Cagnat. — Inscription romaine trouvée à Mcidfa, p. CCLXXV.

20916. Héron de Villefosse. — Inscriptions romaines découvertes à Carthage, p. CCLXXV.

20917. Bernard (Lieutenant M.). — Le cheval dans les mosaïques de l'Afrique du Nord, 32 *pl.*, p. 3 à 31.

20918. Collard. — Amphore trouvée à Languiot, c[ne] de Nougaroulet (Gers), *fig.*, p. 32.

20919. Déchelette (Joseph). — Les antéfixes céramiques de fabrique gallo-romaine, *fig.* et 4 *pl.*, p. 34 à 42.

20920. Mallard (Gustave). — Le théâtre gallo-romain de Drevant (Cher), *fig.* et 10 *pl.*, p. 43 à 71.

20921. Leblond (Dr V.). — Marque de verriers sur un barillet gallo-romain trouvé à Beauvais, 2 *pl.*, p. 72 à 81.

20922. Poulaine (L'abbé F.). — Découverte de sépultures gallo-romaines et burgondes à Voutenay (Yonne), 3 *pl.*, p. 82 à 90.

20923. Saint-Venant (J. de) et Poussereau (L.-M.). — Les fouilles du vieux château de Barbarie, c[ne] de la Machine (Nièvre), *fig.*, p. 91 à 106.

20924. Leroux (Alfred). — Don par Charles VII d'un reliquaire au prieuré de Saint-Léonard de Noblat (1449), p. 107 à 112.

20925. Donau (Capitaine). — Notes sur des ruines du Sud tunisien, *fig.*, p. 113 à 122.

20926. Besnier (Maurice). — Note sur une inscription d'El-Qçar el-Kebir, p. 123 à 134.

20927. Boreau (Octave). — Sépultures gallo-romaines à Vallères et à Lignières (Indre-et-Loire), *fig.* et *pl.*, p. 135 à 144.

20928. Blanchard (Fernand). — Divinité gallo-romaine trouvée à Soissons, *pl.*, p. 146 à 148.

20929. Véran (Auguste). — Le temple de Diane, à Arles, *fig.*, p. 149 à 152.

20930. Collard (G.). — Note sur une mosaïque romaine trouvée à Orbessan (Gard), *fig.*, p. 153 à 157.

20931. Vesly (Léon de). — Sépultures découvertes à Charleval et à Morgny-la-Forêt (Eure), p. 158.

20932. Destandau. — Inscription latine de l'église de Saint-Jean-du-Grès, territoire de Fontvieille (Bouches-du-Rhône), *fig.*, p. 160 à 161.

20933. Arnaud d'Agnel (L'abbé). — Notice sur une châsse de bois peint de l'abbaye de Lérins, 3 *pl.*, p. 162 à 167.

20934. Loisne (Comte de). — Les fonts baptismaux de grès dans l'arrondissement de Béthune, *pl.*, p. 168 à 174.

20935. Lanore (Maurice). — L'architecte Michel Porrette [XVIe s.], *pl.*, p. 175 à 181.

20936. Ballu (Albert). — Fouilles archéologiques d'Algérie en 1905, *fig.* et *pl.*, p. 182 à 222.

20937. Toussaint (Commandant). — Résumé des reconnaissances archéologiques exécutées par les officiers des brigades topographiques d'Algérie et de Tunisie pendant la campagne de 1903-1904 [*lisez :* 1904-1905], p. 223 à 241.

20938. Toutain (Jules). — Nouvelles découvertes sur la voie de Capsa à Turris Tamalleni, p. 242 à 250.

20939. Du Breil de Pontbriand. — Le port de l'antique Gergis et la légende de la rivière d'huile, p. 251.

IMPRIMERIE NATIONALE.

20940. Héron de Villefosse. — L'enfant à l'aiglon, bronze trouvé à Lambèse (Algérie), *pl.*, p. 253 à 258.

20941. Berger (Philippe). — Inscriptions puniques de Carthage, p. 259.

20942. Maître (Léon). — Les substructions du chevet de la cathédrale de Nantes, *fig.* et 4 *pl.*, p. 261 à 281.

20943. Labande (L.-H.). — L'église Notre-Dame-des-Doms d'Avignon, des origines au XIIIe siècle, *fig.* et 20 *pl.*, p. 282 à 365.

20944. Arnaud d'Agnel (L'abbé). — Les clefs de la ville de Marseille en 1381, d'après les dessins de l'époque, 3 *pl.*, p. 366 à 373.

20945. Poulaine (L'abbé F.). — Un tumulus dans la forêt de Boulu, à Voutenay (Yonne), *fig.*, p. 374 à 377.

20946. Audollent (A.). — Rapport sur des *Tabellae defixionum* récemment découvertes à Sousse (Tunisie), p. 378 à 387.

SECTION D'HISTOIRE.

XXIV. — Bulletin historique et philologique du Comité des travaux historiques et scientifiques, année 1906. (Paris, 1906, in-8°, 461 p.)

20947. Petit (Ernest). — Archives de l'hôpital de Tonnerre. Le cartulaire, l'obituaire, p. 10 à 32.

20948. Poupé (Edmond). — Documents relatifs à des représentations scéniques en Provence du XVIe au XVIIIe siècle, p. 33 à 42.

20949. Albe (Edmond). — De quelques erreurs dans la liste épiscopale du diocèse de Cahors au XIVe et au XVIe siècle, p. 46 à 63.

20950. Oursel. — Note sur le calendrier de l'église de Carthage à la bibliothèque de Cluny, p. 66.

20951. Oursel. — Un document inédit sur la bibliothèque de l'abbaye Saint-Bénigne de Dijon (21 avril 1648), p. 67 à 70.

20952. Portal. — Une lettre missive de Louis XIII, p. 75 à 78.

20953. Le Clert (Louis). — Les abbayes de l'ancien diocèse de Troyes. Additions et corrections à la *Gallia Christiana*, tome XII, p. 79 à 101.

20954. Gandilhon (Alfred). — Note pour servir à l'histoire de l'imprimerie à Bourges, p. 102 à 106.

20955. Guillibert (Baron). — La France et le Maroc en 1733-1734, p. 107 à 116.

20956. Clouzot (É.). — Histoire et météorologie, p. 117 à 135.

20957. Fournier (L'abbé). — Les livres liturgiques des diocèses d'Arras et de Thérouanne, p. 146.

20958. Meister (Louis). — Le nécrologe de l'abbaye de Saint-Jean-Baptiste du Moncel, au diocèse de Beauvais, p. 147.

20959. Morel (Le chanoine). — Les testaments à Compiègne et aux environs, du XIVe au XIXe siècle, p. 147.

20960. Soyer. — Bulle fausse de Pascal II pour Marmoutier, p. 149.

20961. Leroux. — Le sac de Limoges par le Prince Noir, p. 154.

20962. Fage (René). — Les exactions d'Étienne Foulé intendant des finances en Limousin en 1650, p. 160.

20963. Galabert. — Les registres paroissiaux de Toulouse, p. 161.

20964. Blossier. — La Révolution à Honfleur, p. 164.

20965. Bazeille. — Aubin Fossey, premier maire de Bures, p. 165.

20966. Adher. — L'application des lois sur la liberté religieuse dans le district de Toulouse, p. 166.

20967. Labroue. — La Révolution à Thenon (Dordogne), p. 167.

20968. Brette (Armand). — La noblesse et ses privilèges pécuniaires aux élections de 1789, p. 173 à 193.

20969. Quignon (Hector). — Deux cartulaires de Beauvais, AA1 (1513) et son original le *Livre velu* (XIVe s.), p. 203 à 215.

20970. Depoin (J.). — Essai sur la chronologie des évêques de Paris de 768 à 1138, p. 216 à 240.

20971. Arnaud d'Agnel. — La venue à Marseille en 1599 de la reine d'Espagne Marguerite d'Autriche et de l'archiduc Albert, p. 241 à 250.

20972. Jadart (Henri). — Émotion causée à Reims par la nouvelle de la mort du roi Henri IV, p. 251 à 265.

20973. Coquelle (P.). — Napoléon et la Suède. L'élection de Bernadotte, p. 266 à 295.

20974. Butet-Hamel. — La Société populaire de Vire pendant la Révolution, p. 296 à 329.

20975. Galland (A.). — La Société populaire de Cherbourg jusqu'au 10 août 1792, p. 330 à 343.

20976. Guigue (Georges). — Le testament d'un bourgeois de Lyon (1361), p. 349 à 361.

20977. Arnaud d'Agnel (L'abbé). — L'abbaye de Saint-Victor de Marseille, ses fortifications, son armement, sa garde du XIIe au XVIe siècle, p. 364 à 378.

20978. Prentout. — Statuts et ordonnances des apothicaires de Caen [1547], p. 381 à 392.

20979. Beaurepaire (Ch. de). — Chartes relatives à Guillaume le Maréchal, à Jean d'Erlée, p. 397 à 403.

20980. Berger (Élie). — Bulles de Jean XXII, p. 406 à 407.

20981. Delage (F.). — Lettres d'un prisonnier à la Bastille (1688), p. 409 à 414.

20982. Delage (F.). — Confrérie du Psaultier ou du Chappelet Notre-Dame à Limoges (1501-1502), p. 415 à 420.

20983. Rouchon (Ulysse). — Les chartes de coutumes du Velay et du Brivadois, la charte d'Artias (1265), p. 424 à 443.

20984. Dujarric-Descombes. — Avis de parents concernant Lagrange-Chancel (1695), p. 444 à 446.

20985. Ledieu (Alcius). — Les gages de bataille à Abbeville au XIIIe siècle, p. 447 à 451.

SECTION DE GÉOGRAPHIE.

XXI. — Bulletin de géographie historique et descriptive, année 1906. (Paris, 1906, in-8°, 432 p.)

20986. Hamy (Dr E.-T.). — Les collections anthropologiques et ethnographiques du voyage de découvertes aux terres australes (1801-1804) [à la Malmaison], p. 24 à 34.

20987. Desplagnes (Lieutenant). — Le plateau central nigérien, *carte*, p. 65 à 81.

20988. Maclaud (D[r]). — Étude sur la distribution géographique des races sur la côte occidentale d'Afrique, de la Gambie à la Mellacorée, *carte*, p. 82 à 119.

20989. Musset (Georges). — La vérité sur Alfonce de Saintonge, p. 120 à 127.

20990. Diguet (Léon). — La région mixtéco-zapotèque, p. 152 à 155.

20991. Buffault (Pierre). — Les grands étangs littoraux de Gascogne, p. 173 à 204.

20992. Duffart (Charles). — La sédimentation moderne des lacs médocains. Étude critique des preuves de la sédimentation moderne des lacs littoraux de Gascogne qui découlent de la comparaison de l'œuvre topographique de Claude Masse avec les plans levés au XIXe siècle, *carte*, p. 205 à 226.

20993. Saint-Jours. — Routes romaines de Pampelune à Bordeaux et étude sur les sables du littoral gascon, *carte*, p. 227 à 244.

20994. Pawlowski (Auguste). — Les transformations du littoral français. Le pays de Didonne, le Talmondais, et le Mortagnais girondin d'après la géologie, la cartographie et l'histoire, p. 283 à 304.

20995. Pawlowski (Auguste). — Les transformations du littoral français. L'île de Ré à travers les âges d'après la géologie, la cartographie et l'histoire, p. 305 à 321.

20996. Fournier (Joseph). — Le roi René géographe, p. 322 à 330.

20997. Fernand (Henri). — Les premières cartes de la Savoie, *cartes*, p. 331 à 353.

20998. Belloc (Émile). — Observations sur les noms de lieux de la France méridionale, p. 354 à 367.

20999. Chaillan (L'abbé). — Le voyage de Marseille à Paris de Mgr de Belsunce (1730), p. 368 à 382.

21000. Humbert (Jules). — Les documents des Archives du Guipuzcoa relatifs à la colonisation espagnole en Amérique, p. 383 à 387.

21001. Beaugé (Ch.). — Notes sur l'Égypte. Le Fellah, p. 388 à 415.

SECTION DES SCIENCES ÉCONOMIQUES ET SOCIALES.

XXIV. — Bulletin du Comité des travaux historiques et scientifiques. Section des sciences économiques et sociales, année 1906. (Paris, 1906, in-8°, séances du Comité, 200 p.; Congrès des Sociétés savantes, 260 p.)

Séances du Comité.

21002. Vial (Eugène). — Les anciennes mesures du vin à Lyon, p. 7 à 32.

21003. Clément (P.). — Monographie de Ternay [Loir-et-Cher], p. 43 à 81.

21004. Drouault (Roger). — La pancarte du minage de Loudun (25 mars 1315), p. 88 à 98.

21005. Uzureau (F.). — Les eaux minérales en Maine-et-Loire au début du XIXe siècle, p. 98 à 101.

21006. Tranchant (Charles). — Une assemblée d'habitants de la paroisse Saint-Gervais de Paris en 1460, p. 115 à 118.

Congrès.

21007. Andrieu (E.) et Quignon (Hector). — Baux à ferme. La ferme de l'Hôtel-Dieu près Beauvais, de 1517 à 1900, p. 6 à 19.

21008. Fleury (Gabriel). — Un essai de nouvel impôt foncier dans une paroisse en 1764, l'économiste Véron de Forbonnais et le cadastre, p. 20 à 30.

21009. Villate (Jean). — L'industrie de la tonnellerie à Bordeaux et dans le département de la Gironde, p. 31 à 40.

21010. Nicolaï (Alexandre). — La population en Guienne au XVIIIe siècle (1700-1800), p. 40 à 88.

21011. Boyé (Pierre). — Postes, messageries et voitures publiques en Lorraine au XVIIIe siècle, p. 128 à 144.

21012. Coulon (H.). — Statuts des anciens chirurgiens et barbiers de Cambrai, p. 144 à 152.

21013. Barrey (Ph.). — Les premiers paquebots postaux entre le Havre, New York et les colonies françaises (1786-1788), p. 154 à 170.

21014. Mourlot (Félix). — La comparution individuelle des citoyens du tiers état aux assemblées électorales des paroisses pour les États généraux de 1789, p. 173 à 187.

21015. Souchon. — Les protestants du département de l'Aisne en l'an x, p. 188 à 192.

21016. Quignon (G.-Hector). — Le Bureau d'agriculture à Beauvais (1762-1783), p. 222 à 226.

21017. Boette (Armand). — La noblesse et ses privilèges pécuniaires aux élections de 1789, p. 230 à 250.

III

RÉUNION DES SOCIÉTÉS DES BEAUX-ARTS.

XXX. — Réunion des Sociétés des beaux-arts des départements, Salle de l'hémicycle à l'École nationale des Beaux-Arts, du 17 au 20 avril 1906, XXXe session. (Paris, 1906, in-8°, 377 p.)

21018. Delignières (Em.). — Les sépulcres ou mises au tombeau en Picardie, 10 *pl.*, p. 33 à 69.

[Saint-Valéry-sur-Somme, *pl.*; Sorrus, *pl.*; Villers-Bocage, *pl.*; Doullens, *pl.*; Tortefontaine, *pl.*; Longpré-les-Corps-Saints, 2 *pl.*; Allery, *pl.*; Bouillancourt-en-Séry, *pl.*; Oust-Marais, *pl.*; — Liste des sépulcres existant en France.]

21019. Martin (J.). — Objets d'art religieux dans l'ancien archidiaconé de Tournus, 8 *pl.*, p. 70 à 82.

[Fresques de Brancion, 2 *pl.*; de la chapelle de Lenoux, à Loives, 4 *pl.*; Baptême du Christ, sculpture du XVIe siècle, à Marnay, *pl.*; chapelle de Lugny, dans l'église de Saint-Julien, près Sennecey-le-Grand, *pl.*]

21020. Jadart (Henri). — Inventaire sommaire des églises rurales de l'arrondissement de Reims au point de vue de l'art et de l'histoire, *pl.*, p. 83 à 106.

[Clôture de chœur (XVIe siècle) à Magneux-les-Fismes, *pl.*]

21021. Guillibert (Baron). — Trois statuettes en bois de l'école provençale (XVIe-XVIIe-XVIIIe s.), 3 *pl.*, p. 106 à 114.

21022. Brune (P.). — Statues de l'école dijonnaise à la cathédrale de Besançon, 3 *pl.*, p. 114 à 118.

21023. Lorin. — Une statue de Nicolas d'Agennes en marbre et un portrait du même, 2 *pl.*, p. 119 à 126.

21024. Lorin. — Un portrait de madame de Montespan à Rambouillet, rue de la Motte, 3 *pl.*, p. 126 à 132.

21025. Charvet (E.-L.-G.). — Enseignement public des arts du dessin à Lyon, p. 132 à 170.

21026. Jacquot (Albert). — Essai de répertoire des artistes lorrains. Brodeurs et tapissiers de haute lisse, *pl.*, p. 170 à 198. — Suite de XXVII, p. 636; XXVIII, p. 467; et XXIX, p. 483.

[Bourses aux armes des Rutan, *pl.*, et de François de Beauvau, primat de Lorraine, *pl.*, au Musée lorrain. — Tapisseries lorraines conservées à Vienne, 2 *pl.*]

21027. Gaubeau (G.). — La collection de tableaux du chevalier Émile de Tarade, 4 *pl.*, p. 199 à 235.

21028. Bosseboeuf (L.). — Une famille de peintres blésois, les Mosnier, 2 *pl.*, p. 236 à 247.

21029. Urseau (Le chanoine). — La chapelle du château de la Sorinière en Saint-Pierre-de-Chemillé, 4 *pl.*, p. 247 à 255.

21030. Hénault (Maurice). — Histoire d'un tableau : Le martyre de saint Étienne, par Rubens [au Musée de Valenciennes], p. 256 à 280.

21031. Doublet (Georges). — Un tableau inédit de Jean Daret dans l'église de Saint-Paul-du-Var, près de Vence (Alpes-Maritimes), p. 281 à 295.

21032. Thoison (Eugène). — Recherches sur les artistes se rattachant au Gâtinais. Pierre Gobert, portraitiste. Supplément au Catalogue de son œuvre, 3 *pl.*, p. 296 à 305. — Cf. n° 11460.

21033. Plancouard (Léon). — A propos d'un van Loo et d'un Largillière. Les œuvres d'art du château de Maudétour en Vexin, 3 *pl.*, p. 305 à 313.

21034. Bouillon-Landais. — Jules-Édouard de Magy, peintre marseillais (1827 † 1878), p. 313 à 319.

21035. Quarré-Reybourbon (L.). — Herlin (Auguste-Joseph), artiste-peintre (1815 † 1900), 3 *pl.*, p. 320 à 333

SEINE. — PARIS.

COMMISSION DE L'INVENTAIRE DES RICHESSES D'ART DE LA FRANCE.

Voir, pour les publications de cette Commission antérieures à 1901, la table récapitulative de notre *Bibliographie générale;* et pour ses publications postérieures, la table placée à la fin du fascicule III du tome I de notre *Bibliographie annuelle.*

VII. — **Inventaire général des richesses d'art de la France.** Province. Monuments civils. Tome VII. (Paris, 1905, in-8°, 463 p.)

21036. Gallet (Chanoine). — Château d'Écouen (Seine-et-Oise), p. 1 à 16.

21037. Gibert (Honoré). — Palais de l'archevêché d'Aix, p. 17 à 24.

21038. Chennevières (Marquis Philippe de). — Hôtel de ville de Saint-Amand (Nord), p. 25 à 28.

21039. Momméja (Jules). — Collection Ingres au Musée de Montauban, p. 29 à 256.

21040. Delignières (E.), Ledieu (A.) et Moynier de Villepoix. — Musée d'Abbeville et du Ponthieu, p. 257 à 371.

21041. Gaitet (L.). — Hospice Sainte-Anne à Dijon, p. 373 à 384.

SEINE. — PARIS.

COMMISSION DES MISSIONS SCIENTIFIQUES ET LITTÉRAIRES.

Voir, pour les publications de cette Commission antérieures à 1901, la table récapitulative de notre *Bibliographie générale;* et pour ses publications postérieures, la table placée à la fin du fascicule III du tome I de notre *Bibliographie annuelle.*

XIII. — **Nouvelles archives des missions scientifiques et littéraires**, choix de rapports et instructions publié sous les auspices du Ministère de l'Instruction publique et des Beaux-Arts, t. XIII. (Paris, 1906, in-8°, 493 p.)

21042. Gravier (Ch.). — Rapport sur une mission scientifique à la côte française des Somalis, p. 1 à 6.

21043. Chevalier (Aug.). — Rapport sur une mission scientifique et économique au Chari-Lac Tchad, 2 *cartes*, p. 7 à 52.

21044. Foureau (F.). — Rapport sur une mission scientifique de M. N. Villatte dans le Sahara central, p. 54 à 56.

21045. Gérin-Ricard (Henry de). — Rapport sur une mission archéologique en Italie, *carte* et *pl.*, p. 57 à 72.

21046. Méhier de Mathuisieulx (H.). — Rapport sur une mission scientifique en Tripolitaine, *fig.* et *carte*, p. 73 à 102.

21047. Poinssot (Louis). — Les inscriptions de Thugga, *fig.*, p. 103 à 355.

21048. Engel (Arthur) et Paris (Pierre). — Une forteresse ibérique à Osuna (fouilles de 1903), 40 *pl.*, p. 357 à 491.

SEINE. — PARIS.

COMMISSION DE RECHERCHE ET DE PUBLICATION DE DOCUMENTS RELATIFS À LA VIE ÉCONOMIQUE DE LA RÉVOLUTION.

Cette Commission a été créée par arrêté ministériel du 23 décembre 1903. Elle a organisé des comités départementaux et entrepris avec leur concours la publication d'une collection de documents inédits dont les premiers volumes sont énumérés ci-dessous.

La Commission a fait paraître en 1906 le premier volume d'un *Bulletin* qui est également analysé ci-dessous. Deux des comités départementaux, celui de la Sarthe et celui de Seine-et-Oise, ont entrepris en 1906 de publier chacun un *Bulletin* analogue à celui de la Commission centrale; on en trouvera l'analyse à leurs places respectives.

21049. Bloch (Camille). — Département du Loiret. Cahier de doléances du bailliage d'Orléans pour les États généraux de 1789. T. I. (Orléans, 1906, in-8°, lxxv-800 p.)

21050. Charléty (Sébastien). — Documents relatifs à la vente des biens nationaux dans le département du Rhône. (Lyon, 1906, in-8°, xvii-722 p.)

21051. Laurent (Gustave). — Département de la Marne. 1re série. Cahiers de doléances pour les États généraux de 1789. T. I. Bailliage de Châlons-sur-Marne. (Épernay, 1906, in-8°, xxxii-872 p.)

21052. Gerbaux (Fernand) et Schmidt (Charles). — Procès-verbaux des Comités d'agriculture et de commerce de la Constituante, de la Législative et de la Convention, t. I. Assemblée constituante, 1re partie : 2 septembre 1789-21 janvier 1791. (Paris, 1906, in-8°, xxiv-775 p.)

I. — Commission de recherche et de publication de documents relatifs à la vie économique de la Révolution. Bulletin trimestriel, année 1906. (Paris, 1906, in-8°, 431 p.)

21053. Anonyme. — Instruction pour la publication des cahiers de 1789, p. 23 à 38.

21054. Anonyme. — Instruction pour la publication des dossiers de la vente des biens nationaux, p. 39 à 50.

21055. Anonyme. — Instruction pour la publication des documents relatifs au commerce des céréales, p. 105 à 112.

21056. Caron (Pierre). — Notes sur la législation et l'administration du commerce des céréales de 1788 à l'an v, p. 113 à 128.

21057. Caron (Pierre). — Recueil des principaux textes législatifs et administratifs sur le commerce des céréales de 1788 à l'an v, p. 129 à 294.

21058. Caron (Pierre). — Note sur les sources, aux Archives nationales, de l'histoire du commerce des céréales de 1788 à l'an v, p. 295 à 311.

21059. Riffaterre (C.). — Les revendications économiques et sociales des assemblées primaires de juillet 1793, p. 321 à 380.

21060. Paumès (B.). — La vie économique dans l'élection de Cahors à la veille de 1789, p. 381 à 397.

21061. P. C. [Caron (P.)]. — Les billets de confiance à Troyes en 1792, p. 404 à 407.

21062. Bourgin (Georges). — Frais d'exploitation agricole en Beauce en 1790, p. 408 à 419.

21063. P. C. [Caron (P.)]. — Le payement des contributions en nature en l'an iv [à Louveaucourt, près Clermont (Oise)], p. 419 à 421.

SEINE. — PARIS.

COMMISSION DU VIEUX PARIS.

Voir, pour les publications de cette Commission antérieures à 1901, la table récapitulative de notre *Bibliographie générale;* et pour ses publications postérieures, les tables placées à la fin du fascicule III du tome I, et du fascicule I du tome II de notre *Bibliographie annuelle.*

IX. — Ville de Paris. Commission municipale du Vieux Paris, année 1906. Procès-verbaux. (Paris, 1907, in-8°, 344 p.)

21064. Lambeau (Lucien). — Bail consenti à Jean-Baptiste de la Michodière d'une maison sise 46, rue Saint-Antoine, p. 5.

21065. Sellier (Charles). — L'ancien couvent des Filles de l'Union chrétienne, dites de Saint-Chaumond, à propos de la démolition du n° 224 de la rue Saint-Denis, 2 *pl.*, p. 6 à 18.

21066. Tesson (L.). — Observations au sujet d'une note de M. de Longpérier relative aux inscriptions du regard de Belleville, p. 20 à 22.

21067. Anonyme. — L'impasse Villehardouin, *pl.*, p. 27.

21068. Lambeau (Lucien). — L'hôtel Hirsch, rue de l'Élysée, 2, p. 27 à 30.

21069. Lambeau (Lucien). — Documents provenant de la prison des Madelonnettes trouvés dans la Maison d'arrêt de Saint-Lazare, p. 30 à 33.

21070. Lambeau (Lucien). — Les cloches de Saint-Jacques de la Boucherie, p. 33 à 34.

21071. Herbet (Félix). — Maisons de la rue de Buci devant être prochainement démolies, p. 34 à 37.

21072. Sellier (Charles). — Fouilles exécutées pour la construction de la ligne n° 4 du Métropolitain, 2 *plans*, p. 37, 79, et 95.

[Fouilles de la Cité et boulevard Denain.]

21073. Sellier (Charles). — Recherche des restes de Duguay-Trouin à l'église Saint-Roch, p. 39 à 40, et 52 à 55.

21074. Lambeau (Lucien). — Immeubles à exproprier rue Grenier-sur-l'Eau, rue du Renard, rue aux Ours, rue Saint-Martin et rue de Bretagne, p. 47.

21075. Lambeau (Lucien). — L'inscription en marbre noir portant les mots *Quay Voltaire* située au coin de la rue des Saints-Pères. Addition au rapport sur l'hôtel du marquis de Villette, p. 48 à 50.

21076. Augé de Lassus. — Élargissement de la rue du Petit-Pont et de la rue Saint-Jacques. Démolition de maisons, 4 *pl.*, p. 51.

21077. Lambeau (Lucien). — La promenade dans Paris des restes de la princesse de Lamballe, p. 55 à 57.

21078. Anonyme. — Le mur d'enceinte de l'ancien prieuré et le réfectoire du prieuré de Saint-Martin-des-Champs, 2 *pl.*, p. 58.

21079. Mesureur (G. et A.) et Tesson (L.). — Mise à jour de la sépulture de Montyon dans l'église Saint-Julien-le-Pauvre, p. 67 à 75.

21080. Lambeau (Lucien). — Anciennes peintures du palais de la Bourse; borne-limite de l'enceinte de Paris (1726), p. 75.

21081. Sellier (Charles). — Immeubles atteints par les projets de voirie, rue Coquillière, rue des Deux-Écus, rue de la Banque, rue du Louvre, rue Greneta, p. 77 à 79.

21082. Laugier (André). — L'ancienne place des Trois Maries, p. 83.

21083. Lambeau (Lucien). — Anciennes rues des Trois Pavillons et de Thibault-aux-Dez, p. 86.

21084. Lambeau (Lucien). — Figures sculptées de l'hôtel Sully, p. 100.

21085. Laugier (André). — L'ancienne rue Taranne, p. 101.

21086. Lambeau (Lucien). — Les Dames de Saint-Michel, rue des Postes et rue Saint-Jacques (1724-1906). L'ancien couvent de la Visitation de la rue Saint-Jacques, 6 *pl.*, p. 105 à 172.

21087. Sellier (Ch.). — Découvertes archéologiques résultant de fouilles exécutées dans Paris, p. 176, 220, 289, et 325.

[Sépultures gallo-romaines, rue de Rennes; entrée de l'Enclos du Temple; cimetière de la Trinité; voie romaine de Lutèce à Lyon; première pierre d'un des bâtiments de l'abbaye de Saint-Antoine; église et cimetière Saint-André-des-Arts; fours à céramique, boulevard Raspail; couvent des Filles bleues, etc.]

21088. Villain (Georges). — Les fouilles du Marché aux Fleurs, p. 186, et 324.

21089. Lambeau (Lucien). — Les jardinets établis devant les maisons d'une partie de l'avenue de Saint-Mandé, p. 195 à 200.

21090. Tesson (L.). — Portail de style gothique dans la maison n° 16, rue de Varenne, p. 200.

21091. Hartmann (Georges). — Anciennes maisons de la rue du Renard, *plan*, p. 203 à 219.

21092. Lambeau (Lucien). — Maison de la rue Croix-des-Petits-Champs, n° 23, p. 219.

21093. Mesqueur (André). — La première pierre des constructions anciennes de l'abbaye Saint-Antoine-des-Champs, p. 231.

21094. Tesson (L.). — Démolition de maisons situées entre la rue de Varenne et la rue de Grenelle pour l'ouverture du boulevard Raspail, *pl.*, p. 235.

21095. Tesson (L.). — Suppression de l'hôpital Andral; le couvent des Hospitalières de la Place Royale; la Filature des indigents; la Direction municipale des nourrices; l'hôpital des Tournelles, *pl.*, p. 236 à 250.

21096. Augé de Lassus (L.). — La manufacture des tabacs, dite du Gros-Caillou, *pl.*, p. 251.

21097. Sellier (Charles). — Remarques et conclusions relativement à des murs anciens trouvés dans les fouilles du Marché aux Fleurs de la Cité, p. 252 à 260.

21098. Laugier (André). — Le square nord de Saint-Germain-des-Prés, *pl.*, p. 261.

21099. Lambeau (Lucien). — Bâtiments dépendants de l'ancien couvent des Bonshommes de Chaillot, rue Beethoven, *pl.*, p. 261.

21100. Lambeau (Lucien). — La démolition de l'Abbaye-aux-Bois, 2 *pl.*, p. 262 à 266.

21101. Lambeau (Lucien). — L'échafaudage de la Tour Saint-Jacques-la-Boucherie, *pl.*, p. 267 à 288.

21102. Lambeau (Lucien). — Les statues du pont des Saints-Pères, p. 295.

21103. Lambeau (Lucien). — La statue de Charlemagne, square du Parvis Notre-Dame, p. 306 à 319.

21104. Lambeau (Lucien). — Les fontaines monumentales du faubourg Saint-Martin, *pl.*, p. 320.

SEINE. — PARIS.

CONSEIL HÉRALDIQUE.

Voir, pour les publications de cette Société antérieures à 1901, la table récapitulative de notre *Bibliographie générale*; et pour ses publications postérieures, les tables placées à la fin du fascicule III du tome I, et du fascicule I du tome II de notre *Bibliographie annuelle*.

XIX. — Annuaire du Conseil héraldique de France, 19e année. (Paris, 1906, in-16, 409 p.)

21105. Poli (Comte de). — La maison de Reinach en France (XVe-XVIIe siècles), p. 63 à 82.

21106. Guillot (Gaëtan). — La famille d'un ambassadeur de Louis XIV [Bernardin Kadot, marquis de Sebeville], comment elle entendait le loyalisme, p. 83 à 98.

21107. Perrier (Émile). — Les chevaliers du Croissant, *fig.*, p. 99 à 164.

21108. Du Bosco de Beaumont (G.). — La jurisprudence héraldique des d'Hozier, p. 165 à 177.

21109. Du Pin de la Guérivière (Vicomte E.). — Les Coquebert, de l'ancien Rémois, p. 178 à 249.

21110. Boult de Lesdain (L.). — Armoiries danoises, p. 250 à 276.

21111. Rodière (Roger). — La famille Godquin, p. 277 à 288.

21112. Couret. — Les lettres du prieur Libert van Elsrack, ou Essai de réorganisation de l'ordre canonial et régulier du Saint-Sépulcre de Jérusalem (1674-1676), p. 289 à 313.

21113. Ribier (D[r] de). — La Girouette et les Jacobins auvergnats (an V), p. 314 à 316.

21114. Rodière (Roger). — Documents pour servir au Dictionnaire des Croisés de France, p. 317 à 360.

SEINE. — PARIS.

INSTITUT DE FRANCE.

Voir, pour les publications de l'Institut antérieures à 1901, la table récapitulative de notre *Bibliographie générale;* et pour ses publications postérieures, les tables placées à la fin du fascicule III du tome I, e tdu fascicule I du tome II de notre *Bibliographie annuelle.*

LXXXIX. — Institut de France. Séance publique annuelle des cinq Académies, du jeudi 25 octobre 1906, présidée par M. Gebhart, président de l'Académie des Sciences morales et politiques. (Paris, 1906, in-4°, 87 p.)

21115. Gebhart. — Discours, p. 3 à 12.
21116. Reinach (Salomon). — La Vénus d'Alésia, p. 17 à 25.
21117. Masson (Frédéric). — Un académicien de l'an XI, Jean Devaines, p. 51 à 63.

JOURNAL DES SAVANTS.

IV. — Journal des Savants publié sous les auspices de l'Institut de France, nouvelle série, 4e année. (Paris, 1906, in-4°, 692 p.)

21118. Ferrero (Guglielmo). — Catilina, p. 5 à 17.
21119. Eichthal (Eugène d'). — Les idées socialistes en France de 1815 à 1848, p. 17 à 23.
21120. Luchaire (Achille). — Les sources de l'histoire de France, p. 23 à 35.
21121. Berthelot (M.). — Adalard de Bath et la *Mappae clavicula* (Clef de la peinture), p. 61 à 66.
21122. Bellaigue (Camille). — J.-S. Bach, le musicien-poète, p. 67 à 75.
21123. Weil (Henri). — La littérature grecque, p. 75 à 81.
21124. Cougnaud (Edmond). — Les Métamorphoses d'Ovide et leurs modèles grecs, p. 82 à 99.
21125. Collignon (Max.). — La sculpture attique avant Phidias, p. 121 à 132, et 188 à 195.
21126. Appell (Paul). — La vie et l'œuvre de Jacobi, p. 132 à 138.
21127. Fabia (Philippe). — Une prétendue source de Tacite. L'empereur Nerva, p. 138 à 148.
21128. Gallois (L.). — La *Géographie générale* de Varenius, p. 148 à 162.
21129. Lapparent (A. de). — L'épopée antarctique, p. 177 à 188, et 239 à 251.
21130. Berger (Élie). — La frontière d'Argonne, p. 196 à 199.
21131. Pariset (G.). — La politique du Grand Électeur, p. 200 à 212.
21132. Boissonnade (P.). — L'Espagne au XVIIIe siècle, p. 212 à 218.
21133. Delisle (Léopold). — La coupe d'or du roi Charles V, p. 233 à 239.
21134. Radet (Georges). — La topographie d'Éphèse, p. 251 à 264.
21135. Déhérain (Henri). — La prise de possession de Sainte-Hélène par la Grande-Bretagne au XVIIe siècle, *carte,* p. 264 à 278.
21136. Croiset (Maurice). — La fatalité chez Sophocle, p. 289 à 302, et 352 à 359.
21137. Dieulafoy (Marcel). — Le legs Franks [Trésor de l'Oxus au Musée Britannique], p. 302 à 310.
21138. Bourgeois (Émile). — Les origines de la grande industrie en Angleterre, p. 310 à 321.
21139. Perrot (G.). — L'art gréco-bouddhique, p. 345, 401 et 465.
21140. Foucart (G.). — Un temple solaire de l'empire Memphite, p. 360 à 370.
21141. Rivaud (Albert). — La préparation du Catalogue critique et chronologique des œuvres de Leibniz, p. 370 à 389, et 431 à 441. — Cf. id. n° 21314.
21142. Van Berchem (Max). — L'art musulman au Musée de Tlemcen, p. 410 à 425.
21143. Delisle (L.). — Un nouveau manuscrit de l'*Historia figuralis* de Girard d'Anvers, p. 425.
21144. Foucart (P.). — Deux textes relatifs à la Minerve de Phidias, p. 426 à 431.
21145. Cagnat (René). — Un règlement minier sous l'Empire romain, *fig.*, p. 441 à 443, et 671.

IMPRIMERIE NATIONALE.

21146. Dareste (R.). — Lamoignon et la réforme judiciaire de 1788, p. 457 à 464.

21147. Jeanroy (A.). — Le Mystère de la Passion en France, p. 476 à 492.

21148. Thomas (Jules). — La philosophie ancienne, p. 492 à 502.

21149. Weil (Henri). — Papyrus récemment découverts, p. 513 à 520.

21150. Fagniez (G.). — Le duc de Nemours, p. 520 à 527.

21151. Bornecque (Henri). — Les clausules métriques, p. 528 à 534.

21152. Lafaye (Georges). — La *Thébaïde* de Stace, p. 535 à 541, et 582 à 592.

21153. Barth (A.). — L'inscription du reliquaire de Piprawa, p. 541 à 554.

21154. Foucart (Paul). — Les campagnes de M. Antonius Creticus contre les Pirates (74-71), p. 569 à 581.

21155. Joret (Charles). — Un naturaliste voyageur à la fin du XVIIIe siècle, Joseph Dombey, p. 592 à 601.

21156. Pariset (G.). — Témoignages anglo-français sur 1814 et 1815, p. 602 à 608.

21157. Cagnat (R.). — Un catalogue romain d'œuvres d'art, p. 608 à 610.

21158. Anonyme. — Souvenirs biographiques sur Louis-Guillaume Le Monnier, associé de l'Institut national, p. 625 à 632.

21159. Thomas (Antoine). — Jaques d'Armagnac bibliophile, notes et documents complémentaires, p. 633 à 644.

21160. Charléty (L.). — Le premier ministère de Louis XVIII, p. 644 à 657.

21161. Henry (V.). — Atharva-Veda-Samhitā, p. 657 à 688.

21162. Guiffrey (J.). — Le relevé de la colonne Trajane par Charles Percier, p. 668 à 671.

ACADÉMIE FRANÇAISE.

LXXVI. — Institut de France. Académie française. Séance publique annuelle du jeudi 29 novembre 1906, présidée par M. Paul Bourget, directeur. (Paris, 1906, in-4°, 114 p.)

21163. Bourget (Paul). — Discours sur les prix de vertu, p. 85 à 114.

Institut de France. Académie française. Discours prononcés dans la séance publique tenue par l'Académie française pour la réception de M. Étienne Lamy, le 11 janvier 1906. (Paris, 1906, in-4°, 54 p.)

21164. Lamy (Étienne). — Discours, p. 3 à 27.

[Éloge de M. Eugène Guillaume.]

21165. Freycinet (De). — Discours, p. 29 à 54.

Institut de France. Académie française. Discours prononcés dans la séance publique tenue par l'Académie française pour la réception de M. Alexandre Ribot, le jeudi 20 décembre 1906. (Paris, 1906, in-4°, 60 p.)

21166. Ribot (Alexandre). — Discours, p. 3 à 36.

[Éloge du duc d'Audiffret-Pasquier.]

21167. Deschanel (Paul). — Discours, p. 37 à 60.

PIÈCES DIVERSES.

21168. Divers. — Institut de France. Académie française. Discours prononcés à l'inauguration de la statue d'Alfred de Musset à Paris, le vendredi 23 février 1906. (Paris, 1906, in-4°, 16 p.)

[Discours de MM. F. Coppée, p. 3; et J. Claretie, p. 9.]

21169. Divers. — Institut de France. Académie française. Inauguration du monument élevé à Pierre Corneille à Paris, le dimanche 27 mai 1906. (Paris, 1906, in-4°, 12 p.)

[Discours de MM. E. Faguet, p. 3; et J. Claretie, p. 9.]

21170. Divers. — Institut de France. Académie française. Troisième centenaire de la naissance de Pierre Corneille célébré à Rouen les 5 et 6 juin 1906. (Paris, 1906, in-4°, 37 p.)

[Discours de MM. H. Houssaye, p. 3; A. Sorel, p. 9; L. Passy, p. 31.]

21171. Divers. — Institut de France. Académie française. Inauguration de la statue d'Alexandre Dumas [fils] à Paris, le mardi 12 juin 1906. (Paris, 1906, in-4°, 38 p.)

[Discours de MM. V. Sardou, p. 3; P. Bourget, p. 17; P. Hervieu, p. 27; J. Claretie, p. 33.]

ACADÉMIE DES INSCRIPTIONS ET BELLES-LETTRES.

MÉMOIRES.

XXXVII. — Mémoires de l'Institut national de France. Académie des Inscriptions et belles-lettres, t. XXXVII. (Paris, 1904-1906, in-4°, 339 et 347 p.)

Première partie.

21172. Foucart (P.). — Les grands mystères d'Éleusis. Personnel, cérémonies. 1re partie, *pl.*, p. 1 à 156.
21173. Helbig. — Les Ἱππεῖς, *fig.* et 2 *pl.*, p. 157 à 264.
21174. Berger (Ph.). — Mémoire sur les inscriptions de fondation du Temple d'Esmoun à Sidon, 6 *pl.*, p. 265 à 293.
21175. Foucart (P.). — La formation de la province romaine d'Asie, p. 297 à 339.

Deuxième partie.

21176. Foucart (P.). — Le culte de Dionysos en Attique, p. 1 à 204.
21177. Helbig (W.). — Sur les attributs des Saliens, *fig.*, p. 205 à 276.
21178. Lasteyrie (R. de). — La déviation de l'axe des églises est-elle symbolique? *fig.*, p. 277 à 308.
21179. Foucart (P.). — Sénatus-consulte de Thisbée (170), p. 309 à 346.

COMPTES RENDUS.

21180. Ledos (G.). — Académie des Inscriptions et belles-lettres. Comptes rendus des séances. Table des années 1857-1900. (Paris, 1906, in-8°, xix-232 p.)

[Préface par H. Omont.]

L. — Académie des Inscriptions et belles-lettres. Comptes rendus des séances de l'année 1906. (Paris, 1906, in-8°, 779 p.)

21181. Delattre (Le P.). — Le plus grand sarcophage trouvé dans les nécropoles puniques de Carthage, *fig.*, p. 10 à 21.
21182. Cagnat (R.). — Inscription romaine de Tourrettes-Levens, p. 22.
21183. Naville (Édouard). — Le dieu de l'oasis de Jupiter Ammon, *fig.*, p. 25 à 32.
21184. Monceaux (Paul). — La versification à tendances populaires des chrétiens d'Afrique, p. 40 à 42.
21185. Heuzey (Léon). — Les dieux à turban sur les cylindres chaldéens, p. 43 à 48.
21186. Diakowitch. — Fouilles à Philippopoli, *fig.*, p. 57 à 59.
21187. Delattre (Le P.). — Une nécropole punique à Utique, p. 60 à 63.
21188. Cumont (Franz). — Les mystères de Sabazius et le judaïsme, p. 63 à 79.
21189. Espérandieu (Commandant). — Résultats de sondages pratiqués sur le Mont Auxois, p. 79 à 83.
21190. Héron de Villefosse. — Inscription romaine à Carthage, p. 95.
21191. Jalabert (Le P. Louis). — Nouvelles dédicaces à la Triade héliopolitaine, *fig.*, p. 97 à 104.
21192. Héron de Villefosse. — Tarif de passage d'un bac trouvé en Tunisie (inscription romaine), p. 118 à 121.
21193. Héron de Villefosse. — Bulle de plomb de Fortunius, évêque de Carthage, p. 121.
21194. Chabot (J. B.). — Mosaïque découverte à Édesse, p. 122.
21195. Sénart (Émile). — Fouilles exécutées au Bayon d'Angkor, p. 123 à 128.
21196. Besnier (Maurice). — Note sur la géographie économique du Maroc dans l'antiquité, p. 135 à 138.
21197. Héron de Villefosse. — Inscription de la basilique de Rouis, près Tébessa, p. 141 à 144.
21198. Arbois de Jubainville (Dr). — Le culte des menhirs dans le monde celtique, p. 146 à 152.
21199. Mendel (Gustave). — Note sur les fouilles exécutées à Aphrodisias par M. Paul Gaudin, campagne de 1905, 4 *pl.*, *fig.*, p. 158 à 184.
21200. Omont (Henri). — Une édition inconnue des Chroniques de Gargantua, *facs.*, p. 187 à 192.
21201. Blanchet (Adrien). — Villes de la Gaule romaine aux Ier et IVe siècles de notre ère, p. 192 à 196.
21202. Reinach (Salomon). — Fouilles d'Alésia, *fig.*, p. 201.
21203. Reinach (Salomon). — Fouilles à Oxyrhyncus, p. 203.
21204. Seymour de Ricci. — Papyrus coptes, p. 209 à 211.
21205. Merlin (A.). — Fouilles de Bulla Regia, *fig.*, p. 217, 363, et 547.
21206. Lauer (Ph.). — Le trésor du Sancta Sanctorum au Latran, p. 223.
21207. Monceaux (H.). — La littérature donatiste, p. 226 à 228, et 314.
21208. Jouguet (Pierre). — En quelle année finit la guerre entre Constantin et Licinius, p. 231 à 236.

21209. Clermont-Ganneau. — Note sur deux alabastra israélites archaïques découverts à Suze (mission de Morgan), *fig.*, p. 237 à 248.

21210. Héron de Villefosse. — Inscriptions romaines découvertes à Paris au Marché aux fleurs, p. 252 à 256, et 261 à 263.

21211. Seymour de Ricci. — Fouilles d'Alise, p. 264.

21212. Bréal (Michel). — D'où vient le mot latin *corpus*, p. 268 à 274.

21213. Morgan (J. de). — Résultats de la neuvième campagne de fouilles de la Délégation du Ministère de l'Instruction publique [en Perse], p. 275 à 281.

21214. Radet (Georges). — Brique de Sardes représentant la déesse Cybébé, *fig.*, p. 282 à 285.

21215. Pichon (René). — La politique de Constantin d'après les *Panegyrici latini*, p. 289 à 297.

21216. Leynaud (L'abbé). — Rapport sur les fouilles des catacombes d'Hadrumète, *fig.*, p. 298 à 303.

21217. Cuq (Édouard). — Bornes provenant des fouilles de Suze, p. 308 à 311.

21218. Grenier (A.). — Compte rendu des fouilles de l'École française de Rome à Bologne, p. 315 à 325.

21219. Brutails. — L'église Saint-Orens de la Reulle, près Saint-Savin (Hautes-Pyrénées), *fig.*, p. 327.

21220. Cagnat. — Inscription romaine de la mine d'Aljustrel, en Portugal, p. 328 à 331.

21221. Dorez (L.). — Les manuscrits de la collection de lord Leicester à Holkham-Hall (Norfolk, Angleterre), p. 336 à 337.

21222. Arnaud d'Agnel (L'abbé). — Notes sur trois monuments épigraphiques inédits de la commune de Martigues, p. 358 à 363.

21223. Espérandieu (Commandant). — Fouilles d'Alise, *fig.*, p. 389, 401, et 481.

21224. Audollent (Auguste). — Note sur une statuette de Mercure découverte au sommet du Puy-de-Dôme, *fig.*, p. 393 à 399.

21225. Edhem-Bey. — Fouilles d'Alabanda, rapport sommaire sur la seconde campagne (1905), *fig.* et 13 *pl*, p. 407 à 422.

21226. Delattre (Le P.). — Le cimetière chrétien de Mcidfa à Carthage, *fig.*, p. 422 à 432.

21227. Jouguet (Pierre) et Lesquier (Jean). — Plan et devis de travaux de l'an 27 de Ptolémée Philadelphe, p. 433 à 441.

21228. Cagnat. — Sur une inscription romaine de Carthage, p. 444 à 445.

21229. Clermont-Ganneau. — Sur une inscription néo-punique d'El-Kef (Tunisie), p. 445 à 447.

21230. Merlin (Alfred). — Observations sur le texte du *Senatus consultum Beguense*, *fig.*, p. 448 à 456.

21231. Babelon (Ernest). — Sur deux passages de Polybe, p. 458 à 470.

21232. Cagnat (R.). — Note sur une inscription de Carthage relative à Sex. Appuleius, *fig.*, p. 470 à 478.

21233. Cagnat. — Inscriptions romaines trouvées aux environs de Tébessa, p. 478 à 481.

21234. Vogüé (Marquis de). — Note sur Sauveplantade, *fig.*, p. 486 à 492.

21235. Haussoullier (B.). — Notice sur la vie et les œuvres de M. Jules Oppert [1825 † 1905], *portr.*, p. 567 à 592. — Cf. id., n° 21247.

21236. Clermont-Ganneau. — Légendes sur l'alouette, p. 592 à 602.

21237. Perrot (Georges). — Notice sur la vie et les travaux de Désiré Raoul-Rochette [1790 † 1854], p. 638 à 701. — Cf. id. n° 21245.

21238. Berger (Élie). — Les aventures de la reine Aliénor, histoire et légende, p. 702 à 712. — Cf. id. n° 21246.

21239. Pichon (René). — Virgile et les légendes des origines troyennes, p. 714 à 720.

21240. Joulin (L.). — Établissements antiques du bassin supérieur de la Garonne, p. 723.

21241. Bérard (Alexandre). — Alésia et Izernore, p. 724.

21242. Reinach (S.). — Le mot *sycophante*, p. 733. — Cf. n° 21243.

21243. Bréal. — Le mot *sycophante*, p. 740. — Cf. n° 21242.

LXVI. — Institut de France. Académie des Inscriptions et belles-lettres. Séance publique annuelle du vendredi 16 novembre 1906, présidée par M. René Cagnat, président. (Paris, 1906, in-4°, 137 p.)

21244. Cagnat (René). — Discours, p. 3 à 21.

21245. Perrot (Georges). — Notice sur la vie et les travaux de M. Raoul-Rochette [1790 † 1854], p. 49 à 123. — Cf. id. n° 21237.

21246. Berger (Élie). — Les aventures de la reine Aliénor, histoire et légende, p. 125 à 137. — Cf. id. n° 21238.

PIÈCES DIVERSES.

21247. Haussoullier (B.). — Institut de France. Académie des Inscriptions et belles-lettres. Notice sur la vie et les œuvres de M. Jules Oppert [1825 † 1905], lue dans la séance du 9 novembre 1906. (Paris, 1906, in-4°, 33 p.) — Cf. id. n° 21235.

NOTICES ET EXTRAITS DES MANUSCRITS.

XXXVIII. — Notices et extraits des manuscrits de la Bibliothèque nationale et

autres bibliothèques, publiés par l'Académie des Inscriptions et belles-lettres, t. XXXVIII, 2e partie. (Paris, 1906, in-4°, p. 397 à 793.)

[La première partie de ce volume est analysée dans notre tome I, fasc. III, p. 147, nos 11810 et suivants.]

21248. Hauréau (B.). — Notices des manuscrits latins, 583, 657, 1249, 2945, 2950, 3145, 3146, 3437, 3473, 3482, 3495, 3498, 3652, 3702, 3730, de la Bibliothèque nationale, p. 397 à 447.

[Commentaire sur le prophète Abdias: sermons; commentaire sur les Épîtres de Saint-Paul; exposition de la messe; poèmes latins; lettre attribuée à Guillaume, abbé de Saint-Thierry; lettres d'Hildebert de Lavardin; traité d'Hugue de Saint-Victor; sermons de Pierre le Mangeur; commentaire sur l'Évangile de saint Jean par Jean Scot Érigène; commentaire de Guillaume d'Auxerre sur les Sentences, disputations théologiques de Philippe de Grève; dialogues d'Hugues de Boves; dialogue sur les sacrements de Guillaume de Paris; traité moral de Jean de Metz; somme de Jean d'Udine; *Speculum ecclesiae* d'Hugues de Saint-Cher; *Templum Dei* de Robert Grosse-Tête; *De corpore et sanguine Domini* d'Alger de Liége; sentences anonymes; sermons d'Hugues de Saint-Cher et de Pierre de Reims; *De duabus naturis* de Boèce; poèmes d'Hildebert de Lavardin; sermons de Gebouin, archidiacre de Troyes, etc.]

21249. Ferrand (Gabriel). — Un texte arabico-malgache du XVIe siècle, transcrit, traduit et annoté d'après les manuscrits 7 et 8 de la Bibliothèque nationale, p. 449 à 576.

21250. Delisle (L.). — Notice sur les manuscrits du *Liber Floridus*, composé en 1120 par Lambert, chanoine de Saint-Omer, *facs.*, p. 577 à 791.

HISTOIRE LITTÉRAIRE.

XXXIII. — Histoire littéraire de la France, ouvrage commencé par des religieux bénédictins de la Congrégation de Saint-Maur et continué par des membres de l'Institut (Académie des Inscriptions et belles-lettres), t. XXXIII, suite du XIVe siècle. (Paris, 1906, in-4°, XXXII-651 p.)

21251. P. M. [Meyer (Paul)]. — Notice sur Gaston Paris, p. VII à XXXIII.

21252. L. D. [Delisle (L.)]. — Maître Jean d'Antioche, traducteur, et frère Guillaume de Saint-Étienne, hospitalier, p. 1 à 40, et 624 à 628.

21253. P. V. [Viollet (P.)]. — Les coutumiers de Normandie, p. 41 à 190.

21254. G. P. [Paris (G.)]. — Raimond de Béziers, traducteur et compilateur, p. 191 à 253.

21255. P. M. [Meyer (P.)]. — Versions en vers et en prose des *Vies des Pères*, p. 254 à 328.

21256. P. M. [Meyer (P.)]. — Légendes hagiographiques en français, p. 328 à 458.

21257. B. H. [Hauréau (B.)]. — Jacques de Lausanne, frère prêcheur, p. 459 à 479.

21258. N. V. [Valois (N.)]. — Pierre Auriol, frère mineur, p. 479 à 527.

21259. N. V. [Valois (N.)]. — Jean de Jandun et Marsile de Padoue, auteurs du *Defensor pacis*, p. 528 à 623.

RECUEIL DES HISTORIENS DE LA FRANCE.

Série in-4°.

II. — Recueil des Historiens de la France. Obituaires, t. II. (Paris, 1906, in-4°, XXVIII-675 p.)

21260. Longnon (Auguste). — Préface, p. I à XXVIII.

[Maison comtale de Chartres et de Blois; maison comtale du Perche; comtes de Meulan.]

21261. Molinier (Auguste). — Obituaires du diocèse de Chartres, p. 1.

[Église cathédrale de Chartres. — Abbayes de Saint-Père en Vallée, de la Trinité de Vendôme, de Pontlevoy, de Saint-Avit de Châteaudun, de Haute-Bruyère, de Saint-Jean en Vallée; prieuré de Saint-Nicaise de Meulan; abbaye de Josaphat; prieuré de Davron; abbayes d'Abbecourt, de l'Étoile, des Clairets, de Joyenval, de Saint-Chéron de Bonneval. — Dominicaines de Poissy; Frères prêcheurs et Frères mineurs de Chartres. — Collégiales de Notre-Dame de Poissy, de Saint-André de Chartres; chapitre Saint-Maurice de Chartres; collégiales de Notre-Dame de Mantes, de Saint-Georges de Vendôme, de Saint-Jean de Nogent-le-Rotrou. — Léproserie de la Madeleine du Grand Beaulieu; Hôtel-Dieu de Châteaudun. — Église Saint-Saturnin de Chartres; paroisse de Courville.]

RECUEIL DES HISTORIENS DES CROISADES.

Historiens orientaux.

V. — Recueil des Historiens des Croisades, publié par les soins de l'Académie des Inscriptions et belles-lettres. Historiens orientaux, t. V. (Paris, 1906, in-fol., 287 p.)

21262. Barbier de Meynard (A.-C.). — Abou Chamah : *Le livre des deux jardins*, histoire de deux règnes, celui de Nour ed-Din et celui de Salah ed-Din, p. 1 à 287. — Suite de IV, p. 1.

[Autobiographie d'Abou Chamah tirée du complément (dzeil) du *Livre des deux jardins*, p. 211 à 216.]

Documents arméniens.

II. — Recueil des Historiens des Croisades, publié par les soins de l'Académie des Inscriptions et belles-lettres. Documents arméniens, t. II; Documents latins et français relatifs à l'Arménie. (Paris, 1906, in-fol., CCLXIV-1038 p.)

21263. Kohler (Ch.). — Introduction, p. 1 à CCLXIV.

[Notices sur les ouvrages publiés dans le volume.]

21264. Anonyme. — Chronique d'Arménie, par Jean Dardel, p. 1 à XXII, et 1 à 109.
21265. Anonyme. — Hayton. La flor des Estoires de la terre d'Orient, p. XXIII à CXLII, et 111 à 363.
21266. Anonyme. — Pseudo-Brocardus. Directorium ad passagium faciendum, p. CXLIII à CLXXVI, et 365 à 517.
21267. Anonyme. — Guillelmus Adae. De modo Sarracenos extirpandi, p. CLXXVII à CCVII, et 519 à 555.
21268. Anonyme. — Daniel de Thaurisio, O. M. Responsio ad errores impositos Hermenis, p. CCVIII à CCXVIII, et 557 à 650.
21269. Anonyme. — Les Gestes des Chiprois, p. CCXIX à CCLXIV, et 651 à 872.

PUBLICATIONS DIVERSES.

21270. Ridder (A. de). — Collection de Clercq. Catalogue publié par les soins de l'Académie des Inscriptions et belles-lettres et sous la direction de MM. de Vogüé, E, Babelon, E. Pottier. (Paris, 1905-1906, gr. in-4°.)

[T. III. Les Bronzes, 1905, 496 p., 62 pl. — T. IV. Les marbres, les vases peints et les ivoires, 1906, 282 p., 41 pl.
Une première série a été publiée dans le format grand in-folio en dehors de tout concours de l'Académie par M. de Clercq, avec la collaboration de M. J. Menant.]

21271. Cagnat (R.) et Lafaye (G.). — Inscriptiones graecae ad res romanas pertinentes, auctoritate et impensis Academiae inscriptionum et litterarum humaniorum collectae et editae, t. III. (Paris, 1902-1906, gr. in-8°, 695 p.)

[Le tome I est en cours de publication; le tome II n'a pas paru.]

ACADÉMIE DES SCIENCES.

Institut de France. Académie des Sciences. Séance publique annuelle du lundi 17 décembre 1906, présidée par M. Poincaré, président de l'Académie. (Paris, 1906, in-4°, 41 p.)

21272. Poincaré (H.). — Discours, p. 5 à 16.
21273. Berthelot (M.). — Notice sur la vie et les travaux de Ferdinand Fouqué [1828 † 1904], p. 17 à 41.

XLIX. — Mémoires de l'Académie des Sciences de l'Institut de France, t. XLIX, 2e série. (Paris, 1906, in-4°, LIV-53 et 377 p.)

21274. Darboux (Gaston). — Notice historique sur Charles Hermite, p. 1 à LIV.
21275. Berthelot (M.). — Archéologie et histoire des sciences, p. 1 à 377.

[Métaux trouvés en Égypte, Chaldée, Susiane. — Métaux de l'époque romaine. — Menhirs et faux dolmens. — Altérations chimiques des objets anciens. — Histoire de la chimie et de l'alchimie. — Adalard de Bath et la *Mappæ clavicula*. — Alchimie persane et indienne. — Les lapidaires chinois. — Papyrus grecs du British Museum (agriculture, magie, recettes médicales). — Les médecins égyptiens et grecs. — Les savants alexandrins. — Papyrus chimique de Leyde. — Le *Livre des soixante-dix* de Geber.]

CXLII. — Comptes rendus hebdomadaires des séances de l'Académie des Sciences..., t. CXLII, janvier-juin 1906. (Paris, 1906, in-4°, 1588 p.)

21276. Berthelot et André (G.). — Recherches sur quelques métaux et minerais trouvés dans les fouilles du tell de l'acropole de Suze en Perse, p. 473 à 480.
21277. Lortet. — Le cœur du roi Ramsès II (Sésostris), p. 823 à 824.
21278. Zeltner (Fr. de). — Le préhistorique aux environs de Cayes (Soudan), p. 1560 à 1563.

CXLIII. — Comptes rendus hebdomadaires des séances de l'Académie des Sciences..., t. CXLIII, juillet-décembre 1906. (Paris, 1906, in-4°, 1272 p.)

21279. Duhem (P.). — Sur quelques découvertes scientifiques de Léonard de Vinci, p. 946 à 949.

ACADÉMIE DES BEAUX-ARTS.

C. — Institut de France. Académie des Beaux-arts. Séance publique annuelle du samedi 3 novembre 1906, présidée par M. Achille Jacquet, président de l'Académie. (Paris, 1906, in-4°, 83 p.)

21280. Jacquet (Achille). — Discours, p. 3 à 7.
21281. Roujon (Henry). — Notice sur la vie et les travaux de M. Paul Dubois, membre de l'Académie [1829 † 1905], p. 63 à 83.

ÉLOGES FUNÈBRES.

CLXVII. — Institut de France. Académie des Beaux-arts. Funérailles de M. Jules Breton, membre de l'Académie, le lundi 9 juillet 1906. (Paris, 1906, in-4°, 3 p.)

21282. Jacquet (Achille). — Discours, p. 1 à 3.

CLXVIII. — Institut de France. Académie des Beaux-arts. Funérailles de M. Henri Bouchot, membre libre de l'Académie, le samedi 16 octobre 1906. (Paris, 1906, in-4°, 9 p.)

21283. Jacquet (Achille). — Discours, p. 1 à 3.
21284. Thomas (Antoine). — Discours, p. 5 à 9. — Cf. id. n° 21667.

PIÈCES DIVERSES.

21285. Saint-Marceaux (De). — Institut de France. Académie des Beaux-arts. Notice sur la vie et les travaux de M. Paul Dubois, membre de l'Académie [1829 † 1905], lue dans la séance du 3 février 1906. (Paris, 1906, in-4°, 17 p.)
21286. Injalbert. — Institut de France. Académie des Beaux-arts. Notice sur la vie et les œuvres de M. Jules Thomas, membre de l'Académie, lue dans la séance du 17 février 1906. (Paris, 1906, in-4°, 14 p.)
21287. Flameng (François). — Institut de France. Académie des Beaux-arts. Notice sur la vie et les travaux de M. Bouguereau, membre de l'Académie, lue dans la séance du 24 février 1906. (Paris, 1906, in-4°, 18 p.)
21288. Lhermitte. — Institut de France. Académie des Beaux-arts. Notice sur la vie et les travaux de M. Henner, membre de l'Academie [1829 † 1905], lue dans la séance du 26 mai 1906. (Paris, 1906, in-4°, 42 p.)
21289. Puech (Denys). — Institut de France. Académie des Beaux-arts. Notice sur la vie et les travaux de M. Ernest Barrias, membre de l'Académie [1841 † 1905], lue dans la séance du samedi 24 novembre 1906. (Paris, 1906, in-4°, 13 p.)

ACADÉMIE DES SCIENCES MORALES ET POLITIQUES.

LXI. — Institut de France. Académie des Sciences morales et politiques. Séance publique annuelle du samedi 8 décembre 1906, présidée par M. Gebhart, président de l'Académie. (Paris, 1906, in-4°, 131 p.)

21290. Gebhart. — Discours, p. 3 à 19.
21291. Picot (Georges). — Notice historique sur la vie et les travaux de M. Albert Sorel [1842 † 1905], p. 73 à 115.
21292. Foville (A. de). — Un homme de bien [M. Victor de Valence de Minardière], p. 117 à 131.

ÉLOGES FUNÈBRES.

LXXVIII. — Institut de France. Académie des Sciences morales et politiques. Funérailles de M. Émile Boutmy, membre de l'Académie, le dimanche 28 janvier 1906. (Paris, 1906, in-4°, 12 p.)

21293. Gebhart. — Discours, p. 1 à 3. — Cf. id. n° 21310.
21294. Aucoc (Léon). — Discours, p. 5 à 8. — Cf. id. n° 21310.
21295. Sorel (Albert). — Discours, p. 9 à 12. — Cf. id. n° 21310.

LXXIX. — Institut de France. Académie des Sciences morales et politiques. Funérailles de M. Raphaël Bischoffsheim, membre libre de l'Académie, le mercredi 23 mai 1906. (Paris, 1906, in-4°, 16 p.)

21296. Laussedat. — Discours, p. 1 à 6.
21297. Liard. — Discours, p. 7 à 8.
21298. Bassot. — Discours, p. 9 à 12.
21299. Babelon (E.). — Discours, p. 13 à 16.

LXXX. — Institut de France. Académie des Sciences morales et politiques. Funérailles de M. Auguste Himly, membre de l'Académie, le mercredi 10 octobre 1906. (Paris, 1906, in-4°, 11 p.)

21300. Gebhart. — Discours, p. 1 à 3. — Cf. id. n° 21666.
21301. Croiset (A.). — Discours, p. 5 à 8. — Cf. id. n° 21666.
21302. Thomas (Antoine). — Discours, p. 9 à 11. — Cf. id. n° 21666.

CLXV. — Séances et travaux de l'Académie des Sciences morales et politiques... 66e année, nouvelle série, t. LXV (165e de la collection, 1906, 1er semestre). (Paris, 1906, in-8°, 811 p.)

21303. Picot (Georges). — Notice historique sur la vie et les travaux de M. Auguste Cochin, p. 40 à 84.
21304. Eichthal (Eugène d'). — Notice sur la vie et les travaux de M. Henri Germain [1824 † 1905], p. 189 à 215. — Cf. id. n° 16809.
21305. Renault (Louis). — Notice sur la vie et les travaux de M. Arthur Desjardins [1835 † 1901], p. 317 à 356. — Cf. id. n° 16810.
21306. Bechaux (A.). — L'évolution des doctrines économiques en Allemagne, p. 378 à 386.
21307. Lallemand (L.). — Les soins donnés aux malades dans les hôpitaux du moyen âge, p. 387 à 399. — Suite de CLXIV, p. 465.
21308. Levasseur (E.). — Aperçu de l'évolution des doctrines économiques et socialistes en France sous la troisième République, p. 457 à 512, et 577 à 618.
21309. Luchaire (A.). — Innocent III et la Hongrie, p. 513 à 528.
21310. Divers. — Funérailles de M. Émile Boutmy († 1906), p. 529 à 537. — Cf. id. nos 21293 à 21295.

[Discours de MM. Gebhart, L. Aucoc, A. Sorel.]

21311. Monod (Gabriel). — Un épisode de la vie de Michelet en 1871, p. 619 à 635.
21312. Dareste. — Notice sur la vie et les travaux de M. d'Olivecrona [1817 † 1905], p. 674 à 680. — Cf. id. n° 21318.
21313. Bonet-Maury (Gaston). — Le christianisme et l'islamisme dans l'Afrique septentrionale, p. 749 à 775.

CLXVI. — Séances et travaux de l'Académie des Sciences morales et politiques, 66e année, nouvelle série, t. LXVI (166e de la collection, 1906, 2e semestre. (Paris, 1906, in-8°, 643 p.)

21314. Rivaud (Albert). — La préparation du catalogue critique et chronologique des œuvres de Leibniz, p. 5 à 24, et 129 à 153. — Cf. id. n° 21141.
21315. Lair (A.). — L'élection de Dumon et de Delangle, la candidature Magne [à l'Académie des Sciences morales et politiques, 1859], p. 81 à 93.
21316. Haussonville (Cte d'). — Le duc de Bourgogne au Conseil, p. 397 à 418.
21317. Bertrand (Alexis). — D'une mutilation d'un texte philosophique [Les *Lettres à Maine de Biran*, d'Ampère], p. 556 à 569.

PIÈCES DIVERSES.

21318. Dareste. — Institut de France. Académie des Sciences morales et politiques. Notice sur la vie et les travaux de M. d'Olivecrona, membre de l'Académie [1817 † 1905], lue dans la séance du 10 mars 1906. (Paris, 1906, in-4°, 10 p.) — Cf. id. n° 21312.
21319. Rocquain (Félix). — Institut de France. Académie des Sciences morales et politiques. Rapport sur le prix Audiffred (actes de dévouement) à décerner en 1906, lu dans la séance du 9 juin 1905. (Paris, 1906, in-4°, 14 p.)

[Les Frères de Saint-Jean-de-Dieu.]

SEINE. — PARIS.

SOCIÉTÉ DES AMÉRICANISTES.

Voir, pour les publications de cette Société antérieures à 1901, la table récapitulative de notre *Bibliographie générale;* et pour ses publications postérieures, les tables placées à la fin du fascicule III du tome I, et du fascicule I du tome II de notre *Bibliographie annuelle.*

VIII. — Journal de la Société des Américanistes de Paris, nouvelle série, t. III. (Paris, 1906, gr. in-8°, 360 p.)

21320. Hamy (Dr E.-T.). — Note sur une statuette mexicaine en wernerite représentant la déesse Ixcuina, *pl.*, p. 1 à 5.

21321. Vignaud (Henry). — Sophus Ruge et ses vues sur Colomb, p. 7 à 14.

21322. Diguet (Léon). — Contribution à l'étude géographique du Mexique précolombien. Le Mixtecapan, *carte*, p. 15 à 43.

21323. Humbert (Jules). — La plus ancienne ville du continent américain, Cumaná de Vénézuéla, ses origines, son histoire, son état actuel, p. 45 à 51.

21324. Roux (Jeanne). — Excursion aux pyramides de San Juan de Teotihuacan, *pl.*, p. 53 à 64.

21325. Villiers du Terrage (Baron Marc de). — Un mémoire politique du XVIIIe siècle relatif au Texas [par le chevalier de Kerlérec], p. 65 à 76.

21326. Hamy (E.-T.). — R.-A. Philippi (1808 † 1904), p. 93 à 94.

21327. Boman (E.). — Hjalmar Stolpe (1841 † 1905), p. 94 à 97.

21328. Lejeal (L.). — Henri de Saussure (1829 † 1905), p. 97 à 99.

21329. Jonghe (E. de). — Voyage du Dr Koch dans les bassins du Rio Negro et du Rio Yapurá (1903-1905), *pl.*, p. 134 à 136.

21330. Lehmann (Dr W.). — Sur un document céramique péruvien relatif à la lèpre précolombienne, *pl.*, p. 136 à 138.

21331. Eaton (Harriet Ph.). — Survivances païennes chez les Ojibways, p. 138.

21332. L. L. [Lejeal (L.)]. — Une inscription américaniste à Paris [à Saint-Séverin, 1676], p. 144.

21333. Lehmann (Dr W.). — Sur la pagination du *Codex Xolotl* [Bibl. nat., Paris], p. 145.

21334. Lejeal (L.). — Premières relations officielles du Mexique espagnol avec le Japon, p. 146 à 149.

21335. Koch-Grünberg (Dr Theodor). — Les Indiens Ouitotos, étude linguistique, 2 *pl.*, p. 157 à 189.

21336. Charnay (Désiré). — Les ruines de Tuloom, d'après John L. Stephens, *pl.*, p. 191 à 195.

21337. Jonghe (Édouard de). — Le calendrier mexicain, essai de synthèse et de coordination, 2 *tabl.*, p. 197 à 227.

21338. Rivet (Dr). — Cinq ans d'études anthropologiques dans la république de l'Équateur (1901-1906), *carte*, p. 229 à 237.

21339. Lehmann (Dr Walter). — Traditions des anciens mexicains, texte inédit et original en langue nahuatlavec, traduction en latin, p. 239 à 297.

21340. Lejeal (L.). — Washington Matthews (1843 † 1905), p. 305 à 307.

21341. Lejeal (L.). — Girard de Rialle, p. 307.

21342. Lejeal (L.). — Jules Oppert († 1905), p. 308.

21343. Anonyme. — Le duc de Bassano (1844 † 1906), p. 309.

21344. Gagnon (Phil.). — Récente découverte archéologique dans l'Ontario, p. 321 à 323.

21345. Trusson (G.-E.). — Les ruines de Quie-Ngola en 1854, p. 338 à 340.

SEINE. — PARIS.

SOCIÉTÉ DES AMIS DES LIVRES.

Voir, pour les publications de cette Société antérieures à 1901, la table récapitulative de notre *Bibliographie générale;* et pour ses publications postérieures, les tables placées à la fin du fascicule III du tome I, et du fascicule I du tome II de notre *Bibliographie annuelle.*

21346. Hanotaux (Gabriel). — *L'éloge de la folie,* d'Erasme, augmenté de la préface d'Érasme adressée à Thomas Morus, son ami. (Paris, 1905, pet. in-4°, VII-158 p., *pl.*)

XXVII. — Société des Amis des livres. Annuaire. 27ᵉ année. (Paris, 1906, in-16, 107 p.)

21347. Lemaitre (Jules). — Les vieux livres, p. 27 à 46.

21348. Claude-Lafontaine (R.). — Essai de bibliographie des poésies de Leconte de Lisle, p. 49 à 72.

SEINE. — PARIS.

SOCIÉTÉ DES ANCIENS TEXTES FRANÇAIS.

Voir, pour les publications de cette Société antérieures à 1901, la table récapitulative de notre *Bibliographie générale;* et pour ses publications postérieures, les tables placées à la fin du fascicule III du tome I, et du fascicule I du tome II de notre *Bibliographie annuelle.*

21349. Constans (Léopold). — Le roman de Troie, par Benoit de Sainte-Maure, tome II. (Paris, 1906, in-8°, 404 p.)

[Le tome I a paru en 1904.]

XXXII. — Bulletin de la Société des anciens textes français. 32ᵉ année. (Paris, 1906, in-8°, 88 p.)

21350. Meyer (P.). — Recettes médicales en français, p. 37 à 52, et 78 à 87.

21351. Omont (H.). — Discours, p. 57 à 62.

[A. N. Wesselofsky (1838 † 1906); Jacob Ulrich (1850 † 1906); A. Delboulle (1835 † 1906); Paul Dupont (1850 † 1906).]

SEINE. — PARIS.

SOCIÉTÉ D'ANTHROPOLOGIE DE PARIS.

Voir, pour les publications de cette Société antérieures à 1901, la table récapitulative de notre *Bibliographie générale;* et pour ses publications postérieures, les tables placées à la fin du fascicule III du tome I, et du fascicule I du tome II de notre *Bibliographie annuelle.*

XLVII. — Bulletins et mémoires de la Société d'anthropologie de Paris, t. VII. 5ᵉ série. (Paris, 1906, in-8°, XLI-518 p.)

21352. HAMY. — Objets de l'âge de pierre trouvés aux environs de Kayes (Haut-Sénégal), p. 3 à 4.

21353. ZABOROWSKI. — La taille des cheveux chez les Germains et dans l'Europe préhistorique, p. 6 à 11.

21354. DUCHEMIN (Capitaine). — Tumulus de la Gambie, *fig.*, p. 25 à 34.

21355. ZABOROWSKI. — Les Gaulois, l'industrie dite de la Têne est purement gauloise. Les Bastarnes, p. 34 à 50.

21356. CAPITAN (L.). — Une couche de silex taillés, usés, sur la terrasse moyenne du Moustier, p. 65 à 67.

21357. HERVÉ (G.). — Contribution à l'histoire des mégalithes, p. 70 à 73.

[Cérémonie mégalithique dans le procès de Gilles de Rays.]

21358. DESPLAGNES (Lieutenant). — Le plateau central nigérien, 8 *pl.*, p. 73 à 84.

21359. ENJOY (Paul D'). — Le spiritisme en Chine, p. 87 à 100.

21360. HAMY (E.-T.). — Pierres levées et figures rupestres de Tagant [Mauritanie], *fig.*, p. 101 à 103.

21361. HÉBERT (J.). — Survivances ethnographiques. L'écorçoir dans les Ardennes, l'Indre et l'Yonne, *fig.*, p. 104 à 107.

21362. DUSSAUD (René). — Les fouilles récentes dans les Cyclades et en Crète, *fig.*, p. 108 à 130.

21363. FORESTIER (Dʳ). — Les ossements pathologiques du cimetière de l'ancienne église d'Aix en Savoie, p. 131.

21364. AVELOT (Lieutenant). — Ethnogénie des peuplades habitant le bassin de l'Ogooué, p. 132 à 137.

21365. THIEULLEN (Ad.) et GEORGES (Maximilien). — Les faux éolithes, p. 150 à 158.

21366. MATHEWS (R.-H.). — Organisation sociale de quelques tribus australiennes, p. 164 à 174.

[Traduit par Oscar SCHMIDT.]

21367. MACQUART (Émile). — Les troglodytes de l'extrême Sud tunisien, *fig.*, p. 174 à 186.

21368. LEJEUNE (Charles). — L'origine des sciences et la religion, p. 187 à 197.

21369. BLOCH (Dʳ Ivan). — La prétendue syphilis préhistorique, p. 202 à 207.

21370. DELVINCOURT et BAUDET. — Découverte d'une double trépanation préhistorique à Montigny-sur-Crécy, canton de Crécy-sur-Serre (Aisne), p. 207.

21371. MANOUVRIER (L.). — La prétendue lésion syphilitique du crâne préhistorique de Bray-sur-Seine, p. 209 à 213.

21372. DUSSAUD (René). — La matérialisation de la prière en Orient, p. 213 à 220.

21373. AUGIER. — Fragments de poterie gauloise [provenant de Lencloître (Vienne) et de Gaillon], *fig.*, p. 225.

21374. LAPICQUE (Louis). — Les nègres d'Asie et la race nègre en général, p. 233 à 249.

21375. ZABOROWSKI. — Édouard Piette [1827 † 1906], *portr.*, p. 260 à 264.

21376. DÉCHELETTE. — Sur un vase peint provenant des sépultures de Saint-Hilaire-du-Riez, *fig.*, p. 265.

21377. AVELOT. — Le jeu des godets, un jeu africain à combinaisons mathématiques, p. 267 à 271.

21378. HAMY (E.-T.). — Les cent quarante nègres de M. d'Avaux à Munster (1644), anecdote ethnologique, p. 271 à 275.

21379. ZABOROWSKI. — Patries protogermanique et protoaryenne, p. 277 à 289.

21380. BONIFACY (Commandant). — Les groupes ethniques du bassin de la rivière Claire (Haut Tonkin et Chine méridionale), 21 *pl.*, p. 296 à 330.

21381. REGNAULT (Félix). — Empreintes de mains humaines dans la grotte de Gargas (Hautes-Pyrénées), *fig.*, p. 331.

21382. DAVID (Mᵐᵉ Alexandra). — L'idée de solidarité en Chine au vᵉ siècle avant notre ère, le philosophe Meh-ti, p. 334 à 342.

21383. MANOUVRIER (L.). — Note sur les ossements néolithiques du dolmen de Curton et de la caverne de Fontarnaud (Gironde), p. 342 à 346.

21384. SIFFRE (Dʳ). — Note sur des pièces squelettiques maxillo-dentaires néolithiques [ossuaire d'Esbly], p. 346 à 350.

21385. BLOCH (Adolphe). — Quelques remarques d'anthropologie sur les Cambodgiens, *fig.*, p. 354 à 365.

21386. ZABOROWSKI (Dʳ). — Prétendue preuve du décharnement sur un fémur du Mas-d'Azil, p. 416.

21387. HAMY (Dʳ E.-T.). — Les Mores du roi René, p. 418 à 420.

21388. VAUVILLÉ (O.). — Objets divers découverts dans l'oppidum de Pommiers (*Noviodunum* des Suessions), *fig.*, p. 422 à 431. — Cf. n° 21394.

21389. HAMY (Dʳ E.-T.). — Note sur les collections anthropologiques recueillies par M. le lieutenant L. Desplagnes dans le Moyen-Niger, p. 433 à 437.

21390. FOURDRIGNIER (Édouard). — Musique bolivienne, *fig.*, p. 450 à 460.

SEINE. — PARIS.

SOCIÉTÉ DES ANTIQUAIRES DE FRANCE.

Voir, pour les publications de cette Société antérieures à 1901, la table récapitulative de notre *Bibliographie générale;* et pour ses publications postérieures, les tables placées à la fin du fascicule III du tome I, et du fascicule I du tome II de notre *Bibliographie annuelle.*

LXV. — Mémoires de la Société nationale des Antiquaires de France, 7e série, t. V. (Paris, 1906, in-8°, 303 p.)

[La couverture imprimée porte *Mémoires 1904-1905* et le faux titre : *tome LXV.*]

21391. TRUCHIS (Vicomte Pierre DE). — La chapelle Saint-Laurent à Tournus (Saône-et-Loire), *fig.* et *pl.*, p. 1 à 16.

21392. CHÉNON (Émile). — Les arènes de Bourges au moyen âge, p. 17 à 31.

21393. VASNIER (H.-A.). — Observations sur la reconstitution des frises rapportées de la Susiane par la mission Dieulafoy, *fig.*, p. 32 à 44.

21394. VAUVILLÉ (Octave). — L'enceinte de Pommiers (Aisne) (*Noviodunum* des *Suessiones*), *fig.*, p. 45 à 90. — Cf. n° 21388.

21395. ROMAN (Joseph). — Sceaux des forestiers au moyen âge, *fig.*, p. 91 à 114.

21396. PALLU DE LESSERT (C.). — La syntaxe des routiers romains et les déformations des noms de lieux, p. 115 à 138.

21397. LOISNE (Comte DE). — La colonisation saxonne dans le Boulonnais, p. 139 à 160.

21398. MOWAT (Commandant R.). — Découverte d'une strophe cruciforme inédite de Fortunat dans un manuscrit du Xe siècle, *fig.* et *tableau*, p. 161 à 186.

21399. ROUQUETTE (Dr). — Recherches sur les lanternes romaines, *fig.*, p. 187 à 205.

21400. HÉRON DE VILLEFOSSE (Ant.). — Antiquités romaines trouvées à Alise-Sainte-Reine, *fig.* et *pl.*, p. 207 à 272.

21401. BOINET (Amédée). — Le Livre d'heures de Marguerite de Valois, sœur de François Ier, conservé au musée du Louvre, 5 *pl.*, p. 273 à 290.

21402. PERDRIZET (Paul). — Vers de Sidon donnés en prix dans des concours, *fig.*, p. 291 à 300.

L. — Bulletin de la Société nationale des Antiquaires de France, 1906. (Paris, s. d., in-8°, 469 p.)

21403. MAURICE (Jules). — Notice nécrologique sur Eugène Müntz (1845 † 1905), p. 67 à 84.

21404. MARQUET DE VASSELOT (J.-J.). — Notice nécrologique sur Carle Wescher (1832 † 1904), p. 85 à 105.

21405. BLANCHET (A.). — Jeton de la Société gravé sous Charles X, p. 117.

21406. MARQUET DE VASSELOT (J.-J.). — Plaque byzantine en stéatite représentant saint Michel, p. 118.

21407. PALLU DE LESSERT. — Inscription de Carthage, avec le nom de Pomponius Bassus, p. 119.

21408. RAVAISSON-MOLLIEN (Ch.). — Le groupe de Vénus et l'Amour portant la signature de Praxitèle, p. 120. — Cf. n° 21410.

21409. CARTON (Dr). — Découvertes faites à Carthage, p. 122.

21410. MICHON (E.). — Le groupe de Vénus et l'Amour portant la signature de Praxitèle, p. 125 à 134. — Cf. n° 21408.

21411. DELATTRE (Le Père). — Sceau byzantin de Carthage, p. 134.

21412. PERDRIZET. — Vierge de Miséricorde de la Chartreuse de Pesio, p. 136 à 140.

21413. LOISNE (Comte A. DE). — Figurine de bronze gallo-romaine représentant un berger, trouvée à Caucourt (Pas-de-Calais), *fig.*, p. 142.

21414. LOISNE (Comte DE). — Statuette de marbre représentant Adroald, provenant de l'abbaye de Saint-Bertin, *fig.*, p. 144 à 146.

21415. ESPÉRANDIEU (Commandant E.). — Cachet d'oculiste trouvé près de Reimersheim, p. 147.

21416. ESPÉRANDIEU (Commandant E.). — Inscription romaine de Valentine (Haute-Garonne), p. 149.

21417. DIMIER (L.). — Copies de la *Sainte Marguerite* de Raphaël par Voltigeant, et de la *Vierge aux rochers* par Michelin, p. 149 à 154.

21418. MERLIN (A.). — Inscriptions romaines de Mactaris, p. 154 à 157, et 174 à 176.

21419. Michon (É.). — Dé à jouer en stéatite, p. 158.
21420. Clouzot (H.). — Pilier de l'église de Fenioux (Deux-Sèvres), p. 159 à 162.
21421. Lauzun (Ph.). — *Mensa ponderaria* du musée d'Agen, *fig.*, p. 162 à 166.
21422. Mély (F. de). — Crucifixion au musée de Nimes, p. 167.
21423. Ravaisson-Mollien (Ch.). — Le portrait de Marco Antonio della Torre, p. 168, et 177 à 180.
21424. Arbois de Jubainville (D'). — Le lieu du baptême de Clovis, p. 171.
21425. Clouzot (É.). — Le nom de Maillezais, p. 173.
21426. Mély (F. de). — Siège épiscopal de la cathédrale d'Angers, *fig.*, p. 180.
21427. Monceaux (P.). — Inscription romaine cursive sur un fragment de poterie trouvé à Carthage, p. 181 à 183.
21428. Maurice (Jules). — La formule *plura natalia felicia* des petits bronzes de Maximien et de Constantin, p. 184.
21429. Héron de Villefosse. — Inscription de Ghadamès, *fig.*, p. 190.
21430. Héron de Villefosse. — Inscription de Ksar-Soudan (Sainte-Marie du Zit), p. 192.
21431. Michon (É.). — Double mine de Séleucie, *fig.*, p. 193 à 198.
21432. Espérandieu (Commandant). — Inscription latine trouvée à Béziers, p. 198.
21433. Héron de Villefosse. — Découvertes à Carthage, p. 199.
21434. Héron de Villefosse. — Estampille de potier trouvée à Ambleny, *fig.*, p. 200 à 202.
21435. Vauvillé (O.). — Fragments de poterie gallo-romaine trouvés à Ambleny, p. 203.
21436. Pasquier (Félix). — Contrat de fournitures d'armes italiennes en France au XVIe siècle, p. 204.
21437. Demaison (L.). — Marques sur des sarcophages trouvés à Reims, p. 206 à 208.
21438. Prou. — Note sur un fragment de poterie trouvé à Bouray (Seine-et-Oise), p. 209.
21439. Blanchet (A.). — La tour *Orbandelle* dans les enceintes romaines des villes, p. 210 à 214.
21440. Mély (F. de). — La couronne d'épines sur la tête du Christ en croix et la tête de mort du Calvaire, p. 215 à 221.
21441. Loisne (Comte de). — Fouilles du cimetière franc de Béthune, p. 221, et 226.
21442. Baye (J. de). — Émile Molinier († 1906), p. 224.
21443. Michon (É.). — Fragments de sarcophages du type d'Asie Mineure, p. 225.
21444. Mély (F. de). — Alphabets secrets du moyen âge, p. 228.
21445. Merlin (A.). — Inscriptions chrétiennes de Tunisie, p. 230.
21446. Héron de Villefosse. — Styles en bronze de Sacquenay, p. 233.
21447. Héron de Villefosse. — Vase de terre cuite avec médaillon trouvé à Paris, rue Gay-Lussac, *fig.*, p. 233 à 236.
21448. Mazerolle (F.). — Mesure de Dannemarie-en-Puisaye conservée au musée de Cluny, *fig.*, p. 237.
21449. Vitry (P.). — Sculpture romane trouvée à Étampes, p. 238.
21450. Clouzot (H.). — Miniature représentant une mariée avec couronne nuptiale, p. 239.
21451. Ravaisson-Mollien (Ch.). — Médaille d'Élizabeth de Gonzague, *fig.*, p. 241, et 280 à 283.
21452. Baye (Baron de). — Couronnes nuptiales chez les Russes et en Géorgie, p. 243, et 306.
21453. Blanchet (A.). — Trésor de monnaies romaines trouvé à Varois (Côte-d'Or), p. 244.
21454. Roche (Denis). — Miniatures byzantines du *Codex Gertrudianus*, p. 246 à 251.
21455. Vauvillé (O.). — Bagues et intailles provenant de l'oppidum de Pommiers (Aisne), *fig.*, p. 251 à 253.
21456. Héron de Villefosse. — Stèle avec inscription latine de Frolois (Côte-d'Or), *fig.*, p. 255 à 257.
21457. Arnauldet (P.). — Les inventaires des tapisseries du château de Blois, p. 258.
21458. Mély (F. de). — Balances et tête formant peson trouvées à Lisieux, *fig.*, p. 260.
21459. Marquet de Vasselot (J.-J.). — Vasque italienne en bronze du XVe siècle, p. 262.
21460. Monceaux (P.). — Inscriptions trouvées près de la Goulette, p. 264.
21461. Héron de Villefosse. — Fragment d'inscription romaine à l'abbaye de Fontfroide près de Narbonne, p. 265.
21462. Lefebvre des Noëttes (Commandant). — De l'usage de la solea pour la ferrure des chevaux, p. 266.
21463. Lefebvre des Noëttes (Commandant). — Cuve baptismale portative en plomb trouvée à Alençon, p. 267.
21464. Bordeaux (P.). — Pierre levée en grès aux environs de Survilliers (Seine-et-Oise), p. 267.
21465. Baye (Baron de). — Fibules gothiques de la collection Massonneau en Crimée, p. 269.
21466. Michon (É.). — La restauration du Laocoon et le modèle de Girardon, p. 271 à 280.
21467. Durand-Gréville (E.). — La crucifixion du musée des Offices; le baptême du Christ de la National Gallery, p. 285.
21468. Héron de Villefosse. — Mosaïque trouvée à Carthage, p. 286.
21469. Demaison (L.). — Cippe funéraire portant une représentation d'Attis, au musée de Reims, *fig.*, p. 287.
21470. Arnauldet (P.). — Les objets d'art provenant d'Italie réunis aux châteaux d'Amboise et de Blois sous Charles VIII et Louis XII, p. 289 à 292.

21471. Du Teil (Baron J.). — Fragments du mausolée de Guillaume Fillastre, évêque de Tournai et abbé de Saint-Bertin († 1473), p. 292.

21472. Ravaisson-Mollien (Ch.). — Les corselets de Marco Antonio et de Balthasar Castiglione, p. 292 à 294, et 299.

21473. Chénon (P.). — Sur la formation des noms de famille dans le Berry, p. 296.

21474. Enlart (C.). — Méreau de 1535 et fragments de bronze calcinés découverts à Thérouanne, p. 297 à 299.

21475. Michon (É.). — Bas-relief votif consacré à Apollon Krateanos, p. 302.

21476. Espérandieu (Commandant). — Bas-relief et pierres sculptées du XVIe siècle trouvés à Narbonne, *fig.*, p. 304 à 306.

21477. Déchelette (J.). — Observation sur un vase gallo-romain trouvé à Caucourt (Pas-de-Calais), p. 308.

21478. Truchis (P. de). — Inscription portant le nom de la *Dea Sequana*, dans l'église de Salmaise (Côte-d'Or), p. 309.

21479. Héron de Villefosse. — Objets gallo-romains découverts dans un puits à Liglet (Vienne), p. 311.

21480. Durand-Gréville (E.). — La Vierge avec l'Enfant de la collection Manceau à Caen, p. 312.

21481. Baye (Baron J. de). — Henri Bouchot († 1906); E. Ferrero († 1906), p. 319.

21482. Roman (J.). — Sceau du prieuré de Saint-Cyr de Triardel (Calvados), *fig.*, p. 320.

21483. Monceaux (P.). — Lamelles et disque en plomb trouvés à Carthage, *fig.*, p. 322.

21484. Stückelberg (E.-A.). — Le décor en plâtre dans les églises carolingiennes et romanes de la Suisse, et fragments de stuc de Dissentis, *fig.*, p. 324 à 329.

21485. Héron de Villefosse. — Poids antique en forme de capsule trouvé à Saveux (Haute-Saône), p. 329 à 333.

21486. Espérandieu (Commandant). — Stèle de Plotis conservée au musée de Nice, *pl.*, p. 336.

21487. Blanchet (A.). — Découvertes faites à Peyrieu (Ain), p. 337.

21488. Fage (R.). — Du sens du mot *couppe* [serrure], p. 338.

21489. Enlart (C.). — Inscription de l'église de Daumazan (Ariège) [XIIe s.], *fig.*, p. 340 à 342.

21490. Vitry (P.). — La chapelle basse de l'ermitage de Bon-Désir à Montlouis, près d'Amboise, p. 342.

21491. Héron de Villefosse. — Fragments céramiques avec inscriptions de Vienne, p. 343.

21492. Truchis (Vicomte P. de). — L'église Notre-Dame de Salmaise (Côte-d'Or), p. 346 à 350.

21493. Lefebvre des Noëttes. — Monuments de la chapelle de Notre-Dame de la Roche, près Rambouillet, p. 350.

21494. Monceaux (P.). — Plombs byzantins et monnaies trouvés à Carthage, p. 351.

21495. Guiffrey (J.). — Tapisserie de Sens, p. 353.

21496. Héron de Villefosse. — Faux diplôme militaire de Syrie, p. 355 à 357.

21497. Loisne (Comte A. de). — Nécropole gallo-romaine et franque de Liévin, p. 358 à 364.

21498. Ravaisson-Mollien (Ch.). — Hadrien et Sabine en Mars et Vénus, statues du musée du Louvre, p. 365.

21499. Pallu de Lessert. — Le vent *Oriens* sur la rose des vents de Dougga, p. 368 à 370.

21500. Monceaux (P.). — Abraxas et disque-poignée de lampe chrétienne trouvés à Carthage, p. 372.

21501. Merlin (A.). — Épitaphe d'un soldat de la 1re cohorte urbaine trouvée à Carthage, p. 373 à 377.

21502. Labande (L.-H.). — Mosaïque de Vaison, *fig.*, p. 377 à 379.

21503. Michon (É.). — Fragment de mosaïque provenant de Zeugma (Biredjik) représentant la Gaule personnifiée, p. 380.

21504. Stückelberg (E.-A.). — Coin monétaire de l'antipape Félix V, p. 384.

21505. Dieudonné (A.). — Médaillon de bronze de Témenothyres, *fig.*, p. 385 à 388.

21506. Boinet (A.). — Miniature d'un Tite-Live du XVe siècle (musée du Louvre), p. 388 à 390.

21507. Michon (E.). — Fragment de sarcophage, musée du Louvre, *fig.*, p. 392.

21508. Marquet de Vasselot. — Bassin en cuivre décoré au burin, p. 394 à 400.

21509. Roman (J.). — Sceau du couvent des Dominicains de Carcassonne, *fig.*, p. 400 à 403.

21510. Loisne (Comte de). — Antiquités découvertes à Arras, p. 403 à 409.

21511. Héron de Villefosse. — Inscription latine trouvée dans les fouilles du Marché aux fleurs à Paris, p. 409 à 416.

21512. Héron de Villefosse (A.) et Michon (É.). — Musée du Louvre. Département des antiquités grecques et romaines. Acquisitions de l'année 1906, p. 417 à 424.

SEINE. — PARIS.

SOCIÉTÉ CENTRALE DES ARCHITECTES FRANÇAIS.

Voir, pour les publications de cette Société antérieures à 1901, la table récapitulative de notre *Bibliographie générale;* et pour ses publications postérieures, la table placée à la fin du fascicule III du tome I de notre *Bibliographie annuelle.*

XVII. — L'Architecture, journal hebdomadaire de la Société centrale des architectes français, 17ᵉ année. (Paris, 1904, in-fol., 512 p.)

21513. Anonyme. — Louis-Lucien Faure-Dujarric [1828 † 1904], *portr.*, p. 29.
21514. Anonyme. — Édouard-Jules Corroyer [1835 † 1904], *portr.*, p. 49.
21515. Desjardins. — André Bellemain [1852 † 1904], *portr.*, p. 57.
21516. Knight (Charles). — Notice sur la vie et l'œuvre de Léon Benouville [1903], *fig.* et 2 *pl.*, p. 97 à 101.
21517. Bouvard (J.) et Rozet (G.). — Jean-Paul Gion [1838 † 1904], *portr.*, p. 105.
21518. Anonyme. — Arthur-Firmin Chaudouet, *portr.*, p. 106.
21519. Lafargue (P.). — Hôtel d'Alluye à Blois, *fig.* et *pl.*, p. 109 à 111.
21520. Vaillant (A.). — L'architecte du château de Maisons, p. 118. — Cf. n° 21532.
21521. George (L.). — Edmond Boulonger [1841 † 1904], *portr.*, p. 125.
21522. Anonyme. — Louis-Léopold Seglas [1871 † 1904], *portr.*, p. 133.
21523. Olive (Gustave). — Édouard Perronne [1843 † 1904], *portr.*, p. 153.
21524. Anonyme. — Henry Le Clerc [1839 † 1904], *portr.*, p. 165.
21525. Bartaumieux (Ch.-V.). — Ernest Duquesne [1851 † 1904], *portr.*, p. 165.
21526. Anonyme. — Pierre Bossis [1860 † 1904], *portr.*, p. 173.
21527. Libaudière et Etève. — Jules Montfort [1844 † 1904], *portr.*, p. 174.
21528. Bartaumieux (Ch.-V.). — Claudius Pupier [1844 † 1904], *portr.*, p. 193.
21529. Bouvard (J.) et Nénot (H.-P.). — Henri Champion [1851 † 1904], *portr.*, p. 209.
21530. Bartaumieux (Ch.-V.) et Bonnier (L.). — Théophile Landry [1859 † 1904], *portr.*, p. 277.
21531. Nizet. — Quatre dessins de Percier, architecte, *fig.* et 2 *pl.*, p. 302.

[Cheminée du cabinet de l'Empereur aux Tuileries, carrosse pour le sacre de Charles X, etc.]

21532. Vaillant (A.). — Le château de Maisons, *fig.* et 3 *pl.*, p. 318 à 323, et 329 à 331. — Cf. n° 21520.
21533. Anonyme. — Gaudensi Allar [1841 † 1904], *portr.*, p. 373.
21534. Homolle. — Le trésor des Athéniens à Delphes, *fig.*, p. 389 à 393, et 397 à 402.
21535. Godet (Émile). — Paul-Amédée Barigny [1864 † 1904], *portr.*, p. 405.
21536. Chevallier (H.). — Pierre Chapoulart [1849 † 1904], *portr.*, p. 421.
21537. — Anonyme. — Le château des Pins [canton de Selles-sur-Cher], *fig.* et *pl.*, p. 431 à 433, et 441 à 443.
21538. Déchard (Paul). — Jules-Élie Marmottin [1843 † 1904], p. 437.
21539. Mallevoüe (De) et Bartaumieux (Ch.-V.). — Claude-Augustin-Léon Salleron [1820 † 1904], p. 453.

XVIII. — L'Architecture, journal hebdomadaire de la Société centrale des architectes français, 18ᵉ année. (Paris, 1905, in-fol., 484 et 49 p.)

21540. Desgeorge (Hector). — L'église abbatiale de Vézelay, *fig.* et 8 *pl.*, p. 4 à 6, et 426 à 429.
21541. Ballu (Albert). — Les fouilles de Timgad en 1904, *fig.* et *pl.*, p. 9, 17, et 39.
21542. Gautier (Ch.-A.). — Jules-Chrétien Barth [1844 † 1905], p. 30.
21543. Gouault (A.). — Napoléon Iᵉʳ et la propriété immobilière. L'article 545 du Code civil et la loi d'ex-

propriation du 8 mars 1810 sont la négation de la servitude d'alignement, p. 31 à 33.

21544. Babtaumieux (Ch.-V.). — José-Ramon Llopis, *portr.*, p. 53.

21545. Vaillant (A.). — Tibias de bœuf et pierres de taille, *fig.*, p. 68.

21546. Wallon (Paul). — Scellier de Gisors [1844 † 1906], *portr.*, p. 213 à 215.

21547. Anonyme. — Henri Prath [1847 † 1905], *portr.*, p. 189.

21548. Anonyme. — François Boudin [1843 † 1905], *portr.*, p. 225.

21549. Dupuy (Ch.). — Paul Dechard [1843 † 1905], *portr.*, p. 253.

21550. Nizet. — La mosquée de Cordoue, *fig.* et 13 *pl.*, p. 286, 296, 355, 392, et 443.

21551. Nénot. — Émile Camut [† 1905], *portr.*, p. 301.

21552. Anonyme. — Auguste-Marie Breton [1828 † 1905], *portr.*, p. 325.

21553. Vaillant (A.). — La résurrection du Palais-Royal, *fig.* et *pl.*, p. 348 à 350.

21554. Nénot (H.-P.). — Charles Lucas [1838 † 1905], *portr.*, p. 361 à 363.

21555. Babtaumieux (Ch.-V.). — Étienne-François Soty [1827 † 1905], p. 389.

21556. Babtaumieux (Ch.-V.). — Ernest Beaurain [1835 † 1905], p. 453.

SEINE. — PARIS.

SOCIÉTÉ ASIATIQUE.

Voir, pour les publications de cette Société antérieures à 1901, la table récapitulative de notre *Bibliographie générale;* et pour ses publications postérieures, les tables placées à la fin du fascicule III du tome I, et du fascicule I du tome II de notre *Bibliographie annuelle.*

CLXVIII. — **Journal asiatique, ou recueil de mémoires, d'extraits et de notices relatifs à l'histoire, à la philosophie, aux langues et à la littérature des peuples orientaux...**, publié par la Société asiatique, 10e série, t. VII. (Paris, 1906, in-8°, 530 p.)

21557. Schwab (M.). — Une amulette judéo-arabe, 2 *pl.*, p. 5 à 17.

21558. Lacôte (Félix). — Une version nouvelle de la Bṛhatkathā de Guṇāḍhya, 2 *pl.*, p. 19 à 52.

21559. Révillout (E.). — La femme dans l'antiquité, p. 57, 161, et 345.

21560. Addai Scher (Monseigneur). — Notice sur la vie et les œuvres de Dadîšôʿ Quaṭraya, p. 103 à 118.

21561. Chabot (J.-B.). — Sur une glose de Bar Bahloul; le mot vessie en syriaque, p. 128 à 132.

21562. Senart (É.). — Note sur l'inscription de Piprāwā, p. 132 à 136.

21563. Joüon (Paul). — Le sens du mot hébreu שְׁבִי [chemin battu, piste], p. 137 à 142.

21564. Charencey (De). — Langues dioscuriennes et médique, p. 142 à 144.

21565. Clermont-Ganneau. — Un épitrophe nabatéen à Milet, p. 159.

21566. Amélineau (E.). — Le culte des rois préhistoriques d'Abydos sous l'ancien empire égyptien, p. 233 à 272.

21567. Hamy (Docteur E.-T.). — Une lettre inédite du voyageur J.-B. Tavernier (1664), p. 273 à 280.

21568. Chabot (J.-B.). — Notes sur quelques monuments épigraphiques araméens, *pl.*, p. 281 à 304.

21569. Barbier de Meynard. — Édouard Specht († 1906), p. 305 à 309.

21570. Charencey (De). — Un mot basque d'origine berbère, p. 313 à 316.

21571. Carra de Vaux (Baron). — Note sur les études de littérature arabe chrétienne, p. 320 à 325.

21572. Boyer (A.-M.). — *Yakṣá* [fantôme, merveille], p. 393 à 477.

21573. Addai Scher (Monseigneur). — Notice sur les manuscrits syriaques conservés dans la bibliothèque du couvent des Chaldéens de Notre-Dame des Semences, p. 489 à 512; et CLXIX, p. 55 à 82.

21574. Finot (L.). — Une trouvaille archéologique au temple de Pô Nagar à Nhatrang (Annam), p. 517 à 519.

21575. Basmadjian (K.-J.). — Les Lusignans de Poitou au trône de la Petite Arménie, p. 520 à 524.

CLXIX. — **Journal asiatique...**, publié par la Société asiatique, 10e série, t. VIII. (Paris, 1906, in-8°, 576 p.)

[21573]. Addai Scher (Monseigneur). — Notice sur les

manuscrits syriaques conservés dans la bibliothèque du couvent des Chaldéens de Notre-Dame des Semences, p. 55 à 82.

21576. Révillout (E.). — Le papyrus moral de Leide, p. 83 à 148. — Suite de CLXVI, p. 193; et CLXVII, p. 275.

21577. Collangettes (Le P.). — Étude sur la musique arabe, p. 149 à 190. — Suite de CLXV, p. 365.

21578. Charencey (De). — Deux termes argotiques [carapateur, zigue] de provenance orientale, p. 191 à 193.

21579. Barthélemy. — Notice sur l'ouvrage intitulé *Der vulgärarabische Dialekt von Jerusalem, nebst Texten und Wörterverzeichniss*, dargestellt von D. Dr. Max. Löhr, p. 197 à 258.

21580. Chabot (J.-B.). — Éclaircissements sur quelques points de la littérature syriaque, p. 259 à 293.

[Jean d'Apamée, Joseph Ḥazzaya, Jean de Dalyatha, *Le Livre de l'expulsion de la tristesse* attribué à Bar Hebreus, Aḥôb du Qaṭar, la chronique de Bar Ḥadbešabba, les jeux d'esprit chez les Syriens, onomastique syriaque.]

21581. Destaing (E.). — Un saint musulman au xve siècle Sidi Mohammed el-Haouwâri, p. 295 à 342, et 385 à 438.

21582. Bencheneb. — Notice sur un manuscrit du ve siècle de l'hégire intitulé *Kitâb Tabaqât 'Olamâ i Ifrîqiyya* par Abou l'arab Mohammed ben Ahmed ben Tamîn et-Tamîmy el-Qaïrawâny el-Ifrîqy, p. 343 à 360.

21583. Clermont-Ganneau. — Traditions arabes au pays de Moab, p. 361 à 369.

21584. Joüon (Paul). — Notes de lexicographie hébraïque, p. 371 à 378.

21585. Fossey (C.). — L'assyriologie en 1904, p. 439 à 490.

21586. Farjenel (Fernand). — Le culte impérial en Chine, traduit du chinois, p. 491 à 516.

21587. Allotte de la Fuÿe. — Observations sur la numismatique de la Perside, p. 517 à 531.

21588. Lorgeou (E.). — Notice sur un manuscrit siamois contenant la relation de deux missions religieuses envoyées de Siam à Ceylan au milieu du xviiie siècle, p. 533 à 548.

SEINE. — PARIS.

SOCIÉTÉ BIBLIOGRAPHIQUE.

Voir, pour les publications de cette Société antérieures à 1901, la table récapitulative de notre *Bibliographie générale;* et pour ses publications postérieures, les tables placées à la fin du fascicule iii du tome I, et du fascicule i du tome II de notre *Bibliographie annuelle.*

CVI. — Polybiblion. Revue bibliographique universelle... Partie littéraire, 2e série, t. LXIII (106e de la collection). (Paris, 1906, in-8°, 576 p.)

21589. Divers. — Nécrologie, p. 76 à 81.

[Paul Meurice (1820 † 1905); C.-V.-E. Mersou (1819 † 1905); B. Prost (1849 † 1905); sir Richard Jebb († 1905); etc.]

21590. Divers. — Nécrologie, p. 174 à 180.

[E. Boutmy (1835 † 1906); E. Blau († 1906); E. Cabrol († 1906); le Dr J.-H.-M. Meynier (1839 † 1905); H.-S. Edwards († 1906); Ch. Széchy (1848 † 1905); etc.]

21591. Divers. — Nécrologie, p. 265 à 271.

[Le cardinal Perraud (1828 † 1905); G. Saige (1838 † 1906); J.-P. Edmond († 1906); Ch. Brou (1876 † 1905); etc.]

21592. Divers. — Nécrologie, p. 362 à 368.

[A. Guillot (1886 † 1906); E. Tanneguy de Wogan (1850 † 1906); Sextius Michel (1825 † 1906); E. Soldi (1846 † 1906); l'abbé Perdreau († 1906); l'abbé A. Lepitre († 1906); E.-L. Borrel (1822 † 1906); A.-H.-J. Greenedge († 1906); H. B. Tristram († 1906); Moritz Heyne († 1906); Wilhelm von Heyd († 1906); etc.]

21593. Divers. — Nécrologie, p. 462 à 466.

[L.-G. Vapereau (1819 † 1906); P. Curie (1859 † 1906); J. C. Geike (1821 † 1906); Richard Garnett (1835 † 1906); E. Grisebach († 1906); F. Lampertico (1833 † 1906); A. Kielland (1849 † 1906); etc.]

21594. Divers. — Nécrologie, p. 537 à 542.

[Émile Molinier (1857 † 1906); Vte de Borrelli (1837 † 1906); J. F. Hodgetts († 1906); H. Ibsen (1828 † 1906); Bon Radvanszky (1849 † 1906); etc.]

CVII. — Polybiblion. Revue bibliographique universelle... Partie littéraire, 2e série, t. LXIV (107e de la collection). (Paris, 1906, in-8°, 616 p.)

21595. Divers. — Nécrologie, p. 78 à 81.

[Albert Sorel (1842 † 1906); J.-U.-A. Doniol (1818 † 1906);

V. Géruzez († 1906); G. Vanor (1865 † 1906); J.-A.-P. Niboyet (1825 † 1906); J. Körösy de Szántó (1844 † 1906); J. Thury (1861 † 1906).]

21596. DIVERS. — Nécrologie, p. 175 à 178.

[Dr P.-C.-H. Brouardel (1837 † 1906); E. von Hartmann (1842 † 1906); l'abbé Henri Chérot (1855 † 1906); P.-V. Poupin (1838 † 1906); P. Duval, *dit* Jean Lorrain (1855 † 1906); E. Fage (1822 † 1906); Manuel Garcia († 1906).]

21597. DIVERS. — Nécrologie, p. 274 à 278.

[Edmond Rousse (1817 † 1906); N.-A. Marx (1887 † 1906); A. de Coppet († 1905); G.-D. Weil († 1906); A. Herzen (1839 † 1906); A.-O. Seyffert (1841 † 1906); Mlle E. M. Sewell († 1906).]

21598. DIVERS. — Nécrologie, p. 372 à 375.

[Philibert Audebrand († 1906); Mgr A.-V. Deramecourt (1841 † 1906); A. Beljame (1843 † 1906); G. Matheson († 1906); L. Boltzmann († 1906); G. Giacosa (1847 † 1906); O. Levertin (1862 † 1906); B. Csaplár (1821 † 1906); A. Szyanszky (1815 † 1906); A. Högyes (1847 † 1906).]

21599. DIVERS. — Nécrologie, p. 461 à 467.

[Henri Bouchot (1849 † 1906); Aug. Himly (1823 † 1906); l'abbé de Meissas (1837 † 1906); Mgr Le Camus (1839 † 1906); le Dr A. Floquet († 1906); L. Pélabon († 1906); E. Pouvillon (1840 † 1906); A. Lalauze (1838 † 1906); L.-G.-C. Gastinel (1823 † 1906); J.-H. Rayina (1818 † 1906); J. Sacchetti († 1906); W. Spasowicz (1829 † 1906).]

21600. DIVERS. — Nécrologie, p. 539 à 541.

[A. Réville (1826 † 1906); le Mis de Villedeuil (1831 † 1906); L. Vanderkindere († 1906); J. Klaczko (1827 † 1906).]

CVIII. — Polybiblion. Revue bibliographique universelle. Partie technique, 2e série, t. XXXII (108e de la collection). (Paris, 1906, in-8°, 616 p.)

SEINE. — PARIS.

SOCIÉTÉ FRANÇAISE DES COLLECTIONNEURS D'EX-LIBRIS.

Voir, pour les publications de cette Société antérieures à 1901, la table récapitulative de notre *Bibliographie générale;* et pour ses publications postérieures, les tables placées à la fin du fascicule III du tome I, et du fascicule I du tome II de notre *Bibliographie annuelle*.

XIII. — Archives de la Société française des collectionneurs d'ex-libris, 13e année. (Paris, 1906, gr. in-8°, 196 p.)

21601. HENNEZEL D'ORMOIS (Vicomte). — Trois générations de bibliophiles dans la famille Morand de Jouffrey, *fig.* et *pl.*, p. 3 à 7.

21602. BOULAND (Dr). — Liste sommaire pour servir à l'étude des ex-libris lorrains, *fig.* et *pl.*, p. 7, 28, 41, 56, 67, 91, 105, 121, 134, 157, 172, et 181. — Suite de XII, p. 159, 174, et 190.

21603. REMACLE (A. DE). — Officiers bibliophiles, *fig.* et *pl.*, p. 19 à 23. — Suite et fin de XII, p. 167, et 188.

21604. ROFFRAT (A. DE). — Ex-libris Tremeuge de la Roussière, 2 *pl.*, p. 23.

21605. PAS (Justin DE). — Pierre Merlot, graveur à Saint-Omer (1713 † 1782), *fig.*, p. 24 à 28.

21606. LINNIG (B.). — Guillaume Smits, Recollets d'Anvers (1704-1770), *fig.* p. 30.

21607. REMACLE (A. DE). — Ex-libris du chevalier J.-L.-H. d'Alfonse († 1794), *fig.*, p. 32.

21608. ANONYME. — Ex-libris du baron Grandjean d'Alteville, *fig.*, p. 35.

21609. ANONYME. — Ex-libris de Bellaud, *fig.*, p. 36. — Cf. n° 21623.

21610. PAS (Justin DE). — Ex-libris et armoiries Craissin, *fig.*, p. 37 à 39.

21611. REMACLE (DE). — A propos de l'ex-libris de Claude-Louis Gabriel, avocat à Metz, *fig.*, p. 40.

21612. ENGELMANN (Ed.). — Ex-libris de Mme Claret de Fleurieu, *fig.*, p. 44. — Cf. n° 21635.

21613. LA CHARTRIE (J. DE). — Le marquis de Brosse-Montendre, *fig.*, p. 45.

21614. PAS (Justin DE). — Marque de reliure de Nicolas Mainfroy, abbé de Saint-Bertin (1604-1611), *pl.*, p. 51.

21615. BRÉBISSON (R. DE). — Les marques des de Mathan et Douësy, châtelains de Carabillon, *fig.* et *pl.*, p. 52.

21616. LA PERRIÈRE (Henri DE). — L'ex-libris de M. du Peron [Dominique de Ponsainpierre, † 1755], *fig.*, p. 54.

21617. REMACLE (A. DE). — Ex-libris de Marie-Thérèse de Beauvau-Montgoger, marquise du Rivau († 1736), *fig.*, p. 59. — Cf. nos 21630 et 21637.

21618. SENS (G.). — Ex-libris de Gantès, p. 60.

21619. Richebé (R.). — Ex-libris Groote et Horn (Westphalie), *fig.*, p. 63.
21620. C. de B. — Les Brochet de Saint-Prest, p. 64.
21621. Du Roure de Paulin (Baron). — La donation et l'ex-libris Morel de Thoisy (à la Bibliothèque nationale), *fig.*, p. 70 à 74.
21622. Remacle (De). — Ex-libris d'Hyenville, *fig.*, p. 79.
21623. Hennezel d'Ormois (Vicomte de). — Ex-libris de Bellaud [† 1829], *fig.*, p. 83 à 84. — Cf. n° 21609.
21624. Bouland (D^r). — Ex-libris de M. Hippolyte Verly, de Lille, *pl.*, p. 84 à 85.
21625. Brebisson (R. de). — Ex-libris Le Bourguignon de Blamont et du Perré, *fig.*, p. 85.
21626. Engelmann (E.). — Cazenove, p. 87.
21627. Hennezel d'Ormois (Vicomte de). — Deux ex-libris laonnois. Famille Danye, *pl.*, p. 88 à 90.
21628. Divers. — Ex-libris de Trimond, *fig.*, p. 95.
21629. Falgairolle (Prosper). — Les bibliophiles du Bas-Languedoc, *fig.* et 3 *pl.*, p. 99 à 105, et 124 à 127.
21630. Lair (Comte). — A propos de l'ex-libris attribué à la famille Bauveau du Rivau, p. 110. — Cf. n°s 21617 et 21637.
21631. Dujarric-Descombes (A.). — Les anciens ex-libris de Périgord, *fig.*, p. 113 à 119, et 167 à 171.
21632. Haven (Dr Marc). — Sur un ex-libris maçonnique (les Rose Croix de Heredum de Kilwinning, rite hermétique à Paris), *pl.*, p. 119.
21633. Engelmann (Ed.). — Super-libris révolutionnaire [Polier], *fig.*, p. 127.
21634. Bouland (Dr L.). — Ex-libris de Claude Martin, *fig.*, p. 129 à 130.
21635. Du Roure de Paulin (Baron). — L'ex-libris de la comtesse Claret de Fleurieu, *fig.*, p. 131 à 133. — Cf. n° 21612.
21636. Linnig (Benj.). — Ex-libris de L. de Roovere de Roosemersch, *fig.*, p. 137.
21637. Remacle (De). — A propos de l'ex-libris Bauveau du Rivau, *fig.*, p. 138. — Cf. n°s 21617 et 21630.
21638. Brébisson (R. de). — L'ex-libris de M. de Piveron de Morlat, *pl.*, p. 140.
21639. Bouland (Dr L.). — Ex-libris de la famille de la Haye, *fig.*, p. 143.
21640. Mahuet (Comte A. de) et des Robert (Ed.). — Deux ex-libris gravés par Dominique Collin (Nicolas Ruot et Philippe Bauquel), *fig.*, p. 145 à 148.
21641. Sens (Georges). — Super-libris et ex-libris (et reliures) de l'abbaye de Saint-Vaast [et de ses abbés], *fig.* et 3 *pl.*, p. 148 à 157.
21642. Remacle (A. de). — Ex-libris de Maranville du Boutet, p. 159.
21643. Pérot (Francis). — Sur un fer du XVIIe siècle, ex-libris du prieuré de Souvigny (Allier), *fig.*, p. 162.
21644. H. P. — Fer aux armes des Choiseul-Stainville, *fig.*, p. 164.
21645. Des Robert (Edmond). — L'ex-libris de Henri-Joseph Caignart de Saulcy, lieutenant-colonel au corps royal de l'artillerie (1711 † 1774), *fig.* et *pl.*, p. 166.
21646. Bouland (Dr L.). — Ex-libris du conseiller A. Maurice, *fig.*, p. 178 à 180.
21647. La Perrière (Henri de). — Un second ex-libris Cadet de Gassicourt, *pl.*, p. 183.

SEINE. — PARIS.

SOCIÉTÉ DE L'ÉCOLE DES CHARTES.

Voir, pour les publications de cette Société antérieures à 1901, la table récapitulative de notre *Bibliographie générale;* et pour ses publications postérieures, les tables placées à la fin du fascicule III du tome I, et du fascicule I du tome II de notre *Bibliographie annuelle.*

LXVII. — Bibliothèque de l'École des Chartes, Revue d'érudition consacrée spécialement à l'étude du moyen âge, t. LXVII, année 1906. (Paris, 1906, in-8°, 610 p.)

21648. Berger (Élie). — Lettres closes de Saint-Omer, *pl.*, p. 5 à 12.
21649. Teilhard de Chardin. — Comptes de voyage d'habitants de Montferrand à Arras en 1479, p. 13 à 59.
21650. Calmette (Joseph). — Un jugement original de Wifred le Velu pour l'abbaye d'Amer (17 avril 898), p. 60 à 69.
21651. Daumet (Georges). — Les testaments d'Alphonse X le Savant, roi de Castille, p. 70 à 99.
21652. H. O. [Omont (H.)]. — *Antiquités et Guerre des juifs* de Josèphe offerts à la Bibliothèque nationale par le roi d'Angleterre, p. 157.
21653. Longnon (Aug.). — Lettre française du XIIIe siècle trouvée dans l'église Saint-Pierre de Montmartre, p. 159.

21654. Guilhiermoz (P.). — Note sur les poids du moyen âge, p. 161 à 233, et 402 à 450.

21655. Jarry (Eug.). — Instructions secrètes pour l'adoption de Louis Ier d'Anjou par Jeanne de Naples (janvier 1380), p. 234 à 254.

21656. Boinet (A.). — Un bibliophile du XVe siècle. Le grand bâtard de Bourgogne, 3 *pl.*, p. 255 à 269.

21657. Thomas (Ant.). — Émile Molinier (1857 † 1906), p. 329 à 333.

21658. Duchesne (Monseigneur L.). — Rapport adressé à l'Académie des Inscriptions et belles-lettres sur la publication des registres pontificaux, p. 352 à 357.

21659. Gautier (Pierre). — Notes sur les archives de la Haute-Marne, p. 357 à 360.

21660. Delisle (L.). — Mémoire sur la chronologie des chartes de Henri II, roi d'Angleterre et duc de Normandie, p. 361 à 401.

21661. Herbomez (A. d'). — À propos des baillis d'Arras sous le règne de saint Louis, p. 451 à 458.

21662. Laurain (E.). — Renaud de Béronne, bailli de Senlis, p. 459 à 467.

21663. Jusselin (Maurice). — Lettres de Philippe le Bel relatives à la convocation de l'assemblée de 1302, p. 468 à 471.

21664. Levillain (L.). — Le baptême de Clovis, p. 472 à 488.

21665. Viard (Jules). — Henri le Moine, de Bâle, à la bataille de Crécy, p. 489 à 496.

21666. Divers. — Auguste Himly [1823 † 1906], p. 570 à 574. — Cf. id. nos 21300 à 21302.

[Discours de MM. Gebhart, A. Croiset, Ant. Thomas.]

21667. Divers. — Henri Bouchot [1849 † 1906], p. 574 à 578. — Cf. n° 21284.

[Discours de MM. Ant. Thomas et H.-F. Delaborde.]

21668. Omont (H.). — Lettre d'Andronic II Paléologue au pape Jean XXII, p. 587.

21669. Anonyme. — Quittance de Dreux Jean, enlumineur du duc de Bourgogne, p. 588.

21670. Anonyme. — Mabillon et Germon, p. 588.

21671. Anonyme. — Simplification de la comptabilité publique sous Louis XV, p. 589.

21672 L. D. [Delisle (L.)]. — De l'emploi du signe abréviatif 9 à la fin des mots, p. 591.

21673. [Omont (H.)]. — Reproductions de manuscrits de la Bibliothèque nationale, p. 593 à 596.

SEINE. — PARIS.

SOCIÉTÉ DE L'ÉCOLE DES SCIENCES POLITIQUES.

Voir, pour les publications de cette Société antérieures à 1901, la table récapitulative de notre *Bibliographie générale;* et pour ses publications postérieures, les tables placées à la fin du fascicule III du tome I, et du fascicule I du tome II de notre *Bibliographie annuelle*.

XXI. — Annales des sciences politiques, Revue trimestrielle publiée avec la collaboration des professeurs et des anciens élèves de l'École des sciences politiques..., 21e année, 1906. (Paris, 1906, in-8°, 848 p.)

21674. Waultrin (R.). — Un siècle d'union suédo-norvégienne et la fondation du royaume de Norvège, p. 41 à 71, et 229 à 256.

21675. Imbart de la Tour (J.). — Le naturalisme arabe, p. 1 à 11.

21676. Pégard (Pierre). — La mission du citoyen Comeyras dans les Ligues grises (1796-1797), p. 97 à 107. — Suite et fin de XX, p. 608.

21677. Levasseur (Émile). — Boutmy et l'École [des sciences politiques], p. 141.

21678. Vandal (Albert). — Albert Sorel, p. 425 à 430.

21679. Lair. — Frédéric Le Play, p. 589 à 620.

SEINE. — PARIS.

SOCIÉTÉ D'ÉCONOMIE SOCIALE.

Voir, pour les publications de cette Société antérieures à 1901, la table récapitulative de notre *Bibliographie générale;* et pour ses publications postérieures, les tables placées à la fin du fascicule III du tome I, et du fascicule I du tome II de notre *Bibliographie annuelle.*

L. — **La Réforme sociale, Bulletin de la Société d'économie sociale et des Unions de la paix sociale,** fondée par P.-L. Le Play, 5e série, t. X, t. L de la collection, 25e année, juillet-décembre 1905. (Paris, 1905, in-8°, 936 p.)

21680. Babeau (Albert). — L'enseignement professionnel et ménager des filles aux XVIIe et XVIIIe siècles, p. 205 à 217.

21681. Bardoux (Jacques). — Les crises belliqueuses du peuple anglais, l'évolution des facteurs sociaux, p. 230 à 244.

21682. Rivière (Louis). — Deux organisateurs de la charité sous l'ancien régime. Théophraste Renaudot et Piarron de Chamousset, p. 273 à 285.

21683. Bergasse (Louis). — La déclaration des droits de l'homme et du citoyen à la Constituante, p. 473 à 496.

21684. Lallemand (Léon). — Les serviteurs et les servantes des pauvres au moyen âge, p. 846 à 864.

21685. Rivière (Louis). — La conception révolutionnaire des secours publics, p. 865 à 869.

LI. — **La Réforme sociale, Bulletin de la Société d'économie sociale...,** 6e série, t. I, t. LI de la collection, 26e année, janvier-juin 1906. (Paris, 1906, in-8°, 956 p.)

21686. Sorel (Albert) et Delaire (A.). — Monsieur Th. Funck-Brentano, p. 327.

21687. Imbart de la Tour. — L'organisation ecclésiastique dans l'ancienne France, p. 628 à 643.

21688. Gibon (Fénelon). — Le canton de Commentry, ses mœurs et usages au milieu du dernier siècle, p. 812 à 828.

21689. Aubertin (F.). — Le Play voyageur, p. 844 à 847.

21690. Mailath (Comte Joseph de). — Un disciple hongrois de F. Le Play. Le comte Alexandre Korolyi († 1906), p. 856 à 858.

SEINE. — PARIS.

SOCIÉTÉ DE L'ENSEIGNEMENT SUPÉRIEUR.

Voir, pour les publications de cette Société antérieures à 1901, la table récapitulative de notre *Bibliographie générale;* et pour ses publications postérieures, les tables placées à la fin du fascicule III du tome I, et du fascicule I du tome II de notre *Bibliographie annuelle.*

LI. — **Revue internationale de l'enseignement, publiée par la Société de l'enseignement supérieur...,** rédacteur en chef M. François Picavet, t. LI, janvier à juillet 1906. (Paris, 1906, in-8°, 599 p.)

21691. Leger (Louis). — Mes débuts dans l'enseignement supérieur. Souvenirs d'un vieux professeur, p. 5 à 17.

21692. Paoli (Louis). — La bibliothèque universitaire d'Alger, p. 21 à 26.

21693. Girard (Paul). — Les origines de l'épopée en Grèce, p. 97 à 114.

21694. Audollent. — Charles Baron, professeur de littérature ancienne à la Faculté de lettres de l'Université de Clermont (1861 † 1903), p. 132 à 138.

21695. Sadler (E.). — In memoriam. Richard Claverhouse Jebb (1841 † 1905), p. 139 à 142.

[Traduit par E. Loup.]

21696. Hauvette (Amédée). — Deux professeurs de poésie grecque à la Sorbonne, p. 193 à 209.

[Jules Girard, Decharme.]

21697. Gazier (A.). — Les écoles de charité du faubourg Saint-Antoine. École normale et groupes scolaires (1713-1887), p. 217 à 237, et 314 à 326.

21698. Divers. — M. Adrien Dupuy († 1906), p. 350 à 355.

[Discours de MM. Poincaré, Coville et L. Vibert.]

21699. Aulard (A.). — Chartistes et archivistes, p. 412 à 414. — Cf. n° 21700.

21700. Lot (F.). — Réponse à M. Aulard, p. 415 à 420. — Cf. n° 21699.

21701. Hannequin (A.). — Un programme d'histoire générale des sciences, p. 488 à 496.

21702. Alphandéry (Paul). — Un prétendu professeur de l'Université de Paris au XIIIe siècle. Didier Le Lombard, p. 497 à 501.

LII. — Revue internationale de l'enseignement..., rédacteur en chef M. François Picavet, t. LII, juillet à décembre 1906. (Paris, 1906, in-8°, 568 p.)

21703. Anonyme. — École des Chartes. Programmes des cours: institutions, histoire du droit, sources de l'histoire de France, service des archives et des bibliothèques, paléographie, diplomatique, archéologie, p. 192, 294, 381, et 496.

21704. Divers. — Auguste Himly († 1906), p. 388 à 397.

21705. Picavet (François). — L'enseignement de l'histoire générale et comparée des philosophies du moyen âge, p. 501 à 521.

SEINE. — PARIS.

SOCIÉTÉ DES ÉTUDES HISTORIQUES.

Voir, pour les publications de cette Société antérieures à 1901, la table récapitulative de notre *Bibliographie générale;* et pour ses publications postérieures, les tables placées à la fin du fascicule III du tome I, et du fascicule I du tome II de notre *Bibliographie annuelle.*

LXXVII. — Revue des études historiques, 72e année, 1906. (Paris, s. d., in-8°, 680 p.)

21706. Bressonnet (Maurice). — L'expédition d'Alger. Projets et inventions, p. 5 à 31.

21707. Paquier (J.). — Lettres familières de Jérôme Aléandre (1510-1540), p. 32, 161, 370, et 498. — Suite de LXXVI, p. 191.

21708. Daumet (Georges). — Lettre de Mgr de Salamon à Louis XVIII, p. 62 à 68.

21709. Fromageot (Paul). — Aventures de Jean-Baptiste de Monicart, et comment il écrivit à la Bastille son *Versailles immortalisé*, p. 113 à 140.

21710. Lacour-Gayet (Georges). — Le voyage de Louis XVI à Cherbourg (1786), p. 141 à 160.

21711. Chassaigne (Marc). — Essai sur l'ancienne police de Paris. L'approvisionnement, p. 225 à 256, et 337 à 369.

21712. Schuermans (Albert). — Itinéraire général de Napoléon Ier, p. 257, 384, 471, et 583.

21713. Auzoux (André). — L'affaire des trois Anglais [1816], p. 449 à 470.

21714. Vaissière (Pierre de). — Lettres de soldats et d'émigrés (1789-1792), p. 553 à 582.

SEINE. — PARIS.

SOCIÉTÉ DES ÉTUDES JUIVES.

Voir, pour les publications de cette Société antérieures à 1901, la table récapitulative de notre *Bibliographie générale;* et pour ses publications postérieures, les tables placées à la fin du fascicule III du tome I, et du fascicule I du tome II de notre *Bibliographie annuelle.*

LI. — Revue des études juives, publication trimestrielle de la Société des études juives, t. LI. (Paris, 1906, in-8°, XXIV-320 et XXIV p.)

21715. DIVERS. — Zadoc Kahn [1839 † 1905], *portr.*, p. 1 à XXIV.
21716. LÉVI (Israël). — Le prosélytisme juif, p. 1 à 31. — Suite de L, p. 1.
21717. LÉVY (Isidore). — Les Horites, Edom et Jacob dans les monuments égyptiens, p. 32 à 51.
21718. S. P. [POZNANSKI (S.)]. — Contribution à l'histoire des Guconim palestiniens, p. 52 à 58.
21719. APTOWITZER (W.). — Le commentaire du Pentateuque attribué à R. Ascher ben Yehiel, p. 59 à 86.
21720. KRAUSS (Samuel). — Le roi de France Charles VIII et les espérances messianiques, p. 87 à 96.
21721. ADLER (Elkan). — Documents sur les Marranes d'Espagne et de Portugal sous Philippe IV, p. 97 à 120, et 251 à 264. — Suite de XLVIII, p. 1; XLIX, p. 51; et L, p. 53 et 211.
21722. BACHER (W.). — Les juifs de Perse aux XVII° et XVIII° siècles d'après les chroniques poétiques de Babai B. Loutf et de Babai B. Farhad, p. 121, 265; et LII, p. 77, et 234.
21723. BAUER (Jules). — Un document sur les juifs de Rome [supplique à Pie VI, 1787], p. 137 à 149.
21724. KRAUSS (Samuel). — A propos des légendes de la Vierge, p. 150.
21725. POZNANSKI (Samuel). — L'origine arabe du traité des verbes dénominatifs de Juda Ibn Bal'Am, p. 152.
21726. LÉVY (Isidore). — Les soixante-dix semaines de Daniel dans la chronologie juive, p. 161 à 190.
21727. M. L. — L'esprit du christianisme et du judaïsme, à propos de quelques publications récentes, p. 191 à 216; et LII, p. 1 à 23.
21728. LAMBERT (Éliézer). — Les changeurs et la monnaie en Palestine du Ier au III° siècle de l'ère vulgaire d'après les textes talmudiques, *fig.*, p. 217 à 244; et LII, p. 24 à 42.
21729. REINACH (Salomon). — La communauté juive de Lyon au deuxième siècle de notre ère, p. 245 à 250.
21730. NETTER (N.). — Les anciens cimetières israélites de Metz situés près la porte Chambière, p. 280; et LII, p. 98, et 316. — Cf. n° 21746.
21731. GOTTHEIL (Richard). — Les archives juives de Florence, p. 303 à 317; et LII, p. 114 à 128.

LII. — Revue des études juives, publication trimestrielle de la Société des études juives, t. LII. (Paris, 1906, in-8°, 320-LIII p.)

[21727]. M. L. — L'esprit du christianisme et du judaïsme, p. 1 à 23.
[21728]. LAMBERT (Éliézer). — Les changeurs et la monnaie en Palestine, du Ier au III° siècle de l'ère vulgaire d'après les textes talmudiques, p. 24 à 42.
21732. GOLDZIHER (L.). — Mélanges judéo-arabes, p. 43 à 50, et 187 à 192. — Suite de XLIII, p. 1; XLIV, p. 63; XLV, p. 1; XVLII, p. 41, 179; XLVIII, p. 219; et L, p. 32, et 182.
21733. POZNANSKI (Samuel). — Un commentaire sur Job, de la France septentrionale, p. 61 à 70, et 198 à 214.
21734. STOURDZÉ (H.). — Les deux commentaires d'Ibn Caspi sur les Proverbes, p. 71 à 76.
[21722]. BACHER (W.). — Les juifs de Perse au XVII° et au XVIII° siècle, p. 77 à 97, et 234 à 271.
[21730]. NETTER (N.). — Les anciens cimetières israélites de Metz situés près la porte Chambière, p. 98 à 113, et 316 à 317.
[21731]. GOTTHEIL (Richard). — Les archives juives de Florence, p. 114 à 128.
21735. STROÏEV (V.). — Savants et hommes d'État russes d'origine juive, p. 129 à 147.
21736. WEILL (Julien). — Note sur une ancienne traduction française manuscrite de l'Itinéraire de Benjamin de Tudèle inexactement datée, p. 148 à 150.
21737. MITRANI-SAMARIAN (S.). — Le débat entre Anton de Moros et Gonzalo Davila, p. 151 à 153.
21738. WEILL (Julien). — Les éditions nouvelles de l'Itinéraire de Benjamin de Tudèle, p. 154 à 160, et 318.

21739. Lévi (Israel). — Les juifs de France, du milieu du IXe siècle aux Croisades, p. 161 à 168.
21740. Heller (Bernard). — L'épée gardienne de chasteté dans la littérature juive, p. 169 à 175.
21741. Marmorstein. — Les signes du Messie, p. 176 à 186.
21742. Eppenstein (Symon). — Mélanges d'exégèse et d'étymologie, p. 193 à 197.
21743. Schwab (Moïse). — Inscriptions hébraïques d'Espagne, *fig.*, p. 215 à 220.
21744. Macler (F.). — L'inscription hébraïque du musée de Bourges, *fig.*, p. 221 à 223.
21745. Régné (Jean). — Rapports entre l'Inquisition et les juifs d'après le Mémorial de l'inquisiteur d'Aragon (fin du XIVe siècle), p. 224 à 233.
21746. Ginsburger (M.). — Les anciens cimetières israélites de Metz, p. 272 à 281. — Cf. n° 21730.
21747. Mayer Lambert. — Liste des circoncisions opérées par le mohel Isaac Schweich [à Metz et à Paris] (1775-1801), p. 282 à 303.
21748. Bauer (Jules). — Un projet d'établissement d'un second ghetto à Avignon [1777], p. 304 à 307.
21749. Reiche (Mme Maxe). — Nietzsche et le judaïsme, p. I à LIII.

SEINE. — PARIS.

SOCIÉTÉ DES ÉTUDES RABELAISIENNES.

Voir, pour les publications antérieures de cette Société, les tables placées à la fin du fascicule III du tome I, et du fascicule I du tome II de notre *Bibliographie annuelle.*

IV. — **Revue des études rabelaisiennes,** publication trimestrielle consacrée à Rabelais et à son temps, t. IV, 1906. (Paris, 1906, in-8°, XV-414 p.)

21750. Oulmont (Charles). — Gratian du Pont, sieur de Drusac, et les femmes, p. 1 à 28, et 135 à 153.
21751. Santi (Dr de). — Rabelais et J.-C. Scaliger, p. 29 à 44. — Suite de III, p. 12.
21752. Picot (Émile). — Rabelais à Lyon en août 1540, p. 45 à 48.
21753. Albarel (Dr). — La psychologie et le tempérament de Quaresmeprenant [Rabelais, l. IV, ch. 30-32], p. 49 à 58.
21754. Clouzot (Henri). — Les commentaires de Perreau [sur Rabelais] et l'*Alphabet de l'auteur françois*, p. 59 à 72.
21755. Barbier (Paul) fils. — Quatre vers latins d'Étienne Pasquier sur Rabelais, p. 73.
21756. Dorveaux (Dr P.). — Rabelais cité par le médecin Jean le Bon, p. 75.
21757. Anonyme. — Rabelais et Flaubert, p. 77.
21758. H. C. [Clouzot (Henri)]. — Un lecteur de Rabelais au XVIIe siècle, Paul Reneaume, p. 79 à 81.
21759. A. L. [Lefranc (A.)]. — Rabelais dans l'entourage de François Ier, p. 102.
21760. Bourrilly (V.-L.). — Deux points obscurs dans la vie de Rabelais : Rabelais à Lyon en août 1537; Rabelais et le sieur de la Fosse (1540), p. 103 à 134.
21761. Grandmaison (Louis de). — Un frère de Rabelais, p. 154 à 159.
21762. Barbier (Paul) fils. — Touque-Dillon, nom d'un capitaine de Picrochole, p. 160 à 169.
21763. Clouzot (Étienne). — Note pour le commentaire [de Rabelais], p. 170 à 178.

[Ascension du Mont-Aiguille (*Pantagr.*, l. IV, ch. 57). — Marrons (*Pantagr. Pronostic.*, ch. 7).]

21764. Schneegans (F.-Ed.) — Note pour le commentaire [de Rabelais], p. 179.

[Pierre du Coignet (l. IV, anc. prologue); Comment Pantagruel de sa langue couvrit toute une armée (l. II, ch. 32).]

21765. Hatem (Fernand). — Un Rabelais au service de Marie de Médicis (1613-1617), p. 180 à 182.
21766. Lefranc (Abel). — Jamet Brayer, p. 183 à 185.
21767. L. G. [Pelissier (L.-G.)]. — La dame de Basché, p. 186.
21768. H. C. [Clouzot (H.)]. — Deux noëls cités par Rabelais, p. 188 à 190.
21769. H. G. [Grimaud (Henri)]. — La famille de Rabelais, p. 195. — Cf. n° 21775.
21770. Lefranc (Abel). — *Calloier*, p. 196.
21771. Folet (Dr H.). — Rabelais et les saints préposés aux maladies, p. 199 à 216.
21772. Thomas (Antoine). — Gargantua en Limousin avant Rabelais, *facs.*, p. 217 à 223. — Cf. n° 21783.
21773. Pirenne (H.). — Rabelais dans les Pays-Bas, p. 224.
21774. Schneegans (F.-Ed.). — Battre le chien devant le lion (*Garg.*, ch. 11), p. 226.

21775. Grimaud (Henri). — Généalogie de la famille Rabelais, p. 228 à 234. — Cf. n° 21769.

21776. Smith (W.-F.). — Sur le V° livre, p. 235 à 243.

21777. Clouzot (Henri). — Un portrait de Rabelais à Nancy, p. 244 à 249.

21778. Le Double (Dr A.). — Quelques *contenances* de Quaresmeprenant, p. 250 à 263. — Cf. n° 21792.

21779. La Perrière (J. de). — Note pour le commentaire [de Rabelais], p. 264 à 267, et 404.

[Définition de Dieu (l. III, ch. 13).]

21780. Dorveaux (Dr Paul). — Supplique adressée au Parlement en novembre 1534 par la Faculté de médecine de Paris au sujet des *Almanachs et Prognostications*, p. 268.

21781. Plattard (Jean). — Philiatros [Jean Canappe], p. 270; — *Licenciatus pro doctore an habeatur?* [de l'usage du titre de docteur], p. 270 à 272, et 396.

21782. Champion (Pierre). — Une mention inconnue du nom de *Garguentuas*, p. 273 à 276.

21783. Pinvert (Lucien). — Gargantua en Limousin avant Rabelais, p. 287. — Cf. n° 21772.

21784. Omont (H.) — Une édition inconnue des Chroniques de Gargantua, p. 288 à 290.

21785. Toldo (Pietro). — Les voyages merveilleux de Cyrano de Bergerac et de Swift et leurs rapports avec l'œuvre de Rabelais, p. 295 à 334.

21786. Lefranc (Abel). — Rabelais, les Sainte-Marthe et l'*Enraigé* Putherbe, p. 335 à 348.

21787. Smith (W.-F.). — Rabelais et Servius, p. 349 à 368.

21788. Patry (H.). Topographie rabelaisienne (Saintonge), p. 369 à 383. — Cf. II, p. 143, et 227.

21789. Plattard (J.). — Tiraqueau et Rabelais, p. 384 à 389.

21790. Albarel (Dr P.). — Origine du mot *Gargantua*, p. 390 à 393.

21791. Clouzot (Henri). — La Devinière contre La Devinière, p. 394 à 395.

[Les crus de ce nom en Chinonais et en Poitou.]

21792. Albarel (Dr). — Les *contenances* de Quaresmeprenant, p. 404. — Cf. n° 21778.

21793. H. G. [Grimaud (Henri)]. — L'abbé de Turpenay [*Garg.*, ch. 37], p. 406.

SEINE. — PARIS.

SOCIÉTÉ DE GÉOGRAPHIE.

Voir, pour les publications de cette Société antérieures à 1901, la table récapitulative de notre *Bibliographie générale;* et pour ses publications postérieures, les tables placées à la fin du fascicule III du tome I, et du fascicule I du tome II de notre *Bibliographie annuelle.*

XIII. — La Géographie, Bulletin de la Société de géographie, publié... par le baron Hulot,... et M. Charles Rabot,... t. XIII, 1er semestre 1906. (Paris, 1906, gr. in-8°, 511 p.)

21794. Gautier (E.-F.). — Du Touat au Niger, *carte*, p. 5 à 18.

21795. Schirmer (Henri). — Les résultats géographiques de la mission saharienne. Mission Foureau-Lamy, *fig.*, p. 30 à 39.

21796. Desplagnes. — Une mission archéologique dans la vallée du Niger, *fig.*, p. 81 à 90.

21797. Tilho (Capitaine Jean). — Exploration du lac Tchad (février-mai 1904), *carte* et *pl.*, p. 195 à 213.

21798. Chevalier (Aug.). — L'île de San-Thomé, *fig.*, p. 257 à 274.

21799. Larras (N.). — La population du Maroc, *fig.*, p. 337 à 348.

XIV. — La Géographie, Bulletin de la Société de géographie, publié... par le baron Hulot, ... et M. Charles Rabot, ... t. XIV, 2e semestre 1906. (Paris, 1906, gr. in-8°, 412 p.)

21800. Clouzot (Henri). — Les bijoux indigènes au Maroc, en Algérie et en Tunisie, *fig.*, p. 153 à 158.

21801. Derrécagaix (Général). — Le colonel du génie de Lannoy, p. 179.

21802. Hulot. — L.-A. Himly; le capitaine Carpinetty; L.-P. Vossion, p. 315.

IMPRIMERIE NATIONALE.

21803. Cortier (Lieutenant). — De Tombouctou à Taodéni, *fig.*, p. 317 à 341.

21804. Barbier de Meynard (A.). — Note sur un fragment de manuscrit arabe copié à Araouan par le lieutenant Cortier, p. 342.

21805. Deniker (J.). — Les Philippines sous la domination des États-Unis, *carte*, p. 343 à 368.

21806. Gentil (Louis). — L'œuvre topographique du capitaine Larras au Maroc, *fig.*, p. 369 à 374.

21807. Hulot. — P. Duchesne-Fournet, p. 412.

SEINE. — PARIS.

SOCIÉTÉ DE L'HISTOIRE DE L'ART FRANÇAIS.

Voir, pour les publications de cette Société antérieures à 1901, la table récapitulative de notre *Bibliographie générale;* et pour ses publications postérieures, les tables placées à la fin du fascicule III du tome I, et du fascicule I du tome II de notre *Bibliographie annuelle.*

21808. Montaiglon (Anatole de) et Guiffrey (Jules). — Correspondance des directeurs de l'Académie de France à Rome, avec les surintendants des bâtiments, publiée, d'après les manuscrits des Archives nationales, t. XV (1785-1790). (Paris, 1906, in-8°, 468 p.)

[Les tomes I à XIV ont paru de 1887 à 1905.]

XXXIV. — Nouvelles Archives de l'art français, 3e série, t. XXII, année 1906, Revue de l'art français ancien et moderne, 23e année. (Paris, 1907, in-8°, 375 p.)

21809. Furcy-Raynaud (Marc). — Correspondance de M. d'Angiviller, directeur général des Bâtiments du roi, avec le premier peintre du roi Jean-Baptiste-Marie Pierre, p. 1 à 375. — Suite de XXXIII, p. 1.

SEINE. — PARIS.

SOCIÉTÉ D'HISTOIRE CONTEMPORAINE.

Voir, pour les publications de cette Société antérieures à 1901, la table récapitulative de notre *Bibliographie générale;* et pour ses publications postérieures, les tables placées à la fin du fascicule III du tome I, et du fascicule I du tome II de notre *Bibliographie annuelle.*

21810. Kermaingant (P.-L. de) — Souvenirs et fragments pour servir aux mémoires de ma vie et de mon temps, par le marquis de Bouillé (Louis-Joseph-Amour) 1769-1812, t. I, 1769-mai 1792. (Paris, 1906, in-8°, 517 p.)

XVI. — Société d'histoire contemporaine, 16e assemblée générale tenue le mercredi 13 juin 1906, sous la présidence du comte Boulay de la Meurthe, président de la Société. (Paris, 1906, in-8°, 67 p.)

21811. Arjuzon (Comtesse C. d'). — Joséphine contre Beauharnais, p. 19 à 35.

21812. Maricourt (Baron de). — Le baron de Duplaa en Morée (1828), p. 36 à 39.

21813. Grasilier (Léonce). — Par qui fut livré le général Pichegru, d'après des documents entièrement inédits, p. 40 à 51.

21814. Anonyme. — Table des communications et des notices nécrologiques insérées dans les comptes rendus des assemblées générales depuis la fondation de la Société, p. 65 à 67.

SEINE. — PARIS.

SOCIÉTÉ D'HISTOIRE DIPLOMATIQUE.

Voir, pour les publications de cette Société antérieures à 1901, la table récapitulative de notre *Bibliographie générale;* et pour ses publications postérieures, les tables placées à la fin du fascicule III du tome I, et du fascicule I du tome II de notre *Bibliographie annuelle.*

21815. Boulay de la Meurthe (Comte). — Documents sur la négociation du Concordat et sur les autres rapports de la France avec le Saint-Siège de 1800 à 1801, t. VI. (Paris, 1906, in-8°.)

[Les tomes I à V ont paru de 1891 à 1897.]

XX. — Revue d'histoire diplomatique publiée par les soins de la Société d'histoire diplomatique, 20e année. (Paris, 1906, in-8°, 639 p.)

21816. Burenstam (Charles de). — Lettres inédites du comte Charles de Montalembert au baron Anckarsvärd (1829-1857), p. 25 à 73.

21817. Gallavresi (Giuseppe). — Un ambassadeur italien sous l'ancien régime. Le comte Joseph-Constantin Ludolf [† 1875], p. 74 à 111. — Suite de XIX, p. 523.

21818. Noël (Octave). — Le commerce du monde au XIIe siècle, p. 112 à 137.

21819. Anonyme. — Un publiciste étranger au service de la Pologne, Piattoli (1788-1792), p. 138 à 150.

21820. Barral Montferrat. — Compétitions européennes dans l'Afrique du Nord. L'incident diplomatique d'Alger en 1784, p. 161 à 200.

21821. Faure (C.-B.). — La diplomatie de Leibniz, p. 201 à 233. — Suite de XIX, p. 217, et 545.

28822. Coquelle (P.). — Andréossy, ambassadeur à Constantinople (1812-1814), d'après des documents inédits, p. 234 à 259.

21823. Knight (Jean). — Lamartine, ministre des Affaires étrangères, p. 260 à 284.

21824. Laigue (Louis de). — Venise à la fin du XIIe et au début du XIIIe siècle. Les doges Sébastien et Pierre Ziani, p. 285 à 303, et 424 à 457.

21825. Rott (Édouard). — La conclusion de la Ligue d'Avignon et la politique étrangère des Brulart (1622-1623), p. 304 à 314.

21826. Grant (W.-L.). — La mission de M. de Bussy à Londres en 1761, p. 351 à 366.

21827. Haussonville (D'). — Le duc de Bourgogne et les Pacifistes en 1709 et 1710, p. 367 à 384.

21828. Pingaud (Léonce). — Un historien de la Russie d'il y a cent ans. Le grand-duc Nicolas Mikhaïlovitch, p. 385 à 406.

21829. Dollot (René). — Une chouannerie flamande. Chute de la domination française en Belgique (1813-1814), p. 407 à 423.

21830. Baguenault de Puchesse (Comte). — La nouvelle édition des Mémoires du cardinal de Richelieu, p. 481 à 496.

21831. Lacombe (Bernard de). — Les papiers de M. de Nesselrode, p. 497 à 510.

21832. Thubert (Emmanuel). — Politique du nord de l'Europe au moyen âge. Les Northmen en France, p. 511 à 536.

21833. Raffalovich (A.). — La seconde occupation de Francfort en 1796, et la convention secrète de brumaire an V, p. 537 à 558. — Suite de XVIII, p. 531.

21834. Roux (François-Ch.). — Les Échelles de Syrie et de Palestine au XVIIIe siècle, p. 559 à 594.

21835. Boutry (Maurice). — Documents relatifs au mariage de Marie-Antoinette, p. 595 à 623.

SEINE. — PARIS.

SOCIÉTÉ DE L'HISTOIRE DE FRANCE.

Voir, pour les publications de cette Société antérieures à 1901, la table récapitulative de notre *Bibliographie générale;* et pour ses publications postérieures, les tables placées à la fin du fascicule III du tome I, et du fascicule I du tome II de notre *Bibliographie annuelle.*

21836. Boislisle (Jean de). — Mémoriaux du Conseil de 1661, t. I. (Paris, 1905, in-8°, 395 p.)

21837. Lair (Jules). — Rapports et notices sur l'édition des Mémoires du cardinal de Richelieu. (Paris, 1905-1906, in-8°, 247 p.)

21838. Lemaître (Henri). — Chronique et annales de Gilles le Muisit, abbé de Saint-Martin-de-Tournai (1272-1352). (Paris, 1906, in-8°, xxxiii-343 p.)

21839. Contenson (Baron Ludovic de). — Mémoires du comte de Souvigny, lieutenant général des armées du Roi, t. I (1613-1638). (Paris, 1906, in-8°, 367 p.)

21840. Lecestre (Léon). — Mémoires de Saint-Hilaire, t. II (1680-1697). (Paris, 1906, in-8°, 461 p.)

[Le tome I a paru en 1903.]

XLIII. — Annuaire-Bulletin de la Société de l'histoire de France, année 1906. (Paris, 1906, in-8°, 242 et xviii p.)

21841. Durieu (Comte Paul). — Discours, p. 78 à 95.

[Le comte H. de Luçay (1831 † 1905); le duc d'Audiffret-Pasquier (1823 † 1905); etc.]

21842. Valois (Noël). — Un nouveau témoignage sur Jeanne d'Arc, réponse d'un clerc parisien à l'apologie de la Pucelle, par Gerson (1429), p. 161 à 179.

21843. Courteault (Henri). — Le manuscrit original de l'histoire de Gaston IV, comte de Foix, par Guillaume Leseur. Additions et corrections à l'édition de cette chronique, p. 180 à 212.

21844. Mandrot (B. de). — Supplément aux lettres de Charles VIII, p. 213 à 241.

SEINE. — PARIS.

SOCIÉTÉ D'HISTOIRE LITTÉRAIRE DE LA FRANCE.

Voir, pour les publications de cette Société antérieures à 1901, la table récapitulative de notre *Bibliographie générale;* et pour ses publications postérieures, les tables placées à la fin du fascicule III du tome I, et du fascicule I du tome II de notre *Bibliographie annuelle.*

XIII. — Revue d'histoire littéraire de la France, publiée par la Société d'histoire littéraire de la France, 13e année, 1906. (Paris, 1906, in-8°, 774 p.)

21845. Foulet (Lucien). — Le voyage de Voltaire en Angleterre, p. 1 à 25.

21846. Hazard (Paul). — *Le Spectateur du Nord* [journal français publié à Hambourg de 1797 à 1802], p. 26 à 50.

21847. Masson (Maurice). — La correspondance spirituelle de Fénelon avec Mme de Maintenon, p. 51 à 72.

21848. Lesans (Charles). — Une autre imitation d'Hérodote dans la *Légende des siècles*, p. 73 à 75. — Cf. XII, p. 409.

21849. Estrée (Paul d'). — Une victime inconnue de Beaumarchais, Bonnefoy de Bouyon, p. 76 à 86.

21850. Droz (Édouard). — Une lettre de Faret (1625), p. 87 à 91.

21851. Vianey (Joseph). — Une *Rencontre des muses de France et d'Italie* demeurée inédite, p. 92 à 100.

[Les plagiats de Desportes.]

21852. Gazier (Georges). — La mort de J.-J. Rousseau. Récit fait par Thérèse Levasseur à l'architecte Paris, à Ermenonville, p. 101 à 109.

21853. Giraud (Victor). — Pascal, Condorcet et l'*Encyclopédie*, p. 110 à 111.

21854. Laumonier (P.). — Trois pièces attribuées à Ronsard, restituées à Amadis Jamin, p. 112 à 122. — Cf. *Id.*, n° 20595.

21855. P. B. [Bonnefon (Paul)]. — Lettres inédites du Père Brumoy à Jean-Baptiste Rousseau, p. 125 à 158.

21856. Bury (J.). — Un passage de *Némésis* et le *Sommeil du Condor* de Leconte de Lisle, p. 159.

21857. Maigron (Louis). — L'influence de Fontenelle, p. 193 à 227.

21858. Dick (E.). — Quelques sources ignorées du *Voyage en Amérique* de Chateaubriand, p. 228 à 245.

21859. Schinz (Albert). — Le manuscrit de la première ébauche des *Confessions* de J.-J. Rousseau, p. 246 à 291.

21860. Joret (Charles). — Un épisode inconnu de la vie de Paul-Louis Courier, p. 292 à 300.

21861. Delafarge (Daniel). — Une lettre inédite de Diderot à Grimm, p. 301 à 306.

21862. Monin (H.). — Note et documents sur le travail du style chez Edgar Quinet, p. 307 à 311.

21863. Foulet (Lucien). — Dorat et Ronsard, p. 312 à 316.

21864. Giraud (Victor). — Sur Guillaume du Vair, notes bibliographiques, p. 317 à 321.

21865. P. B. [Bonnefon (P.)]. — Une lettre inédite sur la mort de Saint-Evremond, p. 322 à 325.

21866. P. B. [Bonnefon (P.)]. — Une lettre de la présidente Ferrand sur Madame Dacier, p. 322 à 331.

21867. Estrée (Paul d'). — Les surprises d'une perquisition [chez l'abbé Panage]. Lettres inédites de Voltaire, p. 332 à 336.

21868. Toldo (Pierre). — *El amante liberal* [de Cervantès] et la *Belle provençale* [de Regnard], p. 337 à 341.

21869. Delboulle (A.). — Historique des mots : *aristocrate, démocrate, monarchiste*, p. 342.

21870. Anonyme. — Autographes et documents, p. 343 à 380.

[Lettres du cardinal de Bernis (Rome, 1778), de Senancour, de Mme Leprince de Beaumont, d'A.-F. Fariau, *dit* Saint-Ange (an vi).]

21871. Merlant (Joachim). — L'évolution religieuse de Sénancour, p. 381 à 426.

21872. Breuillac (Marcel). — Hoffmann en France, étude de littérature comparée, p. 427 à 457.

21873. Potez (Henri). — Deux années de la Renaissance, d'après une correspondance inédite [de Denys Lambin, 1552-1554], p. 458 à 498, et 658 à 697.

21874. Maréchal (Christian). — Victor Hugo mennaisien, d'après quelques pensées inédites du *Journal d'un révolutionnaire de 1830*, p. 499.

21875. Chollet (Paul). — Une livre ignoré de l'époque romantique, *Le fruit défendu*, p. 501 à 504.

21876. Michaut (G.). — Le La Bruyère [de la bibliothèque] de Sainte-Beuve [avec notes de sa main], p. 505 à 544, et 714 à 726.

21877. Marsan (Jules). — Notes sur la bataille romantique (1813-1826), p. 573 à 605.

21878. Bonnefon (Paul). — Les dernières années de Charles Perrault, p. 606 à 657.

21879. Griselle (Eugène). — Un sermon inédit de Bourdaloue prêché le 4 mars 1685 (dimanche de la quinquagésime) à Saint-Gervais, p. 698 à 713.

21880. Villey (Pierre). — Le véritable auteur du *Discours de la servitude volontaire*, Montaigne ou La Boétie? p. 727 à 737. — Cf. n° 21881.

21881. Bonnefon (Paul). — Post-scriptum à l'article précédent, p. 737 à 741. — Cf. n° 21880.

21882. Chuquet (Arthur). — Discours, p. 763 à 767.

[P. Dupont († 1906); Achille Delboulle († 1905); A. Beljame († 1906).]

SEINE. — PARIS.

SOCIÉTÉ DE L'HISTOIRE DE PARIS ET DE L'ÎLE-DE-FRANCE.

Voir, pour les publications de cette Société antérieures à 1901, la table récapitulative de notre *Bibliographie générale*; et pour ses publications postérieures, les tables placées à la fin du fascicule III du tome I, et du fascicule I du tome II de notre *Bibliographie annuelle*.

XXXIII. — Mémoires de la Société de l'histoire de Paris et de l'Île-de-France, t. XXXIII, 1906. (Paris, 1906, in-8°, 291 p.)

21883. A. T. des O. [Trudon des Ormes (A.)]. — Contributions à l'état civil des artistes fixés à Paris de 1746 à 1778, p. 1 à 64.

21884. Gérard (Albert). — La révolte et le siège de Paris (1589), p. 65 à 150.

21885. Bretaudeau (Léon). — La famille de Jean Le Vacher, missionnaire et consul en Barbarie, p. 151 à 186.

21886. Busquet (R.). — Étude historique sur le collège de Fortet (1394-1764), *pl.*, p. 187 à 290.

XXXIII. — Bulletin de la Société de l'histoire de Paris et de l'Île-de-France, 33e année, 1906. (Paris, 1906, in-8°, 260 p.)

21887. Picot (Émile). — A propos de l'inventaire du trésor de Saint-Eustache, p. 33. — Cf. XXXII, p. 166.

21888. Blanchet (Adrien). — Recueil d'almanachs pour l'année 1775, p. 33 à 35.

21889. Stein (H.). — La collection du comte de Provence en 1781, p. 40 à 48.

21890. Rey (A.). — Hommage à Dufort de Cheverny pour sa fête. Dessins de Pajou, légendes de Sedaine, *pl.*, p. 48 à 58.

21891. Fanet (Valère). — Mme Récamier à la Conciergerie, p. 58.

21892. Babeau (A.). — L'enseignement par les noms des rues de Paris, p. 59 à 63.

21893. A. B. [Babeau (A.)]. — Addition à la notice sur les dessins de Jacques Cellier, p. 63. — Cf. XXXII, p. 171.

21894. Lazard (Lucien). — Inventaire alphabétique des documents relatifs aux artistes parisiens conservés aux Archives de la Seine, p. 68 à 114.

21895. Boislisle (A. de). — Discours, p. 117 à 138.

[Le baron Alphonse de Rothschild († 1905); le P. Denifle (1844 † 1905); J. Pingard († 1905); le comte de Luçay († 1905); le chanoine Groux († 1905); Henri Baillière († 1905); le comte de Chabrillan († 1905); le baron Mallet († 1906). — Les dénominations des rues de Paris dans la *Nomenclature officielle*.]

21896. Omont (H.). — Une relation nouvelle des obsèques de François Ier à Paris et à Saint-Denys en 1547, p. 144 à 150.

21897. J. G. [Guiffrey (J.)]. — Visites princières à la manufacture des Gobelins en 1773 et 1790, p. 150 à 155.

21898. Pinson (Paul). — Un grand comédien parisien au XVIIIe siècle. Jean-Baptiste Guignard, dit Clairval, acteur de la Comédie italienne (1735 † 1797), p. 158 à 179.

21899 Gaillard (H.). — Ascendants et descendants du prévôt de Paris Jean de Folleville, p. 179 à 190.

21900. Clouzot (Étienne). — Un tremblement de terre à Paris au XVIIIe siècle, p. 190 à 193.

21901. Hartmann (G.). — L'hôtel dit de Lauzun, p. 200 à 203.

21902. Bruel (François-L.). — La conversion d'André Pizon de Betoulat, sieur de la Petitière, contribution à l'histoire de l'abbaye de Port-Royal-des-Champs, p. 203 à 209.

21903. Barroux (Marius). — La préposition *de* dans la dénomination des rues, p. 210.

21904. Stein (Henri). — Deux épaves des archives de Sainte-Opportune [inventaire et cartulaire], p. 212 à 215.

21905. Mandrot (B. de). — Une affaire de chasse sous Louis XI, p. 215 à 223.

21906. Stein (Henri). — Le collège de Tonnerre à Paris, p. 223.

21907. Mandrot (B. de). — Les lions de l'hôtel Saint-Pol en 1490, p. 225 à 228.

21908. Lazard (Lucien). — Les affiches des jurés-crieurs de Paris, p. 228 à 237.

21909. Omont (H.). — Liste des suppôts de l'Université de Paris à la fin du XVIe siècle, p. 237 à 240.

21910. Thomas (Antoine). — Pour un *Dictié de la Vierge Marie*, fait divers parisien (1401), p. 240.

21911. Bournon (F.). — Chronique de l'année 1906, p. 242 à 250.

21912. Vidier (A.). — Chronique des Archives (1905-1906), p. 250 à 255.

SEINE. — PARIS.

SOCIÉTÉ DE L'HISTOIRE DU PROTESTANTISME FRANÇAIS.

Voir, pour les publications de cette Société antérieures à 1901, la table récapitulative de notre *Bibliographie générale;* et pour ses publications postérieures, les tables placées à la fin du fascicule III du tome I, et du fascicule I tome II de notre *Bibliographie annuelle.*

LV. — Société de l'histoire du protestantisme français... Bulletin..., 55ᵉ année, 4ᵉ de la 5ᵉ série. (Paris, 1906, in-8°, 610 p.)

21913. Arnaud (E.). — Un procureur du Roi à poigne à Montélimar en 1665, p. 7 à 13.

21914. Cazenove (A. de). — Poésies et complaintes huguenotes, *fig.*, p. 13 à 28.

21915. Hauser (Henri). — Un prêche à Dijon en 1561, p. 29.

21916. Cornet-Auquier (A.). — Vestiges huguenots en Bourgogne. La Motte-sur-Dheune, p. 30 à 33.

21917. Falgairolle (Prosper). — Mariages de pasteurs célébrés ou publiés à Nîmes de 1623 à 1685, p. 33 à 39, et 116 à 118. — Décès de pasteurs arrivés à Nîmes de 1600 à 1685, p. 118 à 121.

21918. Pannier (Jacques). — La bibliothèque de l'Église réformée de Paris de 1626 à 1664, p. 40 à 68, et 287 à 288.

21919. Daullé (Alf.). — Un méreau inédit (Saint-Quentin), *fig.*, p. 69.

21920. Dannreuther (H.). — Un faux portrait de Calvin, *fig.*, p. 70 à 72.

21921. Cartier (Alf.). — Un récit de la bataille de Dreux par Coligny, p. 92.

21922. Anonyme. — Inhumation de protestants refusée en 1792 [à Darrois], p. 93.

21923. H. D. [Dannreuther (H.)]. — Une épitaphe protestante [Exincourt (Doubs)], p. 94.

21924. Pannier (Jacques). — Notes complémentaires sur Grigny et les Mercier, d'après la correspondance de Saumaise, p. 95. — Cf. LIV, p. 481.

21925. Garrisson (Charles). — À propos de Jean de Labadie, *fig.*, p. 97 à 110. — Cf n° 21943.

21926. N. W. [Weiss (N.)]. — Un hérétique luthérien à Dijon en 1529, p. 111 à 113.

21927. Dannreuther (H.). — Un maître d'école huguenot à Bar-le-Duc au XVIIᵉ siècle, p. 114 à 116.

21928. Lehr (Henry). — Officiers protestants nouveaux convertis. Le capitaine et le lieutenant Gentillot, p. 121 à 128.

21929. Weiss (N.). — Baville et Vivens, p. 128 à 146. — Cf. n° 21945.

21930. Griselle (Eugène). — Louis XIV et Jurieu d'après une lettre inédite de ce dernier (4 avril 1689), p. 147 à 169.

21931. E. — Le monument de Coligny à Berlin, *fig.*, p. 170.

21932. N. W. [Weiss (N.)]. — Impressions de Paris, de Versailles et du grand Roi en 1684 [lettre de Jacques Bonnel], p. 172 à 175.

21933. Fonbrune-Berbineau (F.). — La sœur de Calvin, p. 190. — Cf. n° 21944.

21934. Martin (Charles). — De la genèse des doctrines religieuses de John Knox, *fig.*, p. 193 à 211.

21935. Bourrilly (V.-L.). — Deux nouvelles lettres de Jean Sleidan (12 mars 1546-10 novembre 1550), p. 212 à 219.

21936. Fonbrune-Berbineau (P.). — Une lettre de Jacques de Julien (1690), p. 220 à 226.

21937. Bost (Ch.). — La séparation des églises et de l'État à Aulas (Gard) en 1796, p. 226 à 234.

21938. N. W. [Weiss (N.)]. — Artistes huguenots, p. 234 à 236.

[J.-L. Bouyer, d'Orange (1737).]

21939. Clouzot (Henri). — Noëls anti-huguenots au XVIᵉ et au XVIIᵉ siècle, p. 237 à 248.

21940. Pannier (Jacques). — Le cimetière des protestants de Paris, rue des Saints-Pères, au XVIIᵉ siècle, d'après divers plans et cartes, p. 249 à 254.

21941. Picot (E.). — Les Moralités polémiques, ou la controverse religieuse dans l'ancien théâtre français, p. 254 à 262. — Suite de XXXVI, p. 169, 225, 337; XLI, p. 561, et 617.

21942. R. L. — Procès aux cadavres, p. 273 à 279.

21943. N. W. [Weiss (N.)]. — Jean de Labadie, p. 280. — Cf. n° 21925.

21944. Bagúenault de Puchesse (J.). — La sœur de Calvin, p. 280. — Cf. n° 21933.

21945. Bost (Ch.). — Baville et Vivens. Rectifications, p. 281. — Cf. n° 21929.

21946. Benoit (Daniel). — A propos d'Alexandre Roussel, p. 286.

21947. Pannier (Jacques). — Recherches sur l'emplacement des temples, cimetières et maisons du consistoire à Charenton au xviie siècle, *fig.*, p. 294 à 308.

21948. Schickler (F. de). — Rapport sur l'exercice 1905-1906, p. 309 à 324.

[Le temple de Charenton, *fig.*]

21949. Pannier (Jacques). — Comment on allait de Paris à Charenton, *fig.*, p. 325 à 347.

21950. Félice (P. de). — Le temple de Charenton. Les services religieux, *fig.*, p. 349 à 361.

21951. Weiss (N.). — Un des premiers pasteurs de Charenton. Pierre Dumoulin (1568-1658), *fig.*, p. 362 à 380, et 573.

21952. R. L. — Condamnation à mort pour sacrilège à Montauban en 1686 (Jeanne Lombrail, née Casabou), p. 381 à 384.

21953. Mailhet (André). — Le voyage de Calvin à Valence. Une histoire et une tradition, *fig.*, p. 403 à 416.

21954. Bost (Ch.). — La persécution dans le diocèse de Mende, d'octobre 1685 à mars 1688, p. 417 à 425.

21955. Bourrilly (V.-L.). — Les protestants à Marseille au xviiie siècle, notes et documents, p. 425 à 431, et 513 à 533.

21956. Bost (Ch.). — A Lyon en 1766, p. 432 à 438.

21957. Barrelet (Th.). — La diaconie de l'église réformée française de Hambourg de 1686 à 1750, p. 439 à 460.

21958. Pradel (Ch.). — Condamnations à mort pour sacrilège après la Révocation [Jean Guizard, de Nérac], p. 479.

21959. Clouzot (Henri). — Artistes huguenots. Les frères Huaud, peintres en émail, *fig.* et *pl.*, p. 481 à 507.

21960. N. W. [Weiss (N.)]. — L'édit de Nantes et le temple de Poitiers (1599), p. 507.

21961. Fonbrune-Berbinau (P.). — Louis XIV et le protecteur des forçats pour la foi Benoît Calandrini (1704), p. 509 à 512.

21962. Tournier (Gaston). — La réorganisation de l'église réformée de Mazamet (1796-1798), p. 533 à 542.

21963. Schnetzler (Ch.). — Le refuge à Bienne d'après quelques documents inédits, *fig.*, p. 543 à 555.

21964. Pannier (J.). — Un texte inédit sur la législation révolutionnaire concernant les biens des religionnaires fugitifs, p. 555 à 559.

SEINE. — PARIS.

SOCIÉTÉ DE L'HISTOIRE DE LA RÉVOLUTION.

Voir, pour les publications de cette Société antérieures à 1901, la table récapitulative de notre *Bibliographie générale;* et pour ses publications postérieures, les tables placées à la fin du fascicule iii du tome I, et du fascicule i du tome II de notre *Bibliographie annuelle.*

21965. Tuetey (Alexandre). — L'administration des ateliers de charité (1789-1790), rapport de J.-B.-Edme Plaisant, l'un des administrateurs du Département des travaux publics. (Paris, 1906, in-8°, xxii-170 p.)

21966. Ballot (Charles). — Le coup d'État du 18 fructidor an v. Rapports de police et documents divers. — (Paris, 1906, in-8°, vii-211 p.)

L. — **La Révolution française**, revue d'histoire moderne et contemporaine publiée par la Société de l'histoire de la Révolution. Directeur-rédacteur en chef : A. Aulard. Tome L, janvier-juin 1906. (Paris, 1906, in-8°, 576 p.)

21967. Tuetey (A.). — L'église constitutionnelle de Paris et les communautés religieuses en 1791 et 1792, p. 5 à 28. — Suite et fin de XLIX, p. 521.

21968. Blossier (A.). — Les représentants du peuple Bouret et Fremanger dans le Calvados, p. 29 à 46, et 105 à 127.

21969. Lefèvre (C.). — Une commission d'instituteur [à Granchain, délivrée par l'évêque d'Évreux] en 1767, p. 47.

21970. Anonyme. — Protestation d'un curé [Coulombet, curé de Saint-Denis, doyen d'Alençon] contre la suppression de la dîme en 1789, p. 48 à 52.

21971. Maubt. — Les inscriptions révolutionnaires dans les églises [en Champagne], p. 53.

21972. Aulard (A.). — L'histoire de la Révolution dans le guide Baedeker, p. 54.

[Notre-Dame de Paris en 1793-1794.]

21973. Anonyme. — Une lettre de La Harpe pendant son exil à Corbeil en 1802, p. 55.
21974. Monin (H.). — Les biens nationaux à Paris et dans la Seine. Le sommier général de l'an vii. Le milliard des émigrés, p. 97 à 104.
21975. Mautouchet (P.). — Le nom de Jean-Jacques Rousseau dans la géographie révolutionnaire, p. 128 à 130.
21976. Tchernoff (J.). — La politique de Napoléon III au début de son règne, p. 131 à 143.
21977. Grenat. — La Société populaire de Vouneuil-sur-Vienne, registre de ses délibérations, p. 144 à 162, et 239 à 258.
21978. Aulard (A.). — Taine, historien de la Révolution française, p. 193, 302, 391; et LI, p. 125, 206, et 506.
21979. Saint-Martin (Jean). — Un attentat contre Siéyès, p. 221 à 232.
21980. Poupé (Edmond). — Les archives révolutionnaires du greffe du tribunal de Draguignan, p. 233 à 238.
21981. Perroud (Cl.). — Histoire d'un professeur pendant la Révolution [Nicolas-René Paulin, professeur à l'école de Sorèze], p. 340 à 351.
21982. Buffy (G.). — Le général Moulin, notes biographiques, *pl.*, p. 352 à 365, et 433 à 450.
21983. Claretie (Jules). — La sépulture de Favart, p. 385 à 390.
21984. Anonyme. — Notes oratoires de Robespierre, *facs.*, p. 451.
21985. Cahen (Léon). — La Société des amis des noirs et Condorcet, p. 481 à 511.
21986. Dejean (Étienne). — Une statistique de la Seine-Inférieure au début du siècle dernier sous l'administration de Beugnot, p. 512 à 537; et LI, p. 30 à 52.
21987. Hermann (Gustave). — Note sur deux condamnés de prairial [an iii], Peyssard et Brutus Magnier, p. 538 à 549.
21988. Hauser (Henri). — Un refus de serment au Roi (Châtillon-sur-Seine, 14 juillet 1791), p. 550 à 552.
21989. Poulaine (L'abbé J.). — Persistance du culte à Voutenay (Yonne) pendant toute la Révolution, p. 553.
21990. Anonyme. — La descendance de Danton, p. 554.
21991. Anonyme. — Napoléon et le capitaine Pourée, p. 555.

LI. — La Révolution française..., t. LI, juillet-décembre 1906. (Paris, 1906, in-8°, 576 p.)

21992. Labroue (H.). — Le memorandum inédit du conventionnel Pinet, p. 5, 147, 226, 289 et 385.
21993. Pellet (Marcellin). — Le général Humbert (1767 † 1823), p. 18 à 29.
[21986]. Dejean (Étienne). — Une statistique de la Seine-Inferieure au début du siècle dernier sous l'administration de Beugnot, p. 30 à 52.
21994. Talayrach d'Eckardt (I.). — Notice historique sur la collection Usteri-OElsner [à la bibliothèque de Zurich], p. 53 à 56.
21995. Tchernoff (J.). — La proscription française à Genève (1848-1851) d'après les registres inédits du Conseil d'État du canton de Genève, p. 57 à 83.
21996. Blossier (A.). — L'approvisionnement de Paris et la municipalité de Honfleur (1789-1790), p. 84 à 89.
21997. Brette (A.). — La noblesse et ses privilèges pécuniaires en 1789, p. 97 à 124.
[21978]. Aulard (A.). — Taine, historien de la Révolution française, p. 125, 206, et 506.
21998. S. S. — A propos des archives départementales, p. 175 à 182.
21999. Braesch (F.). — Tentatives de désarmement des faubourgs par la Cour au lendemain du 20 juin 1792, p. 183 à 187.
22000. Pellet (Marcellin). — Les manuscrits de Jean-Jacques Rousseau au Palais-Bourbon, p. 195 à 205.
22001. Chambon (F.). — La politique religieuse de Couthon, p. 255 à 277, et 311 à 323.
22002. Bourgin (Hubert). — Réglementation des étalages à Beauvais en 1791, p. 278.
22003. Anonyme. — Règlement sur les subsistances à Beauvais en l'an ii, p. 279.
22004. Brette (Armand). — La loge dite du Logographe et le séjour de Louis XVI et de sa famille à l'Assemblée législative du 10 au 13 août 1792, p. 324 à 349.
22005. Bourgin (Georges). — L'affaire du Lion dormant en 1816, p. 350 à 362.
22006. Mathiez (A.). — Manuscrits du *Vieux Cordelier* [de Camille Desmoulins], p. 408 à 411.
22007. Prentout (Henri). — Le Mémorial du général Decaen (1793-1800), p. 412 à 437.
22008. Poulet (Henry). — L'administration centrale du département de la Meurthe, de l'établissement des départements à la création des préfectures (1790-1800), p. 438 à 457.
22009. Montclar. — Un essai de paroisse laïque au xviii° siècle [au Mesnil-Saint-Pierre en Beauvaisis], p. 458 à 461.
22010. Bord (Gustave). — Le contrat de mariage de Danton, la maison de son beau-père [à Sèvres], p. 461 à 464.
22011. Anonyme. — La fondation du *Moniteur universel*, p. 464 à 466.
22012. Braesch (F.). — Nouveaux documents sur les sections et sur le club des Cordeliers, p. 481 à 505.
22013. Schmidt (Ch.). — La question des sous-préfets en 1810, un mémoire de Lezay-Marnésia, p. 547 à 558.

SEINE. — PARIS.

SOCIÉTÉ D'HISTOIRE DE LA RÉVOLUTION DE 1848.

Le tome I du *Bulletin* de cette Société est analysé dans le tome II, fasc. 1, p. 154, de notre *Bibliographie annuelle.*

II. — La Révolution de 1848. Bulletin de la Société d'histoire de la Révolution de 1848..., t. II. (Paris, 1905-1906, in-8°, 332 p.)

22014. Levasseur (Émile). — Souvenirs d'un collégien en 1848, p. 2 à 5.
22015. Dreyfus (Ferdinand). — Un épisode de l'histoire charitable de 1848. Les Fraternités, p. 5 à 13.
22016. Salomon (Henry). — Notice sur Henry Michel [1857 † 1904], p. 14 à 28.
22017. L.-G. P. [Pélissier (L.-G.)]. — Un projet réactionnaire de décentralisation en 1849 [par Mahul], p. 45 à 47.
22018. Bertrand (Louis). — L'organisation démocratique en Belgique dans les années 1848-1849, p. 61 à 84.
22019. Sagnac (Ph.). — Une société secrète en Savoie (1843-1848). La Pipe-Gogue de Samoëns (vallée du Giffre), p. 85 à 88.
22020. Bouilly. — Notice sur les deux frères Buvignier et lettres inédites à Charles Buvignier, p. 89 à 96.
22021. H. M. [Moysset (H.)]. — Le suffrage universel dans le département du Lot. Statistique des élections du 23 avril 1848 par M. Vallès, ingénieur des Ponts et Chaussées, p. 97 à 106, et 146 à 160.
22022. Tchernoff (I.). — Documents sur l'état politique de la France en 1851, p. 126 à 135.
22023. Barodet (D.). — Lettres inédites de et à Barodet, p. 136 à 145.
22024. Dreyfus (Ferdinand). — Un projet d'assistance sociale en 1849. Armand de Melun et la Société d'économie charitable, p. 169 à 179.
22025. Matagrin (Am.). — Le Comité des Cultes en 1848, p. 180 à 196, et 245 à 256.
22026. Hantich (H.). — La Révolution de 1848 en Bohême, p. 197 à 208, et 229 à 244.
22027. Barbès (J.-Armand). — Notice sur la vie d'Armand Barbès, p. 209 à 219.
22028. Guyon (Léon). — Les élections et Ledru-Rollin dans la Sarthe en 1848, p. 257 à 265.
22029. Monin (H.). — Note sur les papiers de Quinet relatifs à la Révolution de 1848, p. 266 à 269.
22030. Dieudonné (F.). — Les élections à la Constituante de 1848 dans le Loiret, p. 281 à 313.
22031. Anonyme. — Lettres d'Esquiros à Barodet [1853], p. 314 à 317.
22032. Anonyme. — L'état politique du département de l'Ain en 1852, p. 318 à 325.
22033. Anonyme. — Une lettre de Gustave Planche à Vaulabelle [1848], p. 326 à 327.

SEINE. — PARIS.

SOCIÉTÉ DE L'HISTOIRE DU THÉÂTRE.

Pour les sept premiers fascicules du *Bulletin* de cette Société, voir la table placée à la fin du fascicule III du tome I de notre *Bibliographie annuelle.*

Bulletin de la Société de l'histoire du théâtre, 2e année, 8e numéro. (Paris [1906], gr. in-8°, 95 p.)

22034. Dieulafoy (Marcel). — Le miracle de la femme que Nostre Dame garda d'estre arse, *fig.*, p. 3 à 86.
22035. A. P. — *Les Moissonneurs*, opéra-comique de Favart et Duni, *fig.*, p. 88 à 91.
22036. Estrées (Paul d'). — Les premiers gentilshommes de la Chambre, p. 93.
22037. Anonyme. — Esquisse de Vigneron représentant Talma, *fig.*, p. 95.

SEINE. — PARIS.

SOCIÉTÉ HISTORIQUE DU VIe ARRONDISSEMENT DE PARIS.

Voir, pour les publications de cette Société antérieures à 1901, la table récapitulative de notre *Bibliographie générale;* et pour ses publications postérieures, les tables placées à la fin du fascicule III du tome I, et du fascicule I du tome II de notre *Bibliographie annuelle.*

IX. — Bulletin de la Société historique du VIe arrondissement de Paris, t. IX, année 1906. (Paris, s. d., in-8°, 183 p.)

22038. VUAFLART (Albert). — Les étapes du Christ de Slodtz, d'après Michel Ange, à propos d'une lettre inédite de Dulau d'Allemans, curé de Saint-Sulpice (1752), *fig.*, p. 43 à 52.
22039. MOUTON (Léo). — Le jeu au XVIIIe siècle dans le quartier Saint-Germain, p. 53 à 67.
22040. FROMAGEOT (Paul). — La rue de Buci, ses maisons et ses habitants, p. 68 à 98. — Suite et fin de VII, p. 74, 132; et VIII, 6 *pl.*, p. 81, et 245.
22041. FROMAGEOT (Paul). — Orgues et organistes de Saint-Germain-des-Prés, *3 pl.*, p. 115 à 131.
22042. SCHURR (Alexandre). — Jean-Casimir, roi de Pologne, abbé de Saint-Germain-des-Prés, p. 132 à 160.
22043. MOUTON (Léo). — Un Trésorier des guerres et sa famille pendant la Révolution. Les Fontaine de Biré, p. 161 à 180.

SEINE. — PARIS.

SOCIÉTÉ HISTORIQUE DES VIIIe ET XVIIe ARRONDISSEMENTS DE PARIS.

Voir, pour les publications de cette Société antérieures à 1901, la table récapitulative de notre *Bibliographie générale;* et pour ses publications postérieures, les tables placées à la fin du fascicule III du tome I, et du fascicule I du tome II de notre *Bibliographie annuelle.*

VIII. — Bulletin de la Société historique et archéologique des VIIIe et XVIIe arrondissements de Paris..., 8e année, 1906. (Paris, s. d., in-8°, 73 p.)

22044. GREDER (Léon). — Rapport [l'enlèvement de madame de Miramion par le comte de Bussy-Rabutin], p. 25 à 34.
22045. BABEAU (Albert). — Saint-Nicolas de Beaujon, p. 41 à 46.
22046. CIRCAUD (Edgard). — Un terrier de la seigneurie de Monceaulx de la fin du XVIe siècle, p. 47 à 50.
22047. BABEAU (Albert). — Deux pensions du faubourg Saint-Honoré au XVIIIe siècle, p. 56 à 59.
22048. GREDER (Léon). — Le *Bal Mabille*, satire de Barthélemy, p. 60 à 63.
22049. VUAFLART. — Rôle des porteurs de chaînes, jalonneurs et indicateurs employés pour le service du Roi [à la pépinière de Clichy-la-Garenne, près le Bas-Roule] (juin 1772), p. 64.
22050. BABEAU (A.). — Documents manuscrits et imprimés recueillis par M. Paul Dablin et donnés à la Société par Mme veuve Dablin, p. 65 à 71.

SEINE. — PARIS.

SOCIÉTÉ PRÉHISTORIQUE DE FRANCE.

Les deux premiers volumes du *Bulletin* de cette Société et le compte rendu du premier *Congrès préhistorique* organisé par elle sont analysés dans notre *Bibliographie annuelle*, t. II, fasc. 1, p. 160. En 1906, la Société a, outre le tome III de son *Bulletin* et le compte rendu de son Congrès annuel, fait paraître l'ouvrage suivant :

22051. Anonyme. — Manuel de recherches préhistoriques, publié par la Société préhistorique de France. (Paris, 1906, in-16, IX-327 p.)

III. — Bulletin de la Société préhistorique de France, t. III, 3e année, 1906. (Paris, 1906, in-8°, 460 p.)

22052. Rivière (Émile). — M. Lionel Bonnemère [† 1905], p. 15 à 18.
22053. Doigneau (A.). — Note sur les rabots préhistoriques, p. 19 à 21.
22054. Desforges (A.). — Outils nucléiformes des stations néolithiques de Fléty (Nièvre), *fig.*, p. 21 à 24.
22055. Lenez (Dr). — Galet porteur d'étoilures, p. 24. — Cf. n° 22072.
22056. Bossavy (J.). — Le maillet d'Yvré-le-Polin, *fig.*, p. 25.
22057. Gillet (Maurice). — Une deuxième lampe en pierre trouvée à Billancourt (Seine), *fig.*, p. 31 à 34.
22058. Pistat (L.) et Cauly (E.). — Un vase gaulois à inscription [à Prunay (Marne)], *fig.*, p. 34.
22059. Dharvent (Isaïe). — Note sur un silex taillé représentant un ours [recueilli à la Beuvrière-lez-Béthune (Pas-de-Calais)], p. 36.
22060. Desforges (A.). — Haches en schiste de la vallée de l'Alaine (Nièvre), *fig.*, p. 37.
22061. Rougé (Jacques). — Le préhistorique des rives de la Claise et de la Creuse. Le mortier de Préloug, *fig.*, p. 39 à 42.
22062. Baudon (Dr). — Un godet néolithique [trouvé au Plessier sur Saint-Just (Oise)], *fig.*, p. 43.
22063. Desforges (A.). — Hache d'armes néolithique [station de Roche, commune de Fléty (Nièvre)], p. 44.
22064. Martin (Dr Henri). — Étude sur les livres de beurre du Grand-Pressigny, 3 *pl.*, p. 44, 111, et 205.
22065. Mortillet (A. de). — A propos des marteaux à rainure, p. 62.
22066. Baudon (Dr). — Quelques notes sur les rabots, *fig.*, p. 63 à 70.
22067. Ramonet (Ph.). — Grandes pointes en silex et poinçons en os recueillis à Entre-Roches (Charente), p. 71 à 77.
22068. Beaupré (Comte J.). — Observations concernant une forme particulière de tumulus, signalée en 1882, par M. Chauvet, p. 77 à 81.
22069. Martel (E.-A.). — Sur la grotte d'Altamira et l'âge de ses peintures, *fig.*, p. 82 à 87.
22070. Fourdrignier (Ed.). — A propos du vase gaulois à inscription de Prunay, *fig.*, p. 87 à 92, et 101.
22071. Doigneau (A.). — Sur la préhension et la détermination des rabots en silex, *fig.*, p. 102 à 109.
22072. Bourlon (Lieutenant). — Galets avec étoilures, p. 109. — Cf. n° 22055.
22073. Bourlon (Lieutenant). — Persistance du tranchet après l'apparition de la hache polie, *fig.*, p. 110.
22074. Beaupré (Comte J.). — Note sur les enceintes à vallum calciné, *fig.*, p. 114 à 122.
22075. Baudouin (Dr Marcel) et Lacouloumère (Georges). — Les vestiges mégalithiques de Saint-Martin-de-Brem (Vendée), *fig.*, p. 123, 167, et 295.
22076. Atgier. — Lames courbes en silex, leur utilisation aux temps préhistoriques, *fig.*, p. 142.
22077. Desforges (A.). — Silex à dépression annulaire étoilée [station de Fléty (Nièvre)], p. 143.
22078. Ramonet (Ph.). — La Pierre Champagnolle [commune de Magnac-sur-Touvre (Charente)], *fig.*, p. 145 et 188.
22079. Guébhard (Dr Adrien). — Sur le *Murum duplex* des Gaulois, d'après Jules César, *fig.*, p. 146 à 149.
22080. Romain (Georges). — Plage du Havre. Notes sur le gisement sous-marin, *fig.*, p. 149 à 154.
22081. Morel (Gaston). — Note sur un rabot [préhistorique], p. 154.
22082. Martin (Dr Henri). — Maillets ou enclumes en os provenant de la couche moustérienne de la Quina (Charente), p. 155 à 162, et 189 à 200.
22083. Lenez (Dr). — Silex taillé affectant la forme d'une lampe de mineur, recueilli dans un gisement néolithique (campignien) des environs de Commercy (Meuse), *fig.*, p. 163.

22084. Gimon (Lieutenant). — Découverte d'une grotte à sépultures néolithiques à Saint-Hippolyte-du-Fort [Gard], p. 165.

22085. Atgier (Dr). — Nucleus et silex en jaspe (époque du Moustier) [station de Fontmaure à Vellèches (Vienne)], *fig.*, p. 187.

22086. Doigneau (A.). — Gravure sur os de la Madeleine (Dordogne), *fig.*, p. 200.

22087. Alix (G.). — Pierres percées comme monnaie d'échange, p. 202 à 204.

22088. Reynier. — Découverte d'un polissoir au centre d'une station préhistorique à Ocquerre (Seine-et-Marne), p. 206.

22089. Fourdrignier (Édouard). — L'éclairage des grottes paléolithiques devant la tradition des monuments anciens, p. 208 à 219. — Cf. id. n° 22451.

22090. Mallet (Auguste). — La station à industrie protochelléenne des Casseaux (Seine-et-Oise), *fig.*, p. 219 à 224, et 243 à 253.

22091. Mortillet (Paul de). — Coup de poing chelléen à deux patines [sablière du Vésinet (Seine-et-Oise)], p. 231.

22092. Martin (Dr Henri). — Industrie moustérienne perfectionnée, station de la Quina (Charente), *fig.*, p. 233 à 239.

22093. Ramonet (Ph.). — Os avec trace de polissage, de l'époque moustérienne [gisement de la Quina], *fig.*, p. 240.

22094. Baudouin (Dr Marcel). — Essai de transformation d'une hache polie en maillet à perforation, *fig.*, p. 242.

22095. Robert (L.). — Rapports de l'art glyptique avec d'autres arts anciens, p. 253 à 264.

22096. Hue (E.). — Ossements de la grotte d'Entre-Roches, commune de Magnac-sur-Touvre (Charente), p. 272.

22097. Martin (Dr Henri). — Silex à double patine [station de la Quina (Charente)], p. 273.

22098. Ramonet (Ph.). — Scies et perçoir ou alésoir de l'époque moustérienne provenant d'Entre-Roches et de la Quina, *fig.*, p. 275.

22099. Thieullen (A.). — Un silex sculpté [recueilli à Billancourt], p. 277.

22100. Anonyme. — Commission d'étude des enceintes préhistoriques, *fig.* et *pl.*, p. 317, 365, et 413.

22101. Taté. — Sur les pierres figurées, p. 327 à 329, et 420 à 422.

22102. Hue (Edmond). — La figure gravée du grand menhir de Saint-Étienne en Malguénac, *fig.*, p. 329. Cf. nos 17737 et 22115.

22103. Fouis (F.). — Ossements humains entaillés [grotte de Labeil (Hérault)], *fig.*, p. 331 à 334.

22104. Bertin (Arcade). — Les pierres de forme géométrique [recueillies dans la région parisienne], p. 335, 383, et 427.

22105. Lalande (Philibert). — Les puits funéraires de la commune de Saint-Jean-de-Ligoure (Haute-Vienne), p. 339.

22106. Dubus (A.). — Contribution à l'étude de l'ambidextrie aux temps préhistoriques, p. 340 à 342.

22107. Rougé (Jacques). — Un mégalithe en danger [dolmen de Civray-sur-Esves], p. 343.

22108. G. P. — Recherches préhistoriques dans l'Atlas tellien, *fig.*, p. 346 à 352.

22109. Baudouin (Dr Marcel) et Lacouloumère (Georges). — Les mégalithes de Savatole, au Bernard (Vendée), *fig.*, p. 353 à 360, et 394 à 408.

22110. Gillet. — Racloir [recueilli à la Cassepavé, commune de Rolleboise (Seine-et-Oise)], *fig.*, p. 368.

22111. Bourlon (Lieutenant). — Les éolithes quaternaires, p. 370 à 376.

22112. Givenchy (Paul de). — Note sur une hache paléolithique trouvée à Antilly (Oise), *fig.* et 3 *pl.*, p. 376 à 382, et 424.

22113. Martin (Dr Henri). — Ossements de renne portant des lésions d'origine humaine et animale [gisement de la Quina (Charente)], *pl.*, p. 385 à 391.

22114. Tabariès de Grandsaignes. — Une barque monoxile des environs de Vannes, *fig.*, p. 391 à 393. — Cf. n° 22144.

22115. Aveneau de la Grancière. — La figure gravée du grand menhir de Saint-Étienne en Malguenac, p. 423. — Cf. nos 17737 et 22102.

22116. Reynier (Ph.). — A propos des éolithes du bassin parisien, p. 425.

22117. Mortillet (A. de). — Deux curieuses pièces de la grotte du Placard (Charente), *fig.*, p. 431 à 434.

22118. Atgier. — Silex néolithiques de l'île de Ré, *fig.*, p. 434 à 438.

22119. Bertin (Arcade). — Les pierres fétiches [de la région parisienne], p. 438 à 440.

22120. Hue (Edmond). — Note sur une mandibule droite de canidé des palafittes de Chalain (Jura), *fig.*, p. 441 à 453.

22121. Gasser (A.). — Les Tchakras préhistoriques, *fig.*, p. 453 à 457.

CONGRÈS.

II. — Congrès préhistorique de France.
Compte rendu de la 2e session. Vannes, 1906. (Paris, 1907, in-8°, 655 p.)

22122. Rutot (A.). — Sur la signification du gisement sous-marin de la plage du Havre, *fig.*, p. 61.

22123. Baudon (Th.). — Le préhistorique sur la falaise du Thelle (Oise), le mont Sainte-Geneviève, *carte* et *fig.*, p. 67 à 120.

22124. Jousset de Bellesme et Savigny. — L'atelier préhistorique de la Longère (communes de Saint-Jean et Pierrefixe, et de Nogent-le-Rotrou (Eure-et-Loir), *fig.*, p. 121 à 137.

22125. Goby (Paul). — Description de l'enceinte à gros blocs du Collet de l'Adrech, à Caussols (Alpes-Maritimes), *fig.* et *pl.*, p. 149 à 156.

22126. Guébhard (Dr A.). — Le vrai problème des enceintes préhistoriques, p. 157 à 159.

22127. Guébhard (Dr A.). — Deux mots à propos du Castelar du Mont-Bastide (Alpes-Maritimes), *fig.*, p. 160 à 162.

22128. Guébhard (Dr Adrien). — Première revision de l'inventaire des enceintes préhistoriques du département du Var, 2 *pl.*, p. 163 à 184.

22129. Robert (A.). — Les stations préhistoriques de la commune mixte des Maadid (département de Constantine), *fig.*, p. 185 à 194.

22130. Sageret (E.). — Observations sur l'étude du paléolithique en Bretagne, p. 196 à 205.

22131. Payot. — Notes sur la découverte à Bruz (Ille-et-Vilaine) d'armes et outils préhistoriques en quartz-jaspe (caillou de Rennes), p. 207 à 214.

22132. Chastaing (L'abbé). — Observations sur des marteaux, racloirs et poinçons trouvés en Périgord à la station du Moustier, *fig.*, p. 215 à 222.

22133. Rutot. — Le Strépyien et son extension en France, p. 223 à 228.

22134. Rutot. — Sur l'âge du gisement de la Micoque (Vézère), *fig.*, p. 230 à 235.

22135. Dharvent (Isaïe). — Une sculpture sur silex de l'époque moustérienne [trouvée à Roëllecourt (Pas-de-Calais)], p. 237.

22136. Feuvrier (Julien). — La station magdalénienne du Trou de la Mère Clochette à Rochefort (8 kilomètres de Dôle), p. 237 à 240.

22137. Mortillet (A. de). — La grotte du Placard (Charente), et les diverses industries qu'elle a livrées, *fig.*, p. 241 à 265.

22138. Mortillet (Paul de). — Note sur la patine des silex des alluvions quaternaires, p. 266.

22139. Rutot (A.). — Sur l'extension du Flénusien en France, p. 268 à 274.

22140. Fougerat et Martin (Henri). — La Motte Tuffaud, près Chef-Boutonne (Deux-Sèvres), *fig.*, p. 276 à 280.

22141. Stjerna. — Origine scandinave des Burgondes, *fig.*, p. 281 à 288.

22142. Cotte (Ch.). — Le début de l'âge des métaux dans les Bouches-du-Rhône, p. 289 à 294.

22143. Jousset de Bellesme. — L'âge du bronze dans le Perche (Morgien et Larnaudien), p. 295 à 298.

22144. Tabariès de Grandsaignes. — Une barque monoxyle à Elven (arrond. de Vannes), *fig.*, p. 299 à 301. — Cf. n° 22114.

22145. Roerich (Nicolas). — Les figures d'homme en silex, *fig.*, p. 302.

22146. Fourdrignier (Édouard). — Poteries dolméniques, empreintes et impressions digitales, *fig.*, p. 304 à 324.

22147. Goby (Paul). — Sur les poteries dolméniques de la région de Grasse, *fig.*, p. 325 à 329.

22148. Goby (Paul). — Sur les poteries micacées de la région de Grasse et notamment sur celles du camp du Bois-du-Rouret, *fig.*, p. 330 à 333.

22149. Schmidt (Valdemar). — Les monuments mégalithiques du Danemark comparés à ceux de Bretagne, p. 334 à 336.

22150. Montélius (O.). — Dolmens en France et en Suède, *fig.*, p. 337 à 347.

22151. Tavares de Proença (F.). — Essai de classification des dolmens portugais, *fig.*, p. 348.

22152. Fortes (José). — A propos des sculptures sur les mégalithes de Portugal, *fig.*, p. 350 à 354.

22153. Coutil (Léon). — Les monuments mégalithiques de la Normandie et leurs légendes, *fig.*, p. 355 à 381.

22154. Goby (Paul). — Coup d'œil d'ensemble sur le préhistorique de l'arrondissement de Grasse et notamment sur ses dolmens, tumulus et sépultures, *fig.* et 3 *pl.*, p. 382 à 410.

22155. Jousset de Bellesme (Dr). — Monuments de l'époque carnacéenne au Perche. Nécropole préhistorique de Saint-Cyr-la-Rosière et de Gémages (Orne), *fig.*, p. 411 à 427.

22156. Coutil (L.). — Exploration et restauration du tumulus de Fontenay-le-Marmion (Calvados) en 1904 et 1906, *fig.*, p. 428 à 432.

22157. Baudouin (Dr Marcel) et Lacouloumère (G.). — L'allée couverte du Grand-Bouillac à Saint-Vincent-sur-Jard (Vendée), fouilles et restauration, *fig.* et 4 *pl.*, p. 433 à 484.

22158. Sageret (L.). — Essai sur les alignements mégalithiques, p. 485 à 489.

22159. Atgier (Dr). — Les mégalithes de Carnac, d'après la mythologie comparée, p. 490 à 497.

22160. Paniagua (A. de). — Note sur les alignements de Carnac, p. 498 à 503.

22161. Peny-Hirmenech (H.). — Histoire du champ élyséen de Carnac (Morbihan), *fig.*, p. 504 à 520.

22162. Paniagua (A. de). — Signification du menhir, p. 521 à 525.

22163. Marsille (L.). — Pour servir à la signification des menhirs, p. 526 à 529.

22164. Baudouin (Dr Marcel). — Les menhirs de grès de la rive orientale du marais de Mont (Vendée), *fig.*, p. 530 à 605.

22165. Marsille (Louis). — Note sur la lande de Lanvaux (Morbihan) et ses pierres à bassin, p. 606.

22166. Clérambault (Gatian de). — Les margers et alignements de la Ronde, commune de Pernay (Indre-et-Loire), *fig.*, p. 607 à 610.

22167. Atgier (Dr). — Une station d'enceintes de mégalithes. Les cerqueux de Maulevrier (Maine-et-Loire), *fig.*, p. 611 à 616.

22168. Anonyme. — Excursion dans les îles du golfe du Morbihan et à Locmariaquer, *fig.*, p. 620 à 635.

22169. Anonyme. — Excursion à Quiberon, Plouharnel et Erdeven, *fig.*, p. 636 à 640.

22170. Anonyme. — Excursion à Carnac, *fig.*, p. 640 à 647.

SEINE. — PARIS.

SOCIÉTÉ «LA SABRETACHE».

Voir, pour les publications de cette Société antérieures à 1901, la table récapitulative de notre *Bibliographie générale;* et pour ses publications postérieures, les tables placées à la fin du fascicule III du tome I, et du fascicule I du tome II de notre *Bibliographie annuelle.*

XV. — Carnet de la Sabretache. Revue militaire rétrospective publiée... par la Société «La Sabretache», 2e série, 5e volume. (Paris, 1906, in-8°, 795 p.)

22171. Cottreau (G.). — Un officier [Robinet de la Touraille] de l'ancien 36e régiment de ligne, ex-Anjou (1794), *pl.*, p. 1 à 4.

22172. Martin (Commandant E.). — Souvenirs de ma vie militaire (1792-1822), par le commandant Vivien, 2 *facs.*, p. 5, 106, 134, 204, et 272. — Suite de XIV, p. 225, 260, 334, 387, 451, 519, 579, et 644.

22173. Cottreau (G.). — Compliments de jour de l'an des tambours du 51e de ligne en 1825, p. 22.

22174. Jeanson (Capitaine). — Le général baron Jean Thomas (1770 † 1855), *portr.*, p. 23 à 39.

22175. Canard (Capitaine). — Le général Debrun (1750 † 1831), p. 40 à 59. — Suite de XIV, p. 355, 486, 551, 622, et 753.

22176. Marmottan (Paul). — Le glaive de cérémonie du maréchal Murat, *fig.*, p. 60 à 63.

22177. Sauzey (Commandant). — Les Allemands sous les aigles françaises. Les Saxons dans nos rangs, *pl.*, p. 65 à 89.

22178. Hennet (Léon). — La mission d'Escorches de Sainte-Croix à l'armée d'Orient (1800) et les Sainte-Croix, *facs.*, p. 90 à 105.

22179. Ardillier (Georges). — Notes sur l'attaque de Paris et sur ce qui s'est passé à Fontainebleau après l'occupation par les troupes étrangères, *pl.*, p. 123 à 127.

[Notes du maréchal de camp A.-M. d'Aboville.]

22180. Descaves (Commandant). — Le général baron Shée (1775 † 1849), *portr.*, p. 129 à 133.

22181. Cottreau (G.). — Départ de chasseurs à cheval, dessin de Swebach (Premier Empire), *pl.*, p. 167.

22182. Mortureux (Commandant). — Expédition d'Égypte, correspondance du général Dugua, commandant la Basse-Égypte pendant l'expédition de Syrie, *fig.*, p. 169 à 190, et 247 à 255.

22183. Anonyme. — Portrait du colonel Legrand (G.) en tenue de chef d'escadron aux spahis de Constantine, par Raffet [1842], *pl.*, p. 191.

22184. Cottreau (G.). — Tambour de grenadiers des Gardes françaises en grand uniforme, *pl.*, p. 193 à 195.

22185. Descaves (Commandant). — Housards de la Garde royale, registre d'ordres de la 2e division de cavalerie et de l'état-major de la Garde royale [1815-1830], p. 196 à 203.

22186. Jeanson (Capitaine). — Notes du général baron Jean Thomas sur l'expédition de Capri (octobre 1808), *pl.*, p. 232 à 238.

22187. Bottet (Capitaine M.). — Le général Gaspard Éberlé (1764 † 1837), *pl.* et *portr.*, p. 239 à 246.

22188. Martinien (A.). — Les généraux du grand-duché de Varsovie de 1812 à 1814, 3 *pl.*, p. 257 à 271, et 415 à 433.

22189. Masson (Frédéric). — Notes et documents provenant des archives du général de division comte d'Anthouard [1773 † 1852], *portr.*, p. 285, 337, 387, et 452.

22190. Martin (Commandant E.). — La bataille de l'Isly (14 août 1844), racontée par un témoin de la journée [le capitaine Dutertre], *facs.*, p. 308 à 317.

22191. Martin (Commandant E.). — Le bataillon Valaisan (1806-1811), *pl.*, p. 321 à 336.

[*Portr.* de P.-J. Blanc (1769 † 1850).]

22192. Hennet (Léon). — Madame Xaintrailles, chef d'escadron, aide de camp, p. 355 à 368.

22193. Marmottan (Paul). — État des tableaux, statues, gravures et autres monuments commandés aux artistes, dont quelques-uns ne sont pas terminés, mais dont la plus grande partie décore maintenant le palais de Sa Majesté l'Empereur. Rapport de Denon, p. 369 à 382.

22194. Cottreau (G.). — Factionnaire d'infanterie, par Seele (1793), *pl.*, p. 385.

22195. Gasser (G.). — Fardeau (Urbain-Jean) [1776 † 1844], *portr.*, p. 410 à 414.

22196. Bottet (Capitaine M.). — Ceinturon d'officier général polonais, *fig.*, p. 433.

22197. Devanlay (Commandant). — Lettres de ma captivité en Russie (1812-1814), par le commandant Breton, *portr.*, p. 434 à 448, et 470 à 493.

22198. Cottreau (G.). — Officier d'artillerie à cheval de la garde des consuls, *pl.* et *fig.*, p. 449 à 451, et 517 à 518.

22199. Anonyme. — Campagne d'Italie, an vii, p. 494 à 512.

22200. Anonyme. — Fac-similé du congé militaire de Raveau, grenadier au régiment de Flandre (1785), *facs. sans texte.*

22201. Cottreau (G.). — Le brigadier Marteau, du 1er carabiniers (1809-1810), *pl.*, p. 513.

22202. Cottreau (G.). — Brasseur, conducteur d'artillerie naturalisé Français en 1815, p. 515.

22203. E. M. [Martin (Commandant E.)]. — Portrait du commandant Paër du 33e régiment de ligne, par Raffet, *pl.*, p. 516.

22204. Avout (Vicomte d'). — Le combat de Krasnoë et la retraite de Ney sur le Dniéper. Extrait des carnets du général Pelet sur la campagne de Russie de 1812, *pl.*, p. 519, 626, et 683.

22205. Emery (Lieutenant-colonel). — Une chanson du régiment de Champagne, p. 553 à 556.

22206. Carnot (Capitaine). — La bataille de Lonato racontée par un témoin (Blondin, capitaine à la 5e de ligne), p. 556 à 560.

22207. Bernardin. — Souvenirs d'un marin de la Légion nautique [Barallier] (expédition d'Égypte, ans vii et viii), p. 561 à 572.

22208. Tattet (Eugène). — Rapport du voyage de la demy-djerme *La Vénitienne*, commandée par le capitaine Fraisse à Ramanieh (expédition d'Égypte, an vii), p. 573 à 576.

22209. Martin (Commandant Emm.). — Le centenaire d'Iéna et d'Auerstaedt (1806, 14 octobre), 3 *pl.*, 6 *facs.*, *fig.*, p. 577 à 608.

22210. Dubieux (Joseph). — Soldats d'Iéna et d'Auerstaedt, *fig.*, p. 609 à 621.

22211. Aubier (Colonel). — Combat de Sidi-Youcef (22 septembre 1843), p. 622 à 625.

22212. Azan (Capitaine). — La Légion [étrangère] en Espagne, d'après les lettres du sous-lieutenant Jean-Jacques Azan (1836-1838), *pl.* et 2 *facs.*, p. 641 à 658.

22213. Bertin (G.). — Souvenirs du général baron Teste [1775 † 1862], *portr.*, p. 659 à 669, et 738 à 754.

22214. Frignet (Colonel). — Copie de l'ordre donné par le colonel Steenhaudt pour la tenue de MM. les officiers du 21e régiment de chasseurs à cheval (13 mai 1809), p. 670 à 672.

22215. Hennet (Léon). — Le maréchal de camp Drouet (1733-1792), p. 673 à 682.

22216. Margerand (J.). — L'habit blanc de l'infanterie sous le Premier Empire, *pl.*, p. 705 à 709.

22217. Arvelin (Gaston). — Le brigadier Marbeau du 1er carabiniers, p. 710.

22218. Masson (Frédéric). — Notes et documents provenant des archives du général baron Ameil [1775 † 1822], *pl.*, p. 711 à 735.

22219. Juster (Capitaine). — Un souvenir du régiment de Bulkeley, *fig.*, p. 736.

22220. Anonyme. — En-têtes de lettres du général Ernouf et du général Augereau, *facs. sans texte.*

22221. Fanet (V.). — Un aide de camp de Dumouriez, Delarue, p. 755 à 766.

SEINE. — PARIS.

SOCIÉTÉ DES TRADITIONS POPULAIRES.

Voir, pour les publications de cette Société antérieures à 1901, la table récapitulative de notre *Bibliographie générale;* et pour ses publications postérieures, les tables placées à la fin du fascicule iii du tome I, et du fascicule i du tome II de notre *Bibliographie annuelle.*

XXI. — Revue des traditions populaires, recueil mensuel de mythologie, littérature orale, ethnographie traditionnelle et art populaire, t. XXI, 21e année. (Paris, 1906, in-8°, 511 p.)

22222. Divers. — Légendes et superstitions préhistoriques, p. 1, 122, 167, 291, et 455. — Cf. III, p. 617.

[Sébillot (Paul). Objets préhistoriques, p. 1; Finistère, p. 167. — Daleau (F.). Dans la Gironde, p. 122. — Lucie de V. H. Environs de Dinan, p. 128, 169. — Pays de Quimperlé, Picardie, Loire-Inférieure, Seine-Inférieure, p. 168. — La Chesnaye (Jean de). Bocage vendéen, p. 170. — Pays de Saint-Pol (Pas-de-Calais); Saône-et-Loire, et Ain, p. 171. — Allier; Languedoc, p. 291. — Saint-Thegarec (Finistère); Meuse, p. 455.]

22223. Divers. — Le bâton qui reverdit, p. 9, et 123. — Cf. XIX, p. 532.

[S. Grégoire le thaumaturge, Arien, p. 9. — S. Savinien à Saint-Pierre-au-Tertre, p. 123.]

22224. Harou (Alfred). — Mythologie et folk-lore de l'enfance, p. 9. — Cf. XVIII, p. 489.

[Wandre (province de Liège); Meuse.]

22225. Divers. — Traditions et superstitions de la Basse-Bretagne, p. 10 à 15, et 310 à 316. — Cf. XIX, p. 253.

[Frison (J.). Morbihan, p. 10. — Merrien (A.). Environs de Morlaix, p. 310. — Faujour (E.). Plouzévédé, p. 311. — Le Faou, Kermeur, Saint-Sauveur, Morlaix, Quimerc'h, p. 312. — Le Goclard (A.). Environs de Crozon, p. 314. — Morvan (Ch.). Environs de Guisseny et de Lannilis, p. 315.]

22226. Orsat (J.) et Harou (A.). — Les rites de la construction, p. 16, et 377. — Cf. I, p. 172.

22227. Sébillot (P.), Duine (F.), Vaugeois (M.-E.). — Chansons de la Haute-Bretagne, p. 16 à 41, et 263 à 264.

22228. Harou (Alfred). — Légendes et facéties de la Wallonie, p. 42.

22229. Divers. — Petites légendes locales, p. 44, 98, 359, et 395. — Cf. XII, p. 129.

[Jacques (O.). Le diable et la vigne du Pillon, p. 44. — Marlot (H.). Châteaux de la Chaise, de Foulin et de Montjeu (Saône-et-Loire), p. 98. — Chevallier (Marie). Le Val sans retour à Paimpont, p. 298. — Kerbeuzec (H. de). Château des fées et trou au diable au Mont-Dol, p. 359. — Pérot (F.). Château hanté de la Roche-en-Breuil; maison hantée à Moulins, p. 359. — Du Roure de Paulin (Baron). La châtelaine de Montredon, p. 395. — Soupiron (N.), La reine Margot à Murols; le château de Jouy en Berry, p. 396.]

22230. Vaugeois (Marie-Edmée). — Contes et légendes de la Haute-Bretagne, p. 46 à 53. — Cf. XIII, p. 500.

22231. Robert (Achille). — Fanatisme et légendes arabes, p. 54. — Cf. XI, p. 316.

[El Hadj Mbarek ben Youssef, près de Guelma.]

22232. Morin (Louis). — Les métiers et les professions, p. 55. — Cf. IX, p. 501.

[Le maître charbonnier de Troyes.]

22233. Divers. — Coutumes et superstitions de la Haute-Bretagne, p. 56, 178, 258. — Cf. XIII, p. 500; et XVI, p. 140.

[Le houblon de Saint-Potan (Côtes-du-Nord), p. 56. — Chevallier (Marie). Pays de Paimpont (Ille-et-Vilaine), p. 178. — Vaugeois (M.-E.). Pays de Fougères; Loire-Inférieure, p. 258.]

22234. Harou (Alfred). — Les travaux publics, p. 56. — Cf. XII, p. 253.

22235. Divers. — Médecine superstitieuse, p. 57, 404 à 406. — Cf. V, p. 641.

[Paralysie, rage, écrouelles, épizooties, rebouteux.]

22236. Desaivre (Léo). — Les traditions populaires dans les écrivains français, p. 58 à 62. — Cf. II, p. 75.

[Le *Printemps* d'Yver.]

22237. Decourdemanche (J.-A.). — Sur quelques pratiques de divination chez les Arabes, p. 65 à 73.

22238. Van Gennep (A.). — A propos de l'origine des runes, p. 73 à 78.

22239. Basset (René). — Contes et légendes de la Grèce ancienne, p. 78, 172, 225, et 448. — Suite de XI, p. 643; XII, p. 607, 656; XIII, p. 273, 599, 663; XVI, p. 24, 199, 369, 501, 559, 633; XVII, p. 279, 411, 507; XVIII, p. 1, 240, 533; XIX, p. 111, 165; et XX, p. 83, et 141.

22240. Desplagnes (L.) et Dupuis-Yacouba. — Légendes de Farang (Gao, Soudan), p. 80, 131, 236, 292, 349, et 382.

22241. Divers. — La mer et les eaux, p. 99, 166, 233, et 344. — Cf. II, p. 297.

[Edmont (E.). Fontaines miraculeuses du Pas-de-Calais, p. 99 et 238; coutumes des marins d'Étaples, p. 344. — Filippi (Julie). Sirène marocaine, p. 166.]

22242. Basset (René). — Les météores, p. 101, 231, et 381. — Cf. VI, p. 115.

[Le Taureau, l'arc-en-ciel, Orion, étoile polaire, étoiles filantes, Pléiades, Vénus, Voie lactée.]

22243. Van Gennep (A.). — Les marques de propriété chez les indigènes de l'Australie, *fig.*, p. 113 à 122. — Cf. XVII, p. 222.

22244. Seurat (L.-G.). — Légendes des Paumotou, p. 125 à 131. — Suite de XX, p. 433, et 481.

22245. Basset (René). — Les empreintes merveilleuses, p. 138, et 376. — Cf. VII, p. 427.

[Le Sabot de pierre au lac de Garde, le Pas du diable près de Mortain, p. 138; la Pierre du diable à Gross-Stobuy et à Marienborg (Prusse), p. 876.]

22246. Divers. — Coutumes et usages de la Semaine sainte, p. 140 à 142. — Cf. XVI, p. 250.

[Vaugeois (E.). Complainte de la Passion (Loire-Inférieure). — Bout (A.). Prière picarde.]

22247. Basset (René). — Le tabac en Amérique, p. 142. — Suite de XVII, p. 489; XVIII, p. 261, 355, 493; et XX, p. 35, et 428.

22248. Divers. — Coutumes de mariage, p. 143, et 181 à 183. — Cf. XX, p. 153.

[Olivier (Ern.). En Bourbonnais, p. 143. — La Chesnaye (Jehan de). Le charivari en Vendée, p. 181.]

22249. Divers. — Pèlerins et pèlerinages, p. 143, 161, 309, 341, et 448. — Cf. III, p. 105.

[Fontaines de Saint-Eutrope aux châteaux de Montperroux et de Thil (Saône-et-Loire), p. 143. — Sébillot (P.). Les ex-voto, emblèmes de pèlerinages, le tour de l'église et de l'autel, p. 161. — Kerbeuzec (H. de). Arrondissement de Vitré, p. 309. — Ledieu (A.). Bienvilliers-au-Bois (Pas-de-Calais), p. 341. — Edmont (E.). La Saint-Éloi à Wavrin (Nord), p. 448. — Harou (A.). Ex-voto, etc., p. 451.]

22250. Basset (René). — Les ongles, p. 144. — Suite de XX, p. 173, et 518.

22251. Vaugeois (Edmée). — Rimes et jeux du pays nantais, p. 145 à 148. — Cf. XII, p. 618.

22252. Desaivre (Léo). — Les traditions populaires chez les auteurs poitevins, p. 149 à 155, et 210 à 217. — Suite de XX, p. 225, et 302.

[Jean Babu, p. 149; Abbé Gusteau, le Menologe de Robin, p. 210, etc.]

22253. Divers. — Les statues qu'on ne peut déplacer, p. 166, 338, et 447. — Cf. XVIII, p. 495.

[Kerbeuzec (H. de). Saint Antoine du Bois-Gervilly, p. 166. — Harou (A.). La Vierge de Huy (Liège), p. 338. — Basset (R.). Notre-Dame de Bourisp à Vieille-Aure, Notre-Dame de Médona près de Bagnères-de-Bigorre, p. 447.]

22254. Kerbeuzec (H. de). — La légende de Didon, p. 166.

22255. Divers. — Les jurons, p. 174 à 176, et 262.

[Sébillot (P.). Jurons dans Rabelais, p. 174. — Dagnet (A.). Pays de Fougères, p. 262.]

22256. Divers. — Petites légendes chrétiennes, p. 177, 348, et 455. — Cf. VII, p. 154.

[Kerbeuzec (H. de). Croix des sept sains à Semégond, p. 177; Saint Guinefort à la Ville-Guillaume, p. 349. — Pérot (F.). Pierres de saint Principin à Hérisson (Allier), p. 348. — Harou (A.). Crucifix à Louvain; le diable de Saint-Waudru, à Mons, et des béguines de Mons, p. 445.]

22257. Divers. — La légende napoléonienne, p. 177, et 398. — Cf. XIX, p. 184; et XX, p. 418.

[Harou (A.). Les jardins Bonaparte à Presseux (Luxembourg belge), p. 177. — Kerbeuzec (H. de). Pays de Vitré, p. 398.]

22258. Sébillot (Paul). — Glanures canadiennes, p. 184.

22259. Robert (Achille). — La Zerba [pèlerinage] de Merabet Zine, p. 184 à 187.

22260. Basset (René). — Contes et légendes arabes, p. 188, 273, 389, et 440. — Suite de XI, p. 502; XII, p. 65, 243, 337, 400, 477, 633, 668; XIII, p. 217, 476, 569, 617; XIV, p. 54, 118, 165, 213, 285, 350, 438, 480, 627, 704; XV, p. 22, 105, 143, 190, 281, 353, 459, 526, 606, 665; XVI, p. 37, 108, 165, 240, 395, 457, 583, 652; XVII, p. 34, 91, 148, 480, 606; XVIII, p. 136, 213, 347; XIX, p. 120, 250, 311, 422; et XX, p. 267.

22261. Lacuve (R.-M.). — Contribution au folk-lore du Poitou, p. 194 à 202. — Suite de XX, p. 319.

22262. Kerbeuzec (H. de). — Le folk-lore dans les auteurs ecclésiastiques, p. 209. — Cf. X, p. 266.

[Jacques de Sainte-Beuve, André Valladier.]

22263. Pineau (Léon). — Les plus jolies chansons des pays scandinaves, p. 228 à 231, et 443 à 445. — Suite de XVIII, p. 258, 383, 494, 586; XIX, p. 224, 328, 418, 460; et XX, p. 52, et 370.

22264. Basset (René). — Les taches de la lune, p. 235. — Cf. III, p. 129.

22265. Vaugeois (Marie-Edmée). — Contes et légendes de Fougères, p. 245 à 252.

22266. Jacquot (L.). — Blason populaire de l'Algérie. Les Chaouia, p. 252.

22267. Fraysse (C.). — Au pays de Baugé, p. 253 à 257, et 410. — Suite de XX, p. 11, 56, 172, 187, 301, 356, et 425.

[Sorciers en justice à Jumelles (an IX), p. 253. — Le brochet de Morannes, p. 410.]

22268. Basset (René). — Les villes englouties, p. 299 à 302, et 379 à 381. — Cf. V, p. 483.

[Idea, sur le mont Sepyle; le Schlossberg, près de Tilsitt; le Bartel, de Bartenstein; le Seeteich près d'Elbing, p. 299. — Schlososee près de Kensau; lac de Sbonkowo, près de Sadke; lac de Luczminé, p. 379.]

22269. Quércau-Lamerie. — Les croyances superstitieuses dans le département de Maine-et-Loire. Cantons du Lion-d'Angers et de Châteauneuf, p. 302 à 309.

22270. Latham (Edward). — La philosophie des proverbes par J. d'Israeli, p. 321 à 337. — Suite de XX, p. 337.

22271. Sébillot (P.) et Perrussel (J.). — Gargantua dans les traditions populaires, p. 338, 374, et 446. — Cf. XX, p. 495.

[Limousin, p. 338; Wallonie, p. 374; Gahard, Guergantuael, p. 446.]

22272. Harou (Alfred). — Les Pourquoi, p. 343. — Cf. V, p. 244.

[Pourquoi l'homme a de la barbe.]

22273. Heller (Bernard). — Variantes hongroises de l'*Estormi* et du *Prêtre comporté*, p. 369 à 374.

22274. Divers. — Contes et légendes de Basse-Bretagne (Morbihan), p. 392 à 395, et 465 à 479.

22275. Divers. — Le peuple et l'histoire, p. 397 à 398, et 479 à 480.

[La messe à Saint-Martin de Vitré pendant la Révolution; l'église de Sainte-Croix au pays de Vitré; les Jésuites et La Chalotais; les Cosaques en Belgique (1814), p. 397. — Les Bleus à Ploubinec; origine du protestantisme; Louis XI en Touraine; le Plessis-les-Tours, p. 479.]

22276. Filippi (Jules). — Contes de l'île de Corse, p. 399, et 456 à 462.

22277. Vaugeois (Marie-Edmée). — Les sermons facétieux, p. 400.

22278. Divers. — Les esprits forts à la campagne, p. 403. — Cf. XX, p. 249, et 513.

[Le beurre promis au pays de Vitré; les cloches à Lunéville.]

22279. Lazarque (E.-A. de). — Noms et sobriquets, p. 407 à 410.

[Pays messin.]

22280. Edmont (Ed.). — Les traditions populaires chez les anciens écrivains étrangers, p. 411 à 413.

[A. de Torquemade, *Hexameron*.]

22281. Hanou (Alfred). — Les termes d'église dans les patois et le langage populaire, p. 414. — Cf. VIII, p. 199.

22282. Morin (L.). — Formules pour trinquer. Troyes, p. 414 à 415.

22283. Macler (Frédéric). — Histoire de Phormani Asman, traduite de l'arménien, p. 417 à 440, et 481 à 500.

SEINE. — PARIS.

SOCIÉTÉ LE VIEUX PAPIER.

Pour les publications antérieures de cette Société, voir la table placée à la fin du fascicule III du tome I de notre *Bibliographie annuelle*.

III. — Bulletin de la Société archéologique, historique et artistique le Vieux Papier, t. III, 1905. (Lille, 1905, gr. in-8°, v-418 p.)

22284. Raulet (Lucien). — Marques postales, p. 4 à 6.

22285. Bertarelli (Achille). — Une colonie d'artistes [graveurs] français à Rome au XVIIe siècle, 3 *pl.*, p. 8 à 10.

22286. Vivarez (Henry). — Projet d'une classification rationnelle pour les collections de portefeuille, p. 11 à 15.

22287. Wiggishoff (J.-C.). — Essai d'une bibliographie du Vieux papier, p. 16 à 25.

22288. Helot (Dr René). — La fête de Gustave Flaubert. La Saint-Polycarpe, *facs.*, p. 26 à 30.

22289. Vivarez (Henry). — Un précurseur des Guides Joanne [*Les Délices de Leide*], p. 31 à 33.

[22343]. Quinet (F.-A.). — Essai de bibliographie postale, p. 34, 115, 168, 259, 315, et 400.

[22344]. Delpy (Armand). — Essai d'une bibliographie spéciale des livres perdus, ignorés ou connus à l'état d'exemplaire unique, p. 43, 119, 179, 263, 321, et 404.

22290. Vivarez (Henry). — La fondation du Concours général des lycées de Paris [1747], p. 52.

22291. E. F. — Le plus ancien timbre commémoratif, p. 53.

[Le timbre Lassalle (1868-1864); le timbre du 3e centenaire de la naissance de Shakespeare (1864).]

22292. Pellisson (Jules). — Un exemple de lecture de l'époque révolutionnaire [Alphabet d'une mère patriote], p. 54.

22293. Pellisson (Jules). — Un échange de cartes de visite en Crimée, p. 55.

22294. Pellisson (Jules). — Une prise maritime à l'Île-de-France, p. 56.

22295. Helot (R.). — Plainte d'un médecin [Duchanoy] contre un cocher [à Paris], p. 58.

22296. Baillière (Henri). — Comment on devient collectionneur d'autographes [la collection de Zéphyrin Gerbe], p. 66 à 72.

22297. Lalande (Dr E.) et Quenaidit. — Deux ex-libris : maçonnique et cabalistique, *fig.*, p. 84 à 91. — Cf. n° 22339.

22298. Huot (Léon). — Marques postales, *fig.*, p. 92 à 95.

22299. Monmarché (Marcel). — Vieilles images de piété, *fig.*, p. 96 à 100.

22300. Quinet (F.-A.). — Pièces de transport, p. 101 à 106.

22301. Vivarez (Henry). — A propos du jeu de la comète, p. 107 à 110.

22302. Huot (Léon). — Des aides et des bouilleurs de cru, p. 111 à 114.

22303. Vivarez (H.). — Réquisition du blé à Thiers (12 fructidor an II), p. 126.

22304. Thésée (A.). — Une fête de serment civique à Saint-Michel, district de Lesneven, p. 126 à 127.

22305. Flobert. — Les numéros des conscrits, *fig.* et *pl.*, p. 129 à 133.

22306. Vivarez. — Congés militaires, 2 *pl.*, p. 140 à 146. — Cf. n° 22328.

22307. Mailhet (André). — Une fête révolutionnaire en 1793 à Crest, ville du Dauphiné, *fig.*, p. 147 à 154.

22308. Coubiot (E.). — Note sur le papier-monnaie émis pendant le siège de Leyde en 1574, p. 155 à 157.

22309. Hélot (R.). — Découverte d'une mine d'or [à Collioure, 1768], p. 158 à 161.

22310. Vivarez (Henry). — Cartes d'entrée au Muséum d'histoire naturelle, *fig.*, p. 173 à 178, et 373 à 375.

22311. Flobert (Paul). — La comète [jeu], p. 186.

22312. Pellisson (Jules). — Un document sur Louise Michel, p. 187.

22313. Pellisson (Jules). — Une société de bienfaisance au xviiie siècle [Grand Bureau des pauvres 1757], p. 188.

22314. Lallemand (F.). — Un graveur de poinçons de papier timbré [Ferdinand de Saint-Urbain], p. 190. — Cf. n° 22329.

22315. Chamboissier et Voisin (Henri). — Histoire fiscale du tabac, *fig.*, p. 193 à 197.

22316. Flobert (Paul). — Documents sur les visites de souverains en France, p. 201 à 204.

22317. Nicolaï (Alexandre). — La carte à jouer en Guienne, *fig.* et 2 *pl.*, p. 205, 360; IV, *fig.* et 3 *pl.*, p. 50, 119, 219, 297, 305, et 360.

22318. Devaux. — Papiers et parchemins timbrés de France, p. 234, 290, 379; IV, *fig.*, p. 40, 129, 202, 306, 377, et 458.

22319. Monmarché (Marcel). — Une leçon de géographie sur des bouteilles de liqueur [vues de Chambéry et de la Savoie], p. 244 à 251.

22320. Pellisson (Jules). — Un privilège pour chaise de poste, croisée et pompe de nouvelle invention [pour le sieur Godefroy, 1717], p. 252.

22321. Baillière (Georges-J.-B.). — Les cartes postales-pétitions, *fig.*, p. 254 à 258. — Cf. n° 22327.

22322. Vivarez. — Pièces relatives aux transports, *pl.*, p. 273 à 279.

22323. Dujardin (Marius). — Les tickets des entreprises de transport des voyageurs, p. 280 à 289.

22324. Mailhet (André). — L'instruction populaire en Dauphiné avant la Révolution, *fig.*, p. 302 à 305, et 391 à 399.

22325. Pellisson (Jules). — Trois pièces de transport, *fig.*, p. 306.

22326. Bridoux (Georges). — A propos d'un discours révolutionnaire [Bernard Foulon, à Cormeilles-en-Vexin], *fig.*, p. 308 à 310.

22327. Vivarez (Henry). — Cartes postales-pétitions, p. 311. — Cf. n° 22321.

22328. Cochon (J.). — Note pour les congés militaires, p. 337 à 338. — Cf. n° 22306.

22329. Cochon (J.). — Un graveur de poinçons de papier timbré [F. de Saint-Urbain], p. 338. — Cf. n° 22314.

22330. Flobert (Paul). — Invitation au pain bénit, p. 339.

22331. Pellisson (Jules). — Ce que coûtait un abonnement de journal payable en assignats [Île de France], p. 340.

22332. Vivarez (Henry). — Décret de la Convention pour le brûlement des parchemins, p. 341.

22333. Sabatier (Antoine). — La ferme du tabac, *fig.*, p. 349 à 359.

22334. Pellisson (Jules). — Un billet de logement en 1790 [pour la fête de la Fédération], p. 376 à 378.

22335. H. V. [Vivarez (H.)]. — Henri Baillière († 1905), *fig.*, p. 409.

22336. Pellisson (Jules). — Une vieille étiquette de poudre de chasse [xviie s.], p. 411.

IV. — Bulletin de la Société archéologique, historique et artistique le Vieux Papier, t. IV, 1906. (Lille, 1906, gr. in-8°, 495 p.)

22337. Vivarez. — Documents sur les médecins, pharmaciens, etc., p. 2 à 8.

22338. Vivarez. — Les vignettes des papiers administratifs de la Révolution, *fig.* et 4 *pl.*, p. 10 à 17.

22339. Quenaidit. — Ex-libris maçonniques et cabalistiques, p. 18, 76, 114, et 227. — Cf. n° 22297.

22340. Monmarché (Marcel). — Le pèlerinage de Saint-Jacques, p. 28 à 33.

22341. Pellisson (Jules). — Les attentats politiques. Deux machines infernales, *fig.*, p. 34 à 39.

[Attentat contre Bonaparte, rue Saint-Nicaise (3 nivose an ix); attentat contre Louis-Philippe, boulevard du Temple (29 juillet 1835).]

[22318]. Devaux (A.). — Papiers et parchemins timbrés de France, *fig.*, p. 40, 129, 202, 306, 377, et 458.

[22317]. Nicolaï (Alexandre). — La carte à jouer en Guienne, *fig.* et 3 *pl.*, p. 50, 119, 219, 297, 305, et 360.

22342. Vivarez (Henry). — Loret et son journal en vers, p. 56 à 60.

22343. Quinet (F.-A.). — Essai de bibliographie postale, p. 61, 136, 234, 310, 391, et 468. — Suite et fin de II, p. 296, 368, 427, 478, 557, 613; III, p. 34, 115, 168, 259, 315, et 400.

22344. Delpy (Armand). — Essai d'une bibliographie spéciale des livres perdus, ignorés ou connus à l'état d'exemplaire unique, p. 66, 141, 238, 315, 399, et 477. — Suite de I, p. 322, 381, 455, 500, 550; II, p. 31, 94, 157, 220, 272, 323, 378, 438, 505, 565, 625, 681; III, p. 43, 119, 179, 263, 321, et 404.

22345. P. F. [Flobert (P.)]. — M. Paul Bourdeley († 1905), *portr.*, p. 72.
22346. Pellisson (Jules). — Vente d'une brasserie parisienne en l'an x, p. 74.
22347. Pellisson (Jules). — La confrérie du rosaire de Port-Sainte-Marie, p. 76.
22348. Courtiot. — Les brevets d'ordres civils et militaires, p. 82 à 85.
22349. Flobert (Paul). — Programmes et invitations de cérémonies publiques, p. 86 à 88.
22350. Debacq (Louis). — La thériaque, iconographie médico-pharmaceutique, *fig.* et 9 *pl.*, p. 89 à 98.
22351. Raulet (Lucien). — Papiers militaires et administratifs de la Révolution, *fig.* et *pl.*, p. 99 à 105, et 431 à 433.
22352. Voisin (Dr Henri). — Étude sur les bandes de tabac, *fig.*, p. 106 à 113.
22353. Pellisson (Jules). — A propos de tabac et d'allumettes, *fig.*, p. 126 à 128.
22354. Masson (Pierre-Eugène). — Une carte postale-pétition, p. 150.
22355. H. V. [Vivarez (H.)]. — A propos de la girafe [du Muséum; lettre de Geoffroy Saint-Hilaire, 1827], p. 151.
22356. Guizard (Léon). — Châtiments d'autrefois [à Cournonterral, près Montpellier, 1720], p. 151.
22357. Chanut (L.). — Essai de classement d'une collection hugolâtre, p. 156 à 161.
22358. Allemagne (Henry-René d'). — Les cartes à jouer, *fig.*, p. 168 à 180.
22359. Vivarez (Henry). — Un précurseur de la photographie dans l'art du portrait à bon marché. Le physionotrace [de G.-L. Chrétien], *fig.* et 2 *pl.*, p. 181, 289, 358, et 453.
22360. Quantin (Léon). — Ex-libris bourguignons, liste sommaire, *fig.*, p. 189, 275, 348, et 444.
22361. Pellisson (Jules). — Les excentricités du deuil, p. 194 à 197.
22362. Mautouchet (A.). — Les ex-libris manuscrits, p. 198 à 201.
22363. Clumanc (C. de). — Étude sur quelques marques d'arrivée du midi de la France, p. 210 à 218.
22364. Pellisson (Jules). — L'ordre des Chevaliers-Babillards, p. 244 à 245.
22365. Daymard. — Le pèlerinage de Saint-Jacques de Compostelle, *fig.*, p. 245 à 246.
22366. Hélot (R.). — Voitures en carton en 1778, p. 247.
22367. Pellisson (Jules). — Une permission de donner à loger [Bordeaux, 1773], p. 248.
22368. Vivarez (Henry). — Documents électoraux, *fig.*, p. 249 à 256.
22369. Vivarez. — Billets, programmes et affiches de théâtre, *fig.* et *pl.*, p. 257 à 265.
22370. Cochon (J.). — Papiers administratifs et en-tête de lettres [ancien régime], *fig.*, p. 266 à 271.
22371. Corre (Dr A.). — La clef de saint Tujean qui préserve et guérit de la rage en Bretagne, p. 272 à 274.
22372. Pellisson (Jules). — Trois vignettes révolutionnaires, *fig.*, p. 285 à 288.
22373. Vivarez (H.). — Une lettre intime de d'Aguesseau [1749], p. 323.
22374. Mautouchet (A.). — A propos de la girafe [du Muséum], p. 324.
22375. Flobert. — Les collections de documents sur les sports, *fig.*, p. 329 à 333.
22376. Cochon (J.). — Les filigranes de la Formule, *pl.*, p. 334 à 340.
22377. Dubis (F.). — Ex-libris d'Isaac Turrel, *fig.*, p. 341 à 344.
22378. Rolland (Antonin). — A propos d'un livre rarissime [*Stimulus amoris Domini* de Thierry de Herxen], *pl.*, p. 345.
22379. Pellisson (Jules). — Lettre d'un officier de l'armée de Hollande (6 frimaire an iv), p. 346.
22380. Vivarez (Henry). — Distributions et certificats de prix [Saintes, an ii], p. 408 à 409.
22381. Pellisson (Jules). — Sur la contrefaçon des livres au xviiie siècle, p. 409.
22382. Pellisson (Jules). — Arrêt du Conseil d'État accordant un sursis aux contribuables pour se libérer (30 janvier 1641), p. 411.
22383. Delpy (Armand). — Étiquette-réclame du papetier Jollivet, *fig.*, p. 413.
22384. Pellisson (Jules). — Hôpitaux d'autrefois, *fig.* et *pl.*, p. 417 à 424.
22385. Clumanc (C. de). — Enveloppes du xviiie siècle, p. 425.
22386. Vivarez (H.). — Les Quinze-Vingts [indulgences par l'évêque de Meaux], p. 427 à 430.
22387. Pellisson (Jules). — Soldats déserteurs et conscrits réfractaires [xviiie-xixe s.], p. 436 à 443.
22388. Pellisson (Jules). — Un mot sur les avis de naissance [xviie-xviiie s.], p. 485.
22389. Pellisson (Jules). — Les gardes du corps du roi de Prusse à Neuilly-en-Vexin en 1814, p. 487.

SEINE-ET-MARNE. — FONTAINEBLEAU.

SOCIÉTÉ HISTORIQUE ET ARCHÉOLOGIQUE DU GÂTINAIS.

Voir, pour les publications de cette Société antérieures à 1901, la table récapitulative de notre *Bibliographie générale;* et pour ses publications postérieures, les tables placées à la fin du fascicule III du tome I, et du fascicule I du tome II de notre *Bibliographie annuelle.*

XXIV. — Annales de la Société historique et archéologique du Gâtinais, t. XXIV. (Fontainebleau, 1906, in-8°, VII-392 p.)

22390. Richemond (Em.). — Un diplôme inédit de Philippe Auguste. Acte de partage des biens du chambellan Gautier, fondateur de Nemours, *facs.*, p. 1 à 77.

22391. Jarry (Eug.). — Notice archéologique sur l'église de Triguères (Loiret), *fig. et 3 pl.*, p. 78 à 111.

22392. Lecomte (Maurice). — Note sur l'imprimerie et le colportage à Étampes au XVIIIe siècle, p. 112 à 122.

22393. Dimier (Louis). — De l'ancienne chambre du Roi au château de Fontainebleau, p. 129 à 132.

22394. Hue (Edmond). — Le dolmen de Pierre-Louve à Épisy (Seine-et-Marne), p. 133 à 160.

22395. Thoison (Eug.). — Documents inédits pour servir à l'histoire des paroisses du Gâtinais, p. 161 à 167. — Suite de XIV, p. 45, 163; XV, p. 111, 246; XVI, p. 128, 349; XVII, p. 131, 305; et XX, p. 185.

[Gages du gouverneur de Montereau-fault-Yonne (1590); la Fronde à Melun (1652); la mendicité à Fontainebleau (1667); la misère à Obsonville (1693); testament spirituel de Louis Augis, curé de Bourron (1781); dotation de l'école d'Orville (1741); taxes sur les habitants d'Amponville (1784); la paroisse de la Madeleine (1785).]

22396. Marichoulet (André de). — Essai sur l'histoire du duché de Nemours de 1404 à 1666, p. 168 à 247. — Suite et fin de XXI, p. 1, 257; et XXIII, p. 51, et 295.

22397. Hildenfinger (P.). — Une enquête sur la léproserie Saint-Lazare d'Étampes (1617), p. 248 à 267.

22398. Dupont (Adrien). — Note sur Louis-Henri de Loménie, comte de Brienne (1636-1698), sa mort à l'abbaye de Saint-Séverin de Château-Landon, *pl.* et *facs.*, p. 268 à 299.

22399. Thoison (Eug.). — La recette des tailles dans l'élection de Nemours en 1634, p. 313 à 323.

22400. Stein (Henri). — Olivier le Dain était-il marié? p. 324 à 328.

22401. Deroy (Léon). — Une œuvre de Girardon à Fontainebleau, *fig.*, p. 329 à 334.

22402. Charron (Alf.). — Essai historique sur Treilles (Loiret), p. 335 à 377.

22403. Legrand (Maxime). — Vervelle à chien trouvée à la tour de Guinette à Étampes, *fig.*, p. 378 à 384.

SEINE-ET-OISE. — CORBEIL.

SOCIÉTÉ HISTORIQUE ET ARCHÉOLOGIQUE DE CORBEIL, D'ÉTAMPES ET DU HUREPOIX.

Voir, pour les publications de cette Société antérieures à 1901, la table récapitulative de notre *Bibliographie générale;* et pour ses publications postérieures, les tables placées à la fin du fascicule III du tome I, et du fascicule I du tome II de notre *Bibliographie annuelle.*

XII. — Bulletin de la Société historique et archéologique de Corbeil, d'Étampes et du Hurepoix, 12e année, 1906. (Paris, 1906, in-8°, XXII-162 p.)

22404. Boulé (Alphonse). — Du culte des saints martyrs saint Can, saint Cantien et sainte Cantienne leur sœur, dans le Berry et l'Isle de France, p. 5 à 12.

22405. Mallet (A.). — Industrie préhistorique [aux environs de la Ferté-Alais], p. 13 à 14.

22406. Depoin (J.). — Notre-Dame des Champs, prieuré dionysien d'Essonnes, p. 15 à 35, et 95 à 135. — Suite de IX, p. 26; X, p. 5; et XI, p. 76.

22407. Gatinot (C.). — Un tribunal de police municipal à Montgeron pendant la période révolutionnaire, p. 36 à 49.

22408. A. D. [Dufour (A.)]. — La reine [Christine] de Suède à Essonnes, *portr.*, p. 50 à 68. — Cf. id. n° 22442.

22409. Dufour (A.). — Un atelier monétaire à Corbeil de 1654 à 1658, *fig.*, p. 69 à 74.

22410. Lelong (M.). — Promenade archéologique à Melun et à Vaux-le-Vicomte, *pl.*, p. 86 à 94.

22411. Lefèvre (L.-Eug.). — Le tympan sculpté de l'église Saint-Pierre d'Étampes au musée d'Étampes (XIIe s.), 2 *pl.*, p. 136 à 145.

22412. Depoin. — Rectifications au *Liber testamentorum Sancti Martini de Campis*, p. 153. — Cf. n°s 17966, 17975, et 18026.

22413. A. D. [Dufour (A.)]. — Le fief de Jérusalem [maison à Corbeil], p. 155.

SEINE-ET-OISE. — RAMBOUILLET.

SOCIÉTÉ ARCHÉOLOGIQUE DE RAMBOUILLET.

Voir, pour les publications de cette Société antérieures à 1901, la table récapitulative de notre *Bibliographie générale*; et pour ses publications postérieures, les tables placées à la fin du fascicule III du tome I, et du fascicule I du tome II de notre *Bibliographie annuelle*.

XIX. — **Mémoires de la Société archéologique de Rambouillet...**, série in-8°, t. XIX. (Versailles, 1906, in-8°, 702 p.)

22414. Grave (E.). — Supplément au nobiliaire et armorial du comté de Montfort-l'Amaury, p. 1 à 260.

22415. Lorin (F.). — Rambouillet, la ville, le château, ses hôtes, *fig.*, p. 261 à 678.

SEINE-ET-OISE. — VERSAILLES.

COMITÉ DE RECHERCHE ET DE PUBLICATION DES DOCUMENTS RELATIFS À L'HISTOIRE ÉCONOMIQUE DE LA RÉVOLUTION.

Ce Comité est affilié à la Commission centrale qui siège au Ministère de l'Instruction publique (cf. ci-dessus, p. 110); il a entrepris en 1904 la publication d'un *Bulletin* dont il n'a paru encore qu'un fascicule.

I. — **Département de Seine-et-Oise. Recherche et publication des documents relatifs à la vie économique de la Révolution.** Comité départemental de Seine-et-Oise. Liste des membres du Comité. Procès-verbaux des séances de 1904 à 1906, rapports et mémoires, instructions ministérielles, 1er fascicule. (Versailles, 1907, in-8°, 106 p.)

22416. Couard. — Les États généraux de 1789. Cahiers des paroisses et des corporations [Seine-et-Oise], p. 39 à 42.

22417. Grave. — La contribution patriotique de 1789 à Mantes, p. 43 à 47.

22418. Gatin. — La question des subsistances de 1789 à 1795 [Seine-et-Oise], p. 48 à 52.

22419. Grave. — Le service des subsistances à Mantes, d'après les registres des délibérations (juillet et août 1789), p. 53 à 71.

SEINE-ET-OISE. — VERSAILLES.

COMMISSION DES ANTIQUITÉS ET DES ARTS.

Voir, pour les publications de cette Commission antérieures à 1901, la table récapitulative de notre *Bibliographie générale;* et pour ses publications postérieures, les tables placées à la fin du fascicule III du tome I, et du fascicule I du tome II de notre *Bibliographie annuelle.*

XXVI. — Département de Seine-et-Oise. Commission des antiquités et des arts... 26e vol. (Versailles, 1906, in-8°, 108 p.)

22420. Depoin (J.). — Note sur l'abbaye de Maubuisson, p. 22 à 23.
22421. Grave. — Bossuet et le prieuré de Gassicourt, p. 24 à 29.
22422. Grave. — Eustache Pigis, député du bailliage de Mantes aux Etats d'Orléans en 1560, et aux États de Blois de 1576, p. 34 à 35.
22423. Coquelle. — L'église de Maule, p. 35.
22424. Lorin. — Excursion à Saint-Arnoult, Clairefontaine, Sonchamp, p. 37 à 42.
22425. Poncin. — Objets mobiliers de l'église de Montmorency, p. 48 à 52.
22426. Lorin. — Statue de Nicolas d'Angennes; portrait de Mme de Montespan; portrait du duc de Penthièvre, p. 54 à 57.
22427. Létienne (Auguste). — Carte anonyme des environs de Versailles au XVIIe siècle, p. 57 à 60.
22428. Husson (H.). — Documents sur les artistes qui ont travaillé au XVIIe siècle dans les châteaux de la région de Chevreuse, p. 69 à 74.
22429. Coquelle (P.). — Le Christ de Guiry, p. 75 à 80. — Cf. n° 21430.
22430. Létienne (A.). — Observations sur le Christ de Guiry, p. 81 à 84. — Cf. n° 21429.
22431. Grave (E.). — Le chartrier de Thoiry, p. 85 à 97.
22432. Grave (E.). — Un registre de paroisse avant et après 1789. Limetz (commune de Magny), p. 99 à 106.

SEINE-ET-OISE. — VERSAILLES.

CONFÉRENCE DES SOCIÉTÉS SAVANTES DE SEINE-ET-OISE.

Voir, pour les publications antérieures de la Fédération des Sociétés savantes de Seine-et-Oise, les tables placées à la fin du fascicule III du tome I, et du fascicule I du tome II de notre *Bibliographie annuelle.*

III. — Conférence des Sociétés savantes, littéraires et artistiques de Seine-et-Oise, 3e réunion tenue à Rambouillet les 16 et 17 juin 1906... Société archéologique de Rambouillet. (Versailles, 1907, in-8°, 231 p.)

22433. Paisant. — Notice sur un portrait du sculpteur Pierre Julien, p. 21 à 24.
22434. Mareuse. — Carte de Rambouillet, p. 24 à 27.
22435. Beaufils. — Répertoire des objets mobiliers ayant un caractère artistique qui existent actuellement dans les églises de l'arrondissement de Rambouillet, p. 30 à 33.
22436. Lefèvre (Louis-Eugène). — Le portail de Notre-Dame d'Étampes et les fausses scènes de l'Ascension au XIIe siècle, p. 33 à 44.
22437. Brunet. — Sur le château de Rambouillet, p. 44 à 52.
22438. Coquelle. — Les églises romanes du Pincerais, p. 53 à 68.

22439. Dion (Comte de). — Notes manuscrites [concernant le comté de Montfort], p. 69 à 72.
22440. Guyot (Joseph). — Quelques fouilles récentes opérées au château de Dourdan, p. 72 à 77.
22441. Grave. — A travers l'armorial de Montfort, p. 79 à 86.
22442. Dufour. — La reine [Christine] de Suède, à Essonnes [1656], p. 86 à 102. — Cf. *id.* n° 22408.
22443. Pinson (Paul). — La danse à Rosny et à Montfort-l'Amaury, en 1799, p. 102 à 104.
22444. Risch. — A propos du siège de Meulan. L'emplacement de la «Grant occision» de février 1423, p. 104 à 108.
22445. Depoin (Joseph). — L'origine du nom de Rambouillet, p. 109 à 112.
22446. Delville. — La prison de Montfort, p. 112 à 114.
22447. Coüard. — Les archives du domaine de Rambouillet, p. 115 à 120.
22448. Depoin (Joseph). — Note sur l'origine de Hugues de Beauvais, comte de Dreux au xe siècle, p. 121 à 131.
22449. Lorin. — L'état civil de Rambouillet, p. 131 à 133.
22450. Grasset. — Un entrepreneur de la royauté ruiné par Rambouillet [Delanoue 1784-1788], p. 134 à 137.
22451. Fourdrignier. — L'éclairage des grottes paléolithiques devant la tradition des monuments anciens, p. 138 à 149. — Cf. *id.* n° 22089.
22452. Beaufils. — L'application des ors dans les manuscrits, et spécialement du procédé employé pour la décoration du manuscrit n° 565 de la Bibliothèque de l'Arsenal, p. 173 à 179.
22453. Lefèvre (Louis-Eugène). — Peintures décoratives du temps de Jean de France, duc de Berry, à Étampes, p. 194 à 199.
22454. Fromageot. — L'hôtel du gouvernement à Rambouillet, p. 199 à 203.
22455. Duhault. — La vente de l'abbaye des Vaux-de-Cernay à la Révolution, p. 203 à 205.
22456. Branet et Lorin. — L'instruction à Rambouillet, p. 205 à 218.

SEINE-ET-OISE. — VERSAILLES.

SOCIÉTÉ DES SCIENCES MORALES DE SEINE-ET-OISE.

Voir, pour les publications de cette Société antérieures à 1901, la table récapitulative de notre *Bibliographie générale;* et pour ses publications postérieures, les tables placées à la fin du fascicule III du tome I, et du fascicule I du tome II de notre *Bibliographie annuelle.*

VIII. — Revue de l'histoire de Versailles et de Seine-et-Oise, année 1906. (Versailles, 1906, in-8°, 355 p.)

22457. Tambour (E.). — Benjamin Constant à Luzarches, p. 5, 158, 248, et 317.
22458. Fromageot (P.). — Les hôtelleries et cabarets de l'ancien Versailles, 5 *pl.*, p. 24, 217, et 300.
22459. Bonnet (Charles). — Gens de théâtre à Saint-Germain-en-Laye sous Louis XIV, p. 47 à 60.
22460. Deshairs (L.). — Documents inédits sur la chapelle du château de Versailles (1689-1772), p. 61 à 85. — Suite de VII, p. 241.
22461. Gatin (L.-A.). — Versailles pendant la Révolution française, p. 86, 186, 262, et 336. — Suite de VI, p. 81, 224, 293; VII, p. 145, 214, et 295.
22462. Coüard (E.). — L'intérieur et le mobilier du château royal de Versailles à la date de la journée des Dupes (1630), p. 97 à 122, et 198 à 216.
22463. Rey (Auguste). — Villégiature de la famille Hugo à Saint-Prix, *fig.*, p. 123 à 149.
22464. Leriche (J.-A.). — Origine du nom de Versailles, p. 150 à 157.
22465. Delpy (Armand). — Un chef de service au département du duc de la Vrillière [A.-F.-E. Nogaret], sa correspondance intime de 1757 à 1778, p. 173 à 185, et 232 à 247.
22466. Bricqueville (E. de). — Le piano à Versailles sous Marie-Antoinette, p. 193 à 197.
22467. Risch (L.). — La période révolutionnaire à Thiverval, p. 273 à 299.

IMPRIMERIE NATIONALE.

SEINE-INFÉRIEURE. — LE HAVRE.

SOCIÉTÉ HAVRAISE D'ÉTUDES DIVERSES.

Voir, pour les publications de cette Société antérieures à 1901, la table récapitulative de notre *Bibliographie générale*; et pour ses publications postérieures, les tables placées à la fin du fascicule I du tome II de notre *Bibliographie annuelle*.

LII. — **Recueil des publications de la Société havraise d'études diverses** de la 72e année, 1905. (Le Havre, 1905, in-8°, 339 p.)

22468. L. R. — Rialle, maire du Havre (1791-1793 et du 7 germinal au 23 fructidor an I), *portr.*, p. 205 à 208.

22469. Rouette (L.). — Discours prononcé sur la tombe de Gustave Lennier [1835 † 1905], *portr.*, p. 295 à 297.

SEINE-INFÉRIEURE. — ROUEN.

ACADÉMIE DES SCIENCES, BELLES-LETTRES ET ARTS DE ROUEN.

Voir, pour les publications de cette Académie antérieures à 1901, la table récapitulative de notre *Bibliographie générale*; et pour ses publications postérieures, les tables placées à la fin du fascicule III du tome I, et du fascicule I du tome II de notre *Bibliographie annuelle*.

CVIII. — **Précis analytique des travaux de l'Académie des sciences, belles-lettres et arts de Rouen** pendant l'année 1905-1906. (Rouen, 1907, in-8°, 444 p.)

22470. Allard (Ch.). — Le patriotisme dans les œuvres de Corneille, p. 37 à 53.

22471. Le Roux (Hugues). — Première traduction française de la version éthiopienne du voyage de la Reine de Saba à Jérusalem, p. 105 à 118.

22472. Beaurepaire (Ch. de). — La peste à Rouen, (1619-1623), p. 177 à 246.

22473. Tougard (L'abbé). — Les fêtes pour la gratuité de l'enseignement en 1719, p. 269 à 275.

22474. Paulme (Henri). — Notice sur M. Jules Hedou [1833 † 1905], p. 277 à 292.

22475. Sarrazin (Albert). — Notice sur M. Adolphe Homais [1832 † 1906], *fig.*, p. 295 à 308.

22476. Divers. — Troisième centenaire de la naissance de Pierre Corneille, p. 309 à 416.

SEINE-INFÉRIEURE. — ROUEN.

LES AMIS DES MONUMENTS ROUENNAIS.

Voir, pour les publications de cette Société antérieures à 1901, la table récapitulative de notre *Bibliographie générale;* et pour ses publications postérieures, les tables placées à la fin du fascicule III du tome I, et du fascicule I du tome II de notre *Bibliographie annuelle.*

IX. — Les Amis des monuments rouennais, Bulletin, année 1906. (Rouen, 1907, gr. in-4°. 212 p.)

22477. Gogeard. — Rouen souterrain, notice sur les anciennes sources, *fig.* et *pl.*, p. 39 à 79.

22478. Fortin. — Enseigne d'un apothicaire du XVIIIe siècle, à Dieppe, *fig.*, p. 81.

22479. Vesly (Léon de). — L'édicule de Saint-Valéry-sous-Bures [1550], *fig.*, p. 83 à 87.

22480. Foucher (Auguste). — Les statuettes décoratives de la voussure du grand portail de la cathédrale de Rouen (XVIe s.), 2 *pl.*, p. 89 à 91.

22481. Beaurepaire (Ch. de). — Les architectes de Rouen, de 1650 à 1750, *pl.*, p. 93 à 132. — Cf. VI, p. 47; VII, p. 119; et VIII, p. 81.

22482. Vesly (Léon de). — Relevé d'inscriptions sur les vieilles maisons à Rouen et dans le département de la Seine-Inférieure, *fig.*, p. 133 à 148.

22483. Hélot (René). — Les ponts de l'ancien Hôtel-Dieu de la Madeleine, *fig.*, p. 149 à 156.

22484. Aubé (Raoul). — Chronique artistique et monumentale, *fig.* et *pl.*, p. 157 à 183.

[Grand et petit séminaires; les Ursulines de la rue Morand et la Tour Jeanne d'Arc, *fig.* et *pl.*; Ursulines de la rue des Capucines, *fig.*; Vieilles maisons rue des Boucheries-Saint-Ouen et rue des Capucines, *fig.*; Hôtellerie de la Belle-Épine, rue du Renard; Trouvaille de moules à pains de sucre (XVIIe s.); les restes de l'abbaye de Saint-Wandrille; le château de Martainville; tri-centenaire de Corneille, *fig.*; le pavillon Flaubert à Croisset, *fig.* — Nécrologie : Aug. Fleury († 1906); Ern. Fauquet († 1906); Alb. Desmarest († 1906).]

22485. Lefrançois (G.). — Excursions, p. 185 à 191.

[Manoir des Moulineaux; Ursulines de Rouen; Lisieux.]

SEINE-INFÉRIEURE. — ROUEN.

SOCIÉTÉ DES BIBLIOPHILES NORMANDS.

Voir, pour les publications de cette Société antérieures à 1901, la table récapitulative de notre *Bibliographie générale;* et pour ses publications postérieures, les tables placées à la fin du fascicule III du tome I, et du fascicule I du tome II de notre *Bibliographie annuelle.*

22486. Le Verdier (P.). — H. Le Cordier. Le Pont l'Évêque, poème. (Rouen, 1906, petit in-4°, XXI-108 p.)

LXXXV. — Société des Bibliophiles normands, 85e assemblée générale, 7 juin 1906. (Rouen, s. d., petit in-4°, 16 p.)

22487. Beaurepaire (Ch. de). — Discours, p. 4 à 14.

[Jean Liebaut (XVIe s.), Jean Halbout de la Becquetière (XVIIe s.); Jean Puget, s[r] de La Serre (XVIIe s.); Le P. Pierre Gouye; comédiens à Rouen en 1651; noms de parrains (XVIIe s.)]

LXXXVI. — Société des Bibliophiles normands, 86e assemblée générale, 20 décembre 1906. (Rouen, s. d., petit in-4°, 16 p.)

22488. Delisle (L.). — Livres scolaires du XVe et du XVIe siècle conservés en Angleterre, et livres du XVIe siècle d'origine caennaise, *facs.*, p. 5 à 19.

SEINE-INFÉRIEURE. — ROUEN.

SOCIÉTÉ ROUENNAISE DES BIBLIOPHILES.

Voir, pour les publications de cette Société antérieures à 1901, la table récapitulative de notre *Bibliographie générale;* et pour ses publications postérieures, la table placée à la fin du fascicule III du tome I de notre *Bibliographie annuelle.*

22489. Rouette (L.). — La fête du Louisée, par Laiguel [1789]. (Rouen, 1905, petit in-4°, XXIII-15 p.)

22490. Panel (Dr G.). — Le lieu de Santé de Rouen. (Rouen, 1905, petit in-4°.)

22491. Tougard (A.). — Calendrier du diocèse de Rouen pour le mois de décembre 1582. (Rouen, 1905, pet. in-4°.)

22492. Anonyme. — Quelques documents sur Pierre Corneille, publiés au troisième centenaire de sa naissance. (Rouen, 1906; pet.in-4°, XVI-16 p.)

22493. Rouette (L.). — Description du catafalque du duc de Saint-Aignan, gouverneur du Havre. (Rouen, 1906, petit in-4°, XXIX-7 p. et pl.)

SEINE-INFÉRIEURE. — ROUEN.

SOCIÉTÉ D'ÉMULATION, DU COMMERCE ET DE L'INDUSTRIE DE LA SEINE-INFÉRIEURE.

Voir, pour les publications de cette Société antérieures à 1901, la table récapitulative de notre *Bibliographie générale;* et pour ses publications postérieures, les tables placées à la fin du fascicule III du tome I, et du fascicule I du tome II de notre *Bibliographie annuelle.*

LXVI. — **Bulletin de la Société libre d'émulation du commerce et de l'industrie de la Seine-Inférieure...** Exercice 1906. (Rouen, 1907, in-8°. 428 p.)

22494. Joubert (Le général). — Histoire géologique de la céramique de Rouen, *fig.*, p. 117-à 206.

22495. Vesly (Léon de). — Légendes, superstitions et vieilles coutumes, p. 396.

SEINE-INFÉRIEURE. — ROUEN.

SOCIÉTÉ DE L'HISTOIRE DE NORMANDIE.

Voir, pour les publications de cette Société antérieures à 1901, la table récapitulative de notre *Bibliographie générale;* et pour ses publications postérieures, les tables placées à la fin du fascicule III du tome I, et du fascicule I du tome II de notre *Bibliographie annuelle.*

22496. Prevost (G.-A.). — Recueil des présidents, conseillers et autres officiers de l'Échiquier et du Parlement de Normandie par Bigot de Monville (1449-1450). (Rouen, 1905, in-8°.)

VI. — Mélanges. Documents publiés et annotés par MM. Ch. de Beaurepaire, l'abbé F. Blanquart, Ch. Bréard et Ph. Barrey, Léopold Delisle, P. Le Cacheux, L. Régnier et l'abbé A. Tougard, 6e série. (Rouen, 1906, in-8°, 384 p.)

[Au milieu du titre, marque de la Société de l'histoire de Normandie.]

22497. Beaurepaire (Ch. de). — Compte des dépenses de l'abbaye de Fécamp, à l'occasion d'une enquête par tourbes faite à Rouen et à Caudebec vers 1410, p. 7 à 36.

22498. Blanquart (L'abbé F.). — Ancien coutumier de l'église cathédrale d'Évreux, vulgairement appelé *Hunaud*, publié d'après une copie du XVIIe siècle, p. 37 à 201.

22499. Bréard (Charles) et Barrey (Philippe). — Documents relatifs à la marine normande aux XVe et XVIe siècles, p. 203 à 290.

22500. Delisle (Léopold). — Extraits de comptes des guerres. Gens de guerre du Cotentin (1340), garnisons normandes de Guernesey (1340-1344), p. 291 à 306.

22501. Le Cacheux. — Compte de la vicomté de Pont-Authou pour la rançon d'Olivier du Guesclin [1381], p. 307 à 330.

22502. Régnier (L.). — Devis pour la construction d'une maison forte à Elbeuf-sur-Seine pendant l'occupation anglaise du XVe siècle, p. 331 à 350.

22503. Tougard (A.). — Extrait en forme de remarques compilées par M. Brot, prêtre de la paroisse Saint-François, touchant la ville du Havre de Grâce, p. 351 à 383.

SEINE-INFÉRIEURE. — ROUEN.

SOCIÉTÉ NORMANDE DE GÉOGRAPHIE.

Voir, pour les publications de cette Société antérieures à 1901, la table récapitulative de notre *Bibliographie générale;* et pour ses publications postérieures, les tables placées à la fin du fascicule III du tome I, et du fascicule I du tome II de notre *Bibliographie annuelle.*

XXVIII. — Société normande de géographie. Bulletin de l'année 1906, t. XXVIII. (Rouen, 1906, in-4°, XXVII-265 p.)

22504. Charcot (Dr). — Une expédition au pôle antarctique, p. 2 à 20.

22505. Lecarpentier (Georges). — Le pays de Caux, étude géographique, *carte*, p. 21 à 44. — Suite et fin de XXVII, p. 223.

22506. Labbé (Paul). — Les déserts de l'Asie centrale. La vie des nomades, p. 61 à 81.

22507. Bourdarie (Paul). — Les problèmes de la politique indigène et économique au Congo français, p. 82 à 106.

22508. Weill (Capitaine Raymond). — Le désert sinaïtique et ses colonies égyptiennes (époque pharaonique), p. 106 à 123.

22509. Boland (Henri). — Au pays de la vendetta. La Corse tragique et pittoresque, p. 133 à 154.

22510. Pillion (Louise). — Étapes d'un voyage en Toscane et en Ombrie, p. 155 à 172.

22511. Guilbert (Robert). — La Toussaint au pays basque, p. 237 à 253.

SÈVRES (DEUX-) — NIORT.

SOCIÉTÉ HISTORIQUE ET SCIENTIFIQUE DES DEUX-SÈVRES.

Le premier volume des publications de cette Société a été analysé dans notre *Bibliographie annuelle*, t. II, fasc. I, p. 180.

II. — **Société historique et scientifique des Deux-Sèvres.** Procès-verbaux, mémoires, notes et documents, 2e année, 1906. (Niort, 1906, in-8°, XL-388 p.)

22512. Breuillac-Lardet (Émile). — Saint-Liguaire, notes du temps passé, *fig.* et *pl.*, p. 1 à 67.
22513. Gelin (H.). — Les nouveaux mariés d'autrefois, p. 69 à 92.
22514. L. D. [Desaivres (Léo)]. — Tailles [de l'élection de Niort] de 1631, p. 93 à 117.
22515. Clouzot (Henri). — Documents pour servir à l'histoire des arts à Niort au XVIIIe siècle. Extraits des livres de comptes de l'église Notre-Dame (1746-1789), p. 145 à 162.
22516. [Desaivre (Léo)]. — Journal d'Emmanuel Augier de la Terraudière (1707-1712), p. 163 à 194.
22517. Touzant (Louis). — Quelques lettres de René Caillié et de sa veuve, p. 195 à 202.
22518. Proubet (Dr). — Les seigneurs, le château, la terre de la Mothe-Saint-Héray, *fig.*, p. 217 à 350.
22519. Proust (Eugène). — La légende du puits taillé [près Maisoncelle, commune d'Assais], p. 353 à 357.
22520. Desaivre (Léo). — Les dissidents au Désert vers 1834, p. 358 à 360.
22521. Breuillac (Émile). — Le prieuré de Saint-Martin-de-Jules, p. 361 à 363.
22522. Gelin (Henri). — Notes sur quelques signes ruraux poitevins comportant l'idée d'indication, d'interdiction, etc., p. 364 à 367.
22523. Farault (Alphonse). — Note sur le régiment royal de Niort, p. 378 à 379.
22524. Breuillac (Émile). — Une colonne romaine [près de Niort], p. 380 à 382.
22525. Turpin. — Une manufacture de poterie à Parthenay sous la Révolution, p. 383 à 385.

SOMME. — ABBEVILLE.

SOCIÉTÉ D'ÉMULATION D'ABBEVILLE.

Voir, pour les publications de cette Société antérieures à 1901, la table récapitulative de notre *Bibliographie générale;* et pour ses publications postérieures, les tables placées à la fin du fascicule III du tome I, et du fascicule I du tome II de notre *Bibliographie annuelle*.

XXI. — **Mémoires de la Société d'émulation d'Abbeville**, t. XXI de la collection, 4e série, t. V. (Abbeville, 1906, in-8°, 639 p.)

22526. Mallet (F.). — Épagne, p. 1 à 189.
22527. Brandt de Galametz (Comte de). — Bureau des pauvres d'Abbeville. Commissaires de 1580 à 1725, p. 191 à 260.
22528. Rodière (Roger). — Voyage héraldique dans quelques églises du Ponthieu en 1697, p. 261 à 327.
22529. Macqueron (Henri). — L'église de Bouillancourt-sous-Miannay, 2 *pl.*, p. 359 à 413.
22530. Leomel (Georges). — Monographie de Sorrus, canton de Montreuil-sur-Mer (ancien Ponthieu), 6 *pl.*, p. 415 à 564.

SOMME. — AMIENS.

ACADÉMIE DES SCIENCES, DES LETTRES ET DES ARTS D'AMIENS.

Voir, pour les publications de cette Académie antérieures à 1901, la table récapitulative de notre *Bibliographie générale;* et pour ses publications postérieures, les tables placées à la fin du fascicule III du tome I, et du fascicule I du tome II de notre *Bibliographie annuelle.*

Une table des tomes XLIV à LIII des *Mémoires* est insérée dans le volume de 1906 (voir notre n° 22533).

LIII. — Mémoires de l'Académie des sciences, des lettres et des arts d'Amiens, t. LIII, année 1906. (Amiens, 1907, in-8°, 171 p.)

22531. Camerlynck (H.). — Le Coran, p. 29 à 44.

22532. Bloquel. — Feuilles volantes, p. 75 à 110.

[Anciennes fortifications d'Arras, p. 75; Cayeux, p. 81; etc.]

22533. Thorel (Octave). — Table des matières des Mémoires de l'Académie de 1897 à 1906 (inclus), p. 158 à 171.

SOMME. — AMIENS.

SOCIÉTÉ DES ANTIQUAIRES DE PICARDIE.

Voir, pour les publications de cette Société antérieures à 1901, la table récapitulative de notre *Bibliographie générale;* et pour ses publications postérieures, la table placée à la fin du fascicule III du tome I de notre *Bibliographie annuelle.*

XXII. — Bulletins de la Société des Antiquaires de Picardie, t. XXII, 1904-1906. (Amiens, 1907, in-8°, 653 p.)

22534. Brandicourt. — Funérailles de M. l'abbé Édouard Boucher [† 1904], p. 13 à 17.

22535. Thorel (Octave). — Note philologique sur le mot *chic*, p. 28 à 35.

22536. Bonnault d'Houet (Baron de). — Genlis ou Jenlis, ou l'histoire d'un fief picard, p. 36 à 53.

22537. Brandicourt (V.). — Le témoignage historique des plantes, p. 54.

[Ancien estuaire près de Berck.]

22538. Guyencourt (R. de). — Verrerie gallo-romaine [vase trouvé à Amiens], *fig.*, p. 56.

22539. Guyencourt (R. de). — Ardoise avec inscription trouvée à Douilly (1543), p. 85.

22540. Macqueron. — Inscription votive et romaine sur bronze d'un Amiénois au Grand-Saint-Bernard, p. 89.

22541. Francqueville (A. de). — Armes de bronze trouvées à Tirancourt, *fig.*, p. 91.

22542. Caddon (L'abbé). — La protection apostolique et le cens pontifical en Picardie au moyen âge, p. 93 à 97.

22543. Poujol de Fréchencourt. — La seigneurie de la Faloise, anciens documents acquis sur les fonds du legs de Beauvillé, p. 98 à 104.

22544. Poujol de Fréchencourt. — Liasses d'anciens titres offerts à la Société par M. Matiffas. La maison de la Fouine [à Amiens], p. 105 à 112.

22545. Brandicourt (Virgile). — La faune et la flore de la cathédrale d'Amiens, *fig.*, p. 170 à 194.

22546. Dubois (Pierre). — La Picardie et l'exposition des Primitifs français, p. 195 à 225.

22547. Brandicourt. — Funérailles de M. Leleu [† 1905], p. 247 à 250.
22548. Mantel (L'abbé). — Richard de Fournival, chancelier de l'église d'Amiens (XIIIe s.), p. 261 à 275.
22549. Boutray (Baron R. de). — Excursion aux ruines de Coucy-le-Château, p. 292 à 298.
22550. Brandicourt. — Funérailles de M. Georges Boudon [† 1905], p. 302 à 306.
22551. Beaurain (Georges). — La tombe de François de Créquy, 39e abbé de Selincourt et dernier évêque de Thérouanne, p. 322 à 326.
22552. Boinet (A.). — Notice sur quatre panneaux de bois sculpté provenant de l'abbaye de Saint-Riquier [1587], 4 *pl.*, p. 327 à 335.
22553. Marsaux (Le chanoine). — Le Buisson ardent, [tableau] du musée d'Amiens [XVIe s.], *pl.*, p. 336 à 360.
22554. Loisne (Comte de). — Superstitions, croyances et usages particuliers d'autrefois à Montreuil-sur-Mer et dans le Bas-Ponthieu, d'après des documents inédits, p. 361 à 407.
22555. Brandicourt. — Obsèques de M. Fernand Poujol de Fréchencourt [† 1905], p. 419 à 423.
22556. Brandicourt (V.). — Clochers de Picardie, 2 *pl.*, p. 430 à 459.
22557. Calonne (Vicomte de). — M. Fernand Poujol de Fréchencourt [1839 † 1905], notice biographique, p. 481 à 488.
22558. Goudallier (L.). — Parcs et jardins de Picardie, p. 526 à 537.
22559. Boquet (J.). — Les fresques de l'ancien couvent des Minimes d'Amiens, *pl.*, p. 579 à 587.
22560. Scottte (E.). — Les Heures de Simon Vostre à l'usage d'Amiens, 6 *pl.*, p. 608 à 632.

TARN. — ALBI.

SOCIÉTÉ DES SCIENCES, ARTS ET BELLES-LETTRES DU TARN.

Voir, pour les publications de cette Société antérieures à 1901, la table récapitulative de notre *Bibliographie générale;* et pour ses publications postérieures, les tables placées à la fin du fascicule III du tome I, et du fascicule I du tome II de notre *Bibliographie annuelle.*

XXIII. — Revue historique, scientifique et littéraire du département du Tarn (ancien pays d'Albigeois)... publiée sous la direction de M. Jules Jolibois et sous le patronage de la Société des sciences, arts et belles-lettres du Tarn, 31e année, 23e vol.; 2e série, 15e année (Albi, 1906, in-8°, 377 p.)

22561. Portal (Ch.). — L'instruction primaire dans le Tarn au XIXe siècle, p. 1 à 23.
22562. Masson (P.). — Complément au catalogue des manuscrits de la bibliothèque de la ville d'Albi, p. 24 à 34.
22563. Dartigue-Peyrou (J.). — L'église réformée de Vabre au XVIIIe siècle d'après les archives municipales, p. 35 à 63. — Suite et fin de XXII, p. 289, et 355.
22564. Thomas (L'abbé Émile). — Un hôpital à Montdragon au XVIIe siècle, p. 64 à 69.
22565. Clos (Dr Dominique). — Notes biographiques [Jules-François Clos (1809 † 1891)], p. 70.
22566. Jouhate. — La croisade contre les Albigeois, étude bibliographique, p. 101 à 121.
22567. Cabié (Edm.). — Alos en Albigeois aux Xe et XIe siècles, p. 122 à 129.
22568. Vidal (Aug.). — Un collectionneur albigeois au XVIIIe siècle, p. 130 à 167.

[Inventaire des livres, tableaux, estampes et médailles de Claude Vitte de Beaulieu († 1789).]

22569. Thomas (L'abbé Émile). — Une confrérie de Saint-Blaise à Montdragon (XIVe s.), p. 168 à 172.
22570. Teyssier (C.). — Les mégalithes d'Alban et leur légende, p. 173 à 176.
22571. Bécus (E.). — Monnaies romaines trouvées à Albi et aux environs, p. 193.
22572. Divers. — Glanures historiques, p. 196 à 199.

[Pierre Molinier et Jacques Grinssié, fondeurs de cloches (1610); maisons sur le vieux pont d'Albi; contrat de mariage du marquis de Vinezac et de mademoiselle Dupuy-Montbrun (1783); régularisation du mariage du sr de Vésian et de Marie Teissier (1788).]

22573. Cabié (Edm.). — La Réforme à Lavaur en 1561 et 1562, p. 205 à 219.
22574. Thomas (L'abbé Émile). — Assermentés et réfractaires [dans le diocèse d'Albi], p. 220 à 235.
22575. A. V. [Vidal (A.)]. — Extraits des arrêts du Parlement de Toulouse [1463-1527], p. 261 à 264, et 342 à 347.
22576. Thomas (L'abbé Émile). — Justice seigneuriale à Montdragon, p. 309 à 318.
22577. Bécus. — Monnaie de Tibère trouvée à Albi, p. 337.

TARN-ET-GARONNE. — MONTAUBAN.

SOCIÉTÉ ARCHÉOLOGIQUE DE TARN-ET-GARONNE.

Voir, pour les publications de cette Société antérieures à 1901, la table récapitulative de notre *Bibliographie générale;* et pour ses publications postérieures, les tables placées à la fin du fascicule III du tome I, et du fascicule I du tome II de notre *Bibliographie annuelle.*

XXXIV. — **Bulletin archéologique et historique de la Société archéologique de Tarn-et-Garonne...**, t. XXXIV, année 1906. (Montauban, 1906, in-8°, 376 p.)

22578. Daux (Camille). — La communauté de Montech sur la fin du XVII° siècle, p. 17 à 41.
22579. Beldèze (Dr Raymond). — Le rappel de Dupleix d'après quelques documents inédits, p. 42 à 56.
22580. France (Henry de). — Notes sur le commerce à Montauban [XVI°-XVIII° s.], p. 57 à 65.
22581. Mathet. — L'évolution des procédés d'analyse chimique. La classification des objets préhistoriques en bronze, p. 66 à 76.
22582. Galabert (L'abbé F.). — Les écoles autrefois dans le pays du Tarn-et-Garonne, p. 77 à 85. — Suite de XXXIII, p. 50, 138, 162, 150 [*lisez* : 250], et 362.
22583. Ressayre (Gaëtan). — Promenade archéologique. Dieupentale, Verdun, Savenès, p. 86 à 90.
22584. Boscus (L.) et Galabert (F.). — Les treizes sols d'Armagnac [dîmes inféodées], p. 91.
22585. Buzenac (Auguste). — La collégiale Saint-Martin de Montpezat, souvenirs de la guerre de Cent ans, p. 105 à 120.
22586. Forestié (Edouard). — Les tapisseries du château de Bardigues fabriquées au XVI° siècle à Aubusson, p. 160 à 167.
22587. Pottier (Le chanoine F.). — M. G. Coqueré de Monbrison († 1906), p. 173 à 175.
22588. Angé (Capitaine). — Cimetière païen près de Sousse, p. 176.
22589. Ocles. — Le temporel des évêques de Cahors au XVI° siècle, p. 188 à 192.
22590. Taillefer (L'abbé). — Un écho des guerres religieuses [en Quercy] (1579), p. 207 à 211.
22591. France (Henry de). — La confrérie des tisserands à Montauban, p. 219 à 224.
22592. Galabert (L'abbé F.). — Les écoles pendant la Révolution [dans le Montalbanais], p. 225 à 233.
22593. Chergé (Maurice de). — Excursion dans les vallées du Lot et du Célé, 2 *pl.*, p. 234 à 248.
22594. Sancholle (E.). — La propriété de Mirel dans le passé, p. 249 à 254.
22595. Bourdeau. — Borne des diocèses de Toulouse et de Montauban, p. 257.
22596. Forestié (Ed.). — Bail de la façon d'un retable à Saint-Nicolas de la Grave (1583), p. 259.
22597. Rumeau. — Devis pour le retable des Capucins de Grenade (1700), p. 267.
22598. Taillefer (L'abbé). — Entrée en religion à Gravayrac, en Rouergue, de noble Marguerite de Vezins (19 juin 1661), p. 270 à 272.
22599. Grèze (A.). — Quelques documents concernant Saint-Nicolas de la Grave et son seigneur abbé [XVI° s.], p. 273 à 285.
22600. Taillefer (L'abbé). — Des baptêmes et des noms donnés au baptême au XVII° siècle, p. 286 à 290.
22601. Fontanié (Paul). — Les comptes consulaires de Saint-Porquier (1666-1667), p. 291 à 308.
22602. Galabert (L'abbé F.). — L'administration communale à Aucamville de 1346 à 1446, p. 309 à 313.
22603. France. — Traité pour les sonneries de cloches à Montauban (1525), p. 319 à 323.

22604. Belbèze (Dr Raymond). — Excursion dans le pays castrais. Le Sidobre, 2 *pl.*, p. 324 à 333.

22605. Vivies (Paul de). — Inscription de l'église de Tauriac, p. 338.

22606. Bach (L'abbé). — Généalogie de la famille Fernand (1458-1573), p. 340.

22607. Galabert (L'abbé). — M. de la Malartie, curé de Saint-Aignan (1703-1704), p. 346.

27608. Laffont (L'abbé). — De quelques droits féodaux de la seigneurie de Bourg-Devizac, p. 348 à 350.

22609. Taillefer (L'abbé). — Question de dîmes [à Sauveterre-Saint-Aureil] (2 juillet 1786), p. 350.

VAR. — DRAGUIGNAN.

SOCIÉTÉ D'ÉTUDES SCIENTIFIQUES ET ARCHÉOLOGIQUES DE DRAGUIGNAN.

Voir, pour les publications de cette Société antérieures à 1901, la table récapitulative de notre *Bibliographie générale;* et pour ses publications postérieures, la table placée à la fin du fascicule III du tome I de notre *Bibliographie annuelle.*

XXV. — Bulletin de la Société d'études scientifiques et archéologiques de Draguignan, t. XXV, 1904-1905. (Draguignan, s. d., in-8°, LXVI-443 p.)

22610. E. P. [Poupé (E.)]. — Notes météorologiques recueillies par Joseph Bernard, de Trans (nivôse-ventôse an III), p. VIII à XI.

22611. Poupé (E.). — L'instruction publique à Seillans sous l'ancien régime p. XV à XIIX.

22612. Anonyme. — Bibliographie des ouvrages publiés par M. Octave Teissier, p. XXXIX à XLIII.

22613. Poupé (Edmond). — L'armée d'Italie en juillet 1793, opinion d'un secrétaire de Barras et de Fréron [César Roubaud], p. XLV à XLVIII.

22614. Poupé (Edmond). — Les papiers de la Société populaire de Saint-Zacharie, p. 59 à 74.

22615. Espitalier (L'abbé H.). — Les prévôts du chapitre de Fréjus, p. 75 à 96.

22616. Espitalier (Le chanoine). — Les Antelmy, *tableau*, p. 97 à 185.

22617. Roure (Baron de). — Les néophytes en Provence et leur taxe par Louis XII en 1512, p. 191 à 225.

22618. Mireur (F.). — Les anciens couvents de Draguignan. Les Cordeliers, 8 *pl.*, p. 227 à 394.

22619. Mireur (F.). — Anciennes notabilités militaires de Draguignan. Les décorés de Saint-Louis, p. 395 à 422.

VAR. — TOULON.

ACADÉMIE DU VAR.

Voir, pour les publications de cette Académie antérieures à 1901, la table récapitulative de notre *Bibliographie générale;* et pour ses publications postérieures, les tables placées à la fin du fascicule III du tome I, et du fascicule I du tome II de notre *Bibliographie annuelle.*

LVII. — Bulletin de l'Académie du Var, 74e année, 1906. (Toulon, s. d., in-8°, LI-72 p.)

22620. Fioupou. — La prise d'Alger [relation inédite], p. 39 à 52.

22621. Mouroù (Louis). — Mœurs et coutumes provençales. La Saint-Éloi à Signes (Var), p. 53 à 66.

VAUCLUSE. — AVIGNON.

ACADÉMIE DE VAUCLUSE.

Voir, pour les publications de cette Académie antérieures à 1901, la table récapitulative de notre *Bibliographie générale;* et pour ses publications postérieures, les tables placées à la fin du fascicule III du tome I, et du fascicule I du tome II de notre *Bibliographie annuelle.*

XXV. — Mémoires de l'Académie de Vaucluse, 2ᵉ série, t. VI, année 1906. (Avignon, 1906, in-8°, XV-394 p.)

22622. Beugnier-Roure (L.). — Un prétendant au trône de France dans la vallée du Rhône en 1360 [Giannino], p. 9 à 26.

22623. Girard (J.). — Les États du comté Venaissin depuis leurs origines jusqu'à la fin du XVIᵉ siècle, p. 27, 179, et 287.

22624. Vissac (Baron Marc de). — Dom Pernety [† 1801] et les Illuminés d'Avignon, p. 219 à 238.

22625. Durand (Albert). — Correspondance du constitutionnel Périer, p. 241 à 276.

22626. Chobaut (Dʳ A.). — Découverte d'une fibule gallo-romaine au Mont Ventoux, *fig.* et *pl.*, p. 279 à 285.

22627. Labande (L.-H.). — Bibliographie vauclusienne, 1894-1905. (Avignon, 1906, in-8°, 99 p.)

(Publié par fragments en annexe aux *Mémoires* de 1894 à 1906.)

VENDÉE. — LA ROCHE-SUR-YON.

SOCIÉTÉ D'ÉMULATION DE LA VENDÉE.

Voir, pour les publications de cette Société antérieures à 1901, la table récapitulative de notre *Bibliographie générale;* et pour ses publications postérieures, les tables placées à la fin du fascicule III du tome I, et du fascicule I du tome II de notre *Bibliographie annuelle.*

L. — Annuaire de la Société d'émulation de la Vendée, Bulletin périodique, 1906, 53ᵉ année, 5ᵉ série, vol. VI. (La Roche-sur-Yon, 1907, in-8°, XX-285 p.)

22628. Loquet (G.). — Essais historiques sur les baronnies du nord-ouest du Poitou comprises dans les Marches dites de Bretagne et de Poitou, p. 1 à 151. — Suite de XLVIII, p. 1; et XLIX, p. 1.

22629. Baudouin (Dʳ Marcel). — Découverte d'une nécropole gallo-romaine à puits funéraires, à Apremont (Vendée), *fig.*, p. 153 à 206.

22630. Mignen (Dʳ G.). — Les maîtresses et maîtres d'école de Montaigu, avant et depuis 1789, p. 207 à 283.

VIENNE. — POITIERS.

SOCIÉTÉ DES ANTIQUAIRES DE L'OUEST.

Voir, pour les publications de cette Société antérieures à 1901, la table récapitulative de notre *Bibliographie générale;* et pour ses publications postérieures, les tables placées à la fin du fascicule III du tome I, et du fascicule I du tome II de notre *Bibliographie annuelle.*

XXIV. — Bulletins et mémoires de la Société des Antiquaires de l'Ouest, t. X, 2e série, années 1904-1906. (Poitiers. 1907, in-8°, 681 p.)

[Ce volume appartient à la série des *Bulletins.*]

22631. La Bouralière (A. de). — La miniature du château de Mehun-sur-Yèvre dans les Heures du duc de Berry, et la tour Maubergeon, à Poitiers, p. 10 à 14.

22632. Mondion (Cte de). — Notes sur une statuette en bois peint du XVIIe siècle [provenant du château d'Artigny], *pl.*, p. 23 à 35.

22633. La Bouralière (A. de). — Note sur l'ancienne chapelle du Palais de Justice de Poitiers, *pl.*, p. 36 à 43.

22634. La Bouralière (A. de). — La tour Maubergeon à Poitiers, p. 46 à 48.

22635. Rousseau (Commandant). — Rapport sur la cachette de Curzay [haches de bronze], *pl.*, p. 63 à 81.

22636. La Croix (Le P. de). — Relation des fouilles archéologiques opérées dans la rue Paul-Bert, et dans les terrains de l'École primaire supérieure de jeunes filles [à Poitiers], *pl.*, p. 82 à 114.

22637. Magne. — Sur les carreaux à émail stannifère du palais de Jean de Berry [Palais de Justice de Poitiers], p. 116 à 125.

22638. Desaivre (Léo). — Le marquis de Chandenier à l'abbaye de Sainte-Geneviève (1678-1696), p. 126 à 134.

22639. Beauchamp (Comte Raymond de). — Note sur le château de Bicêtre [dans les Heures du duc de Berry], p. 135.

22640. Richard (Alfred). — Notice sur M. Anatole de Barthélemy († 1904), p. 136 à 141.

22641. La Ménardière (De). — Discours prononcé aux obsèques de M. Alfred Barbier (1827 † 1903), p. 142 à 144. — Cf. n° 22642.

22642. La Bouralière (A. de). — Bibliographie des œuvres de M. Alfred Barbier, p. 145 à 148. — Cf. n° 22641.

22643. Richard (A.). — M. Lot et l'histoire du Poitou, p. 171 à 201. — Cf. nos 22645 et 22646.

22644. La Bouralière (A. de). — L'ancien monastère de la Visitation de Poitiers, *pl.*, p. 202 à 239.

22645. Lot (Ferdinand). — Réponse à la Défense de M. Alfred Richard, p. 271 à 292. — Cf. nos 22643 et 22646.

22646. Richard (Alfred). — Observations sur la réponse de M. Lot, p. 293 à 314. — Cf. n° 22645.

22647. La Croix (Le P. de). — Inventaire des objets offerts ou acquis pour les Musées de la Société des Antiquaires de l'Ouest pendant l'année 1904, p. 315 à 324; — année 1905, p. 485 à 508.

22648. Richard (Alfred). — Censier et livre de raison de Guillaume de Monferault, p. 336 à 337.

22649. Ernault. — Nouvelles notes sur l'inscription du [menhir du] Vieux-Poitiers, p. 368 à 373.

22650. Lavergne. — Polissoir d'Orches, *pl.*, p. 374 à 377.

22651. Caillard (G.). — Le *Castrum Adraldi* [Châtellerault], p. 378 à 386.

22652. Arnould (Louis). — La Fontaine à Châtellerault, p. 387 à 390.

22653. Clouzot (Henri). — Note sur J. Brossard de Beaulieu et sur quelques peintres et sculpteurs à Niort au XVIIe et au XVIIIe siècle, p. 407 à 417.

22654. Martin (Gabriel). — Une ascension à Poitiers au XVIIIe siècle, p. 418.

22655. Arnould (Louis). — Allocution prononcée aux obsèques de M. Louis Dupré († 1905), p. 419.

22656. Compaing de la Tour Girard (L'abbé). — Le symbolisme architectural du moyen âge, p. 432 à 437. — Cf. n° 22659.

22657. Martin (Gabriel). — L'abbaye d'Airvault et la Commission des Réguliers, p. 441 à 446.

22658. Babinet (Colonel). — Deux erreurs historiques qu'il est nécessaire de combattre une fois de plus, p. 447 à 451.

[Le couronnement de Charles VII à Mehun-sur-Yèvre et non à Poitiers; l'interrogatoire de Jeanne d'Arc chez Jean Rabateau et non au Palais de Poitiers.]

22659. Bleau (L'abbé A.). — A propos d'une théorie sur le symbolisme des églises romanes, p. 453 à 455. — Cf. n° 22656.

22660. Peschot (L'abbé). — Épitaphe de Dreux-Duradier dans le cimetière de Saint-Éliph (Eure-et-Loir), p. 462.
22661. Fleury (P. de). — Reliure aux armes d'Augel de Monthyon et armoiries d'Anne de Lévis de Ventadour, archevêque de Bourges, p. 465 à 466.
22662. La Bouralière (A. de). — Notes sur quelques libraires de Niort et de Saint-Maixent, p. 474 à 484.
22663. Levillain (Léon). — Note sur une charte du monastère de Paunat (Dordogne) et sur les origines de Saint-Martial de Limoges, p. 526 à 533.
22664. Richard (Alfred). — Rapport sur une découverte de monnaies des comtes de Poitou [à Chanteloup (Deux-Sèvres)], *pl.*, p. 534 à 545.
22665. Levillain (Léon). — Note sur l'ancien reliquaire en plomb trouvé dans la chapelle de Saint-Sixte à la cathédrale de Poitiers, *pl.*, p. 546 à 556, et 615 à 617.
22666. Lemonnier (Le chanoine). — Correspondance trouvée aux archives du port de Rochefort-sur-Mer; lettres adressées à M. Delalain, commissaire des classes aux Sables-d'Olonne [1789], p. 561 à 573. — Cf. n° 22667.
22667. Jovy (Ernest). — Vers la solution d'un problème graphologique [Auguste Delalain et son correspondant], p. 574 à 580. — Cf. n° 22666.
22668. Desaivre (Léo). — Inventaire du mobilier du château de la Mothe-Chandenier [anciennement la Mothe-de-Bauçay] en 1530, p. 583 à 611.
22669. La Croix (Le P. de). — Une excursion faite à Messais (Vienne), *pl.*, p. 631 à 638.

VIENNE. — POITIERS.

SOCIÉTÉ DES ARCHIVES HISTORIQUES DU POITOU.

Voir, pour les publications de cette Société antérieures à 1901, la table récapitulative de notre *Bibliographie générale;* et pour ses publications postérieures, les tables placées à la fin du fascicule III du tome I, et du fascicule I du tome II de notre *Bibliographie annuelle.*

XXXV. — Archives historiques du Poitou, XXXV. (Poitiers, 1906, in-8°, VI-XLIII-547 p.)

22670. Guérin (Paul). — Recueil des documents concernant le Poitou contenus dans les registres de la chancellerie de France. X (1456-1464), p. I à XLIII et 1 à 547.

[Les tomes I à IX de ce recueil ont paru de 1881 à 1903.]

VIENNE (HAUTE-). — LIMOGES.

SOCIÉTÉ ARCHÉOLOGIQUE ET HISTORIQUE DU LIMOUSIN.

Voir, pour les publications de cette Société antérieures à 1901, la table récapitulative de notre *Bibliographie générale;* et pour ses publications postérieures, les tables placées à la fin du fascicule III du tome I, et du fascicule I du tome II de notre *Bibliographie annuelle.*

LV. — Bulletin de la Société archéologique et historique du Limousin, t. LV. (Limoges, 1905-1906, in-8°, 905 p.)

22671. Guibert (Louis). — Les lépreux et les léproseries de Limoges, p. 5 à 146.
22672. Delage (Franck). — Un humaniste limousin du XVI° siècle, Marc-Antoine Muret, p. 147 à 180.
22673. Boulaud (Joseph). — La commanderie et les commandeurs de Paulhac, p. 181 à 194.
22674. H. de M. — Auguste Bosvieux (1831 † 1871), *pl.*, p. 195 à 216.

22675. Lecler (A.). — La maladie des Espagnols à Limoges en 1809, p. 217 à 240.

22676. Drouault (Roger). — Monographie du canton de Saint-Sulpice-les-Feuilles (Haute-Vienne), 2 *pl.*, p. 241 à 279, et 593 à 648. — Suite de LIV, p. 23, et 445.

22677. Delage (Franck). — La disette à Limoges au xvie siècle, p. 280 à 294.

22678. Sazilly (René de). — Saint-Vitte, monographie d'une commune, p. 295 à 326.

22679. Toumieux (Zénon). — Généalogie de la maison de Faye ou de la Faye, p. 327 à 366, et 751 à 776.

22680. Fournié (D^r). — Une plaque de cheminée du xvie siècle [près Limoges], *fig.*, p. 367 à 371.

22681. Pérathon (Cyprien). — La fête du couvent de Blessac, p. 372 à 379.

22682. Fournié (D^r). — Présentation de médailles, *fig.*, p. 380 à 391.

[Bouton au chiffre de saint Martial (xviie s.); mereau de la corporation des fruitiers; médaillon de Jean Dorat.]

22683. Jouhanneaud (Camille). — Notes pour servir à l'histoire de la musique à Limoges au xixe siècle, p. 392 à 419.

22684. Abzac (Octave d'). — La population de la commune de Panazol en 1793, p. 420 à 423.

22685. Abzac (Octave d'). — L'assistance publique et les subsistances dans la commune de Panazol de 1790 à 1795, p. 424 à 439.

22686. Leroux (Alfred). — Bibliothèque de la Société archéologique et historique du Limousin [catalogue des manuscrits], p. 440 à 451. — Suite de XXXVI, p. 215, 335; et XXXIX, p. 630.

22687. Touyéras (G.). — Répertoire du fonds Codet de Boisse [manuscrits de la bibliothèque de la Société], p. 452 à 511.

22688. Thomas (Antoine). — Goufier de Lermite, capitaine de Chalucet au xve siècle, p. 513 à 516.

22689. Lecler (A.). — Château-Chervix, archéologie, histoire, documents, p. 517 à 554. — Cf. n° 22701.

22690. Delage (Franck). — Confrérie de Notre-Dame la Joyeuse ou des Pastoureaux [à Limoges], p. 555 à 592.

22691. Matéras (Barthélemy). — Catalogue des manuscrits de la bibliothèque communale de Limoges, nouveau supplément, p. 649 à 693.

22692. Wottling (E.) et Leroux (Alfred). — La chapelle de l'hôpital de Limoges, 2 *pl.*, p. 694 à 706.

22693. Courtot (Paul-Laurent). — Notaires, artistes, 7 *pl.*, p. 707 à 712.

[Lettres ornées et dessins dans des registres de notaires limousins (xve et xvie s.).]

22694. Ducourtieux (P.). — Les voies romaines en Limousin, *fig.* et 2 *cartes*, p. 713 à 750.

22695. Laguérenne (René). — Excursion à Crozant (1905), p. 777 à 786.

22696. Jouhanneaud (C.). — Souterrain-refuge du Monteil, p. 787.

22697. Wottling (E.). — L'église des Salles-Lavauguyon, *pl.*, p. 788.

22698. Drouault (Roger). — Intaille trouvée près du Bouchet (c^{ne} de Cromac); trouvaille de monnaies de Louis XII et de François Ier à la Chardonnerie (c^{ne} d'Azerables, Creuse), p. 790.

22699. Maurat-Ballange (A.). — Un arrêt du présidial de Limoges au xviie siècle, p. 792 à 798.

22700. Bellet (J.). — Un procès à la Souterraine en 1728, p. 798.

22701. Faulte de Vanteaux (Général). — La terre de Château-Chervix, p. 799 à 801. — Cf. n° 22689.

22702. Bellet (J.). — Une famille de comédiens [Michel Chappe à la Souterraine, 1666], p. 802.

22703. Hervy (E.). — Billet d'admission dans la confrérie de Saint-Rustique établie dans l'église de Saint-Pierre-du-Queyroix de Limoges (1680), p. 802 à 806.

22704. Dujarric-Descombes (A.). — Lettre du marquis de Saint-Aulaire (1723), p. 803 à 806.

22705. Lasteyrie (Charles de). — Deux chartes limousines concernant l'abbaye de Saint-Martial, p. 807 à 816.

[Le droit de commende à la Souterraine (1195); le domaine d'Aigueperse (1228).]

22706. Leroux (A.). — Inscription du Naveix à Limoges concernant le commerce du bois (1594), p. 816.

22707. Touyéras (G.). — Nomination d'un collecteur à Saint-Auvent (1744), p. 816.

22708. Anonyme. — Copie d'actes relevés sur les registres de la commune de Bonnac relatifs à la famille de Sombreuil, p. 818.

22709. Anonyme. — Mémoire pour le chapitre de Saint-Martial de Limoges (29 août 1786), p. 820.

22710. Drouault (Roger). — Opposition de 129 habitants de Bussière-Poitevine au rattachement de leur paroisse au district de Bellac (31 octobre 1790), p. 822 à 827.

22711. Labue (L'abbé). — Procès-verbal de la translation du chef de saint Etienne de Muret et autres reliques de Grandmont à Saint-Sylvestre (1791), p. 827 à 829.

22712. Drouault (Roger). — Établissement d'une verrerie à Azat (1798), p. 830 à 832.

VIENNE (HAUTE-). — LIMOGES.

SOCIÉTÉ DES ARCHIVES HISTORIQUES DU LIMOUSIN.

Voir, pour les publications de cette Société antérieures à 1901, la table récapitulative de notre *Bibliographie générale;* et pour ses publications postérieures, la table placée à la fin du fascicule III du tome I de notre *Bibliographie annuelle.*

ARCHIVES ANCIENNES.

X. — Société des archives historiques du Limousin. 1re série, Archives anciennes, t. X.

22713. Leroux (Alfred). — Dernier choix de documents historiques sur le Limousin. (Limoges, 1906, in-8°, VIII-402 p.)

22714. Lettres privées, p. 1 à 162.

[Décimes (1578); églises de Tauriac et de Puybrun (1665); établissement d'un Refuge à Limoges (1680-1690); Brunier, prieur de Béthines (1740); fondations de l'abbé Dubois à Brive (1746); rédemption des captifs (1750); francs-maçons de Guéret (1754); dénonciation contre le curé de Meymac (1754); lettres de Jarente de la Bruyère, évêque de Digne, à Mgr du Coëtlosquet, évêque de Limoges (1757); le s^r^ Juge, curé de Vignols (1762); le s^r^ Belou, curé de Saint-Avit-de-Tarde (1762); église de la Souterraine (1767); différend entre les curés de Saint-Michel et de Saint-Étienne à Saint-Léonard (1767); abbaye de Grandmont (1770); collège de Treignac (1777); justice de Saint-Léonard (1778); le s^r^ Dellac, curé de Saint-Hilaire-Peyroux (1781); chapelle des Visitandines à Limoges (1785); etc.]

22715. Documents sur la Réforme [1557-1787], p. 163 à 271.

[Marche et Limousin, p. 163. — Vicomté de Rochechouart, p. 178. — Vicomté de Turenne, p. 225.]

22716. Procédure des consuls de Limoges-Château contre l'évêque (vers 1444-1445), p. 271 à 281.

22717. Registre des comptes du receveur de l'évêque de Limoges à Saint-Léonard (1467-1475), p. 282 à 301.

22718. Petites chroniques limousines, p. 302 à 319.

[Registres de Pierre Duval, receveur de la châtellenie du Pont-de-Noblat (1448-1450); de Michel de Leyssenne, prêtre (1528-1580); de P. Bonneau (1601-1623); papier journal de l'abbaye de Saint-Martin des Feuillants de Limoges (1670-1726).]

22719. Pièces diverses, p. 334 à 378.

[Donation de l'église de Faux par l'évêque de Limoges au chapitre de la cathédrale (XIe s.); rentes dues à l'évêque autour de Saint-Junien (XIIe s.); vente, au chanoine Hélie Coral, d'une rente sur le moulin d'Uzurat (1261); testament d'Audoin Gayou, prêtre (1482); accord entre Jean Barton, évêque de Limoges, et autre Jean Barton, son successeur, relatif à la prévôté de la Jonchère (1490); garde de la cathédrale (1580); Dames de charité à Saint-Léonard (1718); etc.]

VIENNE (HAUTE-). — ROCHECHOUART.

SOCIÉTÉ DES AMIS DES SCIENCES ET ARTS DE ROCHECHOUART.

Voir, pour les publications de cette Société antérieures à 1901, la table récapitulative de notre *Bibliographie générale;* et pour ses publications postérieures, les tables placées à la fin du fascicule III du tome I, et du fascicule I du tome II de notre *Bibliographie annuelle.*

XV. — Bulletin de la Société Les amis des sciences et arts de Rochechouart..., t. XV (Rochechouart, 1906, in-8°, 180 p.)

22720. Marquet (D^r^). — Rochechouart, p. 3 à 27, et 102 à 129. — Suite de XIV, p. 118.

22721. Masfrand (A.). — Les tumulus, p. 28 à 40. — Suite de XIII, p. 86, 105, 126, et XIV, p. 1, 31, 54, et 106.

22722. Marquet (D^r^). — Excursion à Courbefy et aux Cars, p. 41 à 47.

22723. Gaumy (P.). — Études et documents sur les fiefs

des paroisses formant actuellement l'arrondissement de Rochechouart, p. 48 à 61, et 130 à 147.

22724. Ratet (Ét.). — Le Puy [commune de Cussac (Haute-Vienne)], p. 62 à 81, et 93 à 101.

22725. Précigou (A.). — Voie antique traversant la ville de Rochechouart, p. 82 à 85.

22726. Fontaine de Resbecq (Pierre de). — Le plateau de Chalus au point de vue géographique [et historique], p. 148 à 158.

22727. Masfrand (A.). — La poterie avant l'histoire, p. 159 à 165.

VOSGES. — ÉPINAL.

SOCIÉTÉ D'ÉMULATION DES VOSGES.

Voir, pour les publications de cette Société antérieures à 1901, la table récapitulative de notre *Bibliographie générale;* et pour ses publications postérieures, les tables placées à la fin du fascicule III du tome I, et du fascicule I du tome II de notre *Bibliographie annuelle.*

XLV. — Annales de la Société d'émulation du département des Vosges, 82e année, 1906. (Épinal, 1906, in-8°, CLXIII-354 p.)

22728. Mougin (S.). — Notice historique sur le palais abbatial de Remiremont, *fig.*, p. 1 à 131. — Suite et fin de XLIV, p. 227.

22729. Badel (Émile) et Sonrier (Albert). — En remontant la Moselle. Excursion dans les Vosges en 1901 et 1902. De Charmes à Remiremont, *fig.*, p. 131 à 298.

22730. Dreyfus (A.). — L'abbé Janny, professeur à l'École centrale des Vosges (1795-1802) et premier principal du collège de Remiremont, p. 299 à 315.

22731. Philippe (A.). — Rapport sur le musée départemental (1905-1906), p. 316 à 322.

VOSGES. — SAINT-DIÉ.

SOCIÉTÉ PHILOMATHIQUE VOSGIENNE.

Voir, pour les publications de cette Société antérieures à 1901, la table récapitulative de notre *Bibliographie générale;* et pour ses publications postérieures, les tables placées à la fin du fascicule III du tome I, et du fascicule I du tome II de notre *Bibliographie annuelle.*

Une table des trente premiers volumes (1875-1905) a paru en 1907 (voir notre n° 22732).

22732. Sadoul (Charles). — Table alphabétique générale des trente premiers volumes des Bulletins de la Société philomathique vosgienne (1875-1905). Saint-Dié, 1907, in-8°, 102 p.)

XXXI. — Bulletin de la Société philomathique vosgienne, 31e année, 1905-1906. (Saint-Dié, 1906, in-8°, 373 p.)

22733. Baldensperger (Fernand). — [Paul de Krudener en Lorraine et en Alsace (1812-1813), p. 5 à 28.

22734. Bardy (Henri). — L'armorial de Saint-Dié en 1697, p. 29 à 47.

22735. Pernot (Capitaine A.). — 1870. Armée de l'Est et XIVe corps allemand en Alsace, Vosges et Franche-Comté, 8 *pl.*, p. 49 à 165.

22736. Pfister (Chr.). — Tableau de la Lorraine et de Nancy de 1641 à 1670, p. 167 à 291.

22737. Hingré (J.). — Vocabulaire du patois de la Bresse (Vosges), p. 293 à 324. — Suite de XII, p. 143; XXVII, p. 297; XXIX, p. 5; et XXX, p. 13.

YONNE. — AUXERRE.

SOCIÉTÉ DES SCIENCES HISTORIQUES DE L'YONNE.

Voir, pour les publications de cette Société antérieures à 1901, la table récapitulative de notre *Bibliographie générale;* et pour ses publications postérieures, les tables placées à la fin du fascicule III du tome I, et du fascicule I du tome II de notre *Bibliographie annuelle.*

LIX. — Bulletin de la Société des sciences historiques et naturelles de l'Yonne, année 1905. 59e volume, 9e de la 4e série. (Auxerre, 1906, in-8°, 326, 359 et LXXXVII p.)

Sciences historiques.

22738. Demay (Ch.). — La garde des propriétés du finage d'Auxerre, essai historique, p. 5 à 41.

22739. Avout (Vte d'). — Davout et les événements de 1815, p. 43 à 85.

22740. Blin (Ernest). — La Charité d'Avallon, p. 87 à 107.

22741. Lasnier (F.). — Note sur J.-B.-Prosper Jollois, ingénieur attaché à l'expédition d'Égypte (1798-1802), p. 129 à 132.

22742. Demay (Ch.). — Un anniversaire bi-séculaire célébré à Auxerre en 1768, p. 133.

[Reprise de la ville par les catholiques, 25 avril 1568.]

22743. Guerlin de Guer. — Introduction à l'étude des parlers populaires. Les parlers populaires de l'Yonne, p. 137 à 151.

22744. Regnault de Beaucaron (E.). — Le sauvetage du vieil hôpital de Tonnerre pendant la première moitié du XIXe siècle, p. 153 à 172. — Cf. n° 22745.

22745. Chaput (D[r]), Lemoine (G.) et Regnault de Beaucaron. — Sauvetage du vieil hôpital de Tonnerre en 1903, et mesures prises pour en assurer l'entretien, p. 173 à 226. — Cf. n° 22744.

22746. Porée (Charles). — Inventaire de la collection de Chastellux [Bibliothèque de la Société], p. 227 à 298. — Suite et fin de LVII, p. 117; LVIII, p. 35, et 229.

22747. Roché (Dr Louis). — Notice sur la vie et les travaux du Dr Émile Duché [1814 † 1905], p. 299 à 315.

Sciences physiques et naturelles.

22748. Parat (L'abbé A.). — Les grottes de la Cure. La grande grotte d'Arcy, p. 9 à 31.

Comptes rendus.

22749. Poncet. — Patène de bronze trouvée à Lindry (Yonne), *fig.*, p. X à XII.

22750. Demay. — Au sujet des lettres-patentes de l'Arquebuse d'Auxerre, *pl.*, p. LXVI.

22751. Vaulabelle (De). — Documents concernant Châtel-Censoir, p. LXX.

22752. Parat (L'abbé). — La station préhistorique de Saint-Père, p. LXXI.

22753. Terrade. — Fouilles du cimetière mérovingien de Vaudonjon, p. LXXIII à LXXVI.

IMPRIMERIE NATIONALE.

YONNE. — AVALLON.

SOCIÉTÉ D'ÉTUDES D'AVALLON.

Voir, pour les publications de cette Société antérieures à 1901, la table récapitulative de notre *Bibliographie générale;* et pour ses publications postérieures, les tables placées à la fin du fascicule III du tome I, et du fascicule I du tome II de notre *Bibliographie annuelle.*

XXXII. — Bulletin de la Société d'études d'Avallon, 47e année, 1906. (Avallon, 1907, in-8°, 157 p.)

22754. Ficatier (Dr). — La grotte de Nermont à Saint-Moré (Yonne), *fig.*, p. 13 à 30.

22755. Terrade. — Cimetière franc de Vaudonjon, p. 35 à 40.

22756. Phelut (L'abbé J.-B.). — Confrérie de Sainte-Barbe en l'église de Fontenay-près-Vézelay. Règlement (1515), p. 41 à 57.

22757. Chambon (Eugène). — État économique du bailliage d'Avallon en 1789, p. 58 à 65.

22758. Tissier (L'abbé). — Communautés de mainmortables aux XVIe, XVIIe et XVIIIe siècles à Saint-Germain-des-Champs (Yonne), p. 109 à 123.

22759. Anonyme. — Souscription pour l'achat du prieuré de Saint-Jean-les-Bonshommes, p. 149 à 153.

YONNE. — SENS.

SOCIÉTÉ ARCHÉOLOGIQUE DE SENS.

Voir, pour les publications de cette Société antérieures à 1901, la table récapitulative de notre *Bibliographie générale;* et pour ses publications postérieures, les tables placées à la fin du fascicule III du tome I, et du fascicule I du tome II de notre *Bibliographie annuelle.*

XXII. — Bulletin de la Société archéologique de Sens, t. XXII, année 1906. (Sens, 1906, in-8°, XLVII-329 p.)

22760. Chartraire (L'abbé). — La sépulture du dauphin et de la dauphine dans la cathédrale de Sens, *fig.* et 13 *pl.*, p. 1 à 248.

22761. Moreau (Dr René). — Le Dr Gastellier, plusieurs de ses mémoires écrits dans les prisons de Sens en l'an II (1793-1794), p. 249 à 302.

22762. Prou (M.). — Un pontifical sénonais de la Bibliothèque royale de Belgique, *pl.*, p. 303 à 309.

22763. Perrin (J.). — Cimetière carolingien de l'abbaye de Sainte-Colombe-lez-Sens, *pl.*, p. 310 à 313.

22764. Perrin (Joseph). — Une caverne à la Chapelle-Saint-Germain, près de la Chapelle-sur-Orense, p. 313 à 318.

ALGÉRIE. — ALGER.

SOCIÉTÉ DE GÉOGRAPHIE D'ALGER ET DE L'AFRIQUE DU NORD.

Voir, pour les publications de cette Société antérieures à 1901, la table récapitulative de notre *Bibliographie générale;* et pour ses publications postérieures, les tables placées à la fin du fascicule III du tome I, et du fascicule I du tome II de notre *Bibliographie annuelle.*

Une table des dix premiers volumes du *Bulletin* de la Société termine le tome XI publié en 1906 (voir notre n° 22787).

[X-]XI. — **Bulletin de la Société de géographie d'Alger et de l'Afrique du Nord**, 11e année, 1906, t. XI. (Alger, 1906, in-8°, III-XCI-474-110 p.)

[Les précédents volumes de ce *Bulletin* ne portent pas de tomaison, et nous les avons numérotés I à IX, affectant le numéro I au volume commun à la 1re et à la 2e année (1896-1897). La Société en numérotant XI le volume de 1906 affecte rétrospectivement les numéros I et II au volume de 1896-1897. Pour ne pas créer une discordance de tomaison nous appliquons le numéro XI au volume de 1906, laissant vacant le numéro X sans qu'il y ait cependant de lacune dans nos dépouillements.]

22765. Palaska (Lieutenant). — Les Oulad Bel Horma, p. 8 à 14.

22766. Joly (A.). — Étude sur le Titteri, p. 15 à 47.

22767. Brives (A.). — Au Seksaoua (Maroc), p. 48 à 62.

22768. Pouperon (Paul). — Notes sur Madagascar, p. 63 à 75.

22769. Guérin (E.). — Des IV P. A. (Les quatre *publica*), p. 76 à 82.

[Impôts en Afrique à l'époque romaine.]

22770. Cottenest (Lieutenant). — Étude historique sur le Service des affaires indigènes et la colonisation algérienne (1830-1870), p. 83 à 91.

22771. Ohle (Fr.). — La petite guerre en Afrique, p. 92 à 107.

22772. Martino (Pierre). — Au centre du Péloponèse, p. 108 à 123.

22773. Albert. — Une razzia au Sahel, p. 129 à 140.

22774. Bancel (Lieutenant). — La Casamance, p. 141 à 153.

22775. Garrot (Henri). — L'islamisme et son action en Berbérie, p. 154 à 188.

22776. Boyer-Banse (L.). — La condition économique des populations agricoles indigènes dans le département d'Alger, p. 189 à 209.

22777. Levasseur. — Une corporation de forgerons, les Oulad-ben-Nedjla, p. 215.

22778. Juillet-Saint-Lager (P.). — Le Dahomey, p. 217 à 236.

22779. Benhazera (Maurice). — Six mois chez les Touareg du Ahaggar, p. 260 à 288, et 308 à 386.

22780. Durrieux (Dr Alcée). — Une excursion au couvent de Troïtsa, p. 289 à 295.

22781. Deschamps (Lieutenant). — Notice sur le lac Tchad, p. 299 à 307.

22782. Martin. — Oasis sahariennes, p. 387 à 400.

22783. Albert (Pierre). — Chikh Ma-el-Aïnine de Seguiat-el-Hamra, p. 401 à 405.

22784. Albert (Pierre). — Notice économique sur les kçour de la région de Talzaza, p. 406 à 415.

22785. Barbedette (F.). — A travers l'Inde anglaise, p. 416 à 433.

22786. Lespès (René). — Au Monténégro, p. 434 à 450.

22787. Anonyme. — Table alphabétique des matières depuis le mois de juillet 1896 au 31 décembre 1905, p. 1 à 110.

ALGÉRIE. — ALGER.

SOCIÉTÉ HISTORIQUE ALGÉRIENNE.

Voir, pour les publications de cette Société antérieures à 1901, la table récapitulative de notre *Bibliographie générale;* et pour ses publications postérieures, les tables placées à la fin du fascicule III du tome I, et du fascicule I du tome II de notre *Bibliographie annuelle.*

La Société a inauguré en 1906 sous le titre de *Mémoires* une nouvelle série de publications dont le premier volume est mentionné ci-dessous.

L. — **Revue africaine publiée par la Société historique algérienne**, 50ᵉ année. (Alger, 1906, in-8°, 427 p.)

22788. Basset (René). — Les Alixares de Grenade et le château de Khaouarnaq, p. 22 à 36.

[Source arabe d'une romance moresque.]

22789. Marçais (Georges). — La mosquée d'El-Walîd à Damas, et son influence sur l'architecture musulmane d'Occident, p. 37 à 56.

22790. Joly (A.). — Sur un langage conventionnel des chanteurs arabes, p. 57 à 61.

22791. Aboubekr Abdesselam ben Choaib. — La bonne aventure chez les Musulmans du Moghrib, p. 62 à 71.

22792. Martino (Pierre). — L'Orient dans le roman français du XVIIIᵉ siècle, p. 72 à 91.

22793. Fournier (Albert). — La parole et l'acte chez Salluste, ancien proconsul d'Afrique, d'après les préambules de ses ouvrages, p. 92 à 102.

22794. Yver (Georges). — Revue d'histoire africaine, moyen âge et temps modernes, ouvrages parus de 1903 à 1905, p. 103 à 131.

22795. Colin (Dʳ Gabriel). — A propos du *Corpus* [*des inscriptions arabes et turques de l'Algérie*], p. 132 à 136.

22796. Vollers (K.). — Théodore Noeldeke, p. 150 à 156.

22797. Bourgin (Georges). — Les documents de l'Algérie conservés aux Archives nationales, p. 157 à 184.

22798. Asin Palacios (Miguel). — Sens du mot *Tehâfot* dans les œuvres d'El-Ghazâli et d'Averroès, p. 185 à 203.

[Traduit de l'espagnol par J. Robert.]

22799. Flamand (G.-B.-M.) et Laquière (Lieutenant-colonel E.). — Nouvelles recherches sur le préhistorique dans le Sahara et dans le haut pays oranais, p. 204 à 241.

22800. Goldziher (I.). — La onzième intelligence [dans les biographies musulmanes de Mohammed el-Muhibbi], p. 242.

[Traduit de l'allemand par Lotot.]

22801. Destaing (Edmond). — Fêtes et coutumes saisonnières chez les Beni-Snoûs, p. 244 à 260, et 362 à 385.

22802. Mohammed ben Cheneb. — Revue des ouvrages arabes édités ou publiés par les Musulmans en 1322 et 1323 de l'hégire (1904-1905), p. 261 à 296.

22803. Azan (Paul). — Le général Bedeau (1804 † 1863), p. 317 à 335.

22804. Joly (A.). — Étude sur les Chadouliyas, p. 336 à 347.

22805. Moinier (Général A.). — El-Goléa : le Ksar, Zenata et Harratin, p. 348 à 361.

22806. Basset (René). — L'Union fait la force [transmission de ce précepte dans les littératures], p. 386 à 392.

22807. Soualah Mohammed. — Le jeûne chez les Musulmans Malékites, texte arabe extrait de la *Risâla* de l'imâm Aboû Mohammed ben Aboû Zeïd el-Qairouânî, traduction française et annotations relatives aux pratiques du Ramadhan en Algérie, p. 393 à 402.

22808. Marçais (Georges). — Revue de l'art musulman en Berbérie (moyen âge), p. 403 à 427.

I. — **Mémoires de la Société historique algérienne**, t. I. (Alger, 1906, in-8°, XVI-306 p.)

22809. Massignon (Louis). — Le Maroc dans les premières années du XVIᵉ siècle. Tableau géographique d'après Léon l'Africain, p. I à XXI, et 1 à 306.

[Préface par L.-G. Binger.]

ALGÉRIE. — CONSTANTINE.

SOCIÉTÉ ARCHÉOLOGIQUE DE CONSTANTINE.

Voir, pour les publications de cette Société antérieures à 1901, la table récapitulative de notre *Bibliographie générale;* et pour ses publications postérieures, les tables placées à la fin du fascicule III du tome I, et du fascicule I du tome II de notre *Bibliographie annuelle.*

XL. — Recueil des notices et mémoires de la Société archéologique du département de Constantine, 9e volume de la 4e série, 40e volume de la collection, année 1906. (Constantine, 1907, in-8°, XVI-440 p.)

22810. Sabatier. — Musée de Tébessa, p. 1 à 70.
22811. Bertrand (Louis). — Notes et documents sur Rusicade. Les bords du golfe de la Numidie, la villa Sallustiana, les magasins de la marine, la fontaine monumentale, 6 *pl.*, p. 71 à 82.
22812. Rouquette. — La nécropole numide et romaine d'Aïn-el-Hout (environs de Souk-Ahras), 7 *pl.*, p. 83 à 98.
22813. Robert (Achille). — Documents romains divers découverts dans la commune mixte des Maâdid, *fig.* et *pl.*, p. 99 à 104.
22814. Robert (Achille). — Les cottes de mailles de la mosquée de Sid-el-Djoudi, *pl.*, p. 105 à 109.
22815. Gsell (Stéphane). — Note sur une inscription [romaine] de la région de Sétif, p. 111 à 118.
22816. Debruge (A.). — La station quaternaire Ali-Bacha, à Bougie, *fig.* et 10 *pl.*, p. 119 à 157.
22817. Guénin (Commandant). — Notice archéologique sur une petite basilique, sise à Ruuis (cercle de Tébessa), 4 *pl.*, p. 159 à 165.
22818. Vel (Auguste). — Excursion archéologique sur le territoire de la commune mixte d'Aïn-Mlila, *fig.*, p. 167 à 186.
22819. Vel (Auguste). — Découverte d'une statue antique à Sedjar (ancienne *Respublica Subzuaritanorum*), 2 *pl.*, p. 187 à 195.
22820. Delisle (Dr Fernand). — Deuxième note sur les ossements humains préhistoriques de la grotte Ali-Bacha (fouilles de M. Debruge), p. 197 à 200. — Cf. n° 5826.
22821. Carton (Dr). — Cinquième annuaire d'épigraphie africaine (1905-1906), p. 201 à 267.
22822. Fagnan (E.). — *En-Nodjoum ez-Zâhira*, extraits relatifs au Maghreb, p. 269 à 382, et 7 p. de table.
22823. Mercier (Gustave). — Une inscription arabe de Constantine, p. 383 à 386.
22824. Hinglais (U.). — Inscriptions inédites de la province de Constantine pendant l'année 1906, p. 387 à 433.

ALGÉRIE. — ORAN.

SOCIÉTÉ DE GÉOGRAPHIE ET D'ARCHÉOLOGIE DE LA PROVINCE D'ORAN.

Voir, pour les publications de cette Société antérieures à 1901, la table récapitulative de notre *Bibliographie générale;* et pour ses publications postérieures, les tables placées à la fin du fascicule III du tome I, et du fascicule I du tome II de notre *Bibliographie annuelle.*

XXVI. — Société de géographie et d'archéologie de la province d'Oran. . . , t. XXVI, 1906. (Oran, 1906, in-8°, 557 p.)

22825. Bernard (Augustin) et Lacroix (Commandant N.). — Les diverses catégories de nomades, p. 17 à 59.
22826. Albert (P.). — Les tribus du Sahel atlantique (Sous-Tazeroualt-Dra-Oued Noune-Seguiet-el-Hamra), *carte*, p. 117 à 132.
22827. Abdubekr Abdesselam Ben Choaib. — Les croyances populaires chez les indigènes algériens, p. 169 à 174.

22828. Romagny (J.). — Le rôle de la France au Maroc, p. 175, 273, et 497.

22829. Bel (A.). — La poésie arabe anté-islamique, p. 198 à 210.

22830. Carabin. — En Corse, p. 211 à 239, et 381 à 411.

22831. Simon (H.). — De l'amélioration de l'agriculture chez le peuple arabe [rapport du lieutenant de Colomb], p. 315 à 342.

22832. Bérenger (Capitaine). — Notice sur la région de Beni-Abbès, 2 *pl.*, p. 415 à 474.

22833. Albert (P.). — La zaouïa de Kerzaz, p. 475 à 480.

22834. Bel (Alfred). — Quatre inscriptions romaines du musée de Tlemcen, p. 491 à 496.

TUNISIE. — SOUSSE.

SOCIÉTÉ ARCHÉOLOGIQUE DE SOUSSE.

Voir, pour les publications antérieures de cette Société, les tables placées à la fin du fascicule III du tome I, et du fascicule II du tome II de notre *Bibliographie annuelle.*

IV. — **Bulletin de la Société archéologique de Sousse,** 4e année. (Sousse, 1906, in-8°, 207 p.)

22835. Carton (Dr). — Inscription relevée au Goubellat, p. 15.

22836. Moreau. — Fragments de sculptures et lampes recueillis au camp Sabattier, *fig.*, p. 17.

22837. Dubiez (A.). — Mosaïques de Sidi-Nasseur-Allah, *fig.*, p. 20.

22838. Barthélemy (E.). — Annotations à l'Atlas archéologique de la Tunisie. Notes pour servir à l'étude de la voie romaine d'Hadrumète à Suffetula, p. 27 à 32.

22839. Delattre (Le P. A.-L.). — Un second mur à amphores découvert à Carthage, *fig.* et *pl.*, p. 33 à 48.

22840. Carton (Dr). — Gurza, *fig.* et 2 *pl.*, p. 49 à 61, et 156 à 175.

22841. Carton (Dr). — Les basiliques chrétiennes d'Upenna, *pl.*, p. 62 à 72.

22842. Leynaud (L'abbé A.-F.). — Les catacombes d'Hadrumète. Deuxième campagne de fouilles (17 novembre 1904-17 novembre 1905), *fig.* et *pl.*, p. 73 à 92, et 185 à 190. — Suite de III, p. 33, et 221.

22843. Debruge (A.). — Nouveaux rochers taillés de la région de Bougie (Algérie), p. 93 à 95.

22844. Carton (Dr). — Mosaïques du musée de Sousse, *pl.*, p. 96, et 192 à 193.

22845. Thomas (Philippe). — Têtes de cheval en stuc [trouvées à Sousse], *fig.*, p. 97.

22846. Rouquette (Dr). — Discussion critique sur les objets découverts à Téboursouk dans le tombeau d'un guerrier romain, *fig.*, p. 99 à 101.

22847. Deyrolle (Dr). — Monuments mégalithiques de la région du cap Bon, p. 102.

22848. Deyrolle (Dr). — L'aqueduc d'Aïn-Batria, *fig.*, p. 111 à 114.

22849. Cagnat (R.). — Sur une inscription de Carthage relative à Sex. Appuleius, *fig.*, p. 116 à 122.

22850. Merlin (A.). — Découvertes [de sculptures] à Sed-el-Youdi près de Kalaat-es-Snam, *pl.*, p. 123 à 126.

22851. Carton (Dr). — Le bordj Khadidja (Chebba), *fig.*, p. 127 à 134.

22852. Hannezo (Commandant). — Chebba, et Ras-Kapoudia, notes historiques, p. 135 à 140.

22853. Eybert (Dr). — Notes sur les stations préhistoriques de Gafsa, *fig.*, p. 141 à 155.

22854. Vassel (Eusèbe). — Cinq stèles puniques [trouvées à Carthage], *fig.*, p. 176 à 184.

22855. Carton (Dr). — Inscriptions provenant de Segermes, p. 200 à 201.

22856. Carton (Dr). — Excursion à Souk-el-Arba, p. 201 à 202.

TUNISIE. — TUNIS.

INSTITUT DE CARTHAGE (ASSOCIATION TUNISIENNE DES LETTRES, SCIENCES ET ARTS).

Voir, pour les publications de cet Institut antérieures à 1901, la table récapitulative de notre *Bibliographie générale;* et pour ses publications postérieures, les tables placées à la fin du fascicule III du tome I, et du fascicule I du tome II de notre *Bibliographie annuelle.*

XIII. — Revue tunisienne, fondée en 1894 par l'Institut de Carthage (Association tunisienne des lettres, sciences et arts), 13ᵉ année. (Tunis, 1906, in-8°, 638 p.)

22857. Vassel (Eusèbe). — La littérature populaire des Israélites tunisiens, p. 24, 129, 217, 337, et 591. — Suite de XI, p. 273, 371, 495; et XII, p. 26, 121, 207, 322, et 453.

22858. Carton (Dʳ). — L'archéologie en Tunisie [4ᵉ chronique], p. 36, 171, et 249.

22859. Loth (Gaston). — Arnoldo Soler, chargé d'affaires d'Espagne, à Tunis et sa correspondance (1808-1810), p. 45 à 50, et 143 à 161. — Suite de XII, p. 194, 305, 377, et 531.

22860. Bertholon. — Origine et formation de la langue berbère, p. 51 à 57, et 162 à 169. — Suite de X, p. 108, 197, 313, 488; XI, p. 49, 124, 236, 424, 508; et XII, p. 41, 105, 221, 337, 441, et 554.

22861. Spiro (Jean). — Autobiographie d'Abdallah ben Abdallah, le drogman [xvᵉ s.], *pl.*, p. 89 à 103. — Cf. n° 22870.

22862. Hannezo (Commandant). — Mateur (1881-1882) [légendes relatives à l'occupation française], p. 109 à 116.

22863. Menouillard (H.). — Mœurs indigènes en Tunisie. La tonte des moutons (Ez-Zeza), p. 117 à 121.

22864. Delattre (Le P. A.-L.). — Inscriptions chrétiennes de Carthage, *fig.*, p. 122 à 128, et 233 à 241.

22865. Medina (Gabriel). — L'expédition de Charles-Quint à Tunis, la légende et la vérité, *pl.*, p. 185 à 195, et 301 à 307.

22866. Abribat (J.). — Quelques notes sur les règles du savoir-vivre dans la bonne société musulmane, p. 200 à 209, et 308 à 334.

22867. Monchicourt. — *Kalaat-Senane*, note sur l'orthographe et le sens de ce dernier mot, p. 213 à 216.

22868. Gung'l (G.-N.). — Faut-il restaurer les théâtres antiques? p. 242 à 247.

22869. Roy (B.). — Documents sur l'expédition de Tripoli en 1209 de l'hégire (1795), p. 283 à 291.

22870. Mʳ Mhamed bel Khodja. — Le tombeau d'Abdallah ben Abdallah, p. 292 à 294. — Cf. n° 22861.

22871. Flot (Louis). — L'art arabe, p. 295 à 300.

22872. Dʳ L. C. [Carton (Dʳ L.)]. — Pour Carthage, fête du théâtre romain, 27 mai 1906 [histoire et compte rendu], 12 *pl.*, p. 369 à 529.

22873. Amar (Émile). — Essai sur l'origine de l'écriture chez les Arabes, p. 531 à 544.

22874. Renault (Jules). — Quelques découvertes archéologiques et épigraphiques [en Tunisie], *fig.*, p. 545 à 553.

22875. Bertholon. — L'année anthropologique nord-africaine (1905-1906), p. 614 à 624.

INDO-CHINE. — HANOÏ.

ÉCOLE FRANÇAISE D'EXTRÊME-ORIENT.

Pour les publications antérieures de cette École, voir les tables placées à la fin du fascicule III du tome I, et du fascicule I du tome II de notre *Bibliographie annuelle.*

22876. Aymonier (Étienne) et Cabaton (Étienne). — Dictionnaire cam-français. (Paris, 1906, in-8°, XLVI-587 p.)

VI. — Bulletin de l'École française d'Extrême-Orient..., 6e année. (Hanoï, 1906, gr. in-8°, 495 p.)

22877. Huber (Ed.). — Études de littérature bouddhique, p. 1 à 43, et 335 à 340. — Suite de IV, p. 698.

[Sources du *Divyâvadâna* (suite); *Kaniṣka* et *Sâtavâhana*; termes persans dans l'astrologie bouddhique chinoise; la destruction de Roruka.]

22878. Cœdès (George). — La stèle de Ta-Prohm, p. 44 à 81. — Cf. n° 22879.

22879. Cordier (Dr P.). — Note additionnelle sur l'inscription de Ta-Prohm, p. 82 à 85. — Cf. n° 22878.

2280. Cadière (L.). — Le mur de Dông-Hởi, étude sur l'établissement des Nguyễn en Cochinchine, *pl.* et *carte*, p. 87 à 254.

22881. Pelliot (Paul). — Notes sur l'Asie centrale, p. 255 à 269.

[Les trois grottes et les ruines de Tegurman au nord de Kachgar, *fig.*]

22882. Bonifacy (Commandant). — Étude sur les coutumes et la langue des La-Ti, p. 271 à 278.

22883. Durand (E.-M.). — Notes sur les Chams, p. 279 à 289. — Suite de V, p. 368.

22884. Parmentier (H.). — Nouvelles notes sur le sanctuaire de Pô-Nagar à Nhatrang, p. 291 à 300. — Cf. II, p. 17.

22885. Maybon (C.-B.). — Les Anglais à Macao en 1802 et en 1808, p. 301 à 325.

22886. Dauffès. — Notes ethnographiques sur les Kos [peuplade du Muong-Sing], p. 327 à 334.

22887. Chéon (A.). — Note sur les prétendus Mu'O'ng de la province de Vĩnh-Yên, p. 341 à 342.

22888. Maitre (Henri). — Notes sur la tour Chame du Nam-Lieu (Darlac septentrional), *fig.* et *carte*, p. 342 à 344.

22889. Parmentier (H.). — Nouvelles découvertes archéologiques en Annam, p. 344 à 345.

22890. Pelliot (P.). — Les pays d'Occident d'après le Wei lio, p. 361 à 400.

22891. Pelliot (P.). — Mission dans l'Asie centrale, p. 482 à 486.

22892. Anonyme. — Monuments historiques de Hanoï, p. 493 à 495.

INDO-CHINE. — SAÏGON.

SOCIÉTÉ DES ÉTUDES INDO-CHINOISES.

Voir, pour les publications de cette Société antérieures à 1901, la table récapitulative de notre *Bibliographie générale;* et pour ses publications postérieures, les tables placées à la fin du fascicule III du tome I, et du fascicule I du tome II de notre *Bibliographie annuelle.*

XXIV. — Bulletin de la Société des études indo-chinoises, nos 51-52, 1906. (Saïgon, 1906-1907, in-8°, 199 et 206 p.)

[Le fascicule dont le titre porte n° 52, année 1906, 2e semestre, a une couverture imprimée qui porte nos 52-53, 1er-2e semestres, et l'adresse 1907; ce fascicule contient les extraits des procès-verbaux de l'année 1906.]

Numéro 52.

22893. Lê-Văn-Phát. — La vie intime d'un Annamite de Cochinchine et ses croyances vulgaires, p. 3 à 142.

INSTITUTS FRANÇAIS À L'ÉTRANGER.

ÉGYPTE. — LE CAIRE.

INSTITUT ÉGYPTIEN.

Voir, pour les publications de cet Institut antérieures à 1901, la table récapitulative de notre *Bibliographie générale;* et pour ses publications postérieures, les tables placées à la fin du fascicule III du tome I, et du fascicule I du tome II de notre *Bibliographie annuelle.*

XL. — Bulletin de l'Institut égyptien, 4ᵉ série, n° 6, 1905. (Le Caire, 1905, in-8°, 191 p.)

22894. Artin Pacha (Yacoub). — Une lampe armoriée de l'émir Scheikhou [Paris, collection Dutuit], *pl.*, p. 7 à 13.

22895. Artin Pacha (Yacoub). — Un brûle-parfum armorié, 3 *pl.*, p. 15.

22896. Apostolidès (Dʳ). — L'Hellénisme pré-macédonien d'Égypte, p. 17 à 29.

22897. Lortet (Dʳ). — Momies de singes et nécropole du dieu Thot, p. 43 à 46.

22898. Artin Pacha (Yacoub). — Sur un flacon à eau (zemzemieh) portant des armoiries, p. 48 à 50. — Cf. n° 13876.

[Lettres de MM. Clermont-Ganneau et P. Casanova.]

22899. Apostolidès (Dʳ). — Le grec alexandrin, p. 51 à 69.

22900. Adamidi (Dʳ). — Les invasions de races européennes en Égypte dans les temps préhistoriques, p. 77 à 89.

22901. Artin Pacha (Yacoub). — Étude statistique sur la presse égyptienne (fin 1904), p. 89 à 97.

22902. Maspero. — J. Oppert (1827 † 1905), p. 100 à 101.

22903. Legrain (G.). — Fouilles et recherches à Karnak, p. 109 à 127.

22904. Pachundaki (D.-E.). — E.-D.-J. Dutilh (1836 † 1905), p. 125 à 132.

XLI. — Bulletin de l'Institut égyptien, 4ᵉ série, n° 7, 1906. (Le Caire, 1907, in-8°, 125 p.)

22905. Apostolidès (Dʳ). — Les Pélasges, les Hellènes et les Albanais dans leurs rapports ethnologiques et linguistiques, p. 11 à 38.

22906. Ali bey Bahgat. — Note sur deux bronzes du musée arabe. Une lampe à deux becs, et le plumier du grand philosophe Al-Ghazali, *pl.*, p. 57 à 63.

22907. Legrain (G.). — Introduction à l'étude de la sculpture égyptienne. Les débuts de l'art thébain, p. 75 à 84.

22908. Artin Pacha (Y.). — Les armes de l'Égypte aux XVᵉ et XVIᵉ siècles, 4 *pl.*, p. 87 à 90.

22909. Daressy (G.). — Quel est l'âge du sphinx [de Gizeh]? p. 93 à 97.

22910. Artin Pacha (Y.). — Nouvelles preuves concernant la signification du meuble *cachet* dans les armoiries orientales, p. 101 à 110.

IMPRIMERIE NATIONALE.

GRÈCE. — ATHÈNES.

ÉCOLE FRANÇAISE D'ATHÈNES.

Voir, pour les publications de cette École antérieures à 1901, la table récapitulative de notre *Bibliographie générale;* et pour ses publications postérieures, les tables placées à la fin du fascicule III du tome I, et du fascicule I du tome II de notre *Bibliographie annuelle.*

XXX. — Bulletin de correspondance hellénique, *Δελτίον ἑλληνικῆς ἀλληλογραφίας*, 30e année, 1906. (Paris, 1906, in-8°, 677 p.)

22911. Vollgraff (Wilhelm). — Fouilles d'Argos, *fig.*, p. 5 à 45. — Suite de XXVIII, p. 364.

22912. Reinach (Théodore). — Remarques sur le décret d'Athènes en l'honneur de Pharnace Ier, p. 46 à 51. — Cf. XXIX, p. 169.

22913. Legrand (Ph.-E.). — Nouvelles observations sur un édifice de Trézène, *fig.* p. 52 à 57.

22914. Kampanis (Michael). — *Περὶ τῆς χρονολογικῆς κατατάξεως Ἀθηναϊκῶν τινων νομισμάτων* [Sur la chronologie de quelques monnaies athéniennes], 2 *pl.*, *fig.*, p. 58 à 91.

22915. Graindor (Paul). — Fouilles de Karthaia (île de Keos). Monuments épigraphiques, *fig.*, p. 92 à 102, et 433 à 452. — Suite de XXIX, p. 331.

22916. Jouguet (Pierre). — Papyrus de Ghoran. Fragments de comédies, *pl.*, p. 103 à 149.

22917. Reinach (Salomon). — L'Artémis arcadienne et la déesse aux serpents de Cnossos, *pl.*, p. 150 à 160.

22918. Colin (Gaston). — Inscriptions de Delphes. La théorie athénienne à Delphes, *fig.* et *pl.*, p. 161 à 329.

22919. Holleaux (Maurice). — Remarques sur le papyrus de Gourob, p. 330 à 348.

22920. Holleaux (Maurice). — Note sur une inscription de Colophon Nova, p. 349 à 358.

22921. Seure (G.) et Degrand (A.). — Exploration de quelques tells de la Thrace, *fig.* et 3 *pl.*, p. 359 à 432.

22922. Millet (Gabriel). — Inscriptions inédites de Mistra, p. 453 à 466.

22923. Jardé (A.). — Remarques sur quelques inscriptions de Thessalie, p. 466.

22924. Keramopoullos (Ant. A.). — *Ἐπιγραφικὸν σημείωμα ἐκ Βοιωτίας* [Notes épigraphiques de Béotie], p. 467 à 468.

22925. M. H. [Holleaux (M.)]. — Correction à une inscription de Thespies, p. 468. — Cf. XXI, p. 551.

22926. Holleaux (Maurice). — Observations sur une inscription de Lébadeia, *pl.*, p. 469 à 481.

22927. Grégoire (Henri). — Note sur un nouveau manuscrit de la vie d'Euthyme, p. 481 à 482.

22928. M. H. [Holleaux (M.)]. — Fouilles de Délos exécutées aux frais de M. le duc de Loubat (1904), *fig.* et *pl.*, p. 484 à 673.

[L. Bizard. Fouilles dans le quartier du théâtre, p. 484. — M. Bulard. Aphrodite, Pan et Éros, p. 610. — Aug. Jardé. Fouilles dans le quartier marchand, p. 632. — L. Bizard. Inscriptions, p. 665.]

BIBLIOTHÈQUE DES ÉCOLES FRANÇAISES D'ATHÈNES ET DE ROME.

Série in-8°.

XCVII. — Bibliothèque des Écoles françaises d'Athènes et de Rome, fasc. XCVII.

22929. Merlin (Alfred). — L'Aventin dans l'antiquité. (Paris, 1906, in-8°, 485 p., *plan*.)

Série in-4°.

22930. Bourel de la Roncière (C.), Loye (J. de) et Coulon (A.). — Les registres d'Alexandre IV, recueil des bulles de ce pape publiées ou analysées d'après les manuscrits originaux des archives du Vatican, t. I (1254-1256). (Paris, 1902, in-4°, 488 p.)

22931. Guiraud (Jean). — Les registres d'Urbain IV (1261-1264), recueil des bulles de ce pape publiées ou analysées d'après les manuscrits originaux du Vatican, t. I-III. (Paris, 1901-1904, 3 vol. in-4° de 199, 488 et 471 p.)

22932. Guiraud (Jean). — Le registre de Grégoire X (1272-1276), recueil des bulles de ce pape publiées ou analysées d'après les manuscrits originaux des archives du Vatican. (Paris, 1892-1906, in-4°, 425 p.)

22933. Digard (Georges), Faucon (Maurice), et Thomas (Antoine). — Les registres de Boniface VIII publiés ou analysés d'après les manuscrits originaux des archives du Vatican, t. II. (Paris, 1904, in-4°, 971 col.)

[Le tome I a paru de 1884 à 1890.]

22934. Coulon (Auguste). — Lettres secrètes et curiales du pape Jean XXII (1316-1334) relatives à la France, extraites des registres du Vatican, t. I. (Paris, 1900-1901, in-4°, 1028 col.)

22935. Mollat (G.) et Lesquen (G. de). — Jean XXII (1316-1334). Lettres communes analysées d'après les registres dits d'Avignon et du Vatican, t. I à III. (Paris, 1904-1906, in-4°, 496, 460 et 381 p.)

22936. Fabre (Paul) [et Duchesne (L.)]. — Le *Liber censuum* de l'église romaine, publié avec une préface et un commentaire, t. I. (Paris, 1905. in-4°, xxix-600 p.)

ITALIE. — ROME.

ÉCOLE FRANÇAISE DE ROME.

Voir, pour les publications de cette École antérieures à 1901, la table récapitulative de notre *Bibliographie générale;* et pour ses publications postérieures, les tables placées à la fin du fascicule III du tome I, et du fascicule I du tome II de notre *Bibliographie annuelle.*

Nous avons indiqué ci-dessus, p. 186, les volumes de la *Bibliothèque des Écoles françaises d'Athènes et de Rome* publiés en 1905-1906.

XXVI. — École française de Rome. Mélanges d'archéologie et d'histoire, 26e année, 1906. (Rome, s. d., in-8°, 570 p.)

22937. Wilpert (J.). — Le nimbe carré, à propos d'une momie peinte du musée égyptien au Vatican, 2 *pl.*, p. 3 à 13.

22938. Wilpert (G.). — Le pitture dell'oratorio di S. Silvia [Roma], p. 15 à 26.

22939. Dufourcq (Albert). — Le passionnaire occidental au VIIe siècle, p. 27 à 65.

22940. Halphen (Louis). — Note sur les consuls et les ducs de Rome, du VIIIe au XIIIe siècle, p. 67 à 77.

22941. Michon (Étienne). — Sarcophages du type d'Asie Mineure, *fig.*, p. 79 à 89.

22942. Celier (Léonce). — Sur quelques opuscules du camerlingue François de Conzié, p. 91 à 108.

22943. Boudreaux (Pierre). — Notes sur le texte de Xénophon, p. 109 à 115.

22944. Bourgin (Georges). — L'église de Saint-Louis-des-Français en 1810-1811, p. 117 à 142.

22945. Bourdon (Pierre). — Le concordat de François Ier et l'indult de Charles-Quint. Leur conflit en Artois (1518-1531), p. 143 à 166.

22946. Fedele (Pietro). — Ager Velisci? p. 167 à 177.

[Charte d'Amizo, évêque de Tivoli pour le monastère de Sainte-Agnès hors les Murs (982).]

22947. Ashby (Thomas). — An other panorama of Rome by Anton van den Wyngaerde, *pl.*, p. 179 à 193.

[Un nouveau panorama de Rome.]

22948. Plan (Pierre-Paul). — Rabelais et les *Moraulx de Plutarche*, à propos d'un ex-libris, *facs.*, p. 195 à 249.

22949. Wilpert (Giuseppe). — Le pitture della basilica primitiva di S. Clemente, *fig.*, 2 *pl.*, p. 251 à 303.

22950. Albertini (Eugène). — L'inscription de Claude sur la Porte Majeure et deux passages de Frontin, p. 305 à 318.

22951. Celier (Léonce). — Alexandre VI et ses enfants en 1493, p. 319 à 334.

22952. Serruys (D.). — Autour d'un fragment de Philippe de Side, p. 335 à 349.

22953. Boudreaux (Pierre). — Notes sur quelques manuscrits grecs des bibliothèques de Rome, p. 351 à 354.

[Thessalos l'astrologue; lexique des institutions athéniennes.]

22954. Carcopino (Jérôme). — L'inscription d'Aïn-el-Djemala. Contribution à l'histoire des *saltus* africains et du colonat partiaire, *fig.*, *carte* et 3 *pl.*, p. 365 à 481.

22955. Ducati (Pericle). — L'ara di Ostia del Museo delle Terme di Diocleziano (Roma) [L'autel d'Ostie, au musée des Thermes de Dioclétien], *pl.*, p. 483 à 512.

22956. Fraikin (J.). — La nonciature de France, de la délivrance de Clément VII à sa mort (décembre 1527-25 septembre 1534), p. 513 à 563.

22957. L. D. [Duchesne (L.)]. — Les évêchés d'Italie et l'invasion lombarde, p. 565 à 567. — Cf. XXIII, p. 83; et XXV, p. 365.

ITALIE. — ROME.

SAINT-LOUIS DES FRANÇAIS.

Voir, pour les publications de cet établissement antérieures à 1901, la table récapitulative de notre *Biblio-graphie générale;* et pour ses publications postérieures, les tables placées à la fin du fascicule II du tome I et du fascicule I du tome II de notre *Bibliographie annuelle.*

X. — Annales de Saint-Louis des Français, publication trimestrielle des études et travaux des chapelains, 10e année, 1905-1906. (Rome, 1905, in-8° 563 p.)

22958. Vidal (L'abbé J.-M.). — Le tribunal d'inquisition de Pamiers, p. 5 à 52. — Suite de VIII, p. 377; et IX, p. 5, 121, 283, et 357.

22959. Dumaz (Ch.). — En route pour la réforme [du chant liturgique et de la musique religieuse], p. 53 à 120.

22960. Dubrulle (H.). — Un récit italien de la prise de Cambrai en 1595, p. 121 à 138.

22961. Albe (Ed.). — Prélats originaires du Quercy, p. 139 à 211. — Suite de IX, p. 89, et 221.

22962. Clergeac (A.). — Inventaire analytique et chronologique de la série des archives du Vatican dit *Lettere di vescovi* [XVIe-XVIIe s.], p. 215, 318 et 419.

22963. Dubrulle (Henry). — Les membres de la curie romaine dans la province de Reims sous le pontificat de Martin V, p. 269, 377, et 471.

22964. Leman (A.). — Un tremblement de terre en Calabre au XVIIe siècle, p. 303 à 311.

22965. Dubrulle (Henry). — Il Salvatorello [église Saint-Sauveur in Thermis, à Rome], p. 409 à 417.

22966. Vaucelle (E.). — La Bretagne et le concile de Bâle, p. 485 à 552.

MAROC. — TANGER.

MISSION SCIENTIFIQUE DU MAROC.

Pour les publications antérieures de la Mission du Maroc, voir notre *Bibliographie annuelle,* t. I, fasc. III, p. 239, et t. II, fasc. I, p. 203.

VI. — Archives marocaines, publication de la Mission scientifique du Maroc, vol. VI. (Paris, 1906, in-8°, 460 p.)

22967. Slousch (N.). — Étude sur l'histoire des Juifs au Maroc, p. 1 à 167. — Suite de IV, p. 345.

22968. Blanc (L.-R.). — *El-Ma 'Ani,* conte en dialecte marocain de Tanger, p. 168 à 182.

22969. Michaux-Bellaire (E.) et Salmon (G.). — Les tribus arabes de la vallée du Lekkoûs, *carte,* p. 219 à 397. — Suite de IV, p. 1; et V, p. 1.

22970. Rezzoûk (A.). — Notes sur le Rif, p. 398 à 410.

22971. Mercier (L.). — Cérémonial qui entoure l'arrivée du sultan à Rabat, p. 411 à 416.

22972. Mercier (L.). — Influence des langues berbère et espagnole sur le dialecte arabe marocain, p. 417 à 422.

22973. Mercier (L.). — Note sur la mentalité religieuse dans la région de Rabat et de Salé, p. 423 à 435.

22974. Coufourier (E.). — Une description géographique du Maroc d'Az-Zyâny, p. 436 à 456.

22975. Salmon (G.). — Une liste de villes marocaines, p. 457 à 460.

VII. — Archives marocaines, publication de la Mission scientifique du Maroc, vol. VII. (Paris, 1906, in-8°, 482 p.)

[22989]. Joly (A.). — Tétouan, p. 1 à 270.

22976. Besnier (Maurice). — La géographie économique du Maroc dans l'antiquité, *carte*, p. 271 à 295.

22977. Mercier (L.). — Rabat, description topographique, 10 *pl.*, p. 296 à 349.

22978. Mercier (L.). — L'administration marocaine à Rabat, p. 350 à 401.

22979. Mercier (L.). — Sur quelques manuscrits arabes achetés à Rabat et Salé, p. 402 à 414.

22980. Blanc (L.-R.). — Deux contes marocains en dialecte de Tanger, p. 415 à 440.

22981. Coufourier (L.). — Le *Dhaher* des Cibâra, p. 441 à 450.

22982. Salmon (G.). — Note sur l'alchimie à Fès, p. 451 à 462.

22983. A. L. C. [Le Chatelier (A.)]. — G. Salmon [† 1906], p. 463 à 473.

VIII. — Archives marocaines, publication de la Mission scientifique du Maroc, vol. VIII. (Paris, 1906, in-8°, 539 p.)

22984. Salmon (G.). — Sur quelques noms de plantes en arabe et en berbère, p. 1 à 98.

22985. Mercier (L.). — Les mosquées et la vie religieuse à Rabat, p. 99 à 195.

22986. Joly (A.). — L'industrie à Tétouan, *fig.*, p. 196 à 329.

22987. Coufourier (L.). — Chronique de la vie de Moulay El-Hasan, p. 330 à 395.

22988. Coufourier (L.). — Un récit marocain du bombardement de Salé par le contre-amiral Dubourdieu en 1852, p. 396 à 403.

22989. Joly (A.). — Tétouan, p. 404 à 539. — Suite de IV, p. 199; V, p. 161, 311; et VII, p. 1.

IX. — Archives marocaines, publication de la Mission scientifique du Maroc, vol. IX. (Paris, 1906, in-8°, xv-399 p.)

22990. Fumey (Eugène) et Giron (Noel). — *Kitâb Elistiqsâ li Akhbâri doual elmâgrib elaqsâ* (Le livre de la recherche approfondie des événements des dynasties de l'extrême Magrib). Œuvre d'Ahmed ben Khâled Ennâṣiri Esslâou, 4ᵉ partie, Chronique de la dynastie Alaouie du Maroc (1631 à 1894), traduite par Eugène Fumey, publiée par Noël Giron, tome I. (Paris, xv-399 p.)

[Précédé, p. ix, d'une notice biographique sur E. Fumey, par H. Gaillard.]

TABLE PAR DÉPARTEMENTS.

AUDE.

AVEYRON.

BOUCHES-DU-RHÔNE.

CALVADOS.

CANTAL.

CHARENTE.

CHARENTE-INFÉRIEURE.

CHER.

CORRÈZE.

CORSE.

CÔTE-D'OR.

CÔTES-DU-NORD.

CREUSE.

DORDOGNE.

DOUBS.

DRÔME.

EURE.

FINISTÈRE.

GARD.

GARONNE (HAUTE-).

GERS.

GIRONDE.

HÉRAULT.

ILLE-ET-VILAINE.

INDRE-ET-LOIRE.

ISÈRE.

LANDES.

LOIR-ET-CHER.

LOIRE.

LOIRE (HAUTE-).

LOIRE-INFÉRIEURE.

LOIRET.

LOT.

LOT-ET-GARONNE.

MAINE-ET-LOIRE.

MANCHE.

MARNE.

MAYENNE.

MEURTHE-ET-MOSELLE.

MEUSE.

MORBIHAN.

MOSELLE.

NIÈVRE.

NORD.

OISE.

ORNE.

PAS-DE-CALAIS.

PUY-DE-DÔME.

PYRÉNÉES (BASSES-).

PYRÉNÉES (HAUTES-).

PYRÉNÉES-ORIENTALES.

RHIN (HAUT-).

SEINE-ET-MARNE.

SEINE-ET-OISE.

SEINE-INFÉRIEURE.

SÈVRES (DEUX-).

SOMME.

TARN.

TARN-ET-GARONNE.

VAR.

VAUCLUSE.

VENDÉE.

VIENNE.

VIENNE (HAUTE-).

VOSGES.

YONNE.

IMPRIMERIE NATIONALE.

COLONIES.

ALGÉRIE. — ALGER.

ALGÉRIE. — CONSTANTINE.

ALGÉRIE. — ORAN.

TUNISIE.

INDO-CHINE.

INSTITUTS FRANÇAIS À L'ÉTRANGER.

ÉGYPTE.

GRÈCE.

ITALIE.

MAROC.

www.ingramcontent.com/pod-product-compliance
Ingram Content Group UK Ltd.
Pitfield, Milton Keynes, MK11 3LW, UK
UKHW012214240726
13966UKWH00002B/749